die 76 wichtigsten Fälle zum BGB AT

Hemmer/Wüst

Mai 2013

Hemmer/Wüst Verlagsgesellschaft

Hemmer/Wüst, die 76 wichtigsten Fälle zum BGB AT

ISBN 978-3-86193-231-4

7. Auflage, Mai 2013

gedruckt auf chlorfrei gebleichtem Papier
von Schleunungdruck GmbH, Marktheidenfeld

Inhaltsverzeichnis: Die Zahlen beziehen sich auf die Seiten des Skripts.

Kapitel I: Willenserklärung

Kapitel II: Zustandekommen von Verträgen

Kapitel VI: Anfechtung

Kapitel VII: Stellvertretung

Kapitel VIII: Allgemeine Geschäftsbedingungen

Kapitel IX: Verjährung

Vorwort

Die vorliegende Fallsammlung ist für **Studenten in den ersten Semestern** gedacht. Gerade in dieser Phase ist es wichtig, bei der Auswahl der Lernmaterialien den richtigen Weg einzuschlagen. **Auch in den späteren Semestern und im Referendariat** sollte man in den grundsätzlichen Problemfeldern sicher sein. Die essentials sollte jeder kennen.

Die Gefahr zu Beginn des Studiums liegt darin, den Stoff zu abstrakt zu erarbeiten. Nur ein **problemorientiertes Lernen**, d.h. ein Lernen am konkreten Fall, führt zum Erfolg. Das gilt für die kleinen Scheine / die Zwischenprüfung genauso wie für das Examen. In juristischen Klausuren wird nicht ein möglichst breites Wissen abgeprüft. In juristischen Klausuren steht der Umgang mit konkreten Problemen im Vordergrund. Nur wer gelernt hat, sich die Probleme des Falles aus dem Sachverhalt zu erschließen, schreibt die gute Klausur. Es geht darum, Probleme zu erkennen und zu lösen. Abstraktes anwendungsunspezifisches Wissen, sog. „Träges Wissen", täuscht Sicherheit vor, schadet aber letztlich.

Bei der Anwendung dieser Lernmethode sind wir Marktführer. Profitieren Sie von der über 35-jährigen Erfahrung des **Juristischen Repetitoriums hemmer** im Umgang mit Examensklausuren. Diese Erfahrung fließt in sämtliche Skripten des Verlages ein. Das Repetitorium beschäftigt **ausschließlich Spitzenjuristen**, teilweise Landesbeste ihres Examenstermins. Die so erreichte Qualität in Unterricht und Skripten werden Sie anderswo vergeblich suchen. Lernen Sie mit den Profis!

Ihre Aufgabe als Jurist wird es einmal sein, konkrete Fälle zu lösen. Diese Fähigkeit zu erwerben ist das Ziel einer guten juristischen Ausbildung. Nutzen Sie die Chance, diese Fähigkeit bereits zu Beginn Ihres Studiums zu trainieren. Erarbeiten Sie sich das notwendige Handwerkszeug anhand unserer Fälle. Sie werden feststellen: Wer Jura richtig lernt, dem macht es auch Spaß. Je mehr Sie verstehen, desto mehr Freude werden Sie haben, sich neue Probleme durch eigenständiges Denken zu erarbeiten. Wir bieten Ihnen mit unserer **juristischen Kompetenz** die notwendige Hilfestellung.

Fallsammlungen gibt es viele. Die Auswahl des richtigen Lernmaterials ist jedoch der entscheidende Aspekt. Vertrauen Sie auf unsere Erfahrungen im Umgang mit Prüfungsklausuren. Unser Beruf ist es, **alle klausurrelevanten Inhalte** zusammenzutragen und verständlich aufzubereiten. Prüfungsinhalte wiederholen sich. Wir vermitteln Ihnen das, worauf es in der Prüfung ankommt – verständlich – knapp – präzise.

Achten Sie dabei insbesondere auf die richtige Formulierung. Jura ist eine Kunstsprache, die es zu beherrschen gilt. Abstrakte Floskeln, ausgedehnte Meinungsstreitigkeiten sollten vermieden werden. Wir haben die Fälle daher bewusst kurz gehalten. Der Blick für das Wesentlich darf bei der Bearbeitung von Fällen nie verloren gehen.

Wir hoffen, Ihnen den Einstieg in das juristische Denken mit der vorliegenden Fallsammlung zu erleichtern und würden uns freuen, Sie auf Ihrem Weg in der Ausbildung auch weiterhin begleiten zu dürfen.

Karl-Edmund Hemmer & Achim Wüst

Kapitel I: Willenserklärung

Fall 1: Tatbestand der Willenserklärung / Trierer Weinversteigerungsfall

Sachverhalt:

A nimmt an einer Weinversteigerung teil. Während der Versteigerer die Gebote für ein Fass „Betzenberger Westkurve“ entgegennimmt, entdeckt A einen alten Schulfreund auf der anderen Seite des Raumes und winkt diesem heftigst zu. Umso größer ist sein Entsetzen, als ihm der Versteigerer daraufhin den Zuschlag in Höhe von 1.000 € erteilt.

Frage: *Ist A zur Zahlung des Kaufpreises verpflichtet?*

I. Einordnung

Denken Sie bei einer Anspruchsklausur von der Rechtsfolge her. Gefragt ist nach einem **vertraglichen Zahlungsanspruch.** Suchen Sie nach der Anspruchsgrundlage, die von der gewünschten Rechtsfolge in Betracht kommt. Dies ist hier **§ 433 II BGB**, da im Kaufrecht (§ 433 ff. BGB) der sog. Primäranspruch auf Zahlung (Leistungsanspruch) dort geregelt ist. Häufig wird für die Entstehung des vertraglichen Leistungsanspruches der Vertragsschluss problematisch sein. Auch eine möglicherweise in Betracht kommende Anfechtung setzt voraus, dass der Vertrag zunächst wirksam zustande gekommen ist.

Im vorliegenden Sachverhalt ist sogar dem Nichtjuristen klar, dass es problematisch ist, ob hier ein Vertrag geschlossen wurde. Anhand einer **Subsumtion** ist hier deshalb zu prüfen, ob zwei übereinstimmende Willenserklärungen vorliegen.

II. Gliederung

Zahlungspflicht des A aus § 433 II BGB

(+), wenn wirksamer KV

Vor.: zwei übereinstimmende WE

1. Bestandteile einer WE

a) Äußerer Tatbestand (+)

⇨ für objektiven Dritten erkennbare Äußerung eines Rechtsfolgenwillens

b) Innerer Tatbestand

⇨ Handlungswille (+)

⇨ Erklärungsbewusstsein (-)

⇨ Geschäftswille (-)

(P): Folge fehlenden Erklärungsbewusstseins:

(1) Willenstheorie ⇨ § 118 BGB analog
Erklärungsbewusstsein notwendiger Teil einer WE ⇨ Nichtigkeit der WE

(2) Erklärungstheorie
Erklärungsbewusstsein kein notwendiger Bestandteil einer WE ⇨ WE (+),

Ausnahme: Kenntnis des fehlenden Erklärungsbewusstseins beim Empfänger

(3) Stellungnahme
Fehlendes Erklärungsbewusstsein des A geht nach h.M. grds. zu seinen Lasten

2. **Ergebnis**
A hätte erkennen können, dass seine Handbewegung als Gebot verstanden wird
⇨ WE (+)
⇨ KV (+), aber Möglichkeit der Anfechtung nach § 119 I 2.Alt. BGB analog

III. Lösung

Zahlungspflicht des A aus § 433 II BGB

A ist zur Zahlung des Kaufpreises i.H.v. 1.000 € verpflichtet, wenn ein wirksamer Kaufvertrag vorliegt.

Ein Kaufvertrag kommt durch zwei übereinstimmende Willenserklärungen (Angebot und Annahme) zustande.

Fraglich ist, ob A eine entsprechende Willenserklärung gerichtet auf Abschluss eines Kaufvertrages abgegeben hat.

Eine Willenserklärung ist die Kundgabe oder Manifestation eines rechtlich bedeutsamen Willens. Sie ist auf die Herbeiführung einer Rechtsfolge gerichtet.

1. Bestandteile der Willenserklärung

Jede Willenserklärung besteht aus einem objektiven (äußeren) und einem subjektiven (inneren) Tatbestand.

a) Äußerer Tatbestand

Der äußere Tatbestand einer Willenserklärung liegt vor, wenn sich das Verhalten des Erklärenden für den objektiven Beobachter als die Äußerung eines Rechtsfolgewillens darstellt.

Das Heben der Hand in einer Versteigerung gilt als Abgabe eines höheren Angebotes. Ein objektiver Beobachter durfte das Handheben durch A als Äußerung eines entsprechenden Rechtsfolgewillens deuten. Damit liegt der äußere (objektive) Tatbestand der Willenserklärung vor.

b) Innerer Tatbestand

Der innere Tatbestand wird traditionell in drei Bestandteile aufgegliedert: den Handlungswillen, das Erklärungsbewusstsein und den Geschäftswillen.

aa) Handlungswille

Anmerkung: Der Handlungswille ist ein unabdingbares Element jeder Willenserklärung. Fehlt er, so ist eine Willenserklärung nichtig. Dieses Ergebnis stützt sich auf eine Analogie zu § 105 II BGB, wonach eine im Zustand der Bewusstlosigkeit oder einer vorübergehenden Störung der Geistestätigkeit abgegebene Willenserklärung nichtig ist.
Beispiele für fehlenden Handlungswillen sind Erklärungen im Zustand der Bewusstlosigkeit, in Hypnose, bei Reflexbewegungen oder unmittelbarer körperlicher Gewalt.

A hat seinem Schulfreund gewunken, um diesen zu grüßen. Dabei hatte er unproblematisch Handlungswillen.

bb) Erklärungsbewusstsein

Das Erklärungsbewusstsein ist der Wille, durch eigenes Verhalten eine rechtsgeschäftliche Erklärung abzugeben.

Der Erklärende muss das Bewusstsein haben **„irgendetwas rechtlich Erhebliches“** zu erklären. Im vorliegenden Fall wollte A aber gerade nichts rechtlich Erhebliches erklären.

Vielmehr wollte er nur seinen Freund grüßen, also eine Handlung vornehmen, an die keine rechtlichen Folgen geknüpft sind.

Fraglich ist, welche Folgen das Fehlen des Erklärungsbewusstseins hat.

(1) Willenstheorie ⇨ § 118 BGB analog

Nach der sog. Willenstheorie ist das Erklärungsbewusstsein ein stets notwendiger Bestandteil der Willenserklärung. Fehlt dieses, so wird in Analogie zu § 118 BGB Nichtigkeit angenommen. Nach dieser Ansicht hat A also keine Willenserklärung abgegeben. Der Vertrag wäre somit nicht zustande gekommen und er müsste daher den Kaufpreis nicht zahlen.

Anmerkung: Allerdings soll der Erklärende in analoger Anwendung des § 122 BGB zum Ersatz des Vertrauensschadens verpflichtet sein.

(2) Erklärungstheorie ⇨ § 119 I BGB analog

Die Erklärungstheorie geht dagegen vom Gesichtspunkt des Vertrauensschutzes aus. Grundsätzlich soll dem Erklärenden sein Verhalten als Willenserklärung zugerechnet werden.

Dies gilt insbesondere auch dann, wenn er kein Erklärungsbewusstsein hatte. Die Erklärung wurde schließlich von ihm und nicht vom Erklärungsempfänger abgegeben.

Ihm soll demnach auch das „Erklärungsrisiko“ zugerechnet werden. Voraussetzung ist aber, dass der Erklärende bei pflichtgemäßer Sorgfalt hätte erkennen können, dass sein Verhalten als Willenserklärung zu deuten ist (**Verantwortungsprinzip** bzw. sog. **„Erklärungsfahrlässigkeit“**).

Damit sei das Erklärungsbewusstsein kein notwendiger Bestandteil einer Willenserklärung. Möchte der Erklärende an der Willenserklärung nicht festhalten, so kann er diese in analoger Anwendung des § 119 I 2.Alt. BGB anfechten. Wenn bereits bei einem Erklärungsirrtum (= Fall, in dem nur der Geschäftswille fehlt), wo der Wille von dem objektiv Erklärtem abweicht, eine Anfechtung möglich ist, dann muss diese Möglichkeit erst recht („a maiore ad minus“) dann bestehen, wenn das Bewusstsein einer rechtsgeschäftlichen Erklärung ganz fehlt.

Anmerkung: Etwas anderes muss aber dann gelten, wenn der Empfänger den Mangel des Erklärungsbewusstseins kennt. In diesem Fall kommt eine Zurechnung als Willenserklärung nicht in Betracht, da es an der Schutzwürdigkeit des Erklärungsempfängers fehlt.

(3) Abwägung

Es ist der Erklärungstheorie zu folgen. Sie trägt dem Prinzip des Vertrauensschutzes Rechnung, lässt aber zugleich Ausnahmen bei fehlender Schutzwürdigkeit des Erklärungsempfängers zu. Denkbar ist auch, dass ein ohne Erklärungsbewusstsein zustande gekommenes Rechtsgeschäft für den Erklärenden günstig ist.

In diesem Fall kann er nach der Erklärungstheorie das Geschäft gelten lassen. Nach der Willenstheorie steht ihm diese Möglichkeit dagegen nicht offen.

2. Ergebnis

A muss sich die abgegebene Erklärung zurechnen lassen. Er hätte bei Einhaltung pflichtgemäßer Sorgfalt leicht erkennen können, dass seine Handbewegung als Abgabe eines Gebotes gedeutet wird. Es liegen auch keine Anhaltspunkte vor, dass der Versteigerer arglistig handelte oder Kenntnis vom mangelnden Erklärungswillen des A besaß. Damit liegt eine wirksame Willenserklärung des A, gerichtet auf Abschluss des Kaufvertrages über ein Fass Wein, vor. Die Zahlungsverpflichtung des A besteht somit.

A könnte jedoch seine Willenserklärung gem. § 119 I 2.Alt. BGB analog anfechten. Voraussetzung ist aber, dass die Anfechtung unverzüglich (§ 121 I BGB) erfolgt. Ob das noch möglich ist, ist dem Sachverhalt nicht zu entnehmen. In diesem Fall wäre er aber zum Schadensersatz gem. § 122 I BGB verpflichtet.

IV. Zusammenfassung

Sound: Willenserklärung kraft Zurechnung.

Trotz fehlendem Erklärungsbewusstsein wurde dem A im Fall sein Verhalten als Willenserklärung zugerechnet. Denn bei pflichtgemäßer Sorgfalt hätte der Erklärende erkennen können, dass sein Verhalten vom objektiven Empfängerhorizont als Annahmeerklärung (WE) verstanden wird.

Achtung: Nicht jeder Fall ist gleich! Anders wäre das Ergebnis bei einem Ortsfremden, der beim Betreten des Weinkellers einen Bekannten begrüßt und den Zuschlag erhält.

hemmer-Methode: Unter dem Geschäftswillen versteht man den Willen, durch eine Erklärung eine ganz konkrete Rechtsfolge herbeizuführen („etwas konkret Rechtliches"). Daran fehlt es dem A, denn er wollte keinen Kaufvertrag über ein Fass Wein abschließen. Der Geschäftswille ist im Gegensatz zum Handlungswillen kein notwendiges Element einer Willenserklärung. Ein Irrtum über den Erklärungsinhalt steht der Wirksamkeit der Willenserklärung nicht entgegen. Dies ergibt sich im Umkehrschluss aus § 119 I BGB, denn dieser setzt gerade eine wirksame, aber anfechtbare Willenserklärung voraus. Dem Erklärenden bleibt also nur die Möglichkeit, seine Willenserklärung anzufechten. Dann muss er aber den Vertrauensschaden dem Erklärungsgegner nach § 122 BGB ersetzen.

V. Zur Vertiefung

Ausführlich zum fehlenden Erklärungsbewusstsein:

- Hemmer/Wüst, BGB-AT I, Rn. 54 ff.
- Hemmer/Wüst, Basics Zivilrecht, Bd. 1, Rn. 6 ff.
- Hemmer/Wüst, KK Basics Zivilrecht, Karteikarte Nr. 2
- Hemmer/Wüst, KK BGB-AT, Karteikarte Nr. 15

Fall 2: Abgrenzung Willenserklärung / unverbindliche Gefälligkeit / unerfahrener LKW-Fahrer

Sachverhalt:

Die A fährt zum Einkaufen in die Stadt. Da sich die Parkplatzsuche als sehr schwierig erweist, nimmt sie gerne die Hilfe des Rentners R an, der ihr durch Handzeichen anzeigt, wie sie in die gefundene Parklücke einparken kann. Leider gibt R die Zeichen beim Einwinken ungenau, weil gerade eine hübsche Blondine die Straße überquert. Das Auto der A berührt daher die Hauswand und bekommt einen langen Kratzer am Kotflügel.

Frage: *Kann A von R, der haftpflichtversichert ist, Schadensersatz verlangen?*

Abwandlung:

A, die beruflich ein Transportunternehmen betreibt, benötigt kurzfristig Ersatz für einen wegen Krankheit ausgefallenen LKW-Fahrer. Sie bittet daher ihren Schulfreund B, ebenfalls ein Spediteur, ihr bei einem dringenden Transport durch die Überlassung eines Fahrers zu helfen. B sagt zu, schickt aber aus Nachlässigkeit den noch völlig unerfahrenen Fahrer F, den er erst seit wenigen Wochen beschäftigt und der noch nie selbstverantwortlich einen LKW gefahren ist. Infolge der mangelnden Erfahrung des F wird der LKW der A aus der Kurve getragen und bleibt mit schweren Schäden am Straßenrand liegen. A verlangt von B Schadensersatz für die Reparatur.

Frage: *Zu Recht?*

I. Einordnung

Nicht jede rechtserhebliche Beziehung führt zu einem Vertrag. Beachten Sie bei Gefälligkeiten des täglichen Lebens, vor allem wenn sie unentgeltlich erfolgen drei Abstufungen:

Gefälligkeitsvertrag, bei dem sich eine Partei unentgeltlich zu einer Leistung verpflichtet (z.B. § 662 BGB). **Gefälligkeitsverhältnis mit rechtsgeschäftlichem Charakter**: Hier besteht zwar keine Leistungsverpflichtung, jedoch bestehen gewisse Schutzpflichten, bei deren Verletzung der Schädiger aus § 280 I BGB i.V.m. § 311 II Nr. 3, 241 II BGB (c.i.c.) schadensersatzpflichtig wird.

Gefälligkeitsverhältnis im rein gesellschaftlichen Bereich: Hier kommt eine Schadensersatzpflicht nur aus Delikt in Betracht.

Eine Abgrenzung erfolgt nach verschiedenen Indizien.

Legen Sie den Sachverhalt aus. Bedenken Sie hierbei alle möglichen Konstellationen.

II. Gliederung

I.	**Anspruch der A gegen R auf Schadensersatz aus §§ 280 I, 662 BGB**
1.	Schuldverhältnis Auftrag als Gefälligkeitsvertrag oder bloße Gefälligkeit? Entscheidend ist der Rechtsbindungswille
a)	Rechtsbindungswille ⇨ der innere Wille, durch eine Handlung eine rechtliche Folge herbeiführen zu wollen

b) **Ermittlung des Rechtsbindungswillens**
⇨ anhand einer Reihe von Indizien:

Hier: Auftrag gem. § 662 (-), da R sich nicht verpflichten wollte die A einzuwinken
R könnte jederzeit weitergehen

2. **Ergebnis:** Rechtsbindungswille (-)

II. Anspruch der A gegen R aus § 280 I, 311 II Nr. 3, 241 II BGB

1. **Schuldverhältnis**

In Betracht kommt ein **Gefälligkeitsverhältnis im rechtsgeschäftlichen Bereich** als sonstiges Schuldverhältnis gem. § 311 II Nr. 3 BGB.

Abgrenzung zu **rein tatsächlichen Gefälligkeiten** mit bloß gesellschaftl. Charakter

Entscheidungskriterien: **Rechtsbindungswille** und Reihe von **objektiven Indizien** (s.o.)

Hier: Grds. Wert des Autos beachtlich. Hier jedoch keinerlei RBW, lediglich Hilfeleistung im gesellschaftlichen Bereich

⇨ Gefälligkeitsverhältnis im rechtsgeschäftlichen Bereich (-) a.A. vertretbar

2. **Ergebnis:** Anspruch (-)

III. Anspruch der A gegen R aus § 823 I BGB

1. Rechtsgutverletzung: Eigentum der A (+)
2. Verletzungshandlung (+)
3. Verschulden (+), da Fahrlässigkeit
4. gesetzliches Haftungsprivileg (-), da auftragsähnlich
5. stillschweigender Haftungsausschluss (BGH)? (-)
6. **Ergebnis:** Anspruch (+)

Abwandlung

I. Anspruch der A gegen B auf Schadensersatz aus §§ 280 I, 662 BGB

1. **Schuldverhältnis**
Auftrag oder Gefälligkeit? Entscheidend ist **Rechtsbindungswille**

Hier: **Für** den Rechtsbindungswillen spricht Wert des LKW und die Gefahr bei Schlechtleistung, **dagegen** lediglich freundschaftliche Hilfeleistung ohne jegliche Verpflichtungen seitens B.

2. **Ergebnis:**
Rechtsbindungswille **(-)** a.A. vertretbar

II. Anspruch der A gegen B aus §§ 280 I, 311 II Nr. 3, 241 II BGB analog (c.i.c. analog)

1. **Schuldverhältnis**
Abgrenzung (s.o.)

Hier: Rechtsbindungswille minderer Intensität ⇨ Gefälligkeitsverhältnis im rechtsgeschäftlichen Bereich als sonstiges Schuldverhältnis i.S.d. § 311 II Nr. 3 BGB(+) a.A. vertretbar

2. **Objektive Pflichtverletzung**
Auswahl eines unerfahrenen Fahrers
3. Vertretenmüssen, § 280 I 2 BGB vermutet, B kann sich nicht entlasten
4. **Ergebnis:** Anspruch (+)

III. Anspruch der A gegen B aus § 831 BGB

1. F als Verrichtungsgehilfe (+)
2. tatbestandsmäßige, rechtswidrige Handlung i.S.d. §§ 823 ff. BGB (+)
3. keine Exkulpation nach § 831 I 2 BGB

III. Lösung

I. Anspruch der A gegen R aus §§ 280 I BGB i.V.m. 662 BGB auf Ersatz des entstandenen Schadens

Voraussetzungen des § 280 I BGB

1. Wirksames Schuldverhältnis
2. Pflichtverletzung:
   Eine Pflichtverletzung liegt bei jeder Abweichung vom vertraglich geschuldeten Pflichtenprogramm des § 241 BGB vor.
3. Vertretenmüssen wird vermutet, § 280 I 2 BGB
4. Schaden
5. Kausalität zwischen Pflichtverletzung und dem Schaden

A könnte gegen R einen Anspruch auf Ersatz des eingetretenen Schadens aus §§ 280 I, 662 BGB haben.

Anmerkung: § 280 I BGB regelt positivrechtlich das früher gewohnheitsrechtlich verankerte Institut der pVV (positive Vertragsverletzung). Die pVV wurde erstmals von Staub 1902 entwickelt und stützte sich auf eine Analogie zu den §§ 280, 286, 325, 326 BGB alter Fassung. Ein Anspruch aus pVV ergab sich, wenn eine Pflicht aus einem Schuldverhältnis in zu vertretender Weise verletzt wurde. Dies sind die gleichen Voraussetzungen, die § 280 I 1 BGB heute regelt.

1. Wirksames Schuldverhältnis

Voraussetzung für eine Haftung aus § 280 I 1 BGB ist das Vorliegen eines wirksamen Schuldverhältnisses zwischen A und R. Ein solches könnte in Form eines Auftrags gem. § 662 BGB vorliegen. Ein Auftrag kommt durch zwei übereinstimmende Willenserklärungen zustande. R könnte durch das Anbieten der Hilfe eine Willenserklärung abgegeben haben. Da es sich vorliegend um eine unentgeltliche Leistung handelt, könnte ihm jedoch der Wille zu einer rechtlichen Verpflichtung fehlen (sog. **Rechtsbindungswille**). Fraglich ist, ob und inwieweit sich R überhaupt rechtlich binden wollte. Dies ist entscheidend dafür, ob ein Auftrag gem. § 662 BGB, ein sonstiges Schuldverhältnis i.S.d. § 311 II Nr. 3 BGB oder lediglich eine bloße Gefälligkeit mit gesellschaftlichem Charakter vorliegt.

Rechtsbindungswille:
Der Rechtsbindungswille beschreibt den inneren Willen des Beteiligten, durch seine Handlung eine rechtliche Folge herbeiführen zu wollen. Er wird jedoch nicht subjektiv ermittelt, sondern danach, wie sich ein Verhalten objektiv darstellt. Entscheidend ist also, ob der Erklärungsempfänger nach der Verkehrsauffassung und den Umständen des Einzelfalls die Erklärung als rechtlich verbindlich ansehen durfte.

Der Rechtsbindungswille wird unter Berücksichtigung einer Reihe von Indizien, anhand objektiver Kriterien ermittelt. Relevant ist u.a. die wirtschaftliche und rechtliche Bedeutung für den Empfänger, die Interessenlage der Parteien, der Wert der anvertrauten Sache, das erkennbare Interesse des Begünstigten und auch die dem Leistenden erkennbare Gefahr, in welche die andere Partei durch fehlerhafte Leistung geraten kann.

Das Einwinken hatte für die A erkennbar weder eine wirtschaftliche noch eine rechtliche Bedeutung, da sie sicherlich auch ohne fremde Hilfe einen Parkplatz gefunden hätte. Es handelte sich vielmehr um eine freundliche Hilfeleistung. R wollte sich nicht vertraglich dazu verpflichten, die A einzuwinken.

Damit fehlte ihm insoweit der Rechtsbindungswille.

Mangels entsprechender Willenserklärung kam kein Auftrag nach § 662 BGB zwischen R und A zustande.

2. Ergebnis

Damit hat A gegen R keinen Anspruch auf Schadensersatz aus § 280 I i.V.m. § 662 BGB.

II. Anspruch der A gegen R aus §§ 280 I BGB i.V.m. 311 II Nr. 3, 241 II BGB analog (c.i.c. analog)

1. Schuldverhältnis

Auch wenn die Verpflichtung einer Partei zu einer Leistung nicht gewollt ist und deshalb lediglich ein Gefälligkeitsverhältnis vorliegt, kann dieses ausnahmsweise einen vertragsähnlichen Vertrauenstatbestand mit Schutz- und Sorgfaltspflichten entfalten.

In diesen Fällen besteht eine Schadensersatzpflicht analog den Grundsätzen der §§ 311 II Nr. 3, 241 II BGB, wenn und soweit durch den sozialen Kontakt der Parteien eine vertragsähnliche Sonderverbindung geschaffen wurde.

Anmerkung: Die (planwidrige) Lücke besteht darin, dass für Gefälligkeitsverhältnisse, die lediglich auf die Einhaltung von Schutzpflichten gerichtet sind, die gesetzliche Anerkennung als Schuldverhältnis verneint werden muss. Denn nach wie vor kommt ein Schuldverhältnis nur unter den in § 311 I, II BGB genannten Voraussetzungen zustande. Die Lücke lässt sich jedoch durch die analoge Anwendung des § 311 II BGB schließen. Denn wenn schon bei einer vorvertraglichen Situation die Existenz eines Schuldverhältnisses vom Gesetz nicht in Abrede gestellt wird, sollte dies für Gefälligkeitsverhältnisse, die nur auf die Einhaltung von Integritätspflichten gerichtet sind, gleichermaßen gelten. Der Inhalt der Pflichten lässt sich dann über eine analoge Anwendung des § 241 II BGB begründen.

Auch dafür ist der Rechtsbindungswille von A und R entscheidend, der nach den oben genannten Indizien ermittelt werden muss.

Hier ist zu beachten, dass R lediglich helfen wollte. Er wollte keine Schutzpflichten gegenüber den Rechtsgütern der A übernehmen und nicht rechtlich für den Erfolg der Hilfe einstehen. Daneben könnte man noch auf den Wert des PKW abstellen. Handelte es sich um ein altes verbeultes Auto, so kann in keinem Fall von einem so weitreichenden Rechtsbindungswillen ausgegangen werden. Anders jedoch bei einem nagelneuen hochglanzpolierten Porsche. Hier muss auch für den Einwinkenden erkennbar sein, dass ein gesteigertes Interesse für besondere Vorsicht vorliegt.

Es handelt sich hier um eine Gefälligkeit im rein gesellschaftlichen Bereich. Damit kommt lediglich eine Haftung aus Delikt in Betracht.

2. Ergebnis

Es liegt kein Gefälligkeitsverhältnis mit rechtsgeschäftlichem Charakter i.S.v. §§ 311 II Nr. 3 BGB analog vor, das besondere Schutz- und Sorgfaltspflichten entfaltet.

Damit besteht kein Schadensersatzanspruch der A gegen R aus § 280 I BGB i.V.m. § 311 II Nr. 3, 241 II BGB analog (a.A. natürlich vertretbar).

Merke:
Üblicherweise wird zwischen drei Arten der Gefälligkeit unterschieden.
a) Die stärkste Form bilden die **Gefälligkeitsverträge** (Auftrag, Leihe). In dieser Beziehung bestehen sowohl Leistungs- wie auch Sorgfaltspflichten. Eine Haftung aus § 280 I BGB sowie aus Delikt ist denkbar.
b) Das Gegenteil dazu bilden die **Gefälligkeitsverhältnisse im rein gesellschaftlichen Bereich**. Der Rechtsbindungswille ist hier gar nicht oder nur in sehr geringen Maße gegeben. Die Rspr. gewährt einen Schadensersatz nur aus Delikt. Hieraus ergeben sich wegen der Schwäche des Deliktsrechts etliche Beschränkungen:
Haftung nur für Schäden an den durch § 823 I BGB geschützten Rechtsgütern, kein Vermögensschutz über § 823 I BGB (wohl aber über §§ 823 II, 826 BGB), Exkulpationsmöglichkeit nach § 831 S. 2 BGB bei Einschaltung von Hilfspersonen, keine Beweislastumkehr hinsichtlich des Verschuldens (Ausnahme: Produzentenhaftung).
c) Wegen Unzulänglichkeiten des Deliktsrechts befürwortet eine Meinung in der Literatur eine dritte Gefälligkeitsgruppe, nämlich **Gefälligkeiten im rechtsgeschäftlichen Bereich**. Diese sind keine Gefälligkeitsverträge und begründen somit auch keine primären Leistungspflichten. Sie sind aber mehr als nur reine Gefälligkeiten, so dass neben dem deliktischen Schutz der §§ 823 ff. BGB auch die Sorgfaltspflichten i.S.v. § 241 II BGB bestehen sollen und ihre Verletzung zu Schadensersatzansprüchen aus § 280 I BGB führen kann. Erkennbarer Vorteil dieser Ansicht ist, dass dadurch ein umfassender Vermögensschutz gewährleistet wird. Auch greift über § 278 BGB eine Haftung für Erfüllungsgehilfen ohne Exkulpationsmöglichkeit und eine Beweislastumkehr hinsichtlich des Vertretenmüssens nach § 280 I 2 BGB ein.

III. Anspruch der A gegen R aus § 823 I BGB

Der A könnte aber ein deliktischer Anspruch auf Schadensersatz aus § 823 I BGB gegen R zustehen.

1. Rechtsgutverletzung

Zunächst müsste ein i.R.d. § 823 I BGB geschütztes Rechtsgut verletzt sein. Als solches kommt das Eigentum der A an dem Fahrzeug in Betracht. Dies wurde beschädigt und somit liegt eine Rechtsgutsverletzung vor.

2. Handlung

Diese Rechtsgutsverletzung beruhte kausal auf einer Handlung des R, dem Einwinken.

Die Rechtswidrigkeit dieser Handlung ist indiziert, Rechtfertigungsgründe sind nicht ersichtlich.

3. Verschulden

Weiterhin müsste ein Verschulden des R vorliegen. R könnte fahrlässig gehandelt haben. Da er die Zeichen beim Einwinken ungenau gab und unaufmerksam war, ist Fahrlässigkeit des R gegeben.

4. Gesetzliches Haftungsprivileg

Fraglich ist, ob im vorliegenden Fall ein gesetzliches Haftungsprivileg eingreift.

In Betracht kommen könnte auch ein Haftungsprivileg aufgrund der Unentgeltlichkeit des Schuldverhältnisses. Eine Haftungsbeschränkung auf Vorsatz und grobe Fahrlässigkeit ist im Gesetz etwa für den Schenker, § 521 BGB, und den Verleiher, § 599 BGB, vorgesehen. Problematisch ist aber, ob sich diese Haftungsprivilegien ohne weiteres auf Gefälligkeitsverhältnisse ausdehnen lassen.

Dies ist jedoch abzulehnen. Als Grund wird angeführt, dass auch das BGB unentgeltliche Gefälligkeitsverträge wie z.B. den Auftrag kenne, in denen es keine Haftungsbeschränkungen gibt. Daher wird in den genannten Vorschriften kein allgemeiner Rechtsgedanke gesehen, der zur Haftungsprivilegierung führt. Dies führt dazu, dass der Gefällige voll aus §§ 823 ff. BGB haftet.

Das bedeutet, dass nach nahezu allgemeiner Meinung jedenfalls bei Gefälligkeitsverhältnissen, die „auftragsähnlich" sind, die Übertragung eines gesetzlichen Haftungsprivilegs ausscheidet.

Da das „Einwinken" als „auftragsähnlich" anzusehen ist, muss eine Haftungsprivilegierung somit entfallen.

5. Stillschweigender Haftungsausschluss

Zugunsten des R könnte aber ein stillschweigender Haftungsausschluss greifen.

Dafür müssten besondere Umstände vorliegen, die auf den rechtsgeschäftlichen Willen der Parteien zum Ausschluss der Haftung des R für leichte Fahrlässigkeit schließen lassen könnten. Der Umstand der Unentgeltlichkeit allein genügt dafür nicht.

Regelmäßig lehnt die Rspr. einen Haftungsausschluss als bloße Fiktion ab. Die Parteien würden bei Gefälligkeitsverhältnissen außerhalb des rechtsgeschäftlichen Bereichs gar nicht an die Frage der Haftung denken. Der BGH hat nur in den Fällen einen Haftungsausschluss angenommen, in denen dem Schädiger der Versicherungsschutz fehlte. Andernfalls würde der Haftungsausschluss nicht dem Schädiger sondern der Versicherung zugute kommen, was von den Parteien aber nicht gewollt sei. Ein solcher Sonderfall ist vorliegend aber nicht gegeben, da R haftpflichtversichert ist. Ein stillschweigender Haftungsausschluss muss als bloße Fiktion verneint werden.

4. Ergebnis

Die A hat gegen R einen Schadensersatzanspruch aus § 823 I BGB.

IV. Lösung Abwandlung

I. Anspruch der A gegen B aus § 280 I BGB i.V.m. § 662 BGB auf Ersatz des durch den Unfall entstandenen Schadens

A könnte gegen B einen Anspruch auf Schadensersatz aus §§ 280 I, 662 BGB haben.

1. Wirksames Schuldverhältnis

Es könnte zwischen A und B ein wirksames Schuldverhältnis in Form eines Auftrages bestehen, wenn B sich zur Überlassung eines Fahrers verpflichten wollte. Es handelt sich jedoch um eine unentgeltliche Leistung zwischen den Beteiligten. Daher ist fraglich, ob B mit Rechtsbindungswillen handelte.

Der Rechtsbindungswille beschreibt den inneren Willen des Beteiligten, durch seine Handlung eine rechtliche Folge herbeizuführen. Ob sich B durch die Zusage rechtlich binden wollte, ist also durch Auslegung gem. §§ 133, 157 BGB aus der Sicht eines sorgfältigen Empfängers zu ermitteln. Dabei schließt die bloße Unentgeltlichkeit keineswegs aus, dass der B mit Rechtsbindungswillen gehandelt hat. Dies belegt § 662 BGB, der trotz Unentgeltlichkeit eine rechtliche Verbindung mit Rechten und Pflichten annimmt (ebenso **Leihe,** §§ 598 ff. BGB bzw. **Schenkung,** §§ 516 ff. BGB oder **Verwahrung,** §§ 688 ff. BGB).

Das Vorliegen eines Rechtsbindungswillens wird wie im Grundfall im Rahmen einer Abwägung verschiedener Indizien bestimmt.

Vorliegend spricht für den Rechtsbindungswillen der Wert des LKW und die für den B zu erkennende Gefahr, in die die A durch einen unerfahrenen Fahrer geraten könnte.

Auf der anderen Seite ist aber zu berücksichtigen, dass B der A freundschaftlich Hilfe leisten wollte, sich aber zur Hilfeleistung nicht verpflichten wollte. Ein Rechtsbindungswille bezüglich der Leistungspflicht fehlt somit.

2. Ergebnis

Damit liegt mangels Rechtsbindungswillens kein Auftrag gem. § 662 BGB vor (a.A. natürlich vertretbar).

II. Anspruch der A gegen B aus § 280 I BGB i.V.m. §§ 311 II Nr. 3, 241 II BGB analog

1. Schuldverhältnis

Wie oben könnte hier aber ein Gefälligkeitsverhältnis vorliegen, das ausnahmsweise einen vertragsähnlichen Vertrauenstatbestand mit Schutz- und Sorgfaltspflichten entfaltet.

Beachte die Abstufung:

Gefälligkeitsvertrag, bei dem sich eine Partei zu einer Leistung verpflichtet.

Gefälligkeitsverhältnis mit rechtsgeschäftlichem Charakter: Hier besteht zwar keine Leistungsverpflichtung, jedoch bestehen gewisse Schutzpflichten, bei deren Verletzung der Schädiger aus § 280 I BGB i.V.m. §§ 311 II, 241 II BGB analog schadensersatzpflichtig wird.

Gefälligkeitsverhältnis im rein gesellschaftlichen Bereich: Hier kommt eine Schadensersatzpflicht nur aus Delikt in Betracht.

Ob hier eine Gefälligkeit mit rechtsgeschäftlichem Charakter gegeben ist, richtet sich wiederum nach dem Rechtsbindungswillen. Vorliegend spricht das Haftungsrisiko des B eher gegen das Vorliegen eines Rechtsbindungswillens.
Allerdings ist insbesondere der Wert des LKWs und die dem B erkennbare Gefahr, in die die A durch einen unerfahrenen Fahrer geraten würde, ein schlagendes Argument für den Rechtsbindungswillen (minderer Intensität).

Somit ist eine Gefälligkeit im rechtsgeschäftlichen Bereich zwischen A und B zustande gekommen.

Diese bildet ein Schuldverhältnis i.S.v. § 311 II Nr. 3 BGB analog.

2. Objektive Pflichtverletzung

B müsste eine ihm obliegende Pflicht verletzt haben. Dem B oblagen bei der Auswahl des Fahrers Sorgfaltspflichten, den „verliehenen" Fahrer gewissenhaft auszuwählen. Diese Pflicht hat B verletzt.

3. Vertretenmüssen, § 280 I 2 BGB

Das Vertretenmüssen des B wird gem. § 280 I 2 BGB vermutet. Es sind keine entgegenstehenden Anhaltspunkte ersichtlich, welche die Vermutung widerlegen könnten.

Anmerkung: **Beweislastumkehr**
Grundsätzlich muss jeder die für ihn günstigen Voraussetzungen beweisen. Im Normalfall müsste A, die von B Schadensersatz begehrt, auch dessen Verschulden beweisen.
Anders ist das nur dann, wenn eine Beweislastumkehr gegeben ist, wenn also das Vorliegen einer Anspruchsvoraussetzung vermutet wird. Dann obliegt es der anderen Partei, diese Vermutung zu entkräften, soweit eine solche Widerlegung überhaupt möglich ist (unwiderlegbare und widerlegbare Vermutungen). § 280 I 2 BGB stellt eine widerlegbare Vermutung für das Vertretenmüssen auf. Da die Widerlegung vorliegend nicht gelingt, kommt es auf die Frage einer Zurechnung nach § 278 BGB nicht an.

4. Ergebnis

A hat gegen B einen Anspruch auf Ersatz der Reparaturkosten aus § 280 I BGB i.V.m. Gefälligkeitsverhältnis im rechtsgeschäftlichen Bereich.

Anmerkung: Ein anderes Ergebnis war im vorliegenden Fall mit entsprechender Begründung ebenso gut vertretbar. So war es auch möglich, bereits einen Gefälligkeitsvertrag zu bejahen und so den umständlichen Weg über die von der Literatur entwickelte Figur der Gefälligkeit im rechtsgeschäftlichen Bereich zu vermeiden. Die Abgrenzung zwischen Gefälligkeitsverhältnis und einer Gefälligkeit im rechtsgeschäftlichen Bereich ist oft sehr schwierig und im Ergebnis umstritten, so dass beide Lösungen vertretbar sind.

III. Anspruch der A gegen B aus § 831 I BGB

Ein weiterer Schadensersatzanspruch der A gegen B könnte sich aus einer deliktischen Handlung des Verrichtungsgehilfen des B ergeben.

1. Verrichtungsgehilfe

Verrichtungsgehilfe ist, wer mit Wissen und Wollen des Geschäftsherrn in dessen Interesse tätig ist und dabei dessen Weisungen unterworfen ist.

B hat vorliegend den Fahrer F seiner Schulfreundin A zur Durchführung einer bestimmten Transportfahrt überlassen. F war als Arbeitnehmer des B von ihm weisungsabhängig. Er wurde auch im Interesse des B tätig, nämlich zur Erfüllung einer Gefälligkeit gegenüber A.

2. Deliktische Handlung des F

Durch den von F verursachten LKW-Unfall liegt eine rechtswidrige Eigentumsverletzung der A vor. Ein Verschulden des Verrichtungsgehilfen ist hier zwar unproblematisch gegeben, jedoch i.R.d. unerlaubten Handlung des Verrichtungsgehilfen nicht notwendig.

3. In Ausführung der Verrichtung

Der Unfall passierte im Zusammenhang mit den anvertrauten Aufgaben, nämlich während der Dienstfahrt und nicht nur bei Gelegenheit.

4. Exkulpation nach § 831 I 2 BGB

§ 831 I 1 BGB stellt eine Haftung für eigenes vermutetes Verschulden des Geschäftsherrn dar.

Diese Vermutung kann der Geschäftsherr jedoch widerlegen und sich exkulpieren, wenn er nachweist, dass er bei Auswahl des Verrichtungsgehilfen die erforderliche Sorgfalt beobachtet hat oder der Schaden auch bei Anwendung dieser Sorgfalt entstanden wäre.

B kann einen solchen Nachweis nicht erbringen. Er hat aus eigener Nachlässigkeit der A einen völlig unerfahrenen Fahrer zur Verfügung gestellt.

5. Ergebnis

Mangels Exkulpationsmöglichkeit haftet B auf Schadensersatz für die Reparatur des Wagens aus § 831 I BGB.

V. Zusammenfassung

Sound: Der Rechtsbindungswille entscheidet über die rechtsgeschäftliche Bindung der Parteien.

Immer, wenn in der Klausur unentgeltliche Leistungen ins Spiel kommen, müssen Sie das Problem des Rechtsbindungswillens ansprechen und sich anhand der objektiven Kriterien für eine Art des Gefälligkeitsverhältnisses entscheiden.

hemmer-Methode: Entscheidend ist die sauber begründete Trennung der drei Abstufungen i.R.v. Gefälligkeiten.
Ist die Rückgabe des „entliehenen“ LKW nach dem Unfall nicht mehr möglich, so kann A von B Schadensersatz gem. §§ 280 I, III, 283 i.V.m. 667 bzw. 604 BGB verlangen, wenn ein Gefälligkeitsvertrag bejaht wird. Andernfalls ist wie oben über die Figur der Gefälligkeit im rechtsgeschäftlichen Bereich vorzugehen.

Verspricht ein Freund, seinen teuren BMW für eine Spazierfahrt „auszuleihen", besteht mangels Rechtsbindungswillens kein Leihvertrag, und somit auch kein Anspruch auf Überlassung des Autos. Es liegt vielmehr eine Gefälligkeit im rechtsgeschäftlichen Bereich vor. Für Sekundäransprüche gelten dann §§ 280 ff. BGB.)

VI. Zur Vertiefung

Ausführlich zu Gefälligkeitsverhältnissen:

- Hemmer/Wüst, BGB-AT, Rn. 71 ff.
- BGH, Life&Law 2010, 791 ff. zur Übertragbarkeit vertraglicher Regeln auf Gefälligkeitsverhältnisse
- Hemmer/Wüst, KK BGB-AT Karteikarte Nr. 17

Fall 3: Haftung in Gefälligkeitsverhältnissen

Sachverhalt:

B half A beim Umzug in eine neue Wohnung. Da A nicht alle Sachen sofort in der neuen Wohnung unterbringen konnte, fragte er B, ob er ein paar Einrichtungsgegenstände, darunter einen Computermonitor für einige Tage bei ihm unterstellen könnte. B war damit einverstanden. Eines Tages stieß der zerstreute und wie immer ein bisschen verträumte B den Monitor, der auf dem Ablagetisch stand, auf den Boden. Der Monitor wurde stark beschädigt. A verlangt von B, der nicht haftpflichtversichert ist, Schadensersatz.

I. Einordnung

Bei vertraglichen Gefälligkeitsverhältnissen (**Gefälligkeitsverträgen**) ist der Haftende teilweise privilegiert, z.B. § 690 BGB. Streitig ist, ob diese Privilegierung auch i.R.d. Deliktshaftung nach § 823 BGB gilt, wenn es an einem Rechtsbindungswillen fehlt, aber Ähnlichkeiten mit dem im Gesetz vorgesehenen Gefälligkeitsvertrag bestehen.

II. Gliederung

I. Anspruch des A gegen B auf Schadensersatz gem. §§ 280 I, 688 BGB

1. Schuldverhältnis
(P): Rechtsbindungswille (-)

⇨ **rein tatsächliche Gefälligkeit**
⇨ keine vertraglichen Sorgfaltspflichten

2. Ergebnis:
kein Anspruch aus §§ 280 I, 688 BGB

II. Anspruch des A gegen B auf Schadensersatz aus § 823 I BGB

1. Rechtsgutverletzung
⇨ Eigentum (+)

2. Verletzungshandlung

3. Haftungsbegründende Kausalität

4. Verschulden, § 276 BGB Haftung für Vorsatz und Fahrlässigkeit,

Hier: leichte Fahrlässigkeit

(P): Anwendung der Haftungsbeschränkung des § 690 BGB bei deliktischer Haftung aus Gefälligkeitsverhältnissen?

a) ⇨ **Lit.: (+), Arg. „a maiore ad minus“:** Wenn die Haftungsprivilegien bereits bei Gefälligkeitsverträgen das Verschulden ausschließen können, dann umso mehr bei bloßen nicht vertraglichen Gefälligkeiten

b) ⇨ **Rspr.: (-),** nicht jeder Gefälligkeitsvertrag kennt eine Haftungsbeschränkung (vgl. Auftrag). Es handelt sich um eine nicht analogiefähige Ausnahme

Aber: beim fehlenden Versicherungsschutz wird ein **stillschweigender Haftungsausschluss** angenommen

5. Ergebnis:
Anspruch des A gegen B nach jeder Ansicht (-)

III. Lösung

I. Anspruch des A gegen B auf Schadensersatz gem. §§ 280 I, 688 BGB

Ein Schadensersatzanspruch des A könnte sich aus § 280 I BGB ergeben. Voraussetzung ist zunächst, dass zwischen A und B ein wirksames Schuldverhältnis vorliegt.

1. Schuldverhältnis

Als Schuldverhältnis kommt hier ein Verwahrungsvertrag nach § 688 BGB in Betracht. Dafür müsste jedoch B, als er mit dem A die Unterstellmöglichkeit vereinbart hat, mit Rechtsbindungswillen gehandelt haben.

Ob B mit Rechtbindungswillen handelte, ist anhand einer Reihe von Indizien durch Auslegung (§§ 133, 157 BGB) zu ermitteln. Berücksichtigt wird insbesondere die Art und Dauer der Gefälligkeit, ihre wirtschaftliche und rechtliche Bedeutung für den Empfänger, die Interessenlage der Parteien, der Wert der anvertrauten Sache, das erkennbare Interesse des Begünstigten an der Einhaltung des Versprechens und auch die für den Leistenden erkennbare Gefahr, in welche die andere Partei durch fehlerhafte Leistung geraten kann.

Vorliegend könnte der Wert des Computermonitors für einen Rechtsbindungswillen sprechen. Es handelte sich allerdings um eine Angelegenheit des täglichen Lebens. Auch kann der Fall nicht mit dem LKW-Fall (siehe Abwandlung Fall 2) verglichen werden, in dem der Wert ein entscheidendes Kriterium war, da der Wert des Monitors wesentlich geringer ist.

Weiter spricht das für den B erkennbare Schadensrisiko im Falle einer Beschädigung oder eines Unterganges gegen die Annahme eines Rechtsbindungswillens. Somit ist dieser hier abzulehnen. Es handelte sich vielmehr um eine rein tatsächliche Gefälligkeit, bei der keine Leistungspflichten und auch keine vertraglichen Sorgfaltspflichten bestehen.

2. Ergebnis

Mangels wirksamen Schuldverhältnisses scheidet ein Anspruch nach §§ 280 I, 688 BGB aus.

II. Anspruch auf Schadensersatz aus § 823 I BGB

Ein Schadensersatzanspruch des A könnte sich jedoch aus Delikt ergeben.

Prüfungsschema für § 823 I BGB

1. **Rechtsgutverletzung**
2. **Verletzungshandlung**
3. **Haftungsbegründende Kausalität** (zwischen Verletzungshandlung und Rechtsgutverletzung)
4. **Rechtswidrigkeit**
5. **Verschulden**
6. **Schaden**
7. **Haftungsausfüllende Kausalität** (zwischen schuldhafter Rechtsgutsverletzung und Schaden)
8. **Mitverschulden**

1. Der im Eigentum des A stehende Computermonitor wurde beschädigt.

2. Die Beschädigung erfolgte durch das Hinabstoßen des Monitors von dem Ablagetisch durch B.

3. Da B die erforderliche Sorgfalt außer Acht gelassen hat, handelte er dabei leicht fahrlässig und damit schuldhaft i.S.d. § 276 I BGB.

4. Haftungsbeschränkung in Gefälligkeitsverhältnissen

Es könnte hier jedoch die Haftungsbeschränkung des § 690 BGB eingreifen. Danach hat der Verwahrer bei unentgeltlicher Verwahrung nur diejenige Sorgfalt einzuhalten, die er auch in eigenen Angelegenheiten anzuwenden pflegt. Was mit der Haftung in eigenen Angelegenheiten gemeint ist, erläutert § 277 BGB. Jedenfalls erfolgt keine Befreiung für grobe Fahrlässigkeit. Liegt dagegen lediglich leichte Fahrlässigkeit vor, so kann diese Haftungseinschränkung einschlägig sein. Dies hängt davon ab, wie sorgfältig der Verwahrende sonst handelt. Ist er üblicherweise achtsam, so haftet er auch für leichte Fahrlässigkeit. Ist er dagegen zerstreut oder ungeschickt in seinem Verhalten, neigt er also auch im täglichen Leben zu leicht fahrlässigem Handeln, so haftet er für die leichte Fahrlässigkeit nicht. Es kann bei einer unentgeltlichen Verwahrung vom Verwahrenden nicht mehr Sorgfalt verlangt werden, als er sonst einzuhalten pflegt.

Demnach müsste auch auf den zerstreuten B die Haftungseinschränkung des § 690 BGB Anwendung finden. Das Ergebnis wäre dann, dass die Haftung mangels Verschulden entfiele.

Jedoch kann § 690 BGB zumindest keine direkte Anwendung finden, da eine Verwahrung gerade nicht vorliegt.

Es ist fraglich, welcher Haftungsmaßstab bei einer deliktischen Haftung aus Gefälligkeitsverhältnis anzulegen ist.

a) Ansicht der Literatur

Teilweise beschränkt das Gesetz die Haftung bei Gefälligkeitsverträgen (vgl. § 521 BGB bei Schenkung, § 599 BGB für Leihe, § 690 BGB für Verwahrung).

Daraus wird in der Literatur geschlossen, dass Haftungseinschränkungen „a maiore ad minus“ auch bei Gefälligkeitsverhältnissen anzuwenden sind, sofern diese einem Gefälligkeitsvertrag ähneln, der ein Haftungsprivileg enthält.

Wenn derjenige, der mit Rechtsbindungswillen handelt, in der Haftung privilegiert ist, so muss dies erst recht für den ohne Rechtsbindungswillen Handelnden gelten.

Nach dieser Ansicht würde B somit nicht haften, da wegen Eingreifens der Haftungsbeschränkung sein Verschulden entfiele.

b) Ansicht der Rechtsprechung

Andererseits ist aber zu berücksichtigen, dass der Auftrag (§§ 662 ff. BGB), welcher ebenfalls einen Gefälligkeitsvertrag darstellt, eine solche Haftungsbeschränkung trotz Unentgeltlichkeit nicht kennt.

Deswegen lehnt die Rechtsprechung eine Einschränkung der Haftung ab. Haftungsprivilegierungen sind kein allgemein geltender Grundsatz. Sie sind als eine Ausnahme zu betrachten und als solche einer Analogie nicht zugänglich.

Nach Ansicht der Rechtsprechung haftet somit der bloß Gefällige auch für leichte Fahrlässigkeit.

Sound: Wer den Schutz des Vertrages nicht sucht, hat ihn auch nicht verdient!

Um jedoch Unbilligkeiten zu vermeiden, nimmt die Rechtsprechung in den Fällen fehlenden Versicherungsschutzes eine stillschweigende Vereinbarung eines Haftungsausschlusses oder einer Haftungsbeschränkung an.

Damit ist auch nach Ansicht der Rechtsprechung B für den Schaden nicht verantwortlich.

5. Ergebnis

Nach beiden Ansichten ist hier kein Schadensersatzanspruch des A gegen B gegeben.

IV. Zusammenfassung

Sound: Keine Haftungsbeschränkung, aber ein stillschweigend vereinbarter Haftungsausschluss!

Es handelt sich hierbei um gefestigte BGH-Rechtsprechung. In der Klausur sind mit guter Begründung beide Ansichten vertretbar.

Merken Sie sich: Am Ende entscheidet nicht das Ergebnis, sondern eine überzeugende Argumentation!

hemmer-Methode: Grds. wird für Vorsatz und Fahrlässigkeit gehaftet, § 276 BGB. § 690 BGB ist eine Haftungsmilderung für Fälle der Fahrlässigkeit. Abweichend von § 276 BGB gilt hier kein objektiver, sondern ein subjektiver auf die Veranlagung und das gewohnheitsmäßige Verhalten des Handelnden abgestellter Maßstab. Des Weiteren kennt das Gesetz die Haftungseinschränkung auf Vorsatz und grobe Fahrlässigkeit: §§ 300 I, 521, 599 BGB.

V. Zur Vertiefung

Zur Haftung in Gefälligkeitsverhältnissen:

- Hemmer/Wüst, BGB-AT I, Rn. 75 ff.

Fall 4: Rechtsbindungswille / Erklärungen am Unfallort

Sachverhalt:

Schnell (S) machte sich nach einem ausgiebigen Abendessen mit anschließendem „Verdauungsschnäpschen" mit seinen Berufskollegen auf den Heimweg. Er war in Eile, da ihn seine Frau bereits verärgert zu Hause erwartete. In seiner Hektik beachtete er ein Vorfahrtsschild nicht und prallte mit dem Fahrzeug des Flott zusammen, der selbst mit überhöhter Geschwindigkeit gefahren war. Da Schnell es eilig hatte und auch, weil er in Anbetracht des Alkoholkonsums nicht auf die Polizei treffen wollte, erklärte er gegenüber Flott, er allein habe durch sein unachtsames Fahren den Unfall verursacht. Später bereut er seine Erklärung. Er findet, Flott sei zumindest mitschuldig, fühlt sich aber an seine Erklärung gebunden.

Frage: *Zu Recht?*

I. Einordnung

I.R.v. sog. Schuldanerkenntnissen gibt es im Wesentlichen zwei Arten, das abstrakte und das deklaratorische.

Die Unterscheidung erfolgt danach, ob die Anerkennung der Schuld schuldbegründend wirken soll (**abstraktes = konstitutives Schuldanerkenntnis**), eine bestehende Schuld festgestellt werden soll (**deklaratorisches Schuldanerkenntnis**) oder aber ob das Ganze lediglich der Beweiserleichterung dient. Bei solchen Verträgen muss im Wege der Auslegung ermittelt werden, ob überhaupt eine rechtliche Bindung gewollt war. Wird dies bejaht, stellt sich die Frage nach dem Umfang einer derartigen Bindung.

II. Gliederung

S ist gebunden, wenn RBW (+):

1. Abstraktes Schuldanerkenntnis

Sehr weitgehender Rechtsbindungswille erforderlich

⇨ es entsteht eine ganz neue Verpflichtung unabhängig vom bisherigen Haftungsgrund

⇨ (+), wenn der Schuldner erkennbar zum Ausdruck bringt, unabhängig von seiner bereits bestehenden Haftung die Verantwortung aus dem Anerkenntnis übernehmen zu wollen

⇨ (-) bei Erklärungen an der Unfallstelle

2. Deklaratorisches Schuldanerkenntnis

Begründet keine neue Verbindlichkeit

Bedeutung: Verzicht auf alle im Zeitpunkt der Erklärung dem Schuldner bekannten Einwendungen und Einreden ⇨ z.B. auf § 7 II StVG

Gefahr: Keine Kondiktion nach §§ 812 ff. BGB möglich

⇨ Keine generelle Vermutung für ein deklaratorisches Schuldanerkenntnis, grds. ein besonderer Anlass erforderlich (vorangegangener Streit oder Ungewissheit über die Schuld)

⇨ bei **Erklärungen an der Unfallsstelle** regelmäßig dahingehender Rechtsbindungswille (-)

3. Beweislasterleichterung (bloße Wissenserklärung)

Bei Erklärungen am Unfallort regelm. (+)

Str. ist die **Reichweite** solcher Erklärung:

a) **Beweislastumkehr**

⇨ Der Erklärungsempfänger muss die anspruchsbegründenden Tatsachen nunmehr nur dann beweisen, wenn dem Schuldner der Nachweis der Unrichtigkeit gelingt.

b) A.A.: bloße **Indizwirkung** bei der freien Beweiswürdigung nach § 286 ZPO

4. Ergebnis

S ist an seine Erklärung gebunden, es sei denn ihm gelingt ein Gegenbeweis

III. Lösung

S wäre an seine Erklärung nur dann gebunden, wenn er sie mit Rechtsbindungswillen abgegeben hätte.

Je nach Reichweite des Rechtsbindungswillens käme das Vorliegen eines abstrakten Schuldanerkenntnisses (§§ 780, 781 BGB), eines deklaratorischen Schuldanerkenntnisses oder auch nur einer Beweislasterleichterung zugunsten des F in Betracht.

1. Abstraktes Schuldanerkenntnis

Zunächst ist das Vorliegen eines abstrakten Schuldanerkenntnisses zu prüfen. Das abstrakte (= konstitutive) Schuldanerkenntnis (§§ 780, 781 BGB) erfordert einen sehr weitgehenden Rechtsbindungswillen.

Durch dieses Schuldanerkenntnis wird unabhängig vom Bestehen einer bisherigen Verpflichtung eine gänzlich neue begründet.

F könnte in diesem Fall seine Klage alleine auf die Erklärung des S stützten. Dem Gläubiger wird dadurch die Durchsetzbarkeit seines Anspruchs wesentlich erleichtert.

Anmerkung: Bestreitet S im Nachhinein seine Verantwortlichkeit, so müsste er zunächst das konstitutive Schuldanerkenntnis zum Fall bringen. Dies wäre möglich im Wege einer Kondiktion nach Bereicherungsrecht, vgl. §§ 812 II, 812 I 1 1.Alt. BGB (Leistungskondiktion).
Weiter könnte ein konstitutives Schuldanerkenntnis wegen seiner Abstraktheit ohne den Anspruch aus dem zugrunde liegenden Kausalverhältnis abgetreten werden (§ 398 BGB). Dies führt zu besonderen Gefahren, da der Schuldner dann sowohl aus dem Kausalverhältnis wie auch aus dem Schuldanerkenntnis in Anspruch genommen werden könnte. Somit bestünde die Gefahr der Doppelzahlung.

Deswegen bedarf die Annahme eines konstitutiven Schuldanerkenntnisses strenger Anforderungen. Der Schuldner muss erkennbar zum Ausdruck bringen, dass er unabhängig von seiner bereits bestehenden Haftung die Verantwortung aus dem Anerkenntnis übernimmt.

Ein derartiger Fall wird sehr selten vorliegen.

Insbesondere bei Erklärungen an der Unfallstelle, wo Äußerungen angesichts der Notlage unbedacht abgegeben werden, ist ein derart weitreichender Rechtsbindungswille der Parteien nicht anzunehmen.

Somit liegt in der Erklärung des S kein abstraktes Schuldanerkenntnis.

2. Deklaratorisches Schuldanerkenntnis

Es könnte sich aber um ein deklaratorisches Schuldanerkenntnis handeln. Dieses begründet im Gegensatz zu einem konstitutiven Schuldanerkenntnis keine neue Verbindlichkeit. Der Schuldner verpflichtet sich aber, auf alle ihm zum Zeitpunkt der Erklärung bekannten Einreden und Einwendungen, u.U. auch auf zukünftige, zu verzichten. Durch ein deklaratorisches Schuldanerkenntnis sollen Streitigkeiten oder Ungewissheiten über den Anspruch aus einem bereits bestehenden Schuldverhältnis vermieden werden.

Anmerkung: Damit schafft das deklaratorische Anerkenntnis zwar keine neue Anspruchsgrundlage, es beschneidet jedoch die Verteidigungsmöglichkeiten des Schuldners. Auch ist das deklaratorische Schuldanerkenntnis nicht kondizierbar, kann also nicht wieder aus der Welt geschaffen werden.

Ob und inwieweit ein Unfallbeteiligter durch ein deklaratorisches Schuldanerkenntnis auf mögliche Einreden und Einwendungen verzichtet hat, hängt von der Auslegung seines Rechtsbindungswillens ab. Hierbei muss insbesondere die Interessenlage der Beteiligten, der erkennbare Zweck der Vereinbarung sowie die allgemeine Verkehrsauffassung über die Bedeutung eines entsprechenden Schuldanerkenntnisses gegeneinander abgewogen werden. Der BGH hat mehrfach betont, dass es keine generelle Vermutung für eine bestimmte Art des Schuldanerkenntnisses gibt. Es bedarf vielmehr eines besonderen Anlasses für den Vertrag. Möglich sind beispielsweise ein vorangegangener Streit oder die Ungewissheit über das Bestehen einer Schuld.

Insbesondere bei unüberlegten Erklärungen an der Unfallstelle dürfte die Annahme eines entsprechenden Rechtsbindungswillen regelmäßig zu verneinen sein.

Daher muss wegen fehlender Anhaltspunkte für einen entsprechenden Rechtsbindungswillen des S auch ein deklaratorisches Schuldanerkenntnis abgelehnt werden.

3. Beweislasterleichterung

Fraglich ist, welche Bedeutung der Erklärung des S dann zukommt. Nach der Rechtsprechung soll die Erklärung, an einem Unfall allein Schuld zu haben, regelmäßig keinen rechtsgeschäftlichen Charakter haben, sondern lediglich zur Beweisverbesserung führen. F kann die Erklärung des S also i.R.d. Verschuldensnachweises verwerten. Die Reichweite dieser Beweislasterleichterung (bloße Wissenserklärung) ist allerdings umstritten.

Teilweise wird eine Beweislastumkehr befürwortet, teilweise eine bloße Indizwirkung bei der freien Beweiswürdigung nach § 286 ZPO. Im letzteren Fall kann sich derjenige, der im Widerspruch zu seinem ursprünglichen Verhalten nunmehr seine Schadensersatzpflicht leugnet, mit bloßem Bestreiten begnügen. Das ist jedoch insofern unbillig, als der andere Teil im Vertrauen auf die Erklärung regelmäßig auf eine Beweissicherung verzichtet hat.

Dementsprechend muss der Schuldner, hier S, auch für den von ihm erzeugten Rechtsschein einstehen und die Beweislast hinnehmen.

Jedenfalls braucht der Erklärungsempfänger, hier F, die anspruchsbegründenden Tatsachen, die er ansonsten zur Durchsetzung seines Anspruchs (Anspruchsgrundlage vorliegend: §§ 7 StVG, 823 I BGB) beweisen müsste, nunmehr nur dann beweisen, wenn dem Schuldner S der Nachweis der Unrichtigkeit gelingt.

4. Ergebnis

Damit führt die Erklärung des S zu einer Beweiserleichterung zugunsten des F. S könnte den Rechtsschein zerstören, wenn er nachweist, dass er den Unfall nicht alleine verschuldet hat. Ansonsten bleibt S an seine Erklärung gebunden.

IV. Zusammenfassung

Sound: Erklärungen am Unfallort sind regelmäßig bloße Wissenserklärungen und dienen lediglich der Beweiserleichterung!

Bei nicht hinreichend überlegten Erklärungen am Unfallort dürfte die Annahme eines entsprechenden Rechtsbindungswillens zu verneinen sein. Diese Erklärungen haben dann lediglich eine Beweislastumkehr zur Folge.

Denken Sie in Zusammenhängen: Erklärt der Fahrer eines LKW, der für eine KG unterwegs ist, ein „Schuldanerkenntnis" sowohl für sich als auch für die KG als Halter, so stellt sich zusätzlich das Problem seiner Vertretungsmacht für die KG. Fehlt es an dieser, denken Sie an § 139 BGB. So könnte dann auch das eigene Schuldanerkenntnis scheitern.

hemmer-Methode: Beachten Sie, dass die Abgrenzung zwischen konstitutiven und deklaratorischen Schuldanerkenntnis sowie bloßer Wissenserklärung nicht nur bei Erklärungen am Unfallort von Bedeutung ist, sondern immer dann, wenn die Möglichkeit besteht, dass dem Erklärenden die Berufung auf Einwendungen, Einreden oder Haftungserleichterungen durch ein erfolgtes Schuldanerkenntnis verschlossen sein kann.

V. Zur Vertiefung

- Hemmer/Wüst, BGB-AT I, Rn. 85
- Hemmer/Wüst, KK BGB-AT I, Karteikarte Nr. 19

Fall 5: Rechtsbindungswille / invitatio ad offerendum / Vertragsschluss in Selbstbedienungsläden

Sachverhalt:

Die Großhandelskette V-Computermarkt-AG (V) veranstaltet eine Aktionswoche, in der diverse PCs zu sehr günstigen Preisen „angeboten" werden. Von dem „Angebot" werden nicht nur Kunden des Marktes überrascht, sondern auch der Computerhändler Klein. Klein ärgert sich über die Aktion des V maßlos, weil er befürchtet, dass ihm dadurch Gewinne aus seinem kleinen Computergeschäft ausbleiben. Kurz entschlossen begibt er sich mit einigen Mitarbeitern zur Filiale des V-Computermarktes, transportiert alle noch vorhandenen Computer zur Kasse und erklärt der Verkäuferin, er wolle alle Geräte kaufen. Der darauf hinzu gerufene Filialleiter F erklärt, man wolle Klein keine Computer verkaufen. Klein ist über ein solches Verhalten empört. Er ist der Auffassung, dass ein Kaufvertrag bereits zustande gekommen sei, und verlangt vom V die Übereignung der PCs.

Frage: *Zu Recht?*

I. Einordnung

Der Rechtsbindungswille entscheidet darüber, ob ein Vertrag oder eine bloße Aufforderung zur Abgabe von Angeboten (**invitatio ad offerendum**) vorliegt.

Zu entscheiden ist dies anhand einer Reihe von objektiven Indizien. Hierbei müssen Sie die berechtigten Interessen beider Parteien beachten und diese gegeneinander abwägen. Fehlt es am Rechtsbindungswillen, kommt lediglich eine invitatio ad offerendum in Betracht.

Merken Sie sich: Das bloße Zitieren der invitatio ad offerendum ist zu formelhaft und ersetzt nicht die Begründung. Statt zu schreiben: „Es liegt kein Angebot, sondern eine invitatio ad offerendum vor", schreiben Sie besser, warum dies der Fall ist.

Formulierungsvorschlag: „Ein Angebot liegt mangels Rechtsbindungswillens nicht vor. Stattdessen ist lediglich von einer invitatio ad offerendum auszugehen".

II. Gliederung

Anspruch des Klein auf Übereignung der PC aus § 433 I 1 BGB	
	Vor.: Abschluss eines wirksamen KV ⇨ zwei übereinstimmende WE
1.	**Angebot**
	⇨ Eine auf Abschluss eines Rechtsgeschäfts gerichtete WE, die der Adressat durch ein einfaches „Ja" annehmen kann
	Angebot des V bereits durch Ausstellen der Ware? ⇨ (+) wenn Rechtsbindungswille gegeben
2.	**Rechtsbindungswille**
	Ermittelt durch Auslegung, §§ 133, 157 BGB
	V will sich seine Vertragspartner selbst aussuchen
	Gefahr des Zustandekommens des KV auch bei Falschauszeichnung

⇨ Mangels Rechtsbindungswillens ist das Ausstellen der Ware kein Angebot, sondern invitatio ad offerendum.

3. Ergebnis

Kein Anspruch des K auf Übereignung der Computer

III. Lösung

Anspruch des Klein auf Übereignung der PCs aus § 433 I 1 BGB

Klein könnte einen Anspruch gegen den V aus § 433 I 1 BGB auf Übereignung und Übergabe der Computer gegen Zahlung des Kaufpreises haben.

Dazu müsste zwischen dem V und Klein ein wirksamer Kaufvertrag zustande gekommen sein. Ein Kaufvertrag kommt durch zwei übereinstimmende, inhaltlich korrespondierende Willenserklärungen zustande, Angebot und Annahme, §§ 145 ff. BGB.

1. Angebot

Ein Angebot ist eine Willenserklärung, die auf den Abschluss eines Vertrages gerichtet ist und welcher der Erklärungsadressat zum Zustandekommen des Vertrages nur noch vorbehaltlos zustimmen muss.

Hier könnte ein Angebot des V zum Abschluss eines Kaufvertrages bereits im Aufstellen der mit einem Preis ausgezeichneten Waren im Ladengeschäft liegen.

Wäre das der Fall, so käme es entscheidend auf die Annahme des Angebotes durch Klein an. Eine solche könnte auch konkludent durch das Vorzeigen der Ware an der Kasse erfolgen.

Fraglich ist jedoch, ob das Auslegen der Waren in den Regalen eines Selbstbedienungsmarktes tatsächlich ein Angebot zum Abschluss eines Kaufvertrages darstellen kann.

2. Rechtsbindungswille

Dem V-Computermarkt könnte es an dem erforderlichen Rechtsbindungswillen fehlen. Dann wäre das Auslegen der Ware keine Willenserklärung, sondern lediglich eine unverbindliche Aufforderung zur Abgabe eines Angebotes (sog. invitatio ad offerendum). Dies ist durch Auslegung (§§ 133, 157 BGB) zu ermitteln.

Gegen ein Angebot spricht, dass derjenige der eine Ware präsentiert, sich gerade noch nicht rechtlich binden will.

In der Regel möchte er sich seinen Vertragspartner selbst aussuchen.

Anmerkung: Denkbar ist, dass der Geschäftsinhaber mit einem bestimmten Kunden keinen Vertrag schließen möchte, etwa weil dieser wegen vorangegangener Ladendiebstähle oder Beleidigungen des Personals Hausverbot hat oder aber weil er, wie im vorliegenden Fall, als Konkurrent Sonderangebote durch einen Massenaufkauf zunichte machen will. Das schutzwürdige Interesse des Geschäftsinhabers gebietet in diesen Fällen das Vorliegen eines Angebots abzulehnen.
Ein weiteres Beispiel wäre der Fall einer Falschauszeichnung. Auch hier könnte der Kunde alleine durch sein Tun einen Vertrag zustande bringen. In diesem Fall liegt es aber erkennbar im Interesse des Geschäftsinhabers die Möglichkeit zu haben, von einem Geschäft zu den Bedingungen der Falschauszeichnung Abstand zu nehmen.

Damit liegt in dem Aufstellen ausgezeichneter Ware in einem Selbstbedienungsladen mangels Rechtbindungswillens lediglich eine invitatio ad offerendum.

Anmerkung: Typische Fälle der invitatio ad offerendum stellen Zeitungsinserate dar. Liegt in diesem Fall ein Angebot des Inserenten vor, so kann eine unbegrenzte Anzahl von Personen einen Vertrag durch bloße Annahmeerklärung zustande bringen. Möglicherweise kann aber der Anbieter nicht alle Verträge erfüllen (weil er z.B. nur eine Sache zum Verkauf anbietet). Dann würde er sich den anderen Vertragspartnern gegenüber schadensersatzpflichtig machen.

Somit stellt erst die Erklärung des Kleins gegenüber der Kassiererin, er wolle die zur Kasse gebrachten Computer kaufen, ein Vertragsangebot seinerseits dar. Dieses Angebot hat der V-Computermarkt, vertreten durch seinen Filialleiter, jedoch nicht angenommen.

Anmerkung: Das Herausnehmen der Ware aus dem Regal genügt nicht für eine Annahme. Die Annahme als Willenserklärung ist nämlich nach dem objektiven Empfängerhorizont unter Berücksichtigung der Verkehrssitte auszulegen.
Das Herausnehmen der Ware aus dem Regal oder das Hinlegen der Ware in den Warenkorb lässt bei objektiver Betrachtung noch keinen hinreichenden Schluss auf die Kaufabsicht des Kunden zu. Diesem bleibt es vielmehr unbenommen, die Ware bis zum Vorzeigen an der Kasse jederzeit wieder in das Regal zurückzulegen.

3. Ergebnis

Im Ergebnis ist also kein Kaufvertrag zwischen Klein und dem V-Markt zustande gekommen. Klein hat keinen Anspruch aus Kaufvertrag (§ 433 I 1 BGB) auf Übergabe und Übereignung der an der Kasse vorgezeigten Computer.

IV. Zusammenfassung

Sound: Das bloße Auslegen der Ware ist mangels Rechtsbindungswillens lediglich eine invitatio ad offerendum.

Diese Ansicht ist nicht unumstritten. Teilweise wird schon im Auslegen der Ware ein Angebot des Geschäftsinhabers gesehen.

Argumentieren Sie immer mit der Interessenlage und Schutzwürdigkeit der Parteien. Verlieren Sie nicht den gesunden Menschenverstand.

Denken Sie dabei aber auch klausurtaktisch und entscheiden Sie sich für die Ansicht, die Ihnen weitere in der Klausur angesprochene Problemfelder eröffnet.

hemmer-Methode: Kein verbindliches Angebot, sondern nur eine invitatio ad offerendum liegt auch im bloßen Zusenden von Katalogen und Preislisten, in Speisekarten oder Ankündigungen von Theatervorstellungen. Auf der anderen Seite liegt in der unbestellten Zusendung von Waren ein verbindliches Angebot, das durch entsprechende Erklärung angenommen werden kann (vgl. Fall 19: „Zusendung unbestellter Waren").

V. Zur Vertiefung

Zur invitatio ad offerendum und Vertragsschluss in SB-Läden:

- Hemmer/Wüst, BGB-AT I, Rn. 90, 138
- Hemmer/Wüst, KK BGB-AT, Karteikarte Nr. 16, 21, 22
- Zum Vertragsschluss an einer Selbstbedienungstankstelle vgl. BGH, Life&Law 2011, 542 ff. Der BGH geht davon aus, dass hier der Vertrag bereits mit Einfüllen des Benzins in den Tank zustande kommt. Bei Nichtbezahlung gerät der Käufer sodann in Verzug. Vgl. auch Fall 62 in dieser Fallsammlung.

Fall 6: Willensvorbehalte / geheimer Vorbehalt

Sachverhalt:

Auf einer Party kommt es zum Streit zwischen F und M. F erklärt daraufhin, dass sie mit M und dem Freundschaftsring, den er ihr geschenkt hat, nichts mehr zu tun haben möchte. In ihrer Wut verschenkt sie den Ring demonstrativ an ihre Freundin D. D nimmt diesen erfreut entgegen, da er ihr schon immer gefallen hat und sie die F um diesen beneidet hat. F will den Ring dagegen in Wirklichkeit nicht verschenken, sondern nur den M ärgern. Als sich F und M nach einigen Tagen versöhnen, verlangt F von D „ihren" Ring zurück. Dazu ist aber D nicht bereit. Sie ist der Meinung, der Ring gehöre jetzt ihr.

Frage: *Kann F von D den Ring herausverlangen?*

I. Einordnung

Neben dem Vorliegen von positiven Voraussetzungen wie Abgabe und Zugang ist für eine wirksame WE darüber hinaus notwendig, dass bestimmte rechtshindernde Tatbestandsmerkmale nicht vorliegen. Dazu gehören die §§ 116 ff. BGB.

Auch bei der sachenrechtlichen Übereignung kann es zu den BGB-AT Problemen kommen. Die Einigung gem. § 929 BGB ist ein dinglicher Vertrag, auf den die Regelungen des BGB-AT Anwendung finden, z.B. §§ 130, 153, 164 BGB. Nur die Übergabe erfolgt nach Sachenrecht.

II. Gliederung

I.	**Anspruch der F gegen D auf Herausgabe des Ringes nach § 985 BGB**
1.	**Eigentum der F** (-), wenn Eigentum an D verloren
a)	**Eigentumserwerb gem. § 929 S. 1 BGB** Dingliche Einigung und Übergabe ⇨ Realakt, hier unproblematisch
aa)	**Einigung** ⇨ BGB-AT Regeln anwendbar
bb)	**Geheimer Vorbehalt,** § 116 BGB Der Erklärende behält sich bei der Abgabe der WE insgeheim vor, das Erklärte nicht zu wollen ⇨ WE wirksam bei (auch grob fahrlässiger) Unkenntnis des Vorbehaltes durch den Erklärungsempfänger <u>Hier</u>: Keine positive Kenntnis des Vorbehaltes durch D, allenfalls fahrlässige Unkenntnis
2.	**Ergebnis** Geheimer Vorbehalt unbeachtlich ⇨ dingliche Einigung wirksam ⇨Übereignung nach § 929 S. 1 BGB zustande gekommen ⇨ F keine Eigentümerin mehr ⇨ § 985 BGB (-)
II.	**Anspruch der F gegen D auf Herausgabe des Ringes, § 812 I 1 1.Alt. BGB**
1.	**Erlangtes Etwas** Eigentum und Besitz am Ring
2.	**Durch Leistung** Bewusste und zweckgerichtete Mehrung fremden Vermögens ⇨ (+) da Erfüllung einer vermeintlichen Verbindlichkeit aus Schenkung

Dies erfordert der Interessenschutz des Erklärungsgegners, der auf die Erklärung vertraut. Wird ein Verhalten im Rechtsverkehr nach dem objektiven Erscheinungsbild i.S.d. §§ 133, 157 BGB als Willenserklärung aufgefasst, so darf sich der Erklärende auf seinen geheimen Vorbehalt nicht berufen.

Sofern jedoch der geheime Vorbehalt dem Erklärungsempfänger bekannt war, ist die Willenserklärung nach § 116 S. 2 BGB nichtig. Hier bedarf der Erklärungsempfänger keines Schutzes. Erforderlich ist jedoch, dass dieser positive Kenntnis besaß. Kennenmüssen alleine reicht nicht aus. Auch bei grober Fahrlässigkeit des Empfängers bleibt die Erklärung gültig.

Anmerkung: Die Rechtsfolge der Nichtigkeit greift nach dem Wortlaut des § 116 S. 2 BGB nur bei empfangsbedürftigen Erklärungen ein. Davon sind jedoch zwei Ausnahmen in unterschiedlichen Richtungen zu machen. Zum einen ist § 116 S. 2 BGB auch auf die Auslobung (§§ 657 ff. BGB) als einseitige Willenserklärung mit der Maßgabe anzuwenden, dass gegenüber Bösgläubigen
ebenfalls die Nichtigkeit eintritt. Zum anderen führt ein geheimer Vorbehalt bei der Eheschließung trotz Bösgläubigkeit des Ehepartners nicht zur Nichtigkeit der Eheschließung.

2. Ergebnis

Für D war der geheime Vorbehalt der F nicht erkennbar. Zwar wusste sie von dem Streit zwischen F und M, aber dies begründet allenfalls den Vorwurf der Fahrlässigkeit. Es führt nicht zur Kenntnis des Vorbehaltes. Damit ist der geheime Vorbehalt der F unbeachtlich.

Eine wirksame dingliche Einigung liegt vor. Da auch die Übergabe stattgefunden hat, hat D das Eigentum am Ring wirksam erworben.

F hat im Ergebnis ihr Eigentum verloren und kann keinen Herausgabeanspruch nach § 985 BGB gegen D geltend machen.

II. Anspruch der F gegen D auf Herausgabe des Ringes aus § 812 I 1 1.Alt. BGB

D ist zur Herausgabe des Ringes verpflichtet, wenn sie den Ring durch Leistung der F ohne einen Rechtsgrund erlangt hat.

Prüfungsschema § 812 I 1 1.Alt. BGB
1. Erlangtes Etwas
2. Durch Leistung
3. Ohne Rechtsgrund

1. Erlangtes Etwas

D hat Eigentum und Besitz am Ring erlangt (s.o., § 929 S. 1 BGB).

Beachte: Erlangtes Etwas ist nicht die Sache selbst, sondern eine Rechtsposition an ihr, z.B. Eigentum oder Besitz.

2. Durch Leistung

D müsste den Ring durch eine Leistung der F erlangt haben. Leistung ist jede bewusste und zweckgerichtete Mehrung fremden Vermögens. Das Vorliegen einer Leistung bestimmt sich nach dem objektiven Empfängerhorizont.

Aus Sicht der D hat F in Erfüllung einer (vermeintlichen) Verbindlichkeit aus dem Schenkungsvertrag geleistet. Eine Leistung liegt damit vor.

3. Rechtsgrundlos

F kann von D nur dann kondizieren, wenn F den Ring ohne Rechtsgrund geleistet hat.

a) Schenkung als Rechtsgrund

Als Rechtgrund kommt hier eine Schenkung gem. § 516 BGB in Betracht. Voraussetzung ist die Wirksamkeit d. Schenkungsvertrages.

aa) Geheimer Vorbehalt, § 116 I BGB

Eine Schenkung ist ein unentgeltlicher Vertrag, der – wie jeder Vertrag - durch zwei übereinstimmende Willenserklärungen zustande kommt. F hat D ein Angebot zur Schenkung gemacht. Dieses war jedoch nach ihrem geheimen Vorbehalt gar nicht gewollt. Für D war die Motivation der F und somit der Vorbehalt nicht erkennbar, daher greift die Rechtsfolge des § 116 S. 1 BGB (s.o.). Das Angebot der F ist wirksam und wurde von D auch angenommen.

bb) Formvorschriften, § 518 I BGB

Die Wirksamkeit der Schenkung könnte aber an der Form des § 518 I 1 BGB scheitern. Das Schenkungsversprechen des Schenkenden bedarf nämlich einer notariellen Beurkundung. Diese fehlt hier.

cc) Heilung der Form, § 518 II BGB

Das Fehlen der erforderlichen Form könnte aber gem. § 518 II BGB geheilt sein.

Dies ist dann der Fall, wenn die versprochene Leistung bewirkt worden ist. Bewirken i.S.v. § 362 I BGB bedeutet Erfüllung an den Gläubiger. Bei Schenkungen, bei denen das Schenkungsversprechen und die Übereignung der Schenkungssache zeitlich zusammenfallen, ist dies immer der Fall (sog. Handschenkung).

b) Zwischenergebnis

Damit liegt eine wirksame Schenkung vor. Ein Rechtgrund der Leistung der F an die D ist gegeben.

4. Ergebnis

Demnach ist auch der Anspruch der F aus § 812 I 1 1.Alt. BGB nicht gegeben. Weitere Ansprüche der F sind nicht ersichtlich. Sie kann den Ring von D nicht mehr verlangen.

IV. Zusammenfassung

Sound: Hauptanwendungsfall des § 116 BGB ist der sog. „böse Scherz“.

Ist der geheime Vorbehalt dem Anderen tatsächlich unbekannt, ist die WE wirksam, § 116 S. 1 BGB.
War dem Erklärungsempfänger der geheime Vorbehalt positiv bekannt, ist die WE gem. § 116 S. 2 BGB nichtig. Ein bloßes Kennenmüssen genügt aber nicht.

Achtung: §§ 116 ff. BGB unterscheiden sich in Nuancen. Wer hier nicht genau arbeitet und die gesetzgeberischen Wertungen verkennt, schreibt u.U. vollkommen am Problem und damit an der Klausur vorbei.

hemmer-Methode: § 116 BGB betrifft die Fälle, bei denen der Erklärende eine WE abgibt und sich insgeheim vorbehält, das Erklärte nicht zu wollen (geheimer Vorbehalt bzw. „Mentalreservation"). Der Vorbehalt muss sich gerade auf die erklärte Rechtsfolge beziehen. Hinzukommen muss der Wille des Erklärenden, dass der Erklärungsempfänger den geheimen Vorbehalt nicht erkennt (sonst Fall des § 118 BGB).

V. Zur Vertiefung

- Hemmer/Wüst, Basics Zivilrecht, Bd. I, Rn. 75 ff.
- Hemmer/Wüst, BGB-AT II, Rn. 57 ff.
- Hemmer/Wüst, KK BGB-AT I, Karteikarte Nr. 24

Fall 7: Willensvorbehalte / Scheingeschäft / Schwarzkauf

Sachverhalt:

V möchte sein Hausgrundstück an K verkaufen. Um Grunderwerbssteuern und Notargebühren zu sparen, vereinbaren sie, nur einen Kaufpreis von 200.000 € beurkunden zu lassen. Noch vor der Übertragung des Grundstückseigentums auf K verlangt V vereinbarungsgemäß Zahlung von 400.000 €. K weigert sich, diese Summe zu bezahlen.

***Frage:** Zu Recht?*

I. Einordnung

Die §§ 116 ff. BGB werden im dreistufigen Aufbau: -Anspruch entstanden - Anspruch erloschen -Anspruch durchsetzbar, systematisch bei der Frage „Anspruch entstanden" geprüft.

Die rechtshindernden Einwendungen der §§ 116 ff. BGB können nicht nur dann greifen, wenn nur eine Partei etwas „insgeheim" vornimmt. Auch dann, wenn zwei Vertragspartner übereinstimmend „ gemeinsame Sache machen", können die §§ 116 ff. BGB von Bedeutung sein.

Der Schwarzkauf vor dem Notar ist in diesem Rechtsbereich ein Klassiker, den jeder kennen muss. Auf diese Weise werden häufig Gebühren gespart.

II. Gliederung

Anspruch des V gegen K aus § 433 II BGB auf Zahlung von 400.000 €

(+), wenn wirksamer KV

(P): **Einigung über Kaufpreis** als **essentialia negotii** erfolgt? ⇨ vor dem Notar 200.000 € erklärt, in Wirklichkeit 400.000 € gewollt

1. **Unwirksamkeit d. beurkundeten Vertrages nach § 117 I BGB**
   (+) ⇨ Kenntnis des Vorbehaltes und Einverständnis des Erklärungsempfängers, dass das Erklärte nicht gelten soll

2. **Wirksamkeit des verdeckten Geschäfts, § 117 II BGB**

   ⇨ (+), wenn alle Vorauss. des verdeckten Geschäfts erfüllt sind

   a) Unwirksamkeit wegen Formmangels, §§ 311b I 1, 125 BGB notarielle Beurkundung nur für das nicht gewollte Rechtsgeschäft erfolgt, nicht für das verdeckte

   b) Unbeachtlichkeit nach der Regel der falsa demonstratio non nocet ⇨ gilt nur dann, wenn die Parteien den Preis versehentlich falsch beurkundet haben, hier (-)

   c) Heilung nach § 311b I 2 BGB (-), da noch keine Auflassung und Eintragung ins Grundbuch

3. **Ergebnis:**
   Kein Anspruch auf Bezahlung des Kaufpreises

III. Lösung

Anspruch des V gegen K aus § 433 II BGB auf Zahlung von 400.000 €

V könnte von K die Zahlung von 400.000 € verlangen, wenn zwischen ihnen ein wirksamer Kaufvertrag zustande gekommen wäre.

V hat sich mit K über den Verkauf seines Hausgrundstücks geeinigt. Hinsichtlich des Kaufpreises wurden jedoch zwei verschiedene Erklärungen abgegeben.

Vor dem Notar erklärten V und K, der Grundstückspreis soll 200.000 € betragen.

Jedoch war diese Vereinbarung nicht ernsthaft gewollt, stattdessen sollte sich der Kaufpreis auf 400.000 € belaufen.

1. Unwirksamkeit des beurkundeten Vertrages nach § 117 I BGB

Der notariell beurkundete Vertrag könnte nach § 117 I BGB nichtig sein.

Voraussetzung für § 117 I BGB ist, dass der rechtliche Erfolg des Geschäfts einvernehmlich nicht gewollt war.

Anmerkung: Daran fehlt es, wenn eine Vermögensübertragung erforderlich ist, um das bezweckte Ziel zu erreichen, vgl. BGH, Life&Law 2012, 167 ff.

Beide Parteien haben sich nur zum Schein auf den Kaufpreis von 200.000 € geeinigt, obwohl wirklich gewollt ein höherer Kaufpreis war. Die konkreten rechtlichen Folgen waren daher nicht gewollt.

Anmerkung: Im Unterschied dazu liegt bei § 116 S.2 BGB ein einseitiger, geheimer Vorbehalt vor, der – warum auch immer – von der anderen Seite erkannt wird. Vorliegend behält sich aber bereits eine Partei nicht insgeheim vor, das Erklärte nicht zu wollen. Vielmehr ist beiden Seiten bewusst, dass die jeweils andere die Erklärung ebenfalls nicht möchte. Dies ist kein Fall des § 116 S.2 BGB.

Damit kommt hier § 117 I BGB zur Anwendung. Das simulierte Rechtsgeschäft (Scheingeschäft), hier der Kaufvertrag über das Hausgrundstück zum Preis von 200.000 €, ist nichtig.

Beachte: Eine Ausnahme von der Nichtigkeit des Scheingeschäfts regelt § 405 BGB. Danach ist der Einwand des Scheingeschäftes i.S.v. § 117 BGB ausgeschlossen, wenn der Schuldner seine Schuld urkundlich verbrieft hat.
Dies gilt sowohl für die Fälle, in denen eine Schuld nur zum Schein eingegangen wird (§ 405 BGB direkt), als auch für die nur zum Schein erfolgte Abtretung einer tatsächlich bestehenden Schuld (§ 405 BGB analog).

2. Wirksamkeit des verdeckten Geschäfts, § 117 II BGB

Der Anspruch des V auf Zahlung von 400.000 € könnte aber dann gegeben sein, wenn das verdeckte (dissimulierte) und ernstlich gewollte Geschäft wirksam ist, § 117 II BGB.

V und K haben zwei übereinstimmende Willenserklärungen gerichtet auf Abschluss eines Kaufvertrages über das Grundstück zum Preis von 400.000 € abgegeben. Der erforderliche Rechtsbindungswille ist beiderseits gegeben.

a) Unwirksamkeit wegen Formmangels, §§ 311b I 1, 125 BGB

Ein Kaufvertrag, der die Verpflichtung zur Übertragung von Grundstückseigentum zum Gegenstand hat, bedarf der notariellen Beurkundung. V und K haben lediglich den wegen § 117 I BGB unwirksamen Kaufvertrag über das Hausgrundstück zum Preis von 200.000 € notariell beurkundet. Eine Beurkundung des Grundstückskaufs zum Preis von 400.000 € ist dagegen nicht erfolgt. Damit ist auch das gewollte Rechtsgeschäft wegen Formmangels unwirksam.

b) Unbeachtlichkeit nach der Regel der falsa demonstratio non nocet

Der Kaufvertrag mit dem vereinbarten Kaufpreis von 400.000 € könnte aber dann wirksam sein, wenn die Falschbezeichnung des Kaufpreises für die Wirksamkeit des Vertrages ohne Bedeutung wäre. Dies ist nach der Regel der **falsa demonstratio non nocet** dann der Fall, wenn beide Parteien übereinstimmend etwas anderes gewollt haben. Tatsächlich waren sich beide Parteien einig, dass der Kaufpreis 400.000 € betragen soll.

Der Grundsatz der falsa demonstratio Regel gilt aber nur dann, wenn die Parteien den Preis versehentlich falsch beurkundet haben. V und K haben den Preis aber bewusst unrichtig beurkunden lassen.

Die falsa-demonstratio-Regel soll nicht eine bewusste Umgehung der Formvorschriften begünstigen. Deshalb kann hier auch die Regel der falsa demonstratio nicht weiterhelfen.

c) Heilung nach § 311b I S. 2 BGB

Der Formfehler würde durch Auflassung und Eintragung ins Grundbuch geheilt. Dies ist jedoch laut Sachverhalt noch nicht erfolgt.

3. Ergebnis

Es liegt kein wirksamer Kaufvertrag zwischen V und K vor. V hat gegenüber K keinerlei Zahlungsanspruch.

IV. Zusammenfassung

Sound: Das beurkundete Geschäft ist von den Parteien übereinstimmend nicht gewollt und gem. § 117 I BGB nichtig.

Das verdeckte, gewollte Geschäft ist wirksam, wenn es allen Wirksamkeitsvoraussetzungen entspricht. Meistens scheitert aber das verdeckte Geschäft an der Form, §§ 125 S. 1, 117 II BGB.

§ 117 BGB wird Ihnen öfters im Zusammenhang mit den formbedürftigen Rechtsgeschäften begegnen, da dadurch ein Problem mehr geschaffen werden kann. Versuchen Sie herauszufinden, was der Klausurersteller von Ihnen hören möchte. Hat der Käufer bereits den Kaufpreis bezahlt, so gilt für die Rückabwicklung das Bereicherungsrecht (§ 812 I 2 2.Alt. BGB) ggf. mit Problemen der Entreicherung und Bösgläubigkeit.

hemmer-Methode: Hat der Verkäufer des „Schwarzgeschäfts" in der Vertragsurkunde gleichzeitig die Eintragung einer Auflassungsvormerkung, § 883 BGB, bewilligt und wurde diese in das Grundbuch eingetragen, so ist der Käufer dennoch nicht durch die Vormerkung gesichert. Die Vormerkung bedarf zu ihrer Entstehung einer wirksamen zu sichernden Forderung, da sie streng akzessorisch ist. Die Vormerkung ist unselbständiges Anhängsel der Forderung und in ihrem Bestand von der Forderung abhängig, d.h. sie entsteht nicht, wenn die Forderung nicht besteht. Das Scheingeschäft ist aber wegen § 117 I BGB nichtig. Zwar kann gem. § 883 I 2 BGB die Vormerkung auch für einen künftigen Anspruch bestellt werden. Als solcher käme das verdeckte Geschäft in Betracht, § 117 II BGB. Dieses ist wegen Formmangels (§ 311b I BGB) zwar unwirksam, kann aber durch Auflassung und Eintragung ins Grundbuch ex nunc geheilt werden, so dass ein wirksamer schuldrechtlicher Anspruch bestünde. Ein künftiger Anspruch i.S.v. § 883 I 2 BGB besteht aber nur, wenn die Entstehung dieses künftigen Anspruches allein vom Erwerber abhängt. Hier muss aber auch der Verkäufer mitwirken, um die Eintragung zu erreichen.

V. Zur Vertiefung

- Hemmer/Wüst, Basics Zivilrecht, Rn. 77
- Hemmer/Wüst, BGB-AT II, Rn. 58a ff.
- Hemmer/Wüst, KK BGB-AT I, Karteikarte Nr. 26 ff.

Fall 8: Strohmanngeschäft

Sachverhalt:

Auf der Suche nach einer neuen beruflichen Herausforderung bewarb sich der arbeitslose V bei der Versicherungsfirma Westa-GmbH als angestellter Versicherungsvertreter. Da er jedoch wegen Betruges vorbestraft war, erschien seine Anstellung problematisch. V machte aber auf den Geschäftsführer einen tüchtigen Eindruck, so dass schnell eine Lösung gefunden wurde. Es wurde vereinbart, dass formell der Sohn (S) des V angestellt wird, die Vertretertätigkeit aber allein von V erbracht werden sollte.

Nach einem Jahr wurde der Arbeitsvertrag ordnungsgemäß gekündigt und V musste sich eine neue Tätigkeit suchen.

Er schloss mit seinem neuen Arbeitgeber (AG) folgende Vereinbarung: Für den AG sollte nur V tätig werden, seine Ehefrau E sollte nur als „Strohmann“ auftreten. Ihr sollten alle Zahlungsansprüche aus dem Arbeitsverhältnis zwischen V und AG zustehen. Die Lohnansprüche des V gegen den AG wurden ausgeschlossen. Das Gehalt sollte auf ein Konto der E überwiesen werden. Hintergrund dieser Vereinbarung war die Überschuldung des V und die drohende Gefahr der Lohnpfändungen durch seine Gläubiger.

Untersuchen Sie, mit wem die Arbeitsverträge zustande gekommen sind.

I. Einordnung

§ 117 I BGB gilt nur, wenn das Rechtsgeschäft von beiden Parteien nicht gewollt ist. Entscheidend ist, dass die Erklärungen nur zum Schein abgegeben worden sind und eine rechtliche Bindung nicht beabsichtigt ist.

Passen Sie aber auf: Nicht jedes **„Strohmanngeschäft“** ist ein solches i.S.d. § 117 I BGB.

Legen Sie immer aus, was die Parteien gewollt haben. Es kann vorkommen, dass die Parteien die rechtlichen Folgen herbeiführen wollen. Dann können Sie den § 117 I BGB nicht mehr anwenden.

II. Gliederung

I.	**Zustandekommen des Arbeitsvertrages zwischen Westa-GmbH und Sohn S**
1.	**Vertragsparteien**
a)	Versicherungsfirma (+) vertreten durch ihren Geschäftsführer, §§ 13 I, 35 I GmbHG
b)	S oder V als Vertragspartner?
	Nach dem objektiven Empfängerhorizont, §§ 133, 157 BGB wurde S Vertragspartner
(P):	**Scheingeschäft, § 117 I BGB?** WE des S nichtig, wenn zum Schein abgegeben und von beiden Seiten die Bindung nicht gewollt war
	(+) da nur makelloses Führungszeugnis und nicht die tatsächliche Anstellung des S gewollt

2. **Ergebnis:**
S ist nicht Vertragspartner geworden

II. **Arbeitsvertrag zwischen der Westa-GmbH und dem V?**

V als Vertragspartner ⇨ § 117 II BGB (+)

III. **Zustandekommen des Arbeitsvertrages zwischen AG und Frau E**

1. **Frau E als Vertragspartner des AG**

§ 117 I BGB Scheingeschäft?

Allein das Wort **„Strohmann"** sagt hierüber noch nichts aus

Zweck der Abrede: den Rückgriff der Gläubiger des V auf seine Lohnforderungen vermeiden ⇨ nur dann möglich, wenn V kein Gläubiger der Lohnforderungen ist.
⇨ Anstellung der E gewollt

2. **Ergebnis:**
Kein Scheingeschäft, E ist Vertragspartnerin geworden

III. Lösung

I. Zustandekommen des Arbeitsvertrages zwischen der Westa-GmbH und dem Sohn S

Es könnte ein Arbeitsvertrag, § 611 BGB, zwischen der Versicherungsfirma und dem S zustande gekommen sein.

1. Vertragsparteien

a) Versicherungsfirma

Die Versicherungsfirma Westa-GmbH kann als juristische Person selbst Träger von Rechten und Pflichten sein, § 13 I GmbHG.

Partei eines Arbeitsvertrages kann sie sein, wenn sie wirksam vertreten wurde. Die Vertretung einer GmbH richtet sich nach § 35 I GmbHG. Vorliegend hat der Geschäftsführer für die GmbH gehandelt. Damit ist die Westa-GmbH wirksam Vertragspartner geworden.

Anmerkung: Verlieren Sie Ihre Angst vor vermeintlichen Exoten wie juristischen Personen oder Personenhandelsgesellschaften. Gehen Sie immer in zwei Schritten vor:

1. Ist die **Gesellschaft** selbst Träger von Rechten und Pflichten (**Rechtsfähigkeit**)?

a) **GbR**: §§ 705 ff. ⇨ strittig; nach h.M. und Rechtsprechung des BGH (+)

b) **OHG**: § 124 I HGB

c) **KG**: §§ 161 II, 124 I HGB

d) **GmbH**: § 13 I GmbHG

e) **AG**: § 1 I 1 AktG

2. **Wer vertritt** diese Gesellschaft im Rechtsverkehr?

a) **GbR:** §§ 714, 709 **BGB** ⇨ grds. alle Gfter zusammen (vgl. dazu BGH Life&Law 2009, 92 ff).

b) **OHG**: § 125 HGB ⇨ jeder persönlich haftende Gesellschafter für sich allein

c) **KG:** §§ 170, 161 II, 125 HGB ⇨ nur die persönlich haftenden Komplementäre

d) **GmbH**: § 35 GmbHG ⇨ Geschäftsführer

e) **AG**: § 78 AktG ⇨ Vorstand

b) S oder V als Vertragspartner

Fraglich ist, mit wem die Westa-GmbH den Arbeitsvertrag geschlossen hat. In Betracht kommen sowohl S wie V.

Nach dem objekt. Empfängerhorizont (§§ 133, 157 BGB) kann der Inhalt des Vertrages nur so verstanden werden, dass S Vertragspartei geworden ist. Er sollte als Versicherungsvertreter der Firma angestellt werden.

Problematisch ist, dass die Anstellung nur pro forma erfolgen sollte und die Versicherungstätigkeiten alleine V vornehmen sollte.

Es könnte hier ein Scheingeschäft nach § 117 I BGB vorliegen. Dies wäre der Fall, wenn die Erklärungen bezüglich der Anstellung des S nur zum Schein abgegeben wurden und von beiden Seiten eine diesbezügliche Bindung nicht gewollt war.

Zweck der Absprache war es, dem V eine Beschäftigung zu verschaffen. Um dieses Ziel zu erreichen, war nur ein makelloses Führungszeugnis, nicht aber die tatsächliche Anstellung des S erforderlich. Die Voraussetzungen des § 117 I BGB liegen somit vor.

Beide Vertragsparteien wollten nur den **äußeren Schein** des Abschlusses eines Arbeitsvertrages mit S hervorrufen, die damit verbundene Rechtswirkung war aber von beiden Seiten nicht gewollt.

2. Ergebnis

Damit ist die Anstellung des S gem. § 117 I BGB nichtig.

II. Arbeitsvertrag zwischen der Westa-GmbH und dem V?

Fraglich ist, ob ein wirksamer Arbeitsvertrag zwischen der W-GmbH und dem V zustande kam. Gem. § 117 II BGB ist das verdeckte, dissimulierte Rechtsgeschäft wirksam, soweit alle anderen Gültigkeitserfordernisse erfüllt sind.

Im Hinblick auf diesen verdeckten Vertrag liegen alle Wirksamkeitsvoraussetzungen vor. Insbesondere bedarf der Arbeitsvertrag keiner Form und kann auch mündlich geschlossen werden.

2. Ergebnis

Ein wirksamer Arbeitsvertrag ist zwischen V und der Westa-GmbH zustande gekommen.

III. Zustandekommen des Arbeitsvertrages zwischen AG und Frau E

I.R.d. zweiten Arbeitsverhältnisses ist wiederum fraglich, mit wem der AG den Arbeitsvertrag geschlossen hat. In Betracht kommen V oder seine Frau E.

1. Frau E als Vertragspartner des AG

Viel spricht dafür, in Anknüpfung an die obigen Ausführungen, die Vertragsstellung der E zu verneinen. Der Zweck der Vereinbarung war auch hier, dem V eine Beschäftigung zu verschaffen. Er und nicht seine Frau E sollte tätig werden. Sie wollte nur als „Strohmann“ auftreten.

Allerdings sollte durch die getroffene Abrede der Rückgriff der Gläubiger des V auf seine Lohnforderungen vermieden werden. Dies ist aber nur dann möglich, wenn V tatsächlich keinen Anspruch auf die Lohnforderungen erhält. Deswegen war es im vorliegenden Fall (anders als im Ausgangsfall) notwendig, dass E selbst Vertragspartnerin des AG ist.

Beachte: Die Tatsache, dass E als „Strohmann" auftreten wollte, sagt alleine gar nichts darüber aus, ob ein Fall des § 117 I BGB vorliegt. Es kommt alleine darauf an, ob das Geschäft ernstlich gewollt war. Der „Strohmann" wird dann als Vertragspartei berechtigt und verpflichtet.

Anmerkung: Von diesem Ergebnis geht auch § 850h ZPO aus, wonach in solcher Situation ausnahmsweise der Gläubiger den Anspruch des Drittberechtigten (hier der E) aufgrund des Schuldtitels gegen den Schuldner (V) pfänden kann, wie wenn der Anspruch dem Schuldner selbst zustünde.

2. Ergebnis

Hier waren die vereinbarten Rechtsfolgen von den Parteien ernstlich gewollt. Es liegt kein Fall des § 117 I BGB vor. Frau E ist selbst Vertragspartnerin des AG geworden.

IV. Zusammenfassung

Sound: Die Worte „Strohmann" und „Umgehung" sagen noch nichts darüber aus, ob § 117 BGB eingreift.

Prüfen Sie immer, ob der rechtliche Erfolg des Rechtsgeschäfts gewollt war. Im Einzelfall ist daher zu prüfen, ob und zwischen welchen Beteiligten überhaupt Verpflichtungen entstehen sollen.

hemmer-Methode: Ähnlich wie „Strohmanngeschäfte" sind auch Treuhand- und Umgehungsgeschäfte keine Scheingeschäfte. Hier ist jeweils der rechtliche Erfolg ernstlich gewollt, weil z.B. die Pfändung von Gläubigern vermieden werden soll. Alleine der Schein einer wirksamen Übertragung ist nicht ausreichend, um die Gläubiger von Pfändungsversuchen abzuhalten.

V. Zur Vertiefung

- Hemmer/Wüst, BGB-AT II, Rn. 61 ff.
- Hemmer/Wüst, KK BGB-AT, Karteikarte Nr. 27

Fall 9: Willensvorbehalte / Scherzerklärung / (k)ein guter Scherz

Sachverhalt:

V und M sitzen mit ihren Freunden am Stammtisch. Es herrscht eine ausgelassene und fröhliche Stimmung. Plötzlich wird V ernst und erklärt dem M, er kündige ihm den Mietvertrag über ein Grundstück des V. Dabei zwinkert er aber mit den Augen in die Runde. M nimmt jedoch die Erklärung des V für bare Münze. In den darauf folgenden Tagen schaltet M, weil er zu Lagerzwecken ein neues Grundstück benötigt, eine Zeitungsanzeige. Davon erfährt auch V, unternimmt aber nichts. Liegt eine wirksame Kündigung vor?

Frage: *Kann sich V später darauf berufen, dass er seine Erklärung nicht ernst gemeint hat?*

Abwandlung:

Wie ist es, wenn V von dem Zeitungsinserat nichts erfahren hat und davon ausgegangen ist, M wird seine Erklärung als Scherz auffassen. Kann M von V die Inseratskosten verlangen?

I. Einordnung

§ 116 BGB behandelt den Fall des „bösen Scherzes“ (vgl. Sie noch einmal den Fall 6).

§ 118 BGB erfasst dagegen den sog. „guten Scherz“. Geht der Erklärende davon aus, dass der Andere die Nichternstlichkeit der Erklärung erkennt, so ist die Willenserklärung gem. § 118 BGB nichtig. U.U. ist der Erklärende aber zum Ersatz des Vertrauensschadens verpflichtet.

II. Gliederung

Grundfall

Wirksamkeit der Kündigung

(+), wenn Kündigungserklärung, -grund und -frist eingehalten

Kündigungserklärung problematisch

1. Kündigungserklärung

a) Unwirksamkeit der Kündigung gem. **§ 117 I BGB**

Scheingeschäft nach § 117 I BGB (-), da keine Einverständlichkeit des M, vielmehr hielt M die Kündigung für echt

b) Unwirksamkeit gem. **§ 118 BGB**

Vorauss.: **„Guter Scherz“** d.h. WE in der Erwartung abgegeben, der Empfänger wird die Nichternstlichkeit der WE erkennen, hier (+)

Rechtsfolge: Nichtigkeit der WE

c) Anderes Ergebnis wegen **§ 242 BGB**

⇨ Berufung auf § 118 BGB abgeschnitten, wenn der Erklärende erkennt, dass der Scherz ernst genommen wird

⇨ es besteht dann Aufklärungspflicht

⇨ auf Verlangen des Erklärungsempfängers wird die Erklärung als von Anfang an gültig angesehen (Wertung des § 116 S. 1 BGB)

2. **Ergebnis:**
Kündigung als wirksam zu behandeln, zumal kein Formerfordernis, vgl. § 578 I BGB.

Abwandlung

Anspruch M gegen V auf Ersatz der Inseratskosten gem. § 122 I BGB

1. **Nichtigkeit der Kündigungserklärung**
§ 118 BGB „guter Scherz" (+) keine Kenntnis des V von der Zeitungsannonce

⇨ § 118 BGB nicht ausgeschlossen

2. **Schadensersatzumfang**

„negatives Interesse"
= Vertrauensschaden

⇨ der Geschädigte ist so zu stellen, wie er ohne das schädigende Ereignis stehen würde

⇨ ersetzt werden die Kosten der Zeitungsanzeige

3. **Ausschlussgrund, § 122 II BGB**
Bei Kenntnis oder fahrlässiger Unkenntnis der Nichtigkeit der WE

Hier: M hätte die Nichternstlichkeit der WE leicht erkennen können (fröhliche und ausgelassene Stimmung in der Kneipe, Augenzwinkern)

4. **Ergebnis:**
Kein Anspruch aus § 122 I BGB

III. Lösung

Wirksamkeit der Kündigung

Zu prüfen ist, ob die Kündigung des V wirksam ist. Dies ist nur dann der Fall, wenn eine Kündigungserklärung und ein Kündigungsgrund gegeben sind, sowie die zwingende Form und Frist der Kündigung eingehalten wurden.

1. Kündigungserklärung

Fraglich ist zunächst, ob eine wirksame Kündigungserklärung vorliegt. Die Kündigung ist eine einseitige empfangsbedürftige Willenserklärung, die ein bestehendes Dauerschuldverhältnis beenden soll.

Da es sich um eine Willenserklärung handelt, bedarf es eines Handlungs-, Erklärungs- und Geschäftswillens. Diese Voraussetzungen liegen hier vor. V wusste, dass er „etwas rechtlich Erhebliches" erklärt. Auch war ihm bewusst, welche konkreten Rechtsfolgen seine Erklärung auslöst.

Dass er das Erklärte nicht wollte, muss bei der Betrachtung des Erklärungsbewusstseins und des Handlungswillens außer Betracht bleiben, da jede Willenserklärung gem. §§ 133, 157 BGB nach dem objektiven Empfängerhorizont zu beurteilen ist.

a) Unwirksamkeit der Kündigung gem. § 117 I BGB

Die Willenserklärung des V könnte als Scheingeschäft nach § 117 I BGB unwirksam sein.

Dies würde jedoch voraussetzen, dass der M damit einverstanden war, dass die Kündigung nur zum Schein erfolgen solle. Dies war aber nicht der Fall.

M hielt vielmehr die Kündigung des V für echt.

b) Unwirksamkeit gem. § 118 BGB

Die Kündigung des V könnte jedoch mangels Ernstlichkeit nichtig sein, § 118 BGB.

Gibt der Erklärende eine nicht ernstlich gemeinte Erklärung in der Erwartung ab, der Erklärungsempfänger werde den Mangel der Ernstlichkeit erkennen, so handelt es sich um einen sog. „guten Scherz", der in den Anwendungsbereich des § 118 BGB fällt.

Beachte: Grenzen Sie §§ 116 ff. BGB sorgfältig ab!
Bei **§ 116 S. 1 BGB** erlaubt sich der Erklärende einen „bösen Scherz". Der geheime Vorbehalt soll nach dem Willen des Erklärenden dem Erklärungsempfänger unbekannt bleiben.
Rechnet er dagegen damit, dass der Empfänger den Vorbehalt erkennt, so handelt es sich um einen „guten Scherz", der nach **§ 118 BGB** zu behandeln ist.
Sofern beide Beteiligte von der Nichternstlichkeit der abgegebenen Willenserklärung wissen und dies auch einverständlich wollen, ist diese nach **§ 117 I BGB** nichtig, hier machen die Beteiligten „gemeinsame Sache".

V ist davon ausgegangen, dass M seine Erklärung als Scherz auffasst. Es handelt sich um einen Fall des § 118 BGB. Die Rechtsfolge wäre dann, dass die Kündigung unwirksam wäre.

Anmerkung: Die Formproblematik bei der Kündigungsproblematik wurde vorliegend bewusst ausgeklammert; es sollte § 118 BGB in den Vordergrund gestellt werden.

In der Klausur sollte noch ein kurzer Hinweis auf §§ 568, 125 BGB erfolgen.

c) Anderes Ergebnis wegen § 242 BGB

Von der Grundregel des § 118 BGB wird eine wichtige Ausnahme gemacht.

So kann sich der Erklärende nach Treu und Glauben (§ 242 BGB) dann nicht auf die Nichternstlichkeit der Erklärung berufen, wenn er erkennt, dass der Erklärungsempfänger den Scherz ernst genommen hat. In diesem Fall besteht eine Aufklärungspflicht des Erklärenden. Unterlässt er diese, so muss er sich auf Verlangen des Erklärungsgegners so behandeln lassen, als sei seine Erklärung von Anfang an gültig gewesen. Die Berufung auf den Mangel der Ernstlichkeit wäre nunmehr arglistig.

Anmerkung: Der ursprünglich „Scherzende" täuscht jetzt durch Unterlassen und es ist daher interessengerecht, wenn seine Erklärung als gültig behandelt wird. Es kann ihm daraus kein Vorteil entstehen, dass er etwas für sich behält, was er offenbaren müsste. Dies ergibt sich auch aus der Wertung des § 116 S. 1 BGB.

Zwar konnte V am Stammtisch nicht erkennen, ob M seine Erklärung tatsächlich als Kündigung aufgefasst hat. Als er jedoch von der Zeitungsanzeige erfahren hat, musste ihm klar werden, dass M die Erklärung ernst genommen hat.

2. Ergebnis

Da V den M nicht unverzüglich aufgeklärt hat, ist ihm die Berufung auf § 118 BGB gem. § 242 BGB untersagt.

Die Kündigung ist also als wirksam zu behandeln. Ein Formerfordernis der Kündigungserklärung besteht bei Mietverhältnissen über Grundstücke nicht, vgl. § 578 I BGB.

IV. Lösung Abwandlung

Anspruch M gegen V auf Ersatz der Inseratskosten gem. § 122 I BGB.

M kann von V gem. § 122 I BGB die Inseratskosten verlangen, wenn die Kündigungserklärung gem. § 118 BGB nichtig ist und der Ausschlussgrund des § 122 II BGB nicht vorliegt.

1. Nichtigkeit der Kündigungserklärung

Hier hat V nicht von der Zeitungsannonce des M erfahren. Damit greift § 118 BGB ein. Die Kündigung ist nichtig.

2. Schadensersatzumfang

Dem M ist der Schaden zu ersetzen, den er dadurch erlitten hat, dass er auf die Wirksamkeit der Kündigung vertraut hat, sog. „negatives Interesse“ bzw. „Vertrauensschaden“. Die Kosten für die Zeitungsanzeige sind M, der die Kündigung ernst nahm, im Vertrauen auf die Gültigkeit der Kündigungserklärung des V entstanden.

3. Ausschlussgrund, § 122 II BGB

Die Schadensersatzpflicht des V könnte entfallen, wenn der Geschädigte M die Unwirksamkeit der Kündigungserklärung kannte oder fahrlässig nicht kannte (sog. Kennenmüssen).

M verkannte die Nichternstlichkeit der Erklärung des V. Es könnte aber seitens des M ein Fall der fahrlässigen Unkenntnis vorliegen. Fahrlässig handelt, wer die im Verkehr erforderliche Sorgfalt außer Acht lässt, vgl. § 276 II BGB.

Bei gebotener Aufmerksamkeit hätte M die Erklärung des V als Scherz erkennen können. In der Kneipe herrschte ausgelassene und fröhliche Stimmung. Weiter hat V die Kündigung am Stammtisch unter Augenzwinkern erklärt. Dadurch hätte M die Nichternstlichkeit der Erklärung erkennen können. Damit liegt § 122 II BGB vor.

4. Ergebnis

M hat gegen V keinen Anspruch aus § 122 I BGB.

V. Zusammenfassung

Sound: § 118 BGB findet Anwendung beim „guten Scherz“.

Die Willenserklärung ist nichtig. Sollte der Andere sie jedoch für bare Münze nehmen und dabei die mangelnde Ernstlichkeit nicht fahrlässig verkannt haben, so besteht u.U. ein Schadensersatzanspruch auf das negative Interesse.

hemmer-Methode: Die §§ 116 ff. BGB sind für den Anfänger oft verwirrend. Wenn Sie sich aber das Regelungssystem klarmachen, indem Sie auf die relevanten Kriterien abstellen, meistern Sie diese Schwierigkeiten: Sofern beide Parteien sich der Nichtsernstlichkeit der Willenserklärung positiv bewusst sind, ist diese gem. § 116 S. 2 BGB nichtig, falls der Erklärende von der Unkenntnis des Vertragspartners ausgeht. Ansonsten d.h. wenn er darauf vertraut, dass die Nichternstlichkeit erkannt wird greift § 118 BGB. Bei einverständlichem Zusammenwirken beider Parteien gilt § 117 I BGB. Nur falls der Erklärende wollte, dass der Empfänger die Willenserklärung ernst nimmt, und dieser das auch tut, ist die Willenserklärung gem. § 116 S. 1 BGB wirksam.

VI. Zur Vertiefung

- Hemmer/Wüst, BGB-AT II, Rn. 66 ff.
- Hemmer/Wüst, KK BGB-AT, Karteikarte Nr. 28

Fall 10: Abgabe und Zugang von Willenserklärungen / Abhanden gekommene Willenserklärung

Sachverhalt:

M füllt eine Bestellungskarte aus, mit der er ein Buch bei B bestellen will. Er lässt die Postkarte aber auf seinem Schreibtisch liegen, weil er sich die Sache noch einmal überlegen möchte und verlässt das Haus.

In der Zwischenzeit findet seine Frau F die Karte. Da sie davon ausgeht, dass ihr Mann die Karte abschicken wollte und es nur vergessen hat, gibt sie diese bei der Post auf. M hatte sich aber inzwischen entschlossen, vom Kauf Abstand zu nehmen.

Frage: *Muss er bezahlen, wenn B das Buch zuschickt?*

I. Einordnung

Abgabe und Zugang sind unverzichtbare Voraussetzungen einer Willenserklärung. Prüfen Sie in der Klausur zumindest gedanklich diese Merkmale.

Geht eine nicht wirksam abgegebene Willenserklärung dem Empfänger trotzdem zu und vertraut er auf den Bestand der Willenserklärung, so kann u.U. ein Schadensersatzanspruch bestehen. Dieser kann sich dann aber nur auf das negative Interesse richten.

II. Gliederung

I. Anspruch des B gegen M auf Zahlung gem. § 433 II BGB

(+), wenn ein wirksamer KV besteht

Vor.: Angebot und Annahme

(P): Wirksames Angebot des M?

Vor.: Abgabe und (bei empfangsbedürftigen WE) Zugang

Abgabe
⇨ willentliche Entäußerung einer WE in den Rechtsverkehr

Hier (-), es fehlt an willentlicher Entäußerung, da die Postkarte ohne Wissen und Wollen des M abgeschickt wurde

⇨ damit kein wirksames Angebot

⇨ kein KV

⇨ kein Anspruch aus § 433 II BGB

II. Anspruch des B auf Schadensersatz gem. § 122 BGB analog

⇨ Anspruch auf Ersatz des Vertrauensschadens aus § 122 BGB analog

Sinn und Zweck: Schutz des Erklärungsempfängers in seinem Vertrauen auf die Wirksamkeit des Angebots

⇨ Versandkosten als Schaden

III. Lösung

I. Anspruch des B gegen M auf Zahlung gem. § 433 II BGB

B hat gegen M einen Anspruch auf Zahlung des Kaufpreises, wenn ein wirksamer Kaufvertrag besteht.

Ein Vertrag kommt durch Angebot und Annahme zustande, §§ 145 ff. BGB.

Fraglich ist hier, ob M überhaupt ein Angebot, also eine Willenserklärung, abgegeben hat.

Voraussetzung für eine wirksame Willenserklärung ist, dass sie von M abgegeben wurde und dem B zugegangen ist.

Abgegeben ist eine Willenserklärung, wenn der Erklärende seinen Willen erkennbar so geäußert hat, dass an der Endgültigkeit keine Zweifel bestehen.

Bei einer **empfangsbedürftigen** Willenserklärung ist weiterhin erforderlich, dass sie mit Willen des Erklärenden in den Verkehr gebracht wird.

Daran fehlt es hier aber. F hat die Postkarte abgeschickt, ohne dass ihr Mann davon Kenntnis hatte. Die gegen den Willen des M in den Verkehr gebrachte Erklärung wurde daher nicht wirksam.

Dass die Postkarte den B tatsächlich erreicht hat, ist an dieser Stelle unerheblich. Eine nicht abgegebene Willenserklärung kann auch nicht zugehen. Ein wirksamer Kaufvertrag liegt also nicht vor. Damit hat B keinen Kaufpreisanspruch gem. § 433 II BGB.

II. Anspruch des B auf Schadensersatz gem. § 122 BGB analog

Fraglich ist weiterhin, ob B gegen M einen Schadensersatzanspruch wegen eventuell angefallener Kosten hat.

Da B den fehlenden Abgabewillen nicht kennen konnte, muss sein Vertrauen in die Wirksamkeit des Angebots geschützt werden.

Hier liegt eine ähnliche Situation wie z.B. beim fehlenden Erklärungsbewusstsein vor.

Unabhängig davon, ob man mit der **Willenstheorie** eine wirksame Willenserklärung verneint oder von einer wirksamen, aber anfechtbaren Erklärung (**Erklärungstheorie**) ausgeht, ist es allgemeine Meinung, dass dem Erklärungsempfänger ein Anspruch auf Ersatz des Vertrauensschadens nach § 122 I BGB zusteht – nach der Erklärungstheorie selbstverständlich nur nach fristgerechter (§ 121 BGB) Anfechtung.

Anmerkung: Zu diesem Meinungsstreit vergleiche nochmals Fall 1 („Trierer Weinversteigerung").

B ist in der vorliegenden Konstellation gleichermaßen schutzwürdig, daher beansprucht dieser Gedanke auch hier Gültigkeit.

Im Ergebnis hat B gem. § 122 I BGB analog einen Anspruch auf Ersatz seines Vertrauensschadens (negatives Interesse), woraus er eventuell Ersatz für die anfallenden Kosten verlangen kann.

Anmerkung: Für M wäre es hier allerdings günstiger, über den Fehler seiner Frau hinwegzusehen und den Vertrag nach § 312d I 1 BGB zu widerrufen. Bei einem solchen Vorgehen bestünde keine Schadensersatzverpflichtung gegenüber dem B. Die Kosten der Rücksendung hätte der Unternehmer zu tragen, § 357 II 2 BGB. Nur wenn der Bestellwert nicht über 40 € beträgt, dürfen die regelmäßigen Kosten der Rücksendung dem Verbraucher auferlegt werden, § 357 II 3 BGB.

IV. Zusammenfassung

Sound: Bei unwirksamer Abgabe liegt keine wirksame Willenserklärung vor. Ein Anspruch des Empfängers aus Vertrauensschutzgesichtspunkten besteht analog § 122 I BGB.

Versuchen Sie die unbekannten Konstellationen mit gesundem Menschenverstand zu lösen.

Belasten Sie ihr Gedächtnis nicht unnötig, sondern lernen Sie in Zusammenhängen. Ein ähnliches Problem besteht bei fehlendem Erklärungsbewusstsein. Nutzen Sie ihr bereits vorhandenes Wissen.

hemmer-Methode: Ein Schadensersatzanspruch auf Ersatz des negativen Interesses ergibt sich neben § 122 BGB analog auch aus §§ 311 II, 241 II, 280 I BGB (c.i.c.). So z.B. auch im folgenden Fall: In einer Zahnarztpraxis wurde eine Bürgschaft schriftlich verfasst und unterschrieben. Sie sollte nach dem Willen des Erklärenden jedoch noch nicht abgeschickt werden. Das auf dem Schreibtisch des Zahnarztes liegende Schriftstück schickte die ahnungslose Gehilfin während der Anwesenheit des Zahnarztes mit der täglichen Post ab. Auch hier fehlt es an der Willenserklärung, somit besteht kein wirksamer Bürgschaftsvertrag. Der Erklärungsempfänger kann aber Ersatz seines negativen Interesses über §§ 280 I, 311 II, 241 II BGB (c.i.c.). verlangen. Die Voraussetzung hierfür ist allerdings Verschulden des Erklärenden (§ 276 BGB) oder seiner Erfüllungsgehilfen (§ 278 BGB).

V. Zur Vertiefung

- Hemmer/Wüst, Basics Zivilrecht, Bd. I, Rn. 11
- Hemmer/Wüst, BGB-AT I, Rn. 93 ff.
- Hemmer/Wüst, KK BGB-AT I, Karteikarte Nr. 30

Fall 11: Abgabe und Zugang von Willenserklärungen / Zugang bei Einschaltung einer Übermittlungsperson

Sachverhalt:

Grundfall: Der Hauseigentümer E hatte einem Interessenten M ein schriftliches Angebot zum Abschluss eines Mietvertrages über Büroräume gemacht und eine Annahmefrist bis zum 31.05. gesetzt. M hat den Mietvertrag unterschrieben und rechtzeitig abgeschickt. Der Brief ist am 30.05. in den Briefkasten des E eingeworfen worden. E leerte seinen Briefkasten allerdings erst am 01.06.

Frage: *Ist die Annahme rechtzeitig zugegangen?*

Abwandlung 1:

Diesmal hat M den Mietvertrag unterschrieben und in einen Briefumschlag gelegt, aber vergessen, ihn zurückzuschicken. Erst am letzten Tag des Monats bemerkt er dies und eilt zum Haus des E. Da dieser nicht zu Hause ist, übergibt M den Brief an die 5-jährige Tochter T des E. T sagt zwar zu, den Brief ihrem Vater zu übergeben, sobald sie ihn sieht, vergisst dies aber und übergibt ihn erst am nächsten Tag. Liegt in dieser Konstellation ein rechtzeitiger Zugang vor? Besteht ein Unterschied, wenn die Tochter des E 15 Jahre alt ist?

Abwandlung 2:

M besucht den E in seinen Geschäftsräumen, um ihm persönlich den Brief zu übergeben. Da E nicht da ist, wird M von der Sekretärin S empfangen. Diese wurde von E bevollmächtigt, für die Zeit seiner Abwesenheit den Interessenten verbindliche Angebote zu machen und Annahmeerklärungen entgegenzunehmen. Ihr überlässt M den Brief, den sie dem E aber erst am nächsten Tag vorlegt.

I. Einordnung

Auch Dritte können bei Abgabe und Zugang einer Willenserklärung mitwirken. Sie können sowohl auf der Seite des Erklärenden als auch des Empfängers auftreten. Abhängig von der Stellung des Dritten kann zwischen Boten und Vertreter unterschieden werden. Insgesamt kann ein Dritter also entweder als ein Empfangs- oder Erklärungsbote oder aber als ein Empfangs- oder Erklärungsvertreter auftreten.

Lernen Sie anhand dieses Falles, die Unterschiede zu erkennen und die richtige Einordnung zu treffen.

II. Gliederung

Annahme empfangsbedürftiger WE, Zugang erforderlich, § 130 I 1 BGB

⇨ Zugang (+), wenn WE so in den Herrschaftsbereich des Empfängers gelangt, dass unter normalen Umständen nach den Gepflogenheiten des Rechtsverkehrs mit einer Kenntnisnahme zu rechnen ist

Einwurf in den Briefkasten:

a) Herrschaftsbereich (+)

b)	**Möglichkeit der Kenntnisnahme** (+), auf den Zeitpunkt der tatsächlichen Kenntnisnahme kommt es nicht an ⇨ rechtzeitiger Zugang (+)

Abwandlung 1

Frist gewahrt, wenn Übergabe an die Tochter für Zugang der WE ausreichend

Aushändigung einer verkörperten WE an Familienangehörige möglich, wenn diese als dazu geeignete Empfangspersonen angesehen werden können (**Empfangsbote**)

⇨ Zugang erfolgt in dem Augenblick, in dem nach dem regelmäßigen Verlauf der Dinge mit der Weiterleitung an den Empfänger zu rechnen ist

(P): **5-jähriges Mädchen als Empfangsperson nicht geeignet**

Aber: T ist **Erklärungsbotin** (ein nicht geeigneter Empfangsbote ist ein Erklärungsbote)

⇨ Zugang aber erst im Zeitpunkt der tatsächlichen Weiterleitung an den Adressaten

⇨ hier: am 01.06, nicht fristgerecht

Abwandlung 2

S bevollmächtigt zur Entgegennahme von WE ⇨ Empfangsvertreterin

§ 164 III BGB ⇨ Zugang ggü. dem Vertretenen im Zeitpunkt des Zuganges bei dem Empfangsvertreter

III. Lösung

Fraglich ist, ob dem E die Annahmeerklärung des M rechtzeitig zuging.

Die Annahme ist eine empfangsbedürftige Willenserklärung.

Für die Rechtzeitigkeit der Annahme kommt es nicht auf deren Abgabe, sondern auf deren Zugang an.

Gem. § 130 I 1 BGB geht eine Willenserklärung erst dann zu, wenn sie so in den Herrschaftsbereich des Empfängers gelangt ist, dass dieser unter normalen Umständen von ihr Kenntnis erlangen kann und dies nach den Gepflogenheiten des Rechtsverkehrs von ihm erwartet werden darf.

Vorliegend ist also fraglich, ob der Annahmebrief bereits mit Einwurf in den Briefkasten am 30.05. zugegangen ist, oder erst mit der Entleerung des Briefkastens durch E am 01.06.

Verkörperte (meist schriftlich fixierte) Willenserklärungen gehen unter Berücksichtigung der genannten Kriterien grundsätzlich mit der Aushändigung an den Empfänger zu. Zum Machtbereich des Empfängers gehören aber auch die von ihm zum Empfang von Erklärungen bereitgehaltenen Einrichtungen wie ein Briefkasten oder ein Postschließfach.

Damit reichte es aus, dass M den Brief nicht persönlich an E übergab, sondern nur in den Briefkasten eingeworfen hat.

E hat den Brief aber erst am 01.06. tatsächlich gelesen, daher könnte die Annahme des M verspätet sein.

Beim Zugang der Willenserklärungen kommt es jedoch **nicht** auf den **Zeitpunkt der tatsächlichen Kenntnisnahme, sondern** auf den Zeitpunkt an, **in dem nach der Verkehrsanschauung mit der Kenntnisnahme** (hier: der nächsten Leerung) **zu rechnen ist**.

Ein abends oder nachts eingeworfener Brief geht erst am nächsten Morgen zu.

Hat M den Brief dagegen in der Früh eingeworfen, so kann unter Umständen der Zugang noch am 30.05 erfolgt sein. Ansonsten ist der Brief am 31.05 und damit jedenfalls noch rechtzeitig zugegangen.

IV. Lösung Abwandlung 1

Die Annahme des M ist dem E rechtzeitig zugegangen, wenn der Zugang bereits mit der Übergabe des Briefes an die Tochter T erfolgte. Dies geschah am 31.05. und wäre damit noch innerhalb der Frist.

I. Empfangsbote

Die Aushändigung verkörperter Willenserklärungen muss nicht unbedingt an den Empfänger selbst erfolgen. Auch Familienangehörige, Hausangestellte, Wohnungsmitbewohner, Angestellte im Geschäftsbetrieb, Lebenspartner sowie Partner i.R.v. nichtehelichen Lebensgemeinschaften können als empfangsberechtigt angesehen werden, sofern diese Personen für die Entgegennahme als geeignet erscheinen.
Merkregel: Der **Empfangsbote** ist ein menschlicher Briefkasten.

Fraglich ist, ob T empfangsberechtigt war, sie also Empfangsbotin sein konnte. Eine verkörperte Willenserklärung, die gegenüber einem Empfangsboten abgegeben wurde, geht dem Empfänger in dem Augenblick zu, in dem nach dem regelmäßigen Verlauf der Dinge mit der Weiterleitung an den Empfänger zu rechnen ist.

T könnte als Angehörige grundsätzlich als empfangsberechtigt anzusehen sein. Allerdings muss die in Frage kommende Person für die Entgegennahme der Erklärungen nach der Verkehrsauffassung auch geeignet erscheinen. Ein fünfjähriges Kind kann nicht als eine in diesem Sinne geeignete Person angesehen werden.

Damit ist T keine Empfangsbotin.

Anmerkung: Das wäre bei Ehegatten grundsätzlich anders. Insoweit kommt dann auch eine Einschaltung des Ehegatten bei Aushändigung einer Kündigung durch den Arbeitgeber in Betracht, welche für den Partner bestimmt ist. Vgl. zu dieser Konstellation BGH, Life&Law 2011, 623 ff.

II. Erklärungsbote

Sie könnte aber Erklärungsbotin des M sein. Eine Stellung als Erklärungsbote ist immer dann anzunehmen, wenn an einen nicht geeigneten Empfangsboten übermittelt wurde. Da T als Empfangsbotin des E ungeeignet ist, ist sie als Erklärungsbotin des M anzusehen.

Der **Erklärungsbote** übermittelt ebenfalls wie der Empfangsbote Willenserklärungen. Anders als der Empfangsbote ist der Erklärungsbote aber dem Rechtskreis des Erklärenden zuzurechnen. Der daraus folgende Unterschied liegt darin, dass beim Empfangsboten der Zugang in dem Moment anzunehmen ist, in dem mit der Möglichkeit der Weiterleitung an den Empfänger zu rechnen ist. Bei der Einschaltung eines Erklärungsboten hingegen geht die Willenserklärung erst bei tatsächlicher Weiterleitung an den Empfänger zu.

Demnach ist die Annahme des M erst mit der tatsächlichen Weiterleitung von T an E zugegangen. Diese erfolgte am 01.06. und war damit verspätet.

Anmerkung: Anders wäre jedoch zu entscheiden, wenn M den Brief an die 15-jährige Tochter des E ausgehändigt hätte.
Diese ist als eine zur Entgegennahme von Erklärungen geeignete Person anzusehen und kann damit Empfangsbotin des E sein. Der Zugang erfolgt dann unabhängig von der tatsächlichen Weiterleitung in dem Moment, wenn nach regelmäßigem Verlauf mit einer Weitergabe zu rechnen war.
Dies wäre hier der Zeitpunkt, als E abends nach Hause kam. Die Annahme des M wäre dann noch rechtzeitig zugegangen.

V. Lösung Abwandlung 2

Diesmal hat M den Annahmebrief der Sekretärin des E übergeben. Diese war sog. **Empfangsvertreterin** des E, da sie von diesem zur Entgegennahme von Willenserklärungen bevollmächtigt war.

Eine gegenüber einem Empfangsvertreter abgegebene Willenserklärung geht im Augenblick des Zugangs bei dem Empfangsvertreter auch dem Empfänger zu, vgl. **§ 164 III BGB**. Die am 31.05 gegenüber der S abgegebene Annahme ist dem E im selben Augenblick zugegangen. Damit ist die Willenserklärung rechtzeitig zugegangen.

Unterscheiden Sie also zwischen Empfangsboten, Erklärungsboten und Empfangsvertreter:
Empfangsbote: Zugang mit der Weiterleitungsmöglichkeit an den Empfänger („menschlicher Briefkasten").
Erklärungsbote: Zugang mit tatsächlicher Weiterleitung an den Empfänger.
Empfangsvertreter: Zugang an den Empfänger im Moment des Zugangs an den Empfangsvertreter, § 164 III BGB.

VI. Zusammenfassung

Sound: Ist das Kindlein noch so klein, kann es dennoch Bote sein.

Die Unterscheidung zwischen Boten und Vertreter ist nach dem äußeren Auftreten zu treffen. In der Klausur können Probleme der Übermittlung durch einen Dritten bei der Frage des rechtzeitigen Zuganges eingebaut werden. Denken Sie auch daran, dass Bote und Vertreter u.U. sachenrechtlich Besitzdiener i.S.d. § 855 BGB sein können.

hemmer-Methode: Wird ein Dritter in den Übermittlungsvorgang eingeschaltet, muss sauber unterschieden werden, in welcher Funktion der Dritte tätig wird. Hiervon ist abhängig, zu welchem Zeitpunkt die Willenserklärung zugeht. In welcher Eigenschaft der Dritte tätig wird, bestimmt sich nach dem äußeren Erscheinungsbild seines Auftretens.

VII. Zur Vertiefung

Zur Abgrenzung der Botenschaft von der Stellvertretung:

- Hemmer/Wüst, BGB-AT I, Rn. 189-193 und 202
- Hemmer/Wüst, KK BGB-AT I, Karteikarte Nr. 32

Allgemein zur Abgabe und Zugang der Willenserklärung:

- Hemmer/Wüst, Basics Zivilrecht, Bd. 1, Rn. 11 ff.
- Hemmer/Wüst, BGB-AT, Rn. 91 ff.
- Hemmer/Wüst, KK BGB-AT I, Karteikarte Nr. 29

Fall 12: Abgabe und Zugang von Willenserklärungen / Zugang nicht verkörperter Willenserklärungen

Sachverhalt:

A bestellte telefonisch im Hotel H ein Zimmer für den 03. Mai. Die Hotelinhaberin B sagte die Zimmerreservierung zu. Als A am 03. Mai eintraf, fand er alle Zimmer besetzt. Es stellte sich heraus, dass B am Telefon fälschlicherweise eine Zimmerreservierung für den 13. Mai verstanden hat und entsprechend ein Zimmer für den 13. Mai reserviert hat.

***Frage:** Ist ein Vertrag über die Bereitstellung eines Zimmers am 03. Mai zustande gekommen?*

I. Einordnung

Der Zugang einer verkörperten Willenserklärung (z.B. Brief) wird selten problematisch sein. Öfters wird Ihnen in der Klausur die Frage nach dem Zugang einer nicht verkörperten Willenserklärung begegnen. Lernen Sie die dargestellten Ansichten aber nicht einfach auswendig, sondern versuchen Sie sie zu verstehen und den Fall mit gesundem Menschenverstand zu lösen.

II. Gliederung

Anspruch des A gegen B auf Zimmerüberlassung aus § 535 I 1 BGB

Wirksamer MV abgeschlossen?

1. **Angebot des A**
   durch telefonische Bestellung des A (+)
2. **Zugang des Angebotes bei B**

(P): **Zugang von nicht verkörperten WE**

Zugang nach § 130 I 1 BGB (-), da:

⇨ fernmündliches Angebot durch den Gesetzgeber einer WE unter Anwesenden gleichgestellt (§ 147 I 2 BGB)

⇨ analoge Anwendung des § 130 I 1 BGB (-), da keine verkörperte WE

a) **Reine Vernehmungstheorie**
   Zugang (+). Wenn der Empfänger die Erklärung zutreffend verstanden hat

   ⇨ Risiko der richtigen Vernehmung trägt der Erklärende

   ⇨ demnach hier kein Zugang

   ⇨ keine wirksame WE

   ⇨ kein MV abgeschlossen

   ⇨ kein Anspruch auf Zimmerüberlassung

b) **Abgeschwächte Vernehmungstheorie**
   für den Zugang der Erklärung genügt, wenn der Erklärende damit rechnen konnte und durfte, richtig und vollständig verstanden worden zu sein ⇨ hier (+)

3. **Ergebnis:**
Nach abgeschwächter Vernehmungstheorie Angebot wirksam zugegangen

⇨ MV (+)

⇨ Anspruch auf Zimmerüberlassung (+)
Allerdings Mögl. der Anfechtung durch B gem. § 119 I BGB

⇨ dann aber SEA des A aus § 122 I BGB auf Ersatz des Vertrauensschadens

III. Lösung

Anspruch des A gegen B auf Überlassung eines Zimmers am 03. Mai aus § 535 I 1 BGB

A könnte gegen B einen Anspruch auf Bereitstellung eines Zimmers am 03. Mai haben, wenn zwischen ihnen ein wirksamer Mietvertrag zustande gekommen wäre.

Anmerkung: Regelmäßig wird es sich bei einem Vertrag mit einem Hotelbetreiber um einen typengemischten Vertrag handeln.
Vor allem, wenn außer Zimmermiete (mietvertragliches Element) auch andere Leistungen geschuldet werden wie z.B. Verpflegung (dienstvertragliche oder kaufvertragliche Elemente) und ggf. ein Rahmenprogramm (werkvertragliche Elemente). Für den Primäranspruch ist die Einordnung des Vertrages als Werk-, Dienst-, Miet- oder Kaufvertrag ohne Bedeutung, da sich der Primäranspruch jedenfalls aus §§ 311 I, 241 I BGB ergibt. Bei Sekundäransprüchen ist die Einordnung dagegen unerlässlich. Wie diese erfolgen soll, ist strittig. Nach e.A. richten sich die Sekundäransprüche nach dem Recht des im Vordergrund stehenden Vertragstyps (**Absorptionstheorie**).
Nach der **Kombinationstheorie** dagegen gelten für jede Pflicht die für den betreffenden Vertragstyp aufgestellten Regeln. Schließlich ist noch die **Theorie der analogen Rechtsanwendung** zu beachten. Diese gleicht im Ergebnis der Kombinationstheorie, hat aber einen anderen theoretischen Ansatz. Sie nimmt an, dass das BGB die Mischformen nicht regelt, die Vorschriften des besonderen Schuldrechts also nur entsprechend angewandt werden können.

Der wirksame Abschluss des Mietvertrages bedarf eines Angebotes und einer darauf gerichteten Annahme.

1. Angebot des A

Die telefonische Bestellung des Hotelzimmers könnte ein Vertragsangebot darstellen. Die Bestellung des A erfüllt hier alle objektiven und subjektiven Tatbestandsmerkmale einer Willenserklärung (Zu Voraussetzungen einer Willenserklärung vgl. Fall 1). Sie wurde auch wirksam abgegeben und zwar mit dem Inhalt „Reservierung für den 03. Mai".

2. Zugang der Willenserklärung

Ein wirksames Angebot liegt aber nur dann vor, wenn dieses zugegangen ist, § 130 I 1 BGB.

Zugegangen ist eine Willenserklärung, wenn sie derart in den Machtbereich des Empfängers gelangt, dass unter Annahme gewöhnlicher Verhältnisse mit einer Kenntnisnahme zu rechnen ist.

Es ist nicht erforderlich, dass der Empfänger tatsächlich von ihr Kenntnis nimmt. Fraglich ist, ob und mit welchem Inhalt das Angebot des A der B zugegangen ist.

§ 130 BGB regelt nur den Zugang der Willenserklärungen **gegenüber Abwesenden**. Auch fernmündliche Willenserklärungen werden an sich zwischen Abwesenden abgegeben. Jedoch hat der Gesetzgeber die Willenserklärung „mittels Fernsprechers" den Erklärungen unter Anwesenden gleichgestellt, § 147 I 2 BGB. Deswegen kann bei dem Zugang einer telefonischen Bestellung § 130 I 1 BGB nicht direkt zur Anwendung kommen.

Für den Zugang von Willenserklärungen **gegenüber Anwesenden** hat das BGB keine ausdrückliche Regelung getroffen. Es ist jedoch anerkannt, dass auf verkörperte Willenserklärungen unter Anwesenden § 130 I 1 BGB analog anzuwenden ist.

Vorliegend handelt es sich jedoch um eine nicht verkörperte Willenserklärung. Die Bestellung erfolgte lediglich im mündlichen Ferngespräch. Fraglich ist, wie diese Art der Willenserklärung zugeht und wer das Risiko des Verhörens trägt.

a) Reine Vernehmungstheorie

Nach der sog. „Vernehmungstheorie" liegt ein Zugang nur vor, wenn der Empfänger die Erklärung zutreffend verstanden hat. Bei einem Missverständnis auf Seiten des Empfängers wird die Willenserklärung nicht wirksam. Der Erklärende trägt damit das Risiko eines möglichen Verhörens und muss gegebenenfalls die Erklärung wiederholen. Nach dieser Auffassung läge kein wirksames Angebot des A vor. Diese Ansicht bürdet damit aber das Risiko des Verhörens einseitig dem Erklärenden auf. Mangelnde Sprachkenntnisse oder die Folgen der Taubheit oder Schwerhörigkeit gehen dabei stets zu seinen Lasten.

b) Abgeschwächte Vernehmungstheorie

Deswegen geht die herrschende „abgeschwächte Vernehmungstheorie" im Interesse des Verkehrsschutzes und einer angemessenen Risikoverteilung davon aus, dass es für den Zugang der Erklärung genügt, wenn der Erklärende damit rechnen konnte und durfte, richtig und vollständig verstanden zu werden. Bei telefonischer Erklärung darf der Erklärende darauf vertrauen, dass seine Bestellung richtig aufgenommen wurde, es sei denn es lagen Anhaltspunkte vor, die ihn an der richtigen Vernehmung hätten zweifeln lassen müssen. Hier sind solche Anhaltspunkte jedoch nicht erkennbar. A hat deutlich „03. Mai" gesagt. Er durfte darauf vertrauen, dass er richtig verstanden wurde.

3. Ergebnis

Das Angebot war daher trotz des Missverständnisses zugegangen und mit diesem Inhalt angenommen worden.

B kann allerdings wegen Inhaltsirrtums gem. § 119 I BGB anfechten. Dann besteht ein Schadensersatzanspruch des A gem. § 122 I BGB in Höhe des negativen Interesses.

IV. Zusammenfassung

Sound: Eine nicht verkörperte Willenserklärung geht zu, wenn der Erklärende damit rechnen konnte und durfte, richtig und vollständig verstanden zu werden.

hemmer-Methode: Es ist unmöglich, jeden Meinungsstreit auswendig zu lernen. Hier hilft die sog. Links-Rechts-Mitte Argumentation. Es wäre hier sowohl möglich gewesen, nur auf den Erklärenden abzustellen (subjektiv) als auch nur auf den Empfänger (objektiv). Die „goldene Mitte“ liegt dann darin, auf den Empfänger abzustellen, jedoch die Willenserklärung auch dann als wirksam zu betrachten, wenn sie zwar falsch verstanden wurde, der Erklärende jedoch mit dem Missverständnis nicht rechnen konnte und musste (subjektiv-objektiv).

V. Zur Vertiefung

- Hemmer/Wüst, Basics Zivilrecht, Bd. 1, Rn. 12
- Hemmer/Wüst, BGB-AT I, Rn. 106 ff.
- Hemmer/Wüst, KK Basics Zivilrecht, Karteikarte Nr. 4
- Hemmer/Wüst, KK BGB-AT I, Karteikarte Nr. 29

3.	**Rechtsgrundlos**
a)	Schenkungsvertrag als Rechtsgrund, § 516 BGB
aa)	**Geheimer Vorbehalt,** § 116 S. 1 BGB beeinflusst die Wirksamkeit der WE nicht (s.o.)
bb)	**Formvorschriften, § 518 I BGB** Erforderliche notarielle Beurkundung des Schenkungsversprechens des Schenkenden, hier (-) ⇨ Rechtsfolge: Nichtigkeit, § 125 S. 1 BGB, es sei denn Heilung nach § 518 II BGB
cc)	**Heilung der Form**, § 518 II BGB durch Bewirkung i.S.v. § 362 BGB, hier durch sog. Handschenkung ⇨ Formfehler geheilt
b)	**Zwischenergebnis**
4.	**Ergebnis** Schenkungsvertrag (+) ⇨ Rechtsgrund (+) ⇨ kein Anspruch aus § 812 I 1 1.Alt. BGB

III. Lösung

I. Anspruch der F gegen D auf Herausgabe des Ringes nach § 985 BGB

F könnte von D den Ring herausverlangen, wenn sie Eigentümerin des Ringes und D nicht zum Besitz berechtigt wäre, § 986 BGB.

Prüfungsschema § 985 BGB
1. Eigentum des Anspruchsstellers
2. Besitz des Anspruchsgegners
3. Kein Recht zum Besitz des Anspruchsgegners, § 986 BGB
4. Kein Zurückbehaltungsrecht, § 1000 BGB i.V.m. §§ 994 ff. BGB

1. Eigentum der F

F müsste zum Zeitpunkt des Herausgabeverlangens Eigentümerin des Ringes sein. Ursprünglich gehörte der Ring ihr. Sie könnte ihr Eigentum jedoch verloren haben. Dies könnte im Wege eines rechtsgeschäftlichen Erwerbs der D nach § 929 S. 1 BGB erfolgt sein.

a) Eigentumserwerb gem. § 929 S. 1 BGB

Für die wirksame Übereignung nach § 929 BGB bedarf es einer dinglichen Einigung und einer Übergabe. Die dingliche Einigung besteht aus zwei übereinstimmenden Willenserklärungen. Die Übergabe ist ein bloßer Realakt und liegt hier vor. Fraglich ist alleine das Vorliegen einer wirksamen dinglichen Einigung.

aa) Dingliche Einigung

An einer solchen könnte es hier fehlen, da F sich insgeheim vorbehalten hat, das gegenüber D Erklärte nicht zu wollen. In Wirklichkeit wollte sie den Ring nicht an D übereignen, sondern lediglich den M ärgern. Hierbei handelt es sich um einen sog. geheimen Vorbehalt (Mentalreservation) nach § 116 BGB.

bb) Geheimer Vorbehalt, § 116 BGB

Ob ein solcher geheimer Vorbehalt beachtlich ist, richtet sich gemäß § 116 BGB danach, ob dieser dem Erklärungsempfänger bekannt war oder nicht.
War der geheime Vorbehalt unbekannt, so ist er für die Wirksamkeit der Willenserklärung unbeachtlich, § 116 S. 1 BGB.

Fall 13: Abgabe und Zugang von Willenserklärungen / Zugang bei minderjährigen Empfängern

Sachverhalt:

Der 17-jährige M hat von G ein günstiges Angebot zum Kauf eines Mountainbikes erhalten. Daraufhin bat er seine Eltern um Einwilligung und Finanzierung des Kaufes. Die Eltern wollten sich den Kauf überlegen, versprachen dem M aber, sich spätestens bis zum nächsten Tag zu entscheiden. Noch bevor die Eltern aber ihre Zustimmung erteilten und das notwendige Geld zur Verfügung stellten, traf bei M ein Schreiben des G ein, in dem dieser sein Angebot zurückzog. M erklärt nunmehr mit Zustimmung seiner Eltern gegenüber G, dass er das Angebot annehme und verlangt Lieferung des Fahrrads.

Frage: *Zu Recht?*

I. Einordnung

Die wirksame Abgabe einer Willenserklärung kann für den Erklärenden erhebliche wirtschaftliche und rechtliche Konsequenzen nach sich ziehen. Aus diesem Grund bedarf der Minderjährige eines wirksamen Schutzes bereits bei Abgabe und Zugang von Willenserklärungen. Diesen Schutz gewährleistet § 131 II BGB.

II. Gliederung

Anspruch des M gegen G auf Lieferung des Fahrrads aus § 433 I 1 BGB

1. **Angebot** (+)

   (-), wenn das zunächst ggü. M abgegebene Angebot durch G widerrufen wurde

   Widerruf ⇨ § 130 I 2 BGB (+), wenn dessen Zugang vor oder gleichzeitig mit dem Zugang des Angebots erfolgte

   a) **Zugang des Angebots**

   Allgemein: 130 I BGB

   Bei **Minderjährigen § 131 II BGB**

   ⇨ maßgeblich Zugang an gesetzliche Vertreter (S. 1), es sei denn die WE begründet lediglich einen rechtlichen Vorteil für den Mj. (S. 2).

   <u>Hier:</u> Angebot alleine begründet keine rechtlichen Nachteile für den Mj., da dadurch noch kein Vertrag abgeschlossen.

   ⇨ § 131 II 2 BGB

   b) **Zugang des Widerrufes**

   erst nach dem Zugang des Angebotes an Mj. und somit unbeachtlich

2. **Annahme (+)**

   rechtlich nachteilig, aber Einwilligung der Eltern nach §§ 107, 1629 BGB

3. **Ergebnis:**

   Anspruch auf Lieferung des Fahrrads (+)

III. Lösung

Anspruch des M gegen G auf Lieferung des Fahrrads aus § 433 I 1 BGB

M könnte gegen G einen Anspruch aus § 433 I 1 BGB auf Lieferung des Mountainbikes haben, wenn zwischen ihnen ein wirksamer Kaufvertrag geschlossen wurde.

Ein Kaufvertrag kommt durch zwei übereinstimmende Willenserklärungen, Angebot und Annahme, zustande.

1. Angebot

G hat gegenüber M ein Angebot zum Abschluss eines Kaufvertrages über das Fahrrad abgegeben.

Möglicherweise hat G sein Angebot aber widerrufen.

Gem. § 130 I 2 BGB wird eine empfangsbedürftige Willenserklärung nicht wirksam, wenn sie vor oder gleichzeitig mit dem Zugang widerrufen wird. Ein Widerruf könnte in dem Schreiben an M vorliegen.

Entscheidend ist also, wann Angebot und Widerruf zugegangen sind.

a) Zugang des Angebots

Das Angebot wird wie jede empfangsbedürftige Willenserklärung mit Zugang an den Empfänger wirksam, § 130 I 1 BGB. Hier ist entscheidend der Zugang an M.

M war jedoch erst 17 Jahre alt und gem. § 106 BGB in seiner Geschäftsfähigkeit beschränkt. Beim Zugang von Willenserklärungen gegenüber beschränkt Geschäftsfähigen ist die Sonderregelung des § 131 II 1 i.V.m. § 131 I BGB zu beachten.

Danach wird die Willenserklärung erst dann wirksam, wenn sie dem gesetzlichen Vertreter zugegangen ist.

Die gesetzlichen Vertreter des Minderjährigen sind seine Eltern, §§ 1626, 1629 BGB.

Damit müsste das Angebot den Eltern des M zugehen, um wirksam zu werden.

Ausnahmsweise genügt jedoch dann ein Zugang an den beschränkt Geschäftsfähigen selbst, wenn die Erklärung ihm lediglich einen rechtlichen Vorteil bringt oder der gesetzliche Vertreter seine Einwilligung erteilt hat, § 131 II 2 BGB.

Eine Einwilligung der Eltern lag zum Zeitpunkt des Angebotes des G nicht vor. Damit könnte das Angebot nur dann bereits mit dem Zugang an M wirksam sein, wenn es für ihn lediglich rechtlich vorteilhaft wäre.

Das Angebot des G verschafft dem Minderjährigen die Möglichkeit, es anzunehmen oder aber von dem Geschäft Abstand zu nehmen. Damit bringt das Angebot alleine keine rechtlichen Nachteile für M, denn durch das Angebot entsteht noch keinerlei Bindung an den Vertrag. Erst die Annahme eines Kaufangebotes würde M einer rechtlichen Verpflichtung aussetzen und wäre somit nicht lediglich vorteilhaft.

Hier kommt es alleine auf das Angebot des G an. Da dieses für M lediglich vorteilhaft war, ging das Angebot dem M wirksam zu.

b) Zugang des Widerrufes

G hat folglich sein Angebot erst nach dem Zugang widerrufen. Gem. § 130 I 2 BGB ist ein verspäteter Widerruf für die Wirksamkeit seiner Willenserklärung unbeachtlich.

2. Annahme

Durch die Annahme des M entstand ein Kaufvertrag, der für diesen rechtliche Pflichten begründete. Damit bedurfte seine diesbezügliche Willenserklärung der Einwilligung der Eltern, §§ 107, 1629 BGB. Diese lag vor, so dass an der Wirksamkeit der Annahme keine Bedenken bestehen.

3. Ergebnis

Zwischen M und G ist ein wirksamer Kaufvertrag über das Fahrrad zustande gekommen. M hat gegen G einen Anspruch auf Lieferung des Fahrrads nach § 433 I 1 BGB.

IV. Zusammenfassung

Sound: Willenserklärungen, die gegenüber Minderjährigen abzugeben sind, werden wirksam, wenn sie dem gesetzlichen Vertreter zugehen.

Ausnahmsweise genügt ein Zugang an den Minderjährigen selbst, wenn die Erklärung ihm lediglich einen rechtlichen Vorteil verschafft oder der gesetzliche Vertreter seine Einwilligung erteilt hat, § 131 II S. 2 BGB.

Dieses Regel-Ausnahme Verhältnis richtet sich nach dem Rechtsgedanken des § 107 BGB. Alles, was für den Minderjährigen einen rechtlichen Nachteil bedeutet, muss durch seinen gesetzlichen Vertreter akzeptiert werden. Nur so ist der Minderjährigenschutz in vollem Maße gewährleistet.

Bearbeiten Sie zum Minderjährigenrecht auch die Fälle im Kapitel III dieses Skriptes.

hemmer-Methode: § 131 BGB überträgt die für die Abgabe von Willenserklärungen geltenden Regeln auf den Erklärungszugang. Beachten Sie, dass § 131 BGB für Willenserklärungen gegenüber Bewusstlosen oder nur vorübergehend Geistesgestörten (§ 105 II BGB) nicht gilt. Der Zugang richtet sich nach § 130 BGB. Da es auf die Möglichkeit der Kenntnisnahme unter normalen Umständen ankommt, gehen die Erklärungen auch dann wirksam zu, wenn sich der Empfänger in einem § 105 II BGB entsprechenden Zustand befindet.

V. Zur Vertiefung

- Hemmer/Wüst, KK BGB-AT I, Karteikarte Nr. 50

Fall 14: Abgabe und Zugang von Willenserklärungen / Zugangsvereitelung

Sachverhalt:

Mieter M will seine Wohnung mit Wirkung zum 01.05. kündigen. Fristgemäß müsste die Kündigung bis zum 03.02. erfolgen. M schickt den Kündigungsbrief am 28.01. ab.

Allerdings ist, wovon M nichts weiß, sein Vermieter V zwischenzeitlich umgezogen. Da der Vermieter einen Nachsendeantrag gestellt hat, erreicht ihn der Brief am 04.02. Muss M für den Monat Mai Miete zahlen?

***Abwandlung 1:** Wie oben, allerdings ist kein Nachsendeantrag gestellt, so dass der Brief an M zurückgeht. M bereut inzwischen die Kündigung. Kann der Vermieter dennoch Räumung verlangen?*

***Abwandlung 2:** Der Brief kommt am 01.02. beim Vermieter an, der aber die Annahme verweigert, weil der Postbote wegen unzureichender Frankierung Nachporto verlangt. Liegt eine wirksame Kündigung vor?*

***Abwandlung 3:** Nach langwierigen Streitigkeiten mit seinem Vermieter und mehreren Kündigungsandrohungen entscheidet sich M zu kündigen. Er verschickt die Kündigung mittels eingeschriebenen Briefes. Der Postbote trifft am 01.02. den Vermieter nicht an und hinterlässt deshalb einen entsprechenden Benachrichtigungszettel. Diesen findet V, macht aber keine Anstalten, den Brief beim Postamt abzuholen, da er dessen Inhalt bereits ahnt. M trifft V am 05.02. und spricht ihn auf die Kündigung an. Als V den Erhalt des Schreibens leugnet, drückt M ihm eine Kopie des Kündigungsschreibens in die Hand. Es kommt zum Prozess. V beruft sich auf die Nichteinhaltung der Kündigungsfrist durch M.*

***Frage:** Hat M wirksam gekündigt?*

I. Einordnung

Geht eine verkörperte Willenserklärung dem Empfänger nicht zu, so wird sie grundsätzlich nicht wirksam. Das Verhalten des Empfängers und die Interessenlage des Erklärenden können aber eine andere Lösung rechtfertigen.

Geht ein Brief wegen eines plötzlichen Umzugs des Empfängers ohne Bekanntgabe neuer Adresse nicht zu, so ist zu fragen, ob die im Brief erklärte Willenserklärung dennoch und ggf. unter welchen zusätzlichen Voraussetzungen rechtzeitig wirksam werden kann.

Sehen Sie die hier angesprochene Problematik der Zugangsvereitelung von ihrer praktischen Seite: Wie würden Sie den Fall lösen?

II. Gliederung

Anspruch des V gegen M auf Zahlung der Miete für Mai aus § 535 II BGB

Wirksamer MV? (-), wenn **Kündigung, § 573c I 1 BGB**

1. **Zugang der Kündigung** (+)
   Zugang grds. mit Einwurf in den Briefkasten **(P): Umzug**
   ⇨ an sich Zugang nicht rechtzeitig

Aber: durch Umzug des V entstand ein von M nicht verschuldetes Zugangshindernis

⇨ § 242 BGB: der Empfänger muss sich so behandeln lassen, als hätte das Zugangshindernis nicht bestanden

2. **Ergebnis:**
⇨ die Kündigung ist **als rechtzeitig zugegangen zu behandeln** ⇨ MV (-)

Abwandlung 1

1. Anspruch des V gegen M auf Rückgabe nach § 546 I BGB

(P): rechtzeitige Kündigung (-)

Zugang (-), da falsche Adresse und fehlender Nachsendeantrag ⇨ wirksame WE (-)

Aber: **fahrlässige Zugangsvereitelung**

Folge: Wird die neue Adresse ausfindig gemacht und daraufhin die gleiche Willenserklärung **unverzüglich** erneut abgesendet, so geht die Kündigung erst mit dem zweiten Schreiben zu

⇨ erneutes Absenden erforderlich!

der Empfänger muss sich so behandeln lassen, als wäre die Willenserklärung bereits mit dem ersten Schreiben zugegangen, § 242 BGB

⇨ **Rechtzeitigkeitsfiktion!**

Hier: Kein nochmaliges Absenden ⇨ keine wirksame Kündigung ⇨ der MV (+) ⇨ Anspruch auf Rückgabe der Wohnung (-)

2. Anspruch des V gegen M aus § 985 BGB auf Räumung der Wohnung

(-), da Recht zum Besitz aus dem MV

Abwandlung 2

Wirksamkeit der Kündigung

Zugang (-),
Brief nicht entgegengenommen

Annahmeverweigerung führt zur Zugangsfiktion, wenn sie grundlos erfolgt

⇨ erneuter Zustellungsversuch überflüssig

Hier: (-), da unzureichende Frankierung und Nachzahlungsverlangen des Postboten

⇨ keine Zugangsfiktion

Mangels Zugangs keine wirksame Kündigung, Zinsanspruch (+)

Abwandlung 3

Rechtzeitige Kündigung (+), wenn Zugang bis zum 03.02. erfolgte

⇨ Einwurf eines Benachrichtigungsschreibens in den Briefkasten (-)

⇨ die Kündigungserklärung am 05.02. verspätet, es sei denn, V darf sich auf die Verspätung nicht berufen

⇨ (+) bei **arglistiger Zugangsvereitelung**

(+) wenn die Verursachung der Verspätung auf ein vom Empfänger selbst geschaffenes Hindernis zurückzuführen ist und eine Berufung auf die Verspätung dem Grundsatz von Treu und Glauben (§ 242 BGB) widersprechen würde

Hier (+) da V trotz Obliegenheit, den Brief von der Post abzuholen, dies vorsätzlich unterließ, um eine Fristversäumung herbeizuführen

Rechtfolge: Wahlrecht des M

erneuter Zustellungsversuch ist überflüssig! ⇨ Kündigung als rechtzeitig zugegangen zu betrachten

III. Lösung Grundfall

Anspruch des V gegen M auf Zahlung der Miete für Mai aus § 535 II BGB

V könnte gegen M einen Anspruch auf Mietzahlung für den Monat Mai haben, wenn im Monat Mai ein wirksamer Mietvertrag bestand.

Ursprünglich bestand zwischen M und V ein wirksamer Mietvertrag. Dieser könnte aber durch die Kündigung des M mit Wirkung zum 01.05. beendet worden sein.

Eine Kündigung ist eine einseitige empfangsbedürftige Willenserklärung. Sie wird mit dem Zugang beim Empfänger wirksam, § 130 I 1 BGB.

Vorliegend müsste die Kündigung bis zum 03.02. zugehen, damit das Mietverhältnis zum 01.05. endet, vgl. auch § 573c I 1 BGB.

1. Zugang der Kündigung

Fraglich ist, ob die Kündigung rechtzeitig zugegangen ist. Zugang liegt vor, wenn die Willenserklärung so in den Machtbereich des Empfängers gelangt ist, dass mit dessen Kenntnisnahme unter normalen Umständen zu rechnen ist (siehe Fall 11).

Die Erklärung des M müsste in den Herrschaftsbereich des V gelangt sein.

Das ist dann der Fall, wenn der Postbote den Brief rechtzeitig in V`s Briefkasten eingeworfen hat. Wegen des Nachsendeauftrags ist die Kündigung erst am 04.02. bei V angekommen. Die Willenserklärung ist demnach nicht rechtzeitig in den Herrschaftsbereich des V gelangt. Der Zugang erfolgte nicht fristgerecht. Damit wäre der Mietvertrag nicht zum 01.05 aufgelöst worden.

Zu beachten ist jedoch, dass M von dem Umzug des V nichts wusste und dessen neue Adresse nicht kannte. Auch hat M den Kündigungsbrief so rechtzeitig abgeschickt, dass er, wäre V nicht umgezogen, diesen rechtzeitig erreicht hätte. Fraglich ist, ob solche Zugangshindernisse, die nicht aus dem Machtbereich des Erklärenden stammen, zu seinen Lasten gehen können.

Dies wird zu Recht verneint.

Ist eine empfangsbedürftige Willenserklärung verspätet zugegangen und beruht die Verspätung auf einem Umstand, der dem Empfänger zuzurechnen ist, so muss sich dieser nach Treu und Glauben (§ 242 BGB) so behandeln lassen, als hätte das Zugangshindernis nicht bestanden.

Der Erklärende muss daher nichts weiter unternehmen, um den Zugang zu erreichen. Die Anwendung des § 242 BGB führt hier also zu einer Rechtzeitigkeitsfiktion. Die Kündigung des M gilt damit als rechtzeitig zugegangen.

2. Ergebnis

Die Kündigung war rechtzeitig und der Mietvertrag ist somit am 01.05. aufgehoben. Ein Anspruch auf Mietzahlung für Mai besteht also nicht.

IV. Lösung Abwandlung 1

1. Anspruch des V gegen M auf Rückgabe nach § 546 I BGB

V hat einen Anspruch auf Rückgabe der Wohnung nach § 546 I BGB, wenn ein ursprünglich gültiger Mietvertrag wirksam beendet wurde.

Die Parteien hatten einen wirksamen Mietvertrag geschlossen.

Fraglich ist, ob der Mietvertrag wirksam beendet wurde. Dies könnte durch die Kündigung des M erfolgt sein.

Voraussetzung einer wirksamen Kündigung des M ist, dass diese dem V zugegangen ist, § 130 I 1 BGB (s.o.).

Hier gelangte aber die Kündigung gar nicht in den Machtbereich des V. M hat den Brief an die alte Adresse geschickt und V hatte keinen Nachsendeantrag gestellt. Damit ist ein Zugang der Kündigung nicht erfolgt. Demnach wäre die Willenserklärung nicht wirksam geworden.

Fraglich ist, ob eine an die alte Adresse geschickte Willenserklärung dennoch rechtzeitig wirksam werden kann.

Verhindert der Empfänger in fahrlässiger Weise den Zugang einer Willenserklärung (z.B. durch plötzliches Ausziehen ohne Angabe neuer Adresse), so liegt eine sog. **fahrlässige Zugangsvereitelung** vor. Wird die neue Adresse ausfindig gemacht und daraufhin die gleiche Willenserklärung unverzüglich erneut abgesendet, so geht die Kündigung erst mit dem zweiten Schreiben zu.

Dennoch muss sich der Empfänger nach Treu und Glauben (§ 242 BGB) so behandeln lassen, als wäre die Willenserklärung bereits mit dem ersten Schreiben zugegangen.

Anmerkung: Damit muss der Erklärende den gescheiterten Zugang unverzüglich nachholen. Er muss also die Erklärung noch einmal zustellen, notfalls mit Hilfe des Gerichtsvollziehers gemäß § 132 I BGB. Ist der Aufenthalt des Adressaten unbekannt, ermöglicht § 132 II BGB die öffentliche Zustellung nach den §§ 185 ff. ZPO.

Beachte: Die Anwendung des § 242 BGB führt hier nicht zu einer Zugangs-, sondern nur zu einer Rechtzeitigkeitsfiktion. Für den Erklärenden hat das den Vorteil, dass er sich überlegen kann, ob er an seiner Erklärung festhalten will.

Damit hätte M seine Kündigung noch einmal an die richtige Adresse abschicken müssen, wenn er die Rechtzeitigkeit seiner Kündigung fingieren wollte. Daran hat M hier jedoch kein Interesse mehr. Er will an der Erklärung nicht mehr festhalten.

Ohne erneute Zustellung ist die Kündigung nicht wirksam geworden. Damit liegt keine Beendigung des Mietvertrages vor.

V hat gegen M keinen Rückgabeanspruch aus § 546 I BGB.

2. Anspruch des V gegen M aus § 985 auf Räumung der Wohnung

Ein Anspruch des V könnte sich aber aus § 985 BGB ergeben.

Prüfungsschema § 985 BGB:

1. Eigentum des Anspruchsstellers
2. Besitz des Anspruchsgegners
3. Kein Recht zum Besitz, § 986 BGB
4. Kein Zurückbehaltungsrecht, § 1000 BGB i.V.m. §§ 994 ff. BGB

V ist Eigentümer der Wohnung und M als Mieter deren Besitzer (tatsächliche Sachherrschaft). Ein Besitzrecht (§ 986 BGB) ergibt sich aber aus dem Mietvertrag, da dieser nicht erloschen ist (s.o.). V kann daher auch aus § 985 BGB keine Herausgabe der Wohnung verlangen.

Anmerkung: Unter Räumung versteht man die Herausgabe im „Jetztzustand", unter Rückgabe die Herausgabe im Zustand zum Zeit der Gebrauchsüberlassung!

V. Lösung Abwandlung 2

Wirksamkeit der Kündigung

Fraglich ist wiederum die Wirksamkeit der Kündigung. Problematisch ist der Zugang der Willenserklärung.

Die Kündigungserklärung des M ist nicht in den Herrschaftsbereich des V gelangt, da dieser den Brief am 01.02. wegen der erforderlichen Nachzahlung nicht angenommen hat. Ein Zugang hat damit nicht stattgefunden.

Die Verhinderung des Zugangs könnte aber auf einem Umstand beruhen, der dem V zuzurechen ist, so dass eine Zugangsvereitelung vorliegen könnte.

Eine **Annahmeverweigerung** kann zu einer **Zugangsfiktion** (nicht nur einer Rechtzeitigkeitsfiktion!) führen, wenn sie grundlos erfolgt. Ein erneuter Zustellungsversuch ist dann überflüssig. Die Willenserklärung gilt als zugegangen, wenn dies dem Willen des Erklärenden entspricht.

Allerdings ist vorliegend die Weigerung des V auf die unzureichende Frankierung und das damit verbundene Nachzahlungsverlangen des Postboten zurückzuführen. Die Annahmeverweigerung erfolgte damit nicht grundlos.

Für die unzureichende Frankierung ist M verantwortlich, da er es in der Hand hatte, den Brief ausreichend zu frankieren. Das Zugangshindernis ist damit nicht dem Empfänger V, sondern dem M zuzurechnen.

Die Willenserklärung ist nicht wirksam geworden. Es fehlt damit an der wirksamen Kündigung des Vertrages, so dass V weder Rückgabe nach § 546 BGB noch Räumung nach § 985 BGB verlangen kann. M muss weiterhin die Miete bezahlen.

VI. Lösung Abwandlung 3

Gem. § 573c I 1 BGB ist nur bis zum dritten Werktag eines Monats eine Kündigung zum Ablauf des übernächsten Monats zulässig. Der Zugang der Kündigung müsste damit bis zum 03.02. erfolgt sein.

Durch den Benachrichtigungszettel des Postboten im Briefkasten des V liegt noch kein Zugang des Kündigungsschreibens vor. Das Schreiben selbst ist ja noch nicht in den Herrschaftsbereich des V gelangt. V kann von dessen Inhalt noch keine Kenntnis nehmen.

Die dem V am 05.02. zugegangene Kündigungserklärung wäre für den Kündigungstermin zum 01.05. dagegen nicht mehr rechtzeitig, so dass keine wirksame Kündigung zum 01.05. vorliegen würde.

Möglicherweise ist es dem V jedoch verwehrt, sich auf den verspäteten Zugang zu berufen. Das wäre i.R.e. **arglistigen Zugangsvereitelung** der Fall.

Eine solche liegt vor, wenn die Verspätung auf ein vom Empfänger selbst geschaffenes Hindernis zurückzuführen ist und eine Berufung auf die Verspätung dem Grundsatz von Treu und Glauben (§ 242 BGB) widersprechen würde.

Den ordnungsgemäß benachrichtigten V traf die Obliegenheit, die Einschreibesendung abzuholen. V unterließ dies ohne hinreichenden Grund.

Im Gegenteil war es sogar so, dass V, da er den Inhalt des Schreibens ahnte und eine Kündigung vermeiden wollte, sich entschloss, untätig zu bleiben. Hierdurch wollte er eine Fristversäumung herbeiführen, um dann die Kündigung als verspätet ablehnen zu können. Darin ist eine arglistige Zugangsvereitlung zu sehen.

Die Rechtsfolge einer arglistigen Zugangsvereitelung liegt in der Hand des Erklärenden. Will er seine Erklärung gelten lassen, ist dem Empfänger die Berufung auf die Verspätung als rechtsmissbräuchlich verwehrt.

In diesem Fall ist **sogar** ein **erneuter Zustellungsversuch überflüssig**.

Die Kündigung des M ist demnach rechtzeitig erfolgt. V kann sich im Prozess auf die Verspätung nicht berufen.

Anmerkung: Anders wäre es, wenn V mit einer Willenserklärung per Einschreiben nicht hätte rechnen müssen und M es unterlassen hätte, nach Kenntnis des gescheiterten Zugangs einen erneuten Zustellungsversuch zu unternehmen.

Dann wäre eine lediglich fahrlässige Zugangsvereitelung gegeben, die jedenfalls eines unverzüglichen erneuten Zustellungsversuches bedarf.

VII. Zusammenfassung

Sound: Bei fahrlässiger Zugangsvereitelung ist ein erneutes Absenden der Willenserklärung erforderlich.
Bei arglistiger Zugangsvereitelung hat der Erklärende ein Wahlrecht, ob er die Willenserklärung als wirksam behandeln möchte. Hier ist kein erneutes Versenden notwendig!

Beachten Sie in diesem Zusammenhang die Frage nach dem Zugang eines eingeschriebenen Briefes. Der Benachrichtigungszettel, den Brief vom Postamt abzuholen, begründet noch keinen Zugang der Willenserklärung, da aus der Benachrichtigung alleine der Inhalt des Briefes nicht ersichtlich ist. Der Zugang tritt erst ein, wenn das Einschreiben tatsächlich abgeholt wird.

hemmer-Methode: Letztlich ist die Frage, ob der Empfänger sich gem. § 242 BGB so behandeln lassen muss, als ob eine Erklärung zugegangen ist, eine reine Wertungsfrage. Zu berücksichtigen ist in diesem Zusammenhang aber nicht nur das Verhalten des Empfängers, sondern auch das des Erklärenden.
Die Willenserklärung muss dem Empfänger (wenn auch verspätet) zugehen, um zur Anwendung der o.g. Grundsätze zu kommen. Ein unverzüglicher erneuter Zustellungsversuch durch den Erklärenden nach Kenntnis des gescheiterten Zugangs wird regelmäßig nur in den Fällen der grundlosen Zugangsverhinderung bzw. arglistigen Zugangsvereitelung entbehrlich sein.

VIII. Zur Vertiefung

- Hemmer/Wüst, KK BGB-AT I, Karteikarte Nr. 31
- Hemmer/Wüst, KK Basics Zivilrecht, Karteikarte Nr. 5
- Hemmer/Wüst, Basics Zivilrecht, Bd. 1, Rn. 12
- Hemmer/Wüst, BGB-AT I, Rn. 101 ff.
- Zum Zugang beim Einschreiben: Hemmer/Wüst, BGB-AT I, Rn. 104

Fall 15: Abgabe und Zugang von Willenserklärungen / Widerruf einer Willenserklärung

Sachverhalt:

K möchte ein günstiges Fahrrad kaufen. Er blättert am Abend im Katalog des Versandhauses V und findet ein interessantes Angebot. Sofort faxt er um 22.00 Uhr das ausgefüllte Bestellformular an V. Etwas später sieht er im Katalog des Versandhauses D das gleiche Fahrrad zu einem günstigeren Preis. Daraufhin faxt er noch an demselben Abend ein Schreiben an V, dass seine Bestellung als gegenstandslos betrachtet werden soll.

Das Versandhaus V liefert das Fahrrad trotzdem und verlangt Bezahlung des Kaufpreises.

I. Einordnung

Die Parteien können ihre Willenserklärungen bis zum Zugang beim Empfänger frei widerrufen. Es bedarf dabei keiner Angabe eines Grundes. Das Widerrufsrecht und seine zeitliche Beschränkung ergeben sich einerseits aus der **Vertragsfreiheit** der Parteien, andererseits aus der **Interessenlage des Empfängers**, der nach dem Zugang der Erklärung auf ihren Bestand grundsätzlich vertrauen kann. Diese zwei Gesichtspunkte erklären die Regelung des § 130 I 2 BGB.

II. Gliederung

Anspruch des V gegen K auf Zahlung gem. § 433 II BGB Zug um Zug gegen Lieferung des Fahrrads

I. Angebot des V

Auszeichnung im Katalog (-), mangels Rechtsbindungswillens lediglich invitatio ad offerendum

II. Angebot des K

Bestellschreiben wirksam mit Zugang beim Empfänger, § 130 I 1 BGB

a) Zugang

⇨ Gelangen in den Machtbereich des Empfängers, so dass unter normalen Umständen mit Kenntnisnahme zu rechnen ist.

b) Möglichkeit des Widerrufs, § 130 I 2 BGB

⇨ Es kommt auf Rechtzeitigkeit des Widerrufs (vor oder mit Zugang des Angebotes) an

1. Ankommen des Angebots und des Widerrufs im Machtbereich des Empfängers bereits wenige Minuten nach Absenden
2. Möglichkeit der Kenntnisnahme unter gewöhnlichen Verhältnissen ⇨ sowohl für das Angebot, wie auch für den Widerruf erst am nächsten Morgen

III. Ergebnis:

Zugang des Widerrufs gleichzeitig mit dem Angebot
⇨ kein Kaufvertrag abgeschlossen
⇨ Kaufpreisanspruch besteht nicht

III. Lösung

Anspruch des V-Versandhauses gegen K auf Zahlung des Kaufpreises gem. § 433 II BGB Zug um Zug gegen Lieferung des Fahrrads

Das V-Versandhaus könnte einen Anspruch gegen K auf Zahlung des Kaufpreises für das Fahrrad gem. § 433 II BGB haben. Hierfür müsste zwischen ihnen ein wirksamer Kaufvertrag zustande gekommen sein. Ein Kaufvertrag kommt durch zwei übereinstimmende, mit Bezug aufeinander abgegebene Willenserklärungen zustande (Angebot und Annahme).

I. Angebot des V

In der Auszeichnung im Katalog könnte ein Angebot zum Abschluss des Kaufvertrages vorliegen. Allerdings besteht bei der Auszeichnung im Katalog nicht der Wille, mit jedem einen Kaufvertrag abzuschließen, der ein Bestellformular ausfüllt und zusendet. Mangels Rechtsbindungswillen liegt daher kein Angebot vor, sondern lediglich eine unverbindliche Aufforderung zur Abgabe von Angeboten (invitatio ad offerendum).

II. Angebot des K

Ein Angebot zum Abschluss eines Kaufvertrages liegt aber grundsätzlich in der Bestellung des K.

Fraglich ist, ob sein Angebot wirksam ist. Gem. § 130 I 1 BGB wird eine empfangsbedürftige Willenserklärung unter Abwesenden erst mit ihrem Zugang beim Empfänger wirksam.

Zugang liegt vor, wenn die Willenserklärung so in den Machtbereich des Empfängers gelangt ist, dass unter normalen Umständen mit deren Kenntnisnahme zu rechnen ist.

Solange kein Zugang stattgefunden hat, kann eine Willenserklärung widerrufen werden, § 130 I 2 BGB. Spätestens kann dies noch gleichzeitig mit Zugang der Willenserklärung erfolgen.

Vorliegend könnte das Angebot des K wegen Widerrufs unwirksam sein. Entscheidend dabei ist, ob der Widerruf vor oder gleichzeitig mit der Angebotserklärung zugegangen ist.

1. Gelangen in den Machtbereich des Empfängers

Die Bestellung und der Widerruf des K sind in den Machtbereich des Versandhauses gelangt, als das Empfangsgerät des Versandhauses die Schreiben ausdruckte. Bei ungestörtem Übermittlungsverlauf ist das bereits einige Minuten nach dem Absenden der Fall. Damit ist davon auszugehen, dass zunächst die Bestellung und erst dann der Widerruf in den Machtbereich des V gelangt sind.

2. Möglichkeit der Kenntnisnahme unter gewöhnlichen Verhältnissen

Zusätzlich zum Gelangen in den Machtbereich des Empfängers ist erforderlich, dass beim gewöhnlichen Lauf der Dinge mit dessen Kenntnisnahme vom Inhalt der Willenserklärung zu rechnen ist.

Unter normalen Umständen war mit Kenntnisnahme beider Faxe erst am nächsten Morgen i.R.d. gewöhnlichen Bürozeiten zu rechnen.

Zu dieser Zeit befanden sich bereits beide Schreiben im Machtbereich des V-Versandhauses. Der Widerruf ist damit gleichzeitig mit der Bestellung zugegangen.

Bei der Beurteilung der Rechtzeitigkeit des Zugangs kommt es auf die Möglichkeit der Kenntnisnahme von Angebot und Widerruf unter gewöhnlichen Umständen an.

III. Ergebnis

Infolge des rechtzeitigen Widerrufs liegt kein wirksames Angebot des K vor. Damit ist kein rechtsgültiger Kaufvertrag zustande gekommen. Der Zahlungsanspruch des V-Versandhauses besteht demnach nicht.

In der Klausur muss die Prüfung des Zugangs immer zweistufig erfolgen. Auf der ersten Stufe prüfen Sie, ob die Willenserklärung tatsächlich in den Machtbereich des Empfängers gelangt ist. Auf der zweiten Ebene fragen Sie nach der Möglichkeit der Kenntnisnahme unter gewöhnlichen Verhältnissen.

Achten Sie auf eine häufige Klausurfalle: Die tatsächliche Kenntnisnahme ist nicht erforderlich!

IV. Zusammenfassung

Sound: Bei gleichzeitigem Zugang von Angebot und Widerruf wird das Angebot nicht wirksam.

hemmer-Methode: Für den Widerruf einer Willenserklärung ist alleine der Zeitpunkt dessen Zugangs, nicht derjenige der Kenntnisnahme entscheidend. Der gleichzeitig zugegangene Widerruf ist auch dann wirksam, wenn der Empfänger zunächst von der Erklärung (Angebot) Kenntnis nimmt. Umgekehrt bleibt der verspätet zugegangene Widerruf wirkungslos, wenn der Empfänger von ihm gleichzeitig oder sogar vor der Erklärung Kenntnis erhält.
Ebenfalls interessant ist die Frage, wie sich das vorzeitige Beenden einer Ebay-Auktion auf den Vertragsschluss auswirkt. Stellt der Einstellende fest, dass die Gebote hinter den Erwartungen zurückbleiben, ist fraglich, ob er sich durch Widerruf noch lösen kann. Nach (überzeugender) Ansicht des AG Garmisch-Partenkirchen begründet das Einstellen der Ware ein verbindliches Angebot. Der Vertrag kommt mit demjenigen zustande, der bei Auktionsende das höchste Gebot abgegeben hat. Ein Widerruf bis Angebotsende ist daher wegen vorherigen Zugangs des Antrags nicht gem. § 130 BGB möglich. Auch der Einwand der unzulässigen Rechtsausübung kann bei auf diesem Weg sehr günstig erworbener Ware nach überzeugender Ansicht nicht gemacht werden, Life&Law 2011, 377 ff.
Anders sieht der BGH dies nur, wenn es dem Verkäufer vor Auktionsende den Gegenstand verliert. Diese "Unmöglichkeit“ soll ihm in Verbindung mit den Verkaufsbedingungen von Ebay die Möglichkeit geben, sein Angebot zurückzuziehen, vgl. BGH, Life&Law 2011, 704 ff.

V. Zur Vertiefung

Zum Begriff des Zugangs:

- Hemmer/Wüst, KK BGB-AT I, Karteikarte 29

Kapitel II: Zustandekommen von Verträgen

Fall 16: Probleme der Annahme

Sachverhalt:

Der Kunsthändler A bot dem Kunstkenner B am 10.07. ein Bild für 3.000 € zum Verkauf an. B witterte zwar eine günstige Gelegenheit, konnte sich aber nicht sofort entscheiden. Daraufhin räumte A ihm eine Frist bis zum 20.07. ein, innerhalb der er sich an sein Angebot gebunden fühle, ansonsten würde er das Bild an anderweitige Interessenten veräußern.

B verfasste am 17.07. ein Schreiben, in dem er dem A seine Annahme erklärte. Den Brief schickte er am selben Tag ab. Das Schreiben wurde bei der Post am 18.07. mit einem Poststempel versehen und an die Briefsortieranlage weitergeleitet. Infolge eines Fehlers in der Briefsortiermaschine der Post kam der Brief aber erst drei Wochen später bei A an. A unternimmt nichts, da er sich inzwischen an sein Angebot nicht mehr gebunden fühlt.

Frage: *Muss A dem B das Bild übereignen?*

I. Einordnung

Bei fristgebundenen Angeboten gibt der Anbietende zu erkennen, dass er die Annahme spätestens zum Ablauf des Termins erwartet. Erfolgt die Annahme erst nach Ablauf der Frist, so hat sie grundsätzlich keine rechtliche Wirkung. Der Anbietende ist an sein Angebot nicht mehr gebunden.

Ein anderes Ergebnis kann aber in Ausnahmefällen wegen § 242 BGB angebracht sein. In solchen Grenzfällen geht es immer um eine Interessenabwägung und die Frage, wie weit der Pflichtenkanon reicht.

II. Gliederung

Anspruch des B gegen A auf Lieferung des Bildes gem. § 433 I 1 BGB

1. Angebot des A (+)

a) am 10.07. (+) abgegeben

b) Erloschen? §§ 146 2.Alt., 148 BGB
Annahmefrist bis zum 20.07. bestimmt, bis dahin Angebot wirksam

2. Annahme durch B (+)

a) am 10.07. (-)

b) durch das Schreiben vom 17.07. (+)

(P): Zugang an A nach dem 20.07.
⇨ zu spät
⇨ Angebot erloschen, §§ 146, 148 BGB
⇨ verspätete Annahme stellt neues Angebot dar, § 150 I BGB, das jedoch von A nicht angenommen wurde (A blieb untätig)

c) **§ 149 BGB (+)**, Vor.:
⇨ rechtzeitige Absendung der WE
⇨ verspäteter Zugang beim Empfänger
⇨ die Verspätung beruht auf Unregelmäßigkeiten bei der Beförderung (Kausalität)

⇨ Erkennbarkeit für den Antragenden

⇨ keine unverzügliche Anzeige des verspäteten Zugangs

Rechtsfolge: die Annahmeerklärung gilt als rechtzeitig erfolgt

3. **Ergebnis:**
KV (+) ⇨ Anspruch auf Lieferung (+)

III. Lösung

Anspruch des B gegen A auf Lieferung des Bildes gem. § 433 I 1 BGB

B könnte gegen A einen Anspruch auf Lieferung des Bildes haben, wenn ein wirksamer Kaufvertrag geschlossen wurde.

1. Angebot des A

a) Ein Antrag des A liegt vor, da A dem B das Bild zum Kauf angeboten hat.

b) Das Angebot könnte aber erloschen sein, § 146 2.Alt. BGB.

Grundsätzlich kann ein unter Anwesenden gemachter Antrag nur sofort angenommen werden, § 147 I BGB. Das am 10. Juli unterbreitete Angebot hat B jedoch nicht sofort angenommen. Er wollte sich den Kauf vielmehr noch einmal überlegen. Somit hat er nicht sofort zugestimmt.

Allerdings hat A in seinem Angebot eine Annahmefrist bestimmt, innerhalb der er sich an seinen Antrag gebunden fühlt. Diese Frist lief bis zum 20. Juli. Die Annahme durfte somit auch noch innerhalb der Frist erfolgen, § 148 BGB.

Damit liegt ein wirksames Angebot des A vor.

2. Annahme des B

a) Die Annahme durch B könnte in seinem Schreiben vom 17. Juli liegen. Das Schreiben wurde wirksam abgegeben und ist dem A auch zugegangen, § 130 I 1 BGB.

b) Fraglich ist nur, ob der Zugang des Annahmeschreibens noch rechtzeitig erfolgte. Dies könnte problematisch sein, da der Brief den Machtbereich des A erst nach drei Wochen erreicht hat. Zu diesem Zeitpunkt war die dem B von A gesetzte Annahmefrist bereits abgelaufen, so dass der Zugang der Annahme zu spät erfolgte.

Damit ist gem. §§ 146, 148 BGB das Angebot des A erloschen. Die verspätete Annahme des B stellt vielmehr einen neuen Antrag dar, § 150 I BGB. Dieser Antrag hätte von A neu angenommen werden müssen. A blieb jedoch untätig und somit liegt keine Annahme vor.

c) Ein anderes Ergebnis könnte sich jedoch in Anwendung des § 149 BGB ergeben.

Diese Regelung schränkt den § 150 I BGB ein, sofern eine rechtzeitig abgeschickte Annahmeerklärung nur aufgrund Unregelmäßigkeiten i.R.d. Beförderung verspätet zugegangen ist.

In diesen Fällen gilt die Annahmeerklärung als rechtzeitig erfolgt, wenn der Antragende nicht rechtzeitig eine Verspätungsanzeige absendet. B hat vorliegend sein Annahmeschreiben am 17. Juli abgeschickt. Bei normaler Beförderung unter Zugrundelegung der üblichen Überbringungszeiten hätte das Schreiben den A rechtzeitig erreicht. Eine rechtzeitige Absendung liegt somit vor.

A hätte aufgrund des Poststempels die atypische Beförderungsdauer erkennen können.

Daraus hätte er schließen müssen, dass die Verzögerung nicht auf ein Verhalten des B zurückzuführen ist. Er war verpflichtet, wenn er die Annahme nicht mehr gelten lassen wollte, dem B unverzüglich Anzeige vom verspäteten Zugang zu machen. Durch seine Untätigkeit gilt die Annahme als rechtzeitig zugegangen.

3. Ergebnis

Damit ist ein wirksamer Kaufvertrag zustande gekommen. Ein Anspruch des B gegen A auf Lieferung des Bildes ist gegeben.

IV. Zusammenfassung

Sound: Erfolgte die Absendung der Annahme rechtzeitig und ist sie aufgrund von Umständen außerhalb der Sphäre des Erklärenden dem Empfänger zu spät zugegangen, so gilt sie als nicht verspätet, wenn der Empfänger den verspäteten Zugang nicht unverzüglich angezeigt hat.

Die Lösung dieses Falles war dem Wortlaut des Gesetztes (§ 149 BGB) zu entnehmen. Oft werden in der Klausur versteckte und weniger bekannte Regelungen abgeprüft. Nehmen Sie sich Zeit für die Lektüre Ihres Gesetzes!

hemmer-Methode: Gem. § 145 BGB ist der Antrag (= Angebot) für den Antragenden bindend. Er kann daher sein Angebot grundsätzlich nicht widerrufen. Diese Vorschrift steht dem § 130 I 2 BGB nicht entgegen. Jede Willenserklärung, auch ein Antrag (Angebot) darf bis zum Zugang frei widerrufen werden, es sei denn die Parteien haben § 130 I 2 BGB durch wirksame Vereinbarung ausgeschlossen (§ 130 I 2 BGB ist dispositives, also zur Verfügung der Parteien stehendes Recht). Ist aber ein Angebot wirksam zugegangen, bleibt für § 130 I 2 BGB kein Raum mehr. Ab diesem Zeitpunkt beginnt die Bindungswirkung des § 145 BGB. Der Antragende kann aber die Bindungswirkung des Antrages ausschließen.

V. Zur Vertiefung

- Hemmer/Wüst, BGB-AT I, Rn. 150 ff.
- Hemmer/Wüst, KK BGB-AT I, Karteikarte Nr. 41

Fall 17: Tod des Antragenden

Sachverhalt:

Die 90-jährige Adelheid bestellt bei der Firma „Schöner Wohnen"-GmbH zwei Fenstervorhänge, eine Tischdecke und eine Wärmflasche. Zu diesem Zweck füllte sie ein Bestellformular vollständig aus und schickte das Schreiben ab. Noch bevor es der „Schöner Wohnen"-GmbH zugegangen ist, verstarb Adelheid.

Der Geschäftsführer der GmbH fragt sich, ob er von den Erben der Adelheid den Kaufpreis Zug um Zug gegen Lieferung der Ware verlangen kann.

I. Einordnung

Stirbt der Antragende zwischen Abgabe und Zugang seiner Willenserklärung, so kann die Wirksamkeit seiner Willenserklärung fraglich sein. Der Gesetzgeber hat dieses Problem in § 130 II BGB geregelt und sich für die Wirksamkeit der Willenserklärung entschieden. Kommentieren Sie (soweit dies die Prüfungsordnung erlaubt) an den Rand des § 130 II BGB den § 153 BGB und umgekehrt. § 153 BGB ergänzt insoweit den § 130 II BGB: Ein Angebot kann auch dann noch angenommen werden, wenn der Antragende stirbt.

II. Gliederung

Anspruch der GmbH gegen die Erben auf Zahlung des Kaufpreises gem. §§ 433 II , 1922, 1967 BGB

1. Vertragspartner

a) GmbH als jur. Person, § 13 I GmbHG, vertreten durch ihren Geschäftsführer, § 35 I GmbHG

b) Erben der A, § 1922 BGB

2. Angebot (+), Bestellungsschreiben der A

Abgabe (+), willentliche Entäußerung in den Rechtsverkehr

Zugang, § 130 I BGB

(P): A zwischen Abgabe und Zugang der WE verstorben

⇨ § 130 II BGB

⇨ Tod der A hindert die Wirksamkeit des Angebots nicht

3. Annahme (+)

⇨ konkludent durch Warenaussonderung

⇨ Zugang bei A? (-), da A bereits vor Zugang der Annahme verstarb

⇨ Zugang bei Erben wegen § 1922 BGB erforderlich, hier (-)

<u>Aber</u>: § 151 S. 1 BGB: Zugang der WE nicht erforderlich, wenn auf ihn verzichtet wird oder dieser nach Verkehrssitte nicht zu erwarten ist

<u>Hier</u>: Zugang der Annahmeerklärung nach Verkehrssitte nicht zu erwarten

4. Annahmefähiges Angebot zum Zeitpunkt der Annahmeerklärung (-)

Angebot der A mit ihrem Tod erloschen?

⇨ § 153 BGB: Vertragsangebot bleibt i.d.R. annahmefähig, es sei denn, ein anderer Wille des Antragenden erkennbar

Ausdrücklich (-)

Durch Auslegung (§§ 133, 157 BGB): bei Bestellungen von Sachen zum persönlichen Gebrauch ist i.d.R. das Angebot nicht mehr annahmefähig (+)

5. **Ergebnis:** KV (-), kein Anspruch auf Zahlung des Kaufpreises

III. Lösung

Anspruch der GmbH gegen die Erben auf Zahlung des Kaufpreises gem. §§ 433 II , 1922, 1967 BGB

1. Vertragspartner

a) Fraglich ist, ob der GmbH gegen die Erben ein Anspruch auf den Kaufpreis zusteht, §§ 433 II, 1922, 1967 BGB.

Die GmbH kann als juristische Person Träger von Rechten und Pflichten sein. Ihr können daher auch Zahlungsansprüche zustehen, vgl. § 13 I GmbHG. Sie wird von ihren Geschäftsführern vertreten, § 35 I GmbHG.

b) Der GmbH steht einen Kaufpreisanspruch gegen die Erben zu, wenn zwischen diesen und ihr ein wirksamer Kaufvertrag besteht.

2. Angebot

Die Bestellung der Waren durch A stellt ein Angebot zum Abschluss eines Kaufvertrages dar, da die essentialia negotii enthalten sind und der erforderliche Rechtsbindungswille vorliegt.

Diese Bestellung wurde auch in den Rechtsverkehr, in Richtung des Empfängers entäußert.

Allerdings fordert § 130 I BGB für das Wirksamwerden einer empfangsbedürftigen Willenserklärung deren Zugang. Die Willenserklärung muss so in den Machtbereich des Empfängers gelangen, dass dieser unter normalen Umständen von ihr Kenntnis erlangen kann.

Die Bestellung der A hat die GmbH tatsächlich erreicht, so dass ein wirksamer Zugang an sich vorliegt.

Fraglich ist nur, wie es sich auswirkt, dass A zwischen Abgabe und Zugang ihres Angebotes verstorben ist.

Gemäß § 130 II BGB ist es für die Wirksamkeit der Willenserklärung ohne Einfluss, wenn der Erklärende nach der Abgabe verstorben ist. Damit schadet der Tod der A der Wirksamkeit des Angebotes nicht.

Ein wirksames Angebot liegt vor.

3. Annahme

Die Annahmeerklärung der GmbH könnte konkludent durch Aussonderung der Ware erfolgt sein.

Eine Annahme wird aber grundsätzlich erst mit deren Zugang beim Antragenden wirksam. Dies ergibt sich bereits aus der allgemeinen Regel des § 130 I 1 BGB.

Demnach müsste die Annahmeerklärung der A zugehen.

Da A aber noch vor Zugang des Antrages verstarb, war ein Zugang der Annahmeerklärung bei ihr gar nicht mehr möglich. Nach dem Tod der A traten die Erben in alle ihre Rechtspositionen ein, § 1922 BGB. Daher war ein Zugang bei den Erben erforderlich. Dieser ist aber laut Sachverhalt nicht erfolgt. Möglicherweise ist die Annahme mangels Zugangs unwirksam.

Hier ist jedoch § 151 S. 1 BGB zu beachten: Der Zugang der Annahmeerklärung ist dann nicht erforderlich, wenn dieser nach der Verkehrssitte nicht zu erwarten ist oder der Antragende auf den Zugang verzichtet hat.

Anmerkung: § 151 S. 1 BGB macht nur den Zugang, nicht jedoch die Annahmeerklärung selbst entbehrlich!

A hat auf den Zugang nicht verzichtet, jedoch ist der Zugang einer ausdrücklichen Annahmeerklärung im vorliegenden Fall nach der Verkehrssitte nicht zu erwarten. Üblicherweise bestätigen Lieferanten ihren Annahmewillen durch Aussonderung und Verschicken der Ware.

4. Annahmefähiges Angebot zum Zeitpunkt der Annahmeerklärung

Es könnte problematisch sein, ob zum Zeitpunkt der Annahmeerklärung noch ein annahmefähiges Angebot vorlag. Dies ergibt sich nicht bereits aus § 130 II BGB, da dieser nur von der Wirksamkeit der Willenserklärung spricht. Handelt es sich bei der Willenserklärung um ein Vertragsangebot, so ist § 153 BGB zu berücksichtigen.

Das Vertragsangebot bleibt demnach in der Regel annahmefähig, es sei denn, es ist ein anderer Wille des Antragenden (also des Erklärenden) anzunehmen. Einen ausdrücklichen anderen Willen hat A nicht geäußert. Jedoch könnte ein anderweitiger Wille auch gem. §§ 133, 157 BGB durch Auslegung ermittelt werden.

Ein anderer Wille ist insbesondere dann zu erwarten, wenn es sich um Bestellungen zum persönlichen Bedarf handelt.

Vorliegend hat A Waren nur zu ihrem persönlichen Gebrauch bestellt.

Damit ist die Annahmefähigkeit des Angebotes zu verneinen, § 153 HS. 2 BGB greift ein.

5. Ergebnis

Damit liegt kein wirksamer Kaufvertrag vor. Die GmbH kann von den Erben keine Bezahlung des Kaufpreises verlangen. Sie ist aber auch nicht zur Lieferung der Waren verpflichtet.

Anmerkung: Kommt das Geschäft wegen § 153 HS. 2 BGB nicht zustande, ist streitig, ob der Vertragspartner nicht wenigstens einen Anspruch auf Ersatz seines Vertrauensschadens analog § 122 BGB hat.
Beispiel: Die GmbH hatte im Fall die Waren schon an die Erben verschickt, wofür sie Aufwendungen von 20 € hatte. Ist es gerecht, dass die GmbH auf diesen 20 € sitzen bleibt, wenn ihr niemand mitteilte, dass A verstorben ist und die bestellten Sachen nicht weiter benötigt werden?
Hier würde ein Anspruch auf Ersatz des Vertrauensschadens analog § 122 BGB weiterhelfen.

IV. Zusammenfassung

Sound: Tod des Antragenden oder Eintritt der Geschäftsunfähigkeit verhindert grundsätzlich das Zustandekommen des Vertrages nicht.

Denken Sie immer an die Ausnahme des § 153 a.E. BGB. Probleme der §§ 130 II, 153 BGB können in der Klausur mit den Ansprüchen der Erben verbunden werden.

hemmer-Methode: Stirbt der Antragende, so ist immer an §§ 130 II, 153 BGB zu denken. Nicht geregelt ist der Fall, dass der Angebotsempfänger stirbt. Hier ist durch Auslegung zu ermitteln, ob auch die Erben das Angebot annehmen können. Im Zweifel ist der Antrag allerdings als erloschen anzusehen. Denken Sie in diesem Zusammenhang an den Bonifazius Fall (RGZ 83, 223): Ein Sterbender übergab Papiere, die nach §§ 929 ff. BGB übereignet werden, einem „Boten". Fraglich war, ob der Empfänger nach dem Tod noch durch Übergabe der Papiere Eigentum erworben hat. Die dingliche Einigung und Übergabe wurde wirksam über §§ 130 II, 153, 151 BGB. Dementsprechend scheiterte ein Anspruch des Erben aus § 985 BGB. I.R.d. verbleibenden Anspruchs aus § 812 BGB scheiterte die Wirksamkeit des Schenkungsvertrages wie bei der dinglichen Einigung nicht daran, dass der Schenker nach Abgabe des Angebots vor dessen Zugang verstarb. Hier half wiederum § 153, 151 S. 1 BGB, da auf den Zugang der Annahmeerklärung verzichtet werden konnte. Problematisch war aber die Einhaltung der Form, vgl. § 2301 I, III BGB.

V. Zur Vertiefung

- Hemmer/Wüst, KK BGB-AT I, Karteikarte 42

Fall 18: Vertragsschluss am Warenautomat

Sachverhalt:

Der Jurastudent Schlau (S) möchte sich in der Pause zwischen anstrengenden Vorlesungen stärken und begibt sich zum Kaffeeautomaten im Eingangsbereich der Universität. Er entscheidet sich für einen Becher Kaffee mit Milch und Zucker. Die entsprechende Wahltaste trägt die Aufschrift: „Kaffee mit Milch und Zucker - 1 €". S muss jedoch feststellen, dass er zwar kein Euro Bargeld dabei hat, dafür jedoch einige ausländische Münzen. Er versucht sein Glück mit einer solchen Münze, die zwar einen geringeren Wert hat, jedoch denselben Durchmesser wie eine 1 €-Münze. Der Automat akzeptiert die eingeworfene Münze und gibt den gewünschten Kaffee aus.

Frage: *Ist ein Kaufvertrag zwischen dem Automatenbetreiber und dem Studenten Schlau (S) zustande gekommen?*

Abwandlung: *Diesmal wirft S eine passende Münze ein. Der Automat ist jedoch leer. Dies war bei dem Einwurf der Münze nicht ersichtlich. Welche Rechte hat S gegen den Automatenbetreiber?*

I. Einordnung

In den meisten Fällen kennt der Anbietende seinen Vertragspartner. Das ist jedoch keine unverzichtbare Voraussetzung eines wirksamen Vertrages. Möglich ist auch, ein Angebot an einen unbestimmten Personenkreis zu richten (**Angebot ad incertas personas**). Typische Fälle solcher Angebote sind Warenautomaten. Rechtliche Probleme können sich ergeben, wenn der Automat leer ist.

II. Gliederung

Kaufvertrag zwischen dem Automatenbetreiber und S, § 433 BGB

1. **Angebot des Automatenbetreibers**

a) **konkludent**
sog. Realofferte -
Aufstellen des Automaten

b) **ad incertas personas**
⇨ Angebot an einen unbestimmten Personenkreis, unter dreifacher Bedingung des Betreibers:
Einwurf richtiger Münze,
Vorrätigkeit der Ware und
Funktionieren des Automaten
⇨ **Angebot (+)**

2. **Annahme durch S (-)**

a) Durch Einwurf der ausländischen Münze (-), da nicht vorbehaltlos dem Angebot zugestimmt (falsche Münze)

b) **Neues Angebot des S, § 150 II BGB** (+), aber keine Annahme durch den Betreiber, da erkennbar entgegenstehender Wille (vgl. das bedingte Angebot)

c) **Angebot** des Automatenaufstellers durch **Herausgabe der Ware** (-), da mangels Bezahlung kein dahingehender Wille des Betreibers

3. **Ergebnis.** ⇨ **KV (-)**

Abwandlung

I. Anspruch des S gegen den Automatenbetreiber auf Übereignung des Kaffees gem. § 433 I 1 BGB

1. Angebot des Automatenaufstellers gebunden an eine dreifache Bedingung (s.o.), hier Automat außer Betrieb, so dass kein Angebot des Betreibers vorliegt

2. Ergebnis ⇨ KV (-)

II. Anspruch des S auf Herausgabe der Geldmünze aus § 985 BGB

Geldwertvindikation (-) ⇨ nach Vermengung mit den Geldmünzen in der Kasse nach h.M. (-)

III. Anspruch aus §§ 951, 812 I 1 2.Alt. BGB

1. Eigentumserwerb kraft Gesetzes gem. **§§ 947 II, 948 BGB?**

a) Vorrang des rechtsgeschäftl. Eigentumserwerbs gem. § 929 S. 1 BGB

b) Dingliche Einigung (-) da das Übereignungsangebot ebenfalls an dreifache Bedingung geknüpft war und diese nicht erfüllt war

c) damit 812 I 1 1.Alt. BGB anwendbar

aa) Erlangtes Etwas (+) Eigentum und Besitz an der 1 €-Münze

bb) auf Kosten des S abzustellen ist auf das Eigentum (+)

cc) ohne Rechtsgrund (+) ⇨ KV (-) s.o.

2. Ergebnis: Anspruch auf Wertersatz i.H.v. 1 € (+)

III. Lösung

Vorliegen eines Kaufvertrages zwischen dem Automatenbetreiber und dem Studenten S, § 433 BGB.

Ein Kaufvertrag zwischen dem Automatenbetreiber und S liegt vor, wenn beide übereinstimmende Willenserklärungen abgegeben haben, die auf Abschluss eines Vertrages gerichtet waren.

1. Angebot des Automatenbetreibers

Fraglich ist, ob ein wirksames Angebot des Automatenbetreibers vorliegt. Ein Angebot ist eine Willenserklärung, die so beschaffen sein muss, dass der Empfänger durch ein bloßes „Ja" den Vertragsschluss herbeiführen kann. Das Angebot könnte hier in dem Aufstellen eines mit Getränken gefüllten Automaten gesehen werden.

a) Konkludentes Angebot / Realofferte

Der Betreiber hat mit S nicht gesprochen und es liegt auch keine Stellvertretung vor. Somit könnte bereits zweifelhaft sein, ob eine Willenserklärung des Automatenbetreibers vorliegt.

Jedoch können Willenserklärungen auch durch schlüssiges (konkludentes) Verhalten abgegeben werden. Auf die Form der Kundgabe kommt es grundsätzlich nicht an. Der Empfänger muss lediglich durch Auslegung (§§ 133, 157 BGB) in dem Verhalten des Erklärenden den Rechtsbindungswillen des Anbietenden erkennen können.

Fraglich ist aber, ob ein Angebot nicht an eine bestimmte Person gerichtet sein muss.

Wäre das der Fall, könnte in dem Aufstellen von Automaten lediglich eine unverbindliche Aufforderung zur Abgabe von Angeboten (invitatio ad offerendum) gesehen werden.

b) Angebot ad incertas personas

Ein Angebot, das nicht an bestimmte Personen gerichtet ist, stellt eine sog. offerta ad incertas personas (Angebot an einen unbestimmten Personenkreis) dar. Die Unbestimmtheit des Adressatenkreises schließt ein wirksames Vertragsangebot nicht aus. Somit scheidet eine bloße Aufforderung in Form einer invitatio ad offerendum aus. Vielmehr gilt das Angebot gegenüber jedermann, der innerhalb einer bestimmten Frist oder solange das Angebot aufrechterhalten wird die Annahme erklärt. Das Aufstellen des Warenautomaten stellt ein solches Angebot dar. Dieses Angebot steht aber nach dem erkennbaren Willen des Automatenbetreibers unter einer dreifachen Bedingung: Es gilt nur, wenn die richtige Münze eingeworfen wird, die Ware vorrätig ist und der Automat funktioniert. Das letzte Kriterium ist erforderlich, um eine Schadensersatzpflicht des Automatenbetreibers bei einer Funktionsstörung zu vermeiden.

Damit ist ein wirksames Angebot des Automatenbetreibers zu bejahen.

2. Annahme durch S

a) Durch Einwurf der ausländischen Münze

Das Einwerfen der ausländischen Münze durch S könnte eine wirksame, konkludente Annahme des Angebotes darstellen. S müsste vorbehaltlos dem Angebot des Aufstellers zustimmen.

Dies ergibt sich im Umkehrschluss aus § 150 II BGB. Dort gilt eine abgeänderte Annahme als ein neues Angebot.

Hier hat S keine 1 €-Münze eingeworfen. Damit hat er dem Angebot nicht vorbehaltlos zugestimmt, so dass seinerseits keine Annahme vorliegt.

b) Neues Angebot des S, § 150 II BGB

Möglicherweise liegt in dem Einwurf der Münze des S eine Annahme mit verändertem Inhalt vor, die als neuer Antrag (Angebot) zu werten wäre (§ 150 II BGB). In dieser Konstellation fehlt es aber an der Annahme des Automatenaufstellers. Nach dem objektiven Empfängerhorizont war es eindeutig zu erkennen, dass der Automatenbetreiber mit einem Angebot solchen Inhalts nicht einverstanden war und es ablehnte. Die ausländische Münze hatte nämlich einen geringeren Wert als eine 1 €-Münze.

c) Angebot des Automatenaufstellers durch Herausgabe der Ware

Schließlich könnte man noch in dem Auswurf der Ware ein neues Vertragsangebot des Verkäufers sehen, das S durch das Herausnehmen des Kaffees aus dem Ausgabeschacht angenommen hat. Dies scheitert aber schon daran, dass S ohne weiteres erkannt hat (§ 133 BGB), dass hinter der Ausgabe der Ware kein solcher Wille des Verkäufers stand.

3. Ergebnis

Es ist kein Kaufvertrag zwischen S und dem Automatenbetreiber zustande gekommen.

IV. Lösung Abwandlung

I. Anspruch des S gegen den Automatenbetreiber auf Übereignung eines Bechers Kaffee mit Milch und Zucker gem. § 433 I 1 BGB

S könnte einen Anspruch auf Übergabe und Übereignung des Bechers Kaffee aus § 433 I 1 BGB haben.

Voraussetzung ist, dass zwischen S und dem Automatenaufsteller ein wirksamer Kaufvertrag zustande gekommen ist.

1. Angebot des Automatenaufstellers

In der Aufstellung des Kaffeeautomaten ist nicht nur eine unverbindliche invitatio ad offerendum, sondern ein Angebot ad incertas personas zu sehen. Dieses Angebot ist an eine dreifache Bedingung geknüpft: Einwurf der richtigen Münze, Funktionieren des Geräts und Vorhandensein der Ware (s.o.). Hier fehlt es an der letzten Bedingung, da der Automat leer war. Daher liegt kein Angebot des Automatenaufstellers vor, das S annehmen könnte.

2. Ergebnis

Ein Kaufvertrag wurde zwischen S und dem Automatenbetreiber nicht geschlossen.

II. Anspruch des S auf Herausgabe der Geldmünze aus § 985 BGB

S könnte seine 1 €-Münze nach § 985 BGB herausverlangen, wenn sie noch in seinem Eigentum steht und der Automatenbetreiber Besitzer ohne ein Recht zum Besitz ist.

1. Geldwertvindikation

Geld kann man grundsätzlich wie einen normalen Gegenstand herausverlangen. Das ist unproblematisch, solange die Münze konkret individualisierbar vorhanden ist. Wird das Geld aber mit anderen Geldscheinen und Geldmünzen vermengt (§§ 947, 948 BGB), so ist fraglich, ob § 985 BGB noch einschlägig sein kann. Das 1 €-Stück hat sich nach Einwurf in den Automaten mit anderen bereits im Automaten vorhandenen Münzen „vermischt", so dass S gar nicht mehr sagen kann, welche konkrete Münze er herausverlangen möchte.

Die **Lehre von der Geldwertvindikation** bejaht auch in diesem Fall die Vindikation nach § 985 BGB.

Sie stellt nämlich nicht auf einen konkreten Schein oder eine Münze ab, sondern auf das Interesse des Eigentümers, den <u>Wert</u> der Sache zurückzubekommen. Nach der Lehre der Geldwertvindikation kann so lange vindiziert werden, wie der entsprechende Betrag noch im Vermögen des Empfängers vorhanden ist.

Die h.M. verneint dagegen eine solche Vindikation nach § 985 BGB. Bargeld ist grundsätzlich eine Sache. Daran kann die Tatsache nichts ändern, dass die Scheine und Münzen zugleich einen Wert verkörpern. Das Vorgehen der Anhänger der Lehre von der Geld<u>wert</u>vindikation verstößt gegen den sachenrechtlichen Bestimmtheitsgrundsatz (es kann nur eine <u>bestimmte</u> Sache verlangt werden). Darüber hinaus führt die Geldwertvindikation zu einer nicht gerechtfertigten Besserstellung des Bargelds im Verhältnis zum Buchgeld (z.B. Überweisung). Bei diesem besteht überhaupt keine Möglichkeit zu vindizieren. Allenfalls eine Kondiktion wäre denkbar.

Beachte: Vindikation bedeutet die Geltendmachung eines Anspruchs nach § 985 BGB, die Kondiktion richtet sich nach §§ 812 ff. BGB.

2. Damit entfällt der Anspruch aus § 985 BGB.

III. Anspruch aus § 951 BGB i.V.m. § 812 I 1 2.Alt. BGB

Fraglich ist, ob dem S ein bereicherungsrechtlicher Anspruch aus § 951 i.V.m. § 812 I 1 2.Alt. BGB zusteht.

Gem. § 947 II, 948 BGB erwirbt der Automatenaufsteller dann Alleineigentum am Geld, wenn das Geld des S mit dem bereits im Automaten befindlichen Geld vermengt wird, wobei der Inhalt des Kassenfaches des Automaten als Hauptsache anzusehen ist.

Es liegt dann ein gesetzlicher Eigentumserwerb des Automatenaufstellers vor. S könnte dann gem. § 951 BGB über § 812 I 1 2.Alt. BGB vorgehen.

§§ 951, 812 ff. BGB gelten nur für gesetzlichen Eigentumserwerb.

Hat der Automatenaufsteller bereits vorher (vor der Vermengung) wirksam rechtsgeschäftlich nach §§ 929 ff. BGB das Eigentum erworben, kommt § 951 BGB nicht mehr zur Anwendung.

1. Rechtsgeschäftliche Übereignung

Deswegen ist zunächst ein rechtsgeschäftlicher Eigentumserwerb an der Geldmünze zu prüfen. Für eine rechtsgeschäftliche Eigentumsübereignung bedarf es gem. § 929 S. 1 BGB einer dinglichen Einigung und einer Übergabe.

Die Einigung ist ein dinglicher Vertrag, der darauf gerichtet ist, das Eigentum an einer beweglichen Sache zu übertragen. Sie erfordert daher zwei übereinstimmende Willenserklärungen korrespondierenden Inhalts.

a) In dem Einwurf der Münze durch S liegt ein schlüssig erklärtes Angebot auf Abschluss eines solchen dinglichen Vertrages vor.

b) Das Aufstellen des Automaten könnte eine konkludente Annahme des Angebotes des S darstellen. Allerdings soll auch hier von einer dreifachen Bedingung ausgegangen werden (s.o.). Der Automatenbetreiber will ein Übereignungsangebot nur dann annehmen, wenn er im Gegenzug auch die Ware übereignen kann.

Da jedoch im Automaten keine Ware mehr vorhanden war, ist eine Annahme abzulehnen. Damit fehlt es an einer wirksamen dinglichen Einigung. Der Automatenaufsteller hat das Eigentum an der 1 €-Münze nicht durch Rechtsgeschäft erworben.

Es kommt § 951 i.V.m. § 812 I 1 2.Alt. BGB zur Anwendung.

2. § 812 I 1 2.Alt. BGB

a) Erlangtes Etwas

Der Automatenbetreiber hat Eigentum und Besitz an der 1 €-Münze erworben.

b) Auf Kosten des S

Hierbei ist jetzt zwischen dem Besitz und dem Eigentum an dem Geld zu unterscheiden.

Den Besitz hat er durch Leistung des S (bewusste und zweckgerichtete Mehrung fremden Vermögens) erlangt. Das Eigentum jedoch erwarb der Automatenbetreiber aufgrund Gesetzes, also nicht durch Leistung des S aber auf dessen Kosten.

Abzustellen ist hier auf das erlangte Eigentum. Dieses möchte S vorrangig zurückerlangen.

c) Ohne rechtlichen Grund

Ein rechtlicher Grund könnte ein Kaufvertrag zwischen S und dem Betreiber sein. Dieser liegt aber, wie oben geprüft, gerade nicht vor.

3. Ergebnis

S hat gegen den Automatenbetreiber einen Anspruch aus §§ 951, 812 I 1 2.Alt., 818 II BGB auf Wertersatz in Höhe von 1 €.

V. Zusammenfassung

Sound: Ein Vertrag kann auch durch die Annahme einer Realofferte zustande kommen. Das Angebot kann sich auf einen unbestimmten Personenkreis beziehen und gilt gegenüber jedermann, der innerhalb einer bestimmten Frist oder unter Wahrung bestimmter Voraussetzungen das Angebot annimmt.

hemmer-Methode: Beachten Sie die Problematik des Vertragsabschlusses bei Selbstbedienungstankstellen: Die Preistafel stellt lediglich eine unverbindliche invitatio ad offerendum dar. Meinungsstreit besteht, worin das Angebot zu sehen ist. Eine Ansicht sieht in der betriebsbereiten Zapfsäule ein konkludentes Angebot zum Abschluss des Vertrages in der Form einer Realofferte (ad incertas personas) (vgl. Palandt, § 145 Rn. 8). Hierbei wird die dingliche Einigung als aufschiebend bedingt, § 158 I BGB, durch die vollständige Kaufpreiszahlung ausgelegt. Nach einer anderen Ansicht ist die betriebsbereite Zapfsäule eine invitatio ad offerendum. Das Angebot wird vom Kunden durch die Selbstbedienung abgegeben, die Annahme erfolgt in Form der „antizipierten Annahme" oder konkludent im Kassenraum, wenn die Zahlung entgegengenommen wird (vgl. Deutscher, JA 1983, 127). Eine weitere Ansicht sieht den Vertragsantrag durch den Kunden erst an der Kasse, der Verkäufer nimmt dann dieses Angebot durch Entgegennahme der Zahlung an (vgl. Ranft, JA 1984, 1, 4 f.). Nach Ansicht des BGH kommt der Vertrag bereits mit Einfüllen des Benzins in den Tank zustande, Life&Law 2011, 542 ff.
Problematisch kann auch das Zustandekommen von Verträgen über das Internet sein. Zwar müssen auch hier wie gewöhnlich Antrag und Annahme vorliegen. Es kann aber zu Beweisproblemen kommen, wenn der Antragende eine Annahmebestätigung erhält, und der ausgewiesene Absender bestreitet, die Bestätigung verschickt, also den Antrag angenommen zu haben. Hier hat der BGH klargestellt, dass sich an der Beweislast nichts ändert: Wenn der Verkäufer Zahlung verlangt, muss er das Zustandekommen beweisen. Dazu reicht die Bestätigung nicht aus. Es muss auch bewiesen werden, dass sie von dem Ausgewiesenen abgesendet wurde. Auch eine Zurechnung bei fahrlässiger Zurverfügungstellung von Zugangsdaten kommt ohne weiteres nicht in Betracht, BGH Life&Law 2007, 585 ff.

Der BGH stellt klar, dass beim Handeln unter fremdem Namen die Regelungen der Stellvertretung entsprechende Anwendung finden. Insoweit kommt eine Bindung nur unter den Voraussetzungen der Grundsätze von Anscheins- oder Duldungsvollmacht in Betracht, welche in der Regel nicht vorliegen werden, vgl. dazu BGH, Life&Law 2011, 615 ff.

VI. Zur Vertiefung

- Hemmer/Wüst, KK BGB-AT I, Karteikarte 35
- Hemmer/Wüst, BGB-AT I, Rn. 136 ff.

Fall 19: Schweigen im Rechtsverkehr / Zusendung unbestellter Waren

Sachverhalt:

K bekommt von der Versand-GmbH (V) überraschend eine CD mit Volksmusik zugesandt. Die V-GmbH war ihm bisher unbekannt. Der CD liegt ein Begleitschreiben bei, in dem die V-GmbH darauf hinweist, dass sie von einer Annahme ausgehe, wenn K innerhalb von zwei Wochen die CD nicht zurücksendet. Der Kaufpreis von 20 € sollte auf das angegebene Konto überwiesen werden. Ein Umschlag und Briefmarken waren beigelegt. K will die CD nicht behalten und legt sie in die Ecke. Einige Tage später schenkt er sie seiner Mutter (M) zum Geburtstag. M weiß um die Ereignisse der letzten Tage.

Frage: *Ansprüche der V-GmbH?*

I. Einordnung

§ 241a BGB ist eine relativ neue Vorschrift. Sie versagt einem Unternehmen, das unaufgefordert unbestellte Waren zusendet oder Leistungen erbringt, zivilrechtliche Ansprüche. Diese Regelung war notwendig, um den Verbraucher vor dem unlauteren Vorgehen einiger Unternehmen zu schützen.

II. Gliederung

A. Ansprüche der V-GmbH gegen K

I. Anspruch auf Bezahlung des Kaufpreises gem. § 433 II BGB

1. Angebot der V-GmbH (+)
   im Zusenden der Ware
2. Annahme durch K

(P): Annahmeerklärung des K

a) Ausdrückliche Erklärung (-)

b) Schweigen als Annahmeerklärung?

Schweigen keine WE ⇨ Ausnahmen:

(1) Im Gesetz, hier (-)

(2) Beredetes Schweigen, hier (-)
einseitige Bestimmung durch V-GmbH, unwirksam

⇨ kein Vertragsschluss durch Schweigen
⇨ § 241a BGB

c) **Konkludente Annahme** durch Gebrauchmachen und Schenkung der CD (+)

⇨ anderes Ergebnis bei Zusenden unbestellter Waren, § 241 a BGB?

Wortlaut („durch die Lieferung…") schließt die Möglichkeit der konkludenten Annahme nicht aus

Aber h.M.: Vertrag kommt nur zustande, wenn der Empfänger zahlt oder ausdrücklich die Annahme erklärt.

3. **Ergebnis:** KV (-), Zahlungsanspruch (-)

II. Anspruch auf Schadensersatz gem. §§ 989, 990 BGB

1. **Vorliegen einer Vindikationslage (+)**
   Eigentum der V-GmbH an der CD (+)

Nicht verloren an K, da keine Einigung über die Übereignung
K hat mangels KV kein Recht zum Besitz

2. **Ausschluss durch § 241a I BGB (+)**
3. **Ergebnis:** Keine Schadensersatzansprüche gegen K, vgl. § 241a I BGB

B. Ansprüche der V-GmbH gegen M

I. Anspruch auf Herausgabe der CD aus § 985 BGB

1. Eigentum der V-GmbH

a) Ursprünglich (+)

b) Eigentum nicht verloren durch Übersendung der CD an K (s.o.)

c) Eigentumsverlust durch Übereignung zwischen K und M, § 929 BGB?

(P): **Berechtigung (-)**

(1) Verfügungsermächtigung, § 185 BGB (-)

(2) gutgläubiger Erwerb, § 932 BGB (-), M war bösgläubig

⇨ Eigentum der V-GmbH (+)

2. **Besitz der M** (+)
3. **Recht zum Besitz**
ggü. K (+), Schenkungsvertrag
ggü. V-GmbH (-), Relativität der Schuldverhältnisse
4. **Herausgabeanspruch** aus § 985 BGB (+)

II. Anspruch auf Herausgabe der CD gem. § 816 I 2 BGB

1. **Verfügung eines Nichtberechtigten** (+), da K als Nichteigentümer verfügte
2. **Wirksamkeit der Verfügung** (-), da kein gutgläubiger Erwerb möglich
Aber: Rechtsfolgenbezogene Genehmigung der V-GmbH möglich
3. **Anspruch aus § 816 I 2 BGB** (+)

III. Lösung

A. Ansprüche der V-GmbH gegen K

I. Anspruch auf Bezahlung des Kaufpreises gem. § 433 II BGB

Die gem. § 13 I GmbHG rechtsfähige V-GmbH könnte einen Anspruch gegen K auf Bezahlung des Kaufpreises haben. Voraussetzung ist, dass zwischen ihr und K ein wirksamer Kaufvertrag zustande gekommen ist. Fraglich ist, ob eine wirksame Einigung über den Kauf der CD vorliegt.

1. Angebot der V-GmbH

In der Zusendung der CD liegt ein Angebot der V-GmbH. Es enthält alle vertragswesentlichen Merkmale und ist mit Rechtsbindungswillen erfolgt.

Ein Angebot ist eine einseitige, empfangsbedürftige Willenserklärung, durch die der Erklärende deutlich zum Ausdruck bringt, dass er den Vertrag zu den im Angebot enthaltenen Bedingungen abschließen möchte.

2. Annahme durch K

Fraglich ist, ob K das Angebot angenommen hat. Die Annahme eines Angebots kann ausdrücklich oder aber konkludent durch schlüssiges Verhalten erklärt werden.

Sie muss dabei grundsätzlich dem Anbietenden zugehen, § 130 I 1 BGB. Jedoch kann dieser nach § 151 BGB auf den Zugang der Erklärung verzichten.

In diesem Fall ist eine nach außen hervortretende eindeutige Betätigung des Annahmewillens erforderlich. Dies erfolgt in der Regel durch Gebrauch und Zueignung von Sachen oder durch die Überweisung des Kaufpreises.

Merke: § 151 BGB verzichtet nur auf den Zugang der Annahme, nicht jedoch auf die Annahmeerklärung selbst!

Die V-GmbH hat ersichtlich auf den Zugang der Annahmeerklärung verzichtet, da sie davon ausgegangen ist, dass ein Kaufvertrag zustande kommt, es sei denn K schickt die Ware zurück.

Zweifelhaft könnte aber sein, ob überhaupt eine Annahmeerklärung vorliegt.

a) Ausdrückliche Erklärung der Annahme

Eine ausdrückliche Annahmeerklärung hat K nicht abgegeben.

b) Schweigen als Annahmeerklärung

Die Annahme könnte aber in seinem Schweigen auf das Angebot der V-GmbH vorliegen.

Bloßes Schweigen ist grundsätzlich keine Willenserklärung und demnach auch keine Annahme.

Beachte: Wer schweigt, setzt keinen Erklärungstatbestand.

(1) Gesetzliche Ausnahmen

Nur in wenigen Fällen darf aus dem Schweigen auf die Abgabe einer Willenserklärung geschlossen werden.

So wird in einigen gesetzlichen Fällen eine Willenserklärung fingiert, d.h. obwohl sich der Betroffene nicht bewusst geäußert hat, gilt eine bestimmte Erklärung von Gesetzes wegen als abgegeben.

Anmerkung: Beispiele für das Schweigen als Ablehnung der Genehmigung: §§ 108 II 2, 177 II 2, 415 II 2 BGB. Schweigen als Genehmigung: §§ 416 I 2, 516 II 2, 1943 BGB und §§ 362, 75h, 91a HGB als Sonderregelungen im Handelsrecht.

Vorliegend ist keine gesetzliche Ausnahme einschlägig.

(2) Beredetes Schweigen

Eine weitere Ausnahme zur grundsätzlichen Unbeachtlichkeit des Schweigens im Rechtsverkehr bildet das sog. beredete Schweigen. So können die Parteien vereinbart haben, dass das Schweigen eines Teiles als Annahme gelten soll. Dann liegt im Schweigen eine wirkliche „Annahmeerklärung", wenn auch „ohne Worte".

Es könnte hier ein Fall des beredeten Schweigens vorliegen. Allerdings hätten sich die Parteien dafür vorher über die Bedeutung des Schweigens einigen müssen. Dies ist hier nicht geschehen; vielmehr hat die V-GmbH einseitig bestimmt, dass ein Schweigen des K als Annahme gelten soll. Solche Vereinbarungen sind unwirksam, da dem Empfänger das Schweigen nicht als Erklärungsmittel aufgedrängt werden kann.

Damit ist trotz Erklärung der V-GmbH das Schweigen des K unbeachtlich und führt nicht zu einem Vertragschluss. Diesen Grundsatz normiert ausdrücklich § 241a BGB.

c) Annahmeerklärung durch Verschenkung der CD

K könnte aber konkludent die Annahme erklärt haben, indem er mit der Sache wie ein Eigentümer umgegangen ist und sich diese zugeeignet hat. Das Gebrauchmachen und die Zueignung können insoweit in dem Verschenken der CD an M gesehen werden. Grundsätzlich stellen diese Handlungen eine konkludente Annahme dar (s.o.).

Fraglich ist, ob das auch für den Fall der Zusendung unbestellter Waren gilt. Insoweit könnte § 241a BGB entgegenstehen. Dieser ist hier auch anwendbar, da die V-GmbH Unternehmer i.S.v. § 14 BGB und K Verbraucher i.S.v. § 13 BGB sind. Der Wortlaut des § 241a BGB („durch die Lieferung...") spricht für die Möglichkeit der konkludenten Annahme durch den Empfänger. Allerdings ist i.R.d. § 241a BGB eine Besonderheit zu beachten. Der Empfänger ist berechtigt, die Sache zu benutzen und zu gebrauchen, ohne seinerseits vertraglichen oder gesetzlichen Nutzungsansprüchen ausgesetzt zu sein, da diese nach § 241a I BGB ausgeschlossen sind.

Nach h.M. kommt aus diesem Grund ein Vertrag nur zustande, wenn der Empfänger zahlt oder ausdrücklich die Annahme erklärt. Eine Annahme durch konkludentes Tun ist hingegen ausgeschlossen.

3. Ergebnis

Damit liegt keine Annahme des K vor. Ein Kaufvertrag über die CD ist nicht zustande gekommen. Die V-GmbH hat demnach keinen Anspruch auf Bezahlung des Kaufpreises.

II. Anspruch auf Schadensersatz gem. §§ 989, 990 BGB

Die V-GmbH könnte gegen K einen Schadensersatzanspruch aus §§ 989, 990 BGB haben. Hierfür müsste sie Eigentümerin der CD geblieben sein, K müsste unberechtigter Besitzer sein und die Unmöglichkeit der Herausgabe verschuldet haben.

1. Vorliegen einer Vindikationslage

Ursprünglich war die V-GmbH Eigentümerin der CD. Sie hat ihr Eigentum auch nicht durch Übersendung der Ware an K verloren. In der Zusendung kann zwar zugleich ein Übereignungsangebot gesehen werden, allerdings ist dieses bei Auslegung nach dem objektiven Empfängerhorizont (§§ 133, 157 BGB) zumindest bedingt auf die Annahme des Kaufvertragsangebotes durch K. Da K dieses Angebot nicht angenommen hat (s.o.), konnte er auch nicht Eigentum an der Sache erwerben.

Mangels wirksamen Kaufvertrages (s.o.) hatte K auch kein Recht zum Besitz, so dass ein E-B-V vorlag.

2. Ausschluss durch § 241a BGB

Unabhängig von der Gut- oder Bösgläubigkeit des K im Hinblick auf sein Besitzrecht, ist der Anspruch jedoch wegen § 241a I BGB ausgeschlossen.

Anmerkung: Noch einmal zur Klarstellung: § 241a BGB gibt kein Recht zum Besitz, sondern ist ein Ausschlusstatbestand.

3. Ergebnis

Die V-GmbH hat keinen Schadensersatzanspruch gegen K gem. §§ 989, 990 BGB.

Auch eventuelle weitere Ansprüche der V-GmbH gegen K aus GoA, Delikt oder ungerechtfertigter Bereicherung sind wegen § 241a I BGB ausgeschlossen.

Anmerkung: Im Übrigen wäre auch fraglich, ob der V-GmbH durch das Verhalten des K überhaupt ein Schaden entstanden ist. Dies deswegen, da die V-GmbH immer noch Eigentümerin der Sache ist (s.u.).

Zwischenergebnis

Die V-GmbH hat keinerlei Ansprüche gegen K.

B. Ansprüche der V-GmbH gegen M

I. Anspruch auf Herausgabe der CD aus § 985 BGB.

Die V-GmbH kann die Herausgabe der CD von M verlangen, wenn sie Eigentümerin der CD ist und M deren Besitzerin ohne Recht zum Besitz.

Die V-GmbH hat ihr Eigentum nicht durch Übereignung an K verloren.

Die V-GmbH könnte aber ihr Eigentum durch einen rechtsgeschäftlichen Erwerb der M verloren haben. Eine dingliche Einigung zwischen K und M und eine Übergabe der CD liegen vor. Jedoch war K Nichtberechtigter, so dass nur eine Einwilligung des Berechtigten (§ 185 BGB) oder ein gutgläubiger Erwerb nach § 932 II BGB in Betracht kommt.

Eine Einwilligung der V-GmbH liegt nicht vor. Da M die Vorgeschichte der CD kannte, war ihr das fehlende Eigentum des K bewusst. Daher hat sie zumindest grob fahrlässig die Nichtberechtigung des K verkannt. Sie war somit bösgläubig. Ein gutgläubiger Erwerb kommt nicht in Betracht. Die V-GmbH hat ihr Eigentum nicht an M verloren.

M ist auch Besitzerin der CD und kann der V-GmbH kein Recht zum Besitz entgegenhalten. Damit besteht ein Anspruch der V-GmbH auf Herausgabe der CD aus § 985 BGB.

Der Anspruch ist auch nicht gem. § 241a BGB ausgeschlossen. Die Ausschlusswirkung greift nur gegenüber dem Empfänger der unbestellten Ware.

II. Anspruch auf Herausgabe der CD gem. § 816 I 2 BGB

Darüber hinaus könnte der V-GmbH ein Herausgabeanspruch gem. § 816 I 2 BGB zustehen. Voraussetzung ist, dass K als Nichtberechtigter wirksam unentgeltlich über die CD verfügt hat. K war bei der Verfügung weder deren Eigentümer, noch dazu ermächtigt und handelte somit als Nichtberechtigter. Mangels Gutgläubigkeit (§ 932 II BGB) der M war die Verfügung jedoch unwirksam.

Die V-GmbH könnte aber die Verfügung nach § 185 II BGB genehmigen. Eine solche Genehmigung ist rechtsfolgenbezogen, d.h. sie führt nicht dazu, dass K als Berechtigter handelte. Hierdurch wird lediglich die Wirksamkeit der Verfügung von K an M erreicht. Im Herausgabeverlangen der V-GmbH kann diese Genehmigung konkludent erklärt werden.

Dann ist indes darauf zu achten, dass § 985 BGB als Anspruchsgrundlage ausscheidet, da die Genehmigung den Eigentumsübergang auf M bewirkt. § 816 I S. 2 (gilt übrigens auch in den Fällen des S. 1) und § 985 BGB stehen in einem Alternativverhältnis.

Ergebnis

Die V-GmbH hat keine Ansprüche gegen K. Sie kann jedoch die CD von M herausverlangen.

IV. Zusammenfassung

Sound: § 241a BGB schließt Ansprüche des Unternehmers gegenüber dem Verbraucher, an den die unbestellte Zusendung erfolgte, aus. Einen gesetzlichen Eigentumserwerb des Verbrauchers bewirkt § 241a BGB jedoch nicht. Besitz und Eigentum fallen dauerhaft auseinander. Die Ansprüche gegen Dritte bleiben davon unberührt.

Aufgrund der sehr interessanten und umstrittenen Problematik des § 241a BGB ist diese Regelung geeignet in der Klausur abgeprüft zu werden. Sie sollten sich deswegen mit dieser Vorschrift zumindest einmal auseinander gesetzt haben.

hemmer-Methode: Die Zusendung unbestellter Waren bildet eine Sonderform des Angebots, eine sog. Realofferte. Sie ist sowohl auf den Abschluss eines Kaufvertrages gem. § 433 BGB, als auch auf eine Übereignung gem. § 929 BGB gerichtet. Die Übereignung ist aber erst dann wirksam, wenn das Kaufangebot angenommen wird (aufschiebende Bedingung, § 158 I BGB). Es besteht keine Rücksendungspflicht, falls keine Annahme erfolgt. Ein ausdrücklicher Widerspruch ist ebenso nicht erforderlich. Ein Schweigen bedeutet niemals eine Annahme und löst keine Folgen aus. Dies gilt auch, wenn der Antragende etwas anderes bestimmt hat, denn derartige einseitige Bestimmungen entfalten keine Rechtsfolgen.

V. Zur Vertiefung

- Hemmer/Wüst, BGB-AT I, Rn. 142 ff.

Zu strafrechtlichen Konsequenzen des § 241a BGB:

- Hemmer/Wüst, Life&Law 12/2002, S. 854 ff.

Fall 20: Schweigen im Rechtsverkehr/ Kaufmännisches Bestätigungsschreiben

Sachverhalt:

Der Kaufmann A verhandelt mit dem Großhändler B über die Lieferung von Computeranlagen. A möchte für seinen Laden 20 Computer bestellen. B würde gerne 40 liefern, um die Lieferkosten zu senken. Damit ist aber A nicht einverstanden. Er brauche nur 20 Anlagen und könne mit dem Rest nichts anfangen. Schließlich gibt B nach und beide einigen sich mündlich auf die Lieferung von 20 Computeranlagen. B ist mit diesem Ergebnis aber unzufrieden. In dem zwei Tage später bei A eingegangenen Schreiben, bestätigt B daher die Lieferung von 28 Anlagen. Er möchte versuchen, doch noch so viele Anlagen wie möglich loszuwerden und gibt daher bewusst die falsche Anzahl an. Dabei hofft B, dass A dies entweder übersieht oder doch akzeptiert. A antwortet tatsächlich nicht auf das Schreiben. B liefert 28 Anlagen und verlangt Zahlung.

Frage: *Zu Recht?*

I. Einordnung

Schweigt jemand, so gibt er keine Willenserklärung ab. Deswegen hat Schweigen im Rechtsverkehr grundsätzlich keine Bedeutung. Von dieser Regel existieren aber zahlreiche Ausnahmen. Insbesondere im Handelsrecht spielen diese eine wichtige Rolle. Unter Kaufleuten gelten grundsätzlich erhöhte Schutz- und Sorgfaltspflichten. Ein Vertragsschluss kann hier ausnahmsweise auch durch das Schweigen der Partei zustande kommen.

II. Gliederung

I. Anspruch des B gegen A auf Bezahlung von 28 Computeranlagen aus § 433 II BGB

(-), da Einigung über Kauf von 20, nicht 28 Computeranlagen

II. Anspruch des B gegen A auf Bezahlung der restlichen 8 Computeranlagen aus § 433 II BGB i.V.m. den Grundsätzen des kaufmännischen Bestätigungsschreibens (KBS)

Widerspruchslose Hinnahme eines KBS könnte zum Abschluss des KV führen, wenn alle Vor. des KBS gegeben sind

1. **Kaufmannseigenschaft des Empfängers** (als Vor. beim Absender strittig) (+)
   ⇨ A und B sind Kaufleute
2. **Vorausgegangene mündliche Verhandlungen** der Parteien (+)
3. Aus der Sicht des Absenders ein zumindest **vermeintlicher Vertragsschluss**, ansonsten lediglich eine Auftragsbestätigung ⇨ (+), B ist von einem KV über 20 Computer ausgegangen
4. **Zeitliche Unmittelbarkeit** des KBS (+), Schreiben bereits zwei Tage nach mündlichen Verhandlungen abgeschickt

5. **Genehmigungsfähiger Inhalt**
   ⇨ lediglich unwesentliche Abweichungen zulässig, hier (-), da B 28 Computer bestätigte und mit dem Einverständnis des A vernünftigerweise nicht rechnen durfte
6. **Redlichkeit des Absenders** (-)
   ⇨ B hat bewusst eine überhöhte Computerzahl bestätigt
7. **Ergebnis:**
   Mangels Genehmigungsfähigkeit und Redlichkeit des B liegt kein KBS vor ⇨ Schweigen des A hat keine rechtliche Bedeutung ⇨ KV über 28 Computer (-)

III. Lösung

I. Anspruch des B gegen A auf Bezahlung von 28 Computeranlagen aus § 433 II BGB

B könnte die Bezahlung für 28 Computeranlagen verlangen, wenn ein Kaufvertrag zustande gekommen wäre.

A und B einigten sich in den mündlichen Verhandlungen auf die Lieferung von lediglich 20 Computeranlagen. In diesem Umfang ist auch ein Kaufvertrag zwischen A und B zustande gekommen. Damit kann B nur die Bezahlung von 20, nicht jedoch von 28 Computeranlagen verlangen.

II. Anspruch des B gegen A auf Bezahlung der restlichen 8 Computeranlagen aus § 433 II BGB i.V.m. den Grundsätzen des kaufmännischen Bestätigungsschreibens (KBS)

Ein Kaufvertrag über 28 Computer könnte jedoch nach den Grundsätzen über die rechtliche Behandlung eines Schweigens auf ein kaufmännisches Bestätigungsschreiben (KBS) zustande gekommen sein.

Das KBS gehört zu den bedeutendsten Handelsbräuchen.

Anmerkung: Handelsbräuche (§ 346 HGB) sind diejenigen Gewohnheiten und Gebräuche im Handelsverkehr, welche durch gleichmäßige, einheitliche und freiwillige Übung der beteiligten Kreise über einen längeren Zeitraum hinweg verpflichtenden Charakter erhalten haben.

Es ist gewohnheitsrechtlich anerkannt, dass ein Vertrag unter bestimmten Voraussetzungen durch die widerspruchslose Hinnahme eines Bestätigungsschreibens nach dessen Maßgabe zustande kommt.

Das Schweigen steht in diesem Fall ausnahmsweise einer Willenserklärung gleich.

Das Schweigen des A auf das Schreiben des B könnte also rechtserhebliche Auswirkungen haben und einen Kaufvertrag über 28 Computeranlagen zustande gebracht haben.

Hierfür müsste ein wirksames KBS vorliegen.

Voraussetzungen des KBS

1. **Persönlich:**
   a) Empfänger des Schreibens ist ein Kaufmann oder nimmt zumindest wie ein solcher am Rechtsverkehr teil
   b) Absender muss kein Kaufmann sein (str.)
2. **Sachlich:**
   a) Vorausgegangene mündliche, fernmündliche oder telegrafische Verhandlungen
   b) Unmittelbar darauf abgeschicktes Bestätigungsschreiben

c)	Zugang des Schreibens
d)	Genehmigungsfähigkeit des Inhalts
e)	Redlichkeit des Absenders
f)	Schweigen des Empfängers

1. A und B sind Kaufleute, so dass es auf den Streit, ob der Absender auch ein Privatmann sein kann, nicht ankommt.

Fraglich ist, ob die sachlichen Voraussetzungen des KBS erfüllt sind.

2. Dem Schreiben sind mündliche Verhandlungen zwischen A und B vorausgegangen. Diese Verhandlungen müssen – zumindest aus der Sicht des Absenders – bereits zu einem vermeintlichen Vertragsschluss geführt haben. Der Absender des KBS will diese mündlichen Vereinbarungen nur noch schriftlich fixieren, um für den Fall einer späteren Auseinandersetzung ein geeignetes Beweismittel in den Händen zu haben. Unerheblich ist dagegen, ob ein Vertrag tatsächlich abgeschlossen wurde. Ist das nicht der Fall, so hat das KBS konstitutive Wirkung. Wurde bereits bei den Verhandlungen objektiv ein Vertrag abgeschlossen, so hat das KBS lediglich deklaratorische, klarstellende Wirkung.

Beachte: Es kommt nur auf die subjektive Sicht des Absenders an! Geht der Absender davon aus, dass ein Vertrag noch gar nicht abgeschlossen wurde und möchte er durch sein Schreiben den Vertragschluss herbeiführen, so liegt kein KBS, sondern eine Auftragsbestätigung vor.

Vorliegend ist B von einem abgeschlossenen Kaufvertrag über 20 Computeranlagen ausgegangen.

3. Das Bestätigungsschreiben wurde zwei Tage nach den Verhandlungen abgeschickt, so dass die zeitliche Unmittelbarkeit zu bejahen ist.

4. Das KBS bleibt jedoch ohne Wirkung, wenn sich dessen Inhalt so weit von dem Verhandlungsergebnis entfernt, dass der Bestätigende verständigerweise nicht mit dem Einverständnis des Anderen rechnen konnte. B ist von den mündlichen Verhandlungen insoweit abgewichen, als er die vereinbarte Zahl der Computeranlagen mit 28 statt 20 angegeben hat. A hat aber jegliche Lieferung von mehr als 20 Anlagen kategorisch abgelehnt. Damit durfte B mit der Genehmigung des A vernünftigerweise nicht mehr rechnen.

5. Darüber hinaus hat B das Verhandlungsergebnis bewusst unrichtig wiederholt, er hat also arglistig gehandelt. B hoffte, dass A die geänderte Zahl übersieht oder doch noch akzeptiert. Dabei wusste er, dass A nur 20 Anlagen benötigte.

Anmerkung: Hätte bei sonst demselben Sachverhalt ein Vertreter des B die mündlichen Verhandlungen geführt und wäre dieser – nicht aber der B - bösgläubig gewesen, so stellt sich bei dem Punkt der Redlichkeit des Absenders die Frage, wie die Bösgläubigkeit des Vertreters dem gutgläubigen B zuzurechnen ist.
Das Wissen des Vertreters wird grundsätzlich über § 166 I BGB zugerechnet. Dies gilt sicher, wenn das KBS auch von dem Vertreter abgefasst wird.

6. Damit fehlt es an der Redlichkeit des B und der Genehmigungsfähigkeit des KBS. Somit ist auch nach den Grundsätzen über das Schweigen auf ein KBS kein Kaufvertrag über 28 Anlagen zustande gekommen.

B kann von A die Bezahlung der zusätzlich gelieferten 8 Anlagen nicht verlangen.

IV. Zusammenfassung

Sound: Wer auf ein KBS schweigt, muss den Vertrag so hinnehmen, wie ihn der Inhalt des unwidersprochenen Bestätigungsschreibens wiedergibt.

Ein wichtiger Sonderfall des Schweigens im Rechtsverkehr ist § 362 HGB. Das Schweigen eines Kaufmanns, dessen Gewerbebetrieb die Besorgung von Geschäften für andere mit sich bringt, auf einen Antrag über die Besorgung entsprechender Geschäfte gilt als Annahme des Antrags.

hemmer-Methode: Fraglich ist, ob § 166 I BGB analog gilt, wenn der Vertreter nur die Verhandlungen geführt hat, B jedoch das Schreiben abgeschickt hat. Das ist mit der h.M. grundsätzlich zu bejahen, denn § 166 I BGB weist das Vertreterhandeln dem Gefahrenbereich des Vertretenen zu. § 166 I BGB ist also entsprechend anwendbar, auch wenn der Vertreter bei der Abgabe der Willenserklärung selbst nicht mehr beteiligt ist. Auch dann ist kein Vertrag mit dem Inhalt des KBS zustande gekommen.

V. Zur Vertiefung

- Hemmer/Wüst, BGB-AT I, Rn. 145 ff.
- Hemmer/Wüst, KK BGB-AT I, Karteikarte Nr. 39

Fall 21: Schweigen im Rechtsverkehr / Schweigen auf modifizierte Annahme

Sachverhalt:

Privatmann K bietet dem Privatmann V schriftlich an, dessen Wagen für 12.950 € zu kaufen. V schickt eine Auftragsbestätigung zurück, in der die Lieferung des PKW zum Preis von 13.000 € versprochen wird. K reagiert darauf nicht und verweigert später die Abnahme des Autos sowie die Bezahlung der 13.000 €.

Frage: *Zu Recht?*

I. Einordnung

Eine weitere Ausnahme von der Grundregel der Unbeachtlichkeit des Schweigens im Rechtsverkehr liegt vor, wenn jemand trotz Rechtspflicht zur Erklärung schweigt. Wann eine solche Rechtspflicht zur Erklärung besteht, ist im Gesetz nicht geregelt, sondern wird aus den Grundsätzen von Treu und Glauben, § 242 BGB, abgeleitet.

Angesichts der Fülle von Ausnahmen, ist ein Auswendiglernen wenig erfolgreich. Sie sollten lieber mit Wertungsgesichtspunkten im jeweiligen Einzelfall argumentieren.

II. Gliederung

Anspruch des V auf Abnahme und Bezahlung des PKW gem. § 433 II BGB

1. **Angebot des K (+)**
2. **Annahme des V**
   (P): Auftragsbestätigung nicht in den Grenzen des Angebotes
   ⇨ § 150 II BGB: ein neues Angebot
3. **Ablehnung des neuen Angebotes** durch Verweigerung der Abnahme und Bezahlung (+)
   Aber: Ablehnung nicht mehr möglich, wenn bereits **vorher wirksam angenommen**
4. Schweigen als Annahme
   Schweigen grds. rechtliches Nullum
   ⇨ keine gesetzliche Ausnahme ersichtlich
   ⇨ kein beredetes Schweigen
   Aber: Schweigen als Annahme, wenn geringe Abweichungen vom ursprünglichen Angebot und keine ausdrückliche Zurückweisung durch Annehmenden
   <u>Hier:</u> geringe Abweichung vom urspr. Angebot 0,5%, nach Treu und Glauben bestand eine Rechtspflicht zur Erklärung, wenn K das neue Angebot nicht annehmen wollte
5. **Ergebnis:**
   Annahme (+) ⇨ KV (+)

III. Lösung

Anspruch des V auf Abnahme und Bezahlung des PKW gem. § 433 II BGB

K wäre gem. § 433 BGB zur Abnahme und Bezahlung des PKW verpflichtet, wenn ein wirksamer Kaufvertrag mit dem Kaufpreis i.H.v. 13.000 € zustande gekommen wäre.

Erforderlich sind zwei übereinstimmende und korrespondierende Willenserklärungen von V und K.

1. Angebot des K

Ein Angebot liegt im Schreiben des K vor. Dieses beinhaltet alle „essentialia negotii", ist mit Rechtsbindungswillen erfolgt und dem V zugegangen.

2. Annahme des V

Die Annahme könnte in der Auftragsbestätigung des V liegen.

Eine Annahme liegt allerdings nur dann vor, wenn der Erklärende zum Ausdruck bringt, dass er den Vertrag zu den im Angebot dargestellten Bedingungen abschließen möchte.

Die Annahmeerklärung des V lag um 50 € über der Preisvorstellung des K und somit außerhalb der Grenzen des Angebotes.

Beinhaltet die vermeintliche Annahmeerklärung wie hier inhaltliche Änderungen, so stellt sie keine Annahme dar, sondern ist als Ablehnung des bisherigen Angebots verbunden mit einem neuen Angebot zu sehen, § 150 II BGB.

3. Ablehnung des neuen Angebotes

Dieses neue Angebot kann K nun annehmen oder ablehnen. Nimmt er es an, so kommt ein Kaufvertrag über den PKW zum Preis von 13.000 € zustande. Lehnt er es hingegen ab, so liegt keine Einigung vor und es kommt kein Kaufvertrag zustande. Vorliegend hat K das neue Angebot konkludent dadurch abgelehnt, dass er sich weigerte den PKW abzunehmen und den Kaufpreis zu bezahlen.

4. Schweigen als Annahme

Allerdings könnte K durch sein Schweigen schon vorher die modifizierte Annahmeerklärung des V angenommen haben.

Grundsätzlich hat Schweigen im Rechtsverkehr keine Bedeutung. Es ist ein rechtliches Nullum. Dem Schweigen fehlt es an einem Erklärungstatbestand. Etwas anderes kann nur gelten, wenn das Gesetz eine Ausnahme normiert oder die Parteien etwas anderes vereinbart haben (siehe ausführlicher Fall 19 „Zusendung unbestellter Waren"). Schweigt der Empfänger auf ein neues Angebot i.S.v. § 150 II BGB, so kommt grundsätzlich kein Vertrag zustande, da es an der Annahme fehlt.

Ausnahmsweise jedoch kann das Schweigen neben den gesetzlichen und vertraglich vereinbarten Fällen auch dann eine echte Willenserklärung sein, wenn für den Empfänger des neuen Angebots nach Treu und Glauben eine Rechtspflicht zur Erklärung gegenüber dem Antragenden bestanden hat.

Die Grenze einer derartigen Pflicht ist dort zu ziehen, wo der neu Anbietende (i.S.v. § 150 II BGB) nicht mit einer Ablehnung rechnen musste. Dies ist vor allem dann der Fall, wenn die gewünschte Änderung nur eine geringe, unerhebliche Abweichung darstellt. Ein Schweigen hat dann nach den Grundsätzen von Treu und Glauben unter Berücksichtigung der Verkehrssitte ausnahmsweise auch unter Privatleuten die Bedeutung einer Willenserklärung.

Da hier die Abweichung nur 50 € und damit gerade einmal 0,5% betrug, lag eine lediglich unerhebliche und geringfügige Abweichung vor. Somit hat K durch sein Schweigen den neuen Antrag des V angenommen und damit den Kaufvertrag zustande gebracht.

Wollte er sich nicht binden, so hätte er dem neuen Angebot ausdrücklich widersprechen müssen.

5. Ergebnis

K muss daher an V 13.000 € zahlen und den PKW abnehmen.

Anmerkung: Weitere Fälle, in denen das Schweigen nach Treu und Glauben, § 242 BGB, als Willenserklärung zu werten ist, sind:
a) Dauerhafte Geschäftsbeziehungen
b) Geringfügige Abweichung von der gesetzten Frist bei der Annahme eines Angebotes (Bsp.: A kann das Angebot des B bis 0.00 Uhr annehmen. Eine Annahme um 0.10 Uhr ist zwar verspätet, die Abweichung ist aber so geringfügig, dass B ausdrücklich die verspätete Annahme ablehnen muss, um nicht verpflichtet zu werden.
Beachten Sie aber, dass es sich hierbei um Ausnahmefälle handelt. Im Normalfall braucht der ursprünglich Anbietende auf die modifizierte Annahme nicht zu reagieren.

IV. Zusammenfassung

Sound: Das Schweigen ist ausnahmsweise eine echte Willenserklärung, wenn eine Rechtspflicht zur Erklärung gegenüber dem Vertragspartner besteht, § 242 BGB.

Gehen Sie in der Klausur systematisch vor. Stellen Sie zunächst fest, dass Schweigen im Rechtsverkehr grundsätzlich keine Bedeutung hat. Dann stellen Sie die gesetzlich oder vertraglich (beredetes Schweigen) anerkannten Ausnahmen vor.

Finden Sie keine gesetzliche Ausnahme, so kommt es auf Ihre Argumentation an. Gehen Sie dabei von § 242 BGB aus und berücksichtigen Sie die Interessenlagen der Parteien.

hemmer-Methode: Hat ausnahmsweise das Schweigen die Wirkung einer Willenserklärung so stellt sich die Frage, ob die BGB-Regeln über Willenserklärungen analoge Anwendung finden. In Fällen, in denen das Schweigen als **Zustimmung** oder Annahme verstanden wird, werden die Regeln über Willenserklärungen analog angewendet. Der Schweigende kann das durch Schweigen zustande gekommene Rechtsgeschäft also anfechten, wenn er einem beachtlichen Irrtum unterliegt. Es ist nämlich nicht einzusehen, warum der Schweigende an sein Schweigen stärker gebunden sein soll, als der Erklärende an ein ausdrückliches „Ja". Die Anfechtung muss sich aber auf das Rechtsgeschäft beziehen. Der Schweigende kann eine Irrtumsanfechtung nicht darauf stützen, dass er die seinem Schweigen gesetzlich beigelegte Wirkung nicht gewollt habe. Hierbei würde es sich um einen unbeachtlichen Rechtsfolgenirrtum handeln. Hiergegen ist das Schweigen mit **Ablehnungswirkung** nicht anfechtbar. Eine Anfechtung würde hier auch wenig Sinn machen, da die Anfechtung der Ablehnung noch nicht die Annahme des Angebots bedeuten würde.

V. Zur Vertiefung

- Hemmer/Wüst, KK BGB-AT I, Karteikarte 40

Fall 22: Auslegung von Willenserklärungen

Sachverhalt:

A hat in seinen Jugendjahren in einem Lokal eine Speisekarte mitgehen lassen. Zehn Jahre später plagt ihn sein Gewissen und er legt die Speisekarte unbemerkt zurück. G hält die Karte für die aktuelle und bestellt sich, erfreut über die niedrigen Preise, ein mehrgängiges Menü. Erst mit der Rechnung stellt sich heraus, dass die bestellten Speisen das Doppelte der auf der alten Karte angegeben Preise kosten sollen. Der empörte G möchte die ausgestellte Rechnung nicht begleichen. Ein derart teures Menü hätte er niemals bestellt. Nur aufgrund des niedrigen Preises hat er sich dafür entschieden. Er ist allenfalls bereit, den in der „alten" Karte aufgelisteten Preis zu bezahlen. Der Gastwirt W ist dagegen der Meinung, es müsse die volle Summe bezahlt werden.

Frage: *Wer hat Recht?*

I. Einordnung

In der Klausur und auch im wirklichen Leben werden Sie öfters mit missverständlichen und widersprüchlichen Äußerungen oder Schriftsätzen konfrontiert. Sie sollten dann nicht am Wortlaut haften, sondern den wirklichen Willen der Erklärenden unter Berücksichtigung der objektiven Kriterien erforschen. Diesen „Auftrag" geben Ihnen die §§ 133, 157 BGB im Bereich der Willenserklärungen und Verträge.

Im Folgenden handelt es sich um einen seltenen aber interessanten Ausnahmefall.

II. Gliederung

I. Anspruch des W gegen G auf Bezahlung der Rechnung

1. Anspruchsgrundlage
Bewirtungsvertrag ⇨ gemischter Vertrag
<u>Vor.</u>: Bewirtungsvertrag zum in der Rechnung genannten Preis abgeschlossen

2. Wirksamer Bewirtungsvertrag

a) Angebot
aa) Speisekarte (-),
invitatio ad offerendum
bb) Bestellung des Menüs (+)

b) **Annahme**: Entgegennahme der Bestellung (oder Servieren des Menüs) (+)

c) **Übereinstimmende Willenserklärungen?**
(P): G und W sind von unterschiedlichen Speisekarten ausgegangen

⇨ mglw. Totaldissens

Auslegung vor Dissens!

Auslegung nach §§ 133, 157 BGB

Empfangsbedürftige WE: Auslegung vom objektiven Empfängerhorizont

(1) Auslegung des **Angebotes** des G richtet sich nach dem Empfängerhorizont des W
⇨ W konnte von der alten Karte nichts wissen
⇨ die Bestellung bedeutet das Angebot zum höheren, aktuellen Preis

(2) Auslegung der **Annahme** des W richtet sich nach dem Empfängerhorizont des G
⇨ G wusste nicht und konnte auch von der Ungültigkeit der alten Karte nichts wissen
⇨ Annahme zu den alten, niedrigen Preisen

3. **Ergebnis:**
Totaldissens (+)
Anspruch auf Bezahlung höherer Rechnung (-), aber Pflicht zur Bezahlung der niedrigeren Rechnung, § 242 BGB

II. **Anspruch des W gegen G auf Bezahlung der Rechnung aus §§ 812 I 1 1.Alt., 818 II BGB**

1. **Erlangtes Etwas**: Wert des Menüs, Zubereitung und Bedienung
2. **Leistung** (+)
3. **Ohne Rechtsgrund** (+) ⇨ Vertrag (-)
4. **Rechtsfolge**

a) Wertersatz, § 818 II BGB (+)

b) Entreicherung, § 818 III BGB
⇨ wenn die Vorteile des G aus der Bereicherung in seinem Vermögen nicht mehr vorhanden sind
(-) bei Ersparnis eigener Aufwendungen
⇨ hinsichtlich des niedrigeren Preises
(+) bei Luxusaufwendungen
⇨ über die niedrigere Rechnung hinausgehende Summe

5. **Ergebnis:**
Anspruch besteht nur in Höhe des niedrigeren Preises

III. Lösung

I. Anspruch des W gegen G auf Bezahlung der Rechnung

1. Anspruchsgrundlage

Fraglich ist, woraus sich der Anspruch des W ergeben könnte.

Bestellen Gäste in einer Wirtschaft Speisen oder Getränke, so wird zwischen ihnen und dem Gastwirt ein sog. Bewirtungsvertrag geschlossen. Dieser ist im BGB nicht ausdrücklich geregelt, aber aufgrund der Privatautonomie (§§ 241, 311 BGB) zulässig. Ein Bewirtungsvertrag hat kauf-, werk-, dienst- und u.U. auch mietvertragliche Elemente. Er gehört damit zu den sog. gemischten Verträgen. Ob die Anspruchsgrundlage den dienst-, kauf- oder werkvertraglichen Vorschriften zu entnehmen ist, spielt für den Primäranspruch keine Rolle, da sich dieser aus dem Vertrag selbst ergibt.

Voraussetzung ist aber, dass zwischen G und W ein wirksamer Vertrag über das Menü zu dem in der Rechnung genannten Preis zustande gekommen ist.

2. Wirksamer Bewirtungsvertrag

Ein wirksamer Bewirtungsvertrag wurde geschlossen, wenn zwei übereinstimmende Willenserklärungen gerichtet auf Abschluss des Vertrages abgegeben wurden.

a) Angebot und Annahme

Das Angebot könnte in der Speisekarte selbst liegen. Der Wirt möchte sich jedoch regelmäßig eine Ablehnung vorbehalten, falls die gewünschten Speisen nicht vorhanden sind.

Daher ist die Speisekarte mangels Rechtsbindungswillen eine unverbindliche invitatio ad offerendum.

Allerdings hat G durch die Bestellung des Menüs ein Angebot abgegeben. Dieses hat W auch durch die Entgegennahme der Bestellung, spätestens durch das „Auftischen“ des Menüs konkludent angenommen.

b) Übereinstimmende Willenserklärungen

Fraglich ist, ob das Angebot des G mit der Annahme des W übereinstimmt. Hier könnte ein Dissens hinsichtlich des Preises vorliegen.

Zwar ist es im Restaurant üblich, dass der in der Speisekarte ausgewiesene Betrag gelten soll. Problematisch ist aber, dass vorliegend G und W von unterschiedlichen Speisekarten ausgingen. Während G den Preis in der alten Speisekarte im Auge hatte, meinte W den Preis in der aktuellen Karte. Möglicherweise fehlt es damit an der Einigung.

Der Preis gehört zu den wesentlichen Vertragsbestandteilen (**essentialia negotii**). Fehlt er, so kommt kein wirksamer Vertrag zustande.

Bevor jedoch ein solcher Totaldissens festgestellt werden kann, sind die Willenserklärungen der Parteien auszulegen. Erst wenn deren Bedeutung feststeht, kann sich die Frage stellen, ob die Erklärungen übereinstimmen.

Beachte: Kein Dissens, wenn Auslegung möglich!

Das BGB enthält zwei allgemeine Auslegungsregeln: § 133 und § 157 BGB. Nach § 133 BGB soll bei der Auslegung von Willenserklärungen der wirkliche Wille erforscht und nicht am buchstäblichen Sinn der Erklärung gehaftet werden.

Nach § 157 BGB sollen Verträge nach Treu und Glauben unter Berücksichtigung der Verkehrssitte ausgelegt werden.

Anmerkung: Nach dem Wortlaut dieser Vorschriften sind Willenserklärungen anders als Verträge auszulegen. Dem steht aber schon entgegen, dass jeder Vertrag aus Willenserklärungen besteht, so dass beide Vorschriften im Zusammenhang zu sehen sind. In der Wirklichkeit gibt es keinen Unterschied zwischen der Auslegung eines Vertrages und der der zugrunde liegenden Willenserklärungen. Insoweit ist der Wortlaut missglückt. Vielmehr ist zwischen **empfangsbedürftigen** (z. B. Angebot, Annahme, Kündigung, Anfechtung) und **nicht empfangsbedürftigen** Willenserklärungen (z.B. Testament) zu unterscheiden.
Während bei den letztgenannten allein der Wille des Erklärenden maßgeblich ist, wird der Inhalt von empfangsbedürftigen Willenserklärungen aus der Sicht des Empfängers bestimmt (sog. Empfängerhorizont). Es kommt also nicht darauf an, was der Erklärende wirklich gewollt hat, sondern darauf, was er erkennbar erklärt hat.

Damit muss sowohl das Angebot des G wie auch die Annahme des W nach dem objektiven Empfängerhorizont unter Berücksichtigung der Verkehrssitte und den Grundsätzen von Treu und Glauben ausgelegt werden, §§ 133, 157 BGB.

Der **Antrag des G** muss so ausgelegt werden, wie ihn W verstehen konnte.

W wusste nichts von der alten Speisekarte (und er konnte davon auch nichts wissen), so dass sein Verständnishorizont durch die ihm bekannte neue Speisekarte geprägt war. Für ihn bedeutete die Bestellung ein **Angebot zum aktuellen, höheren Preis**.

Umgekehrt bedeutet die **Annahme des W** von dem Empfängerhorizont des G aus, ein Einverständnis des W mit den **alten niedrigen Preisen**. Dies freilich nur dann, wenn G die vorliegende Karte für die aktuell gültige halten durfte.

Das ist hier anzunehmen, da die Preise nicht ungewöhnlich niedrig waren. Außerdem konnte und durfte G auch von Sonderangeboten ausgehen, die im Gastronomiegewerbe üblich sind.

Diese Auslegung nach dem Empfängerhorizont der beiden Parteien führt also immer zu einem Totaldissens. Die Rechtsfolge ist, dass keine vertragliche Einigung besteht.

3. Ergebnis

Mangels Vertrag zwischen W und G hat W gegen G keinen Anspruch auf vollständige Bezahlung der Rechnung. Er kann allenfalls verlangen, dass G den niedrigeren Preis bezahlt. Zwar ist auch diesbezüglich kein Vertrag zustande gekommen. G muss sich aber nach Treu und Glauben zumindest an dem festhalten lassen, was er wirklich wollte und kann einen Vertragsschluss nicht vollständig in Abrede stellen, § 242 BGB.

II. Anspruch des W gegen G auf Bezahlung der Rechnung aus §§ 812 I 1 1.Alt., 818 II BGB

W könnte gegen G einen bereicherungsrechtlichen Anspruch auf Wertersatz des Menüs haben, insbesondere auf Bezahlung des Mehrbetrages. Dazu müsste W dem G Leistungen ohne vertragliche Verpflichtung gewährt haben, die dieser nicht mehr herausgeben kann, §§ 812 I 1 1.Alt., 818 II BGB.

1. Erlangtes Etwas

G hat den Wert des Menüs und aller damit verbundenen Tätigkeiten (Zubereiten und Servieren von Speisen und Getränken) erlangt.

2. Leistung

Dies erfolgte zweckgerichtet, um den vermeintlichen Vertrag mit G zu erfüllen. Damit handelte es sich um Leistungen des W i.S.d. § 812 I 1 1.Alt. BGB.

3. Ohne Rechtsgrund

Rechtsgrund könnte ein wirksamer Vertrag sein. Hier liegt aber wegen des Totaldissenses kein wirksamer Vertragsschluss vor.

Auch wenn sich G nach Treu und Glauben an seiner Erklärung festhalten lassen muss (s.o.), wird dadurch kein Vertrag zu den alten Preisen begründet, da andernfalls W zur Leistung auch dann verpflichtet wäre, wenn er den Dissens schon zwischenzeitlich erkannt hätte.

4. Rechtsfolge

a) Wertersatz, § 818 II BGB

Grundsätzlich ist G verpflichtet das Erlangte herauszugeben, § 812 I 1 1.Alt. BGB.

Dies ist ihm allerdings sowohl hinsichtlich Dienstleistungen als auch hinsichtlich der verzehrten Speisen nicht mehr möglich. Er hat daher gemäß § 818 II BGB Wertersatz zu leisten.

b) Entreicherung, § 818 III BGB

Die Pflicht zum Wertersatz entfällt jedoch, wenn sich G auf Entreicherung berufen kann.

Eine Entreicherung liegt dann vor, wenn die Vorteile der Bereicherung nicht mehr im Vermögen des G vorhanden sind. Die Entreicherung wäre dann zu verneinen, wenn G sich durch die Leistung des W eigene Aufwendungen erspart hätte, die er sonst anderweitig tätigen müsste. Das gilt jedoch nicht bei sog. Luxusaufwendungen, also solchen Aufwendungen, die man sich ohne die bereichernde Leistung nicht gegönnt hätte.

Vorliegend hat G das Menü nur aufgrund des niedrigen Preises bestellt. Eigene gewöhnliche Aufwendungen hat er durch die rechtsgrundlose Leistung deshalb nur insoweit erspart, als er seiner Erwartung nach aus dem zunächst wirksamen Vertrag zu zahlen verpflichtet gewesen wäre.

Eine dauerhafte Bereicherung liegt deshalb nur in Höhe des niedrigeren Preises vor. Dagegen ist die Bereicherung hinsichtlich der überschießenden Summe gem. § 818 III BGB entfallen.

Es liegt seitens des G auch keine Bösgläubigkeit vor, die ihm unter den Voraussetzungen der §§ 818 IV, 819 I BGB das Berufen auf Entreicherung verwehren würde. Er durfte auf die Preise in der Speisekarte vertrauen (s.o.).

5. Ergebnis

Auch ein bereicherungsrechtlicher Anspruch besteht damit nur in der Höhe der alten, niedrigeren Preise.

IV. Zusammenfassung

Sound: Die Willenserklärungen werden gem. §§ 133, 157 BGB nach dem objektiven Empfängerhorizont unter Berücksichtigung der Verkehrssitte sowie Treu und Glauben ausgelegt.

Diese Regel gilt für jede empfangsbedürftige Willenserklärung.

Bei nicht empfangsbedürftigen Willenserklärungen erfolgt die Auslegung nur aus der Sicht des Erklärenden. Grund ist, dass bei einseitigen Willenserklärungen kein Empfänger existiert und somit der Gedanke des Vertrauensschutzes keine Rolle spielt.

hemmer-Methode: Bei dem „Speisekartenfall“ handelt es sich um einen der <u>seltenen</u> Fälle, in denen die Auslegung zu keinem Vertragsabschluss führt und ein Dissens bejaht wird. Merken Sie sich aber, dass es sich dabei um einen <u>Ausnahmefall</u> handelt, denn grundsätzlich kommt man bereits über die Auslegung nach §§ 133, 157 BGB zu einem Vertrag, der ggf. wegen Irrtums anfechtbar ist.

Hätte G erkannt oder auch nur erkennen können, dass die Speisekarte nicht mehr aktuell sein kann (besondere Anhaltspunkte wie altes Datum oder ungewöhnlich niedrige Preise), so hätte sich auch sein objektiver Empfängerhorizont geändert. Er hätte die Annahme des W nicht als zu niedrigeren Preisen verstehen dürften. Dann wäre ein Vertrag über das Menü zu den höheren, aktuellen Preisen zustande gekommen.
G könnte aber ggf. den Vertrag wegen Irrtums hinsichtlich des Mehrbetrages, § 119 I 1.Alt. BGB anfechten. Das Ergebnis bliebe dasselbe, G müsste nur den niedrigeren Preis zahlen.
Empfangsbedürftige Willenserklärungen sind so auszulegen, wie sie der Erklärungsempfänger nach Treu und Glauben unter der Berücksichtigung der Verkehrssitte verstehen musste. Bei der Auslegung dürfen nur solche Umstände berücksichtigt werden, die beim Zugang der Willenserklärung für den Empfänger erkennbar waren. Dabei muss außer Betracht bleiben, dass der Erklärende die Erklärung anders verstanden hat und auch verstehen durfte. Entscheidend ist im Ergebnis nicht der Wille des Erklärenden, sondern der durch die normative Auslegung zu ermittelnde objektive Erklärungswert seines Verhaltens.
Beachten Sie: die Nichtigkeit des Vertrages wird vorliegend nicht mit § 154 BGB begründet. Bei einem Dissens hinsichtlich der wesentlichen Vertragsbestandteile macht diese Auslegungsregel keinen Sinn, weil ein wirksamer Vertrag ohne Einigung über die wesentlichen Punkte nicht denkbar ist, vgl. zu § 154 BGB Fall 24.

V. Zur Vertiefung

- Hemmer/Wüst, KK BGB-AT I, Karteikarte Nr. 43

Fall 23: Falsa demonstratio non nocet

Sachverhalt:

V importiert Meeresfische für den Fischgroßhändler K in Hamburg. Als V eine Schiffsladung norwegisches Walfischfleisch kauft, bietet er sie dem K an. Er schickt ihm ein Schreiben mit dem Angebot, 20 Tonnen „Haakjöringsköd" zum Preis von 20.000 € zu verkaufen. In Wahrheit ist „Haakjöringsköd" jedoch die norwegische Übersetzung für Haifischfleisch, was V nicht weiß. Auch K, der gerade Walfischfleisch sucht, meint, „Haakjöringsköd" sei die norwegische Bezeichnung hierfür und nimmt das Angebot an, indem er ein Annahmefax zurücksendet. Als sich der beidseitige Irrtum über die Bedeutung des Wortes "Haakjöringsköd" aufklärt, möchte V wissen, ob er von K jetzt Abnahme und Bezahlung von 20 Tonnen Haifischfleisch, die er ebenfalls gerade vorrätig hat, verlangen könne. Seiner Meinung nach müsse das schriftlich Erklärte gelten; das sei nun einmal „Haakjöringsköd", also Haifischfleisch. K hingegen hat kein Interesse daran.

Frage: *Wie ist die Rechtslage?*

I. Einordnung

Der Haakjöringsköd-Fall ist ein „Klassiker", den Sie kennen müssen. Er wirft zwei wichtige Probleme auf:

1. Ist überhaupt ein Vertrag wirksam zustande gekommen?

2. Wenn ja, mit welchem Inhalt?

Bei übereinstimmender Falschbezeichnung gilt das wirklich von den Parteien Gewollte als Vertragsinhalt.

II. Gliederung

Anspruch des V gegen K auf Bezahlung und Abnahme von 20 Tonnen Haifischfleisch zum Preis von 20.000 € aus § 433 II BGB

I. Angebot des V (+), Schreiben des V an K

II. Annahme des K (+) schriftliche Erklärung

III. Dissens? (-)

(P): falsche Bezeichnung des Vertragsgegenstandes

Auslegung vor Dissens!

Auslegung ergibt, dass sich beide Parteien über Haakjöringsköd geeinigt haben

⇨ Dissens scheidet aus

IV. Inhalt des Vertrages

Subjektive Einigkeit über Walfischfleisch

Falsche Bezeichnung schadet bei übereinstimmenden Willen nicht

<u>**Hier:**</u> Keine Auslegung nach dem objektiven Empfängerhorizont, da Empfänger nicht schutzbedürftig, denn auch er wollte Vertrag über Walfischfleisch, benutzte aber falsche Bezeichnung dafür

V. Ergebnis: Kein Anspruch auf Abnahme und Bezahlung des Haifischfleisches

III. Lösung

Anspruch des V gegen K auf Abnahme und Bezahlung von 20 Tonnen Haifischfleisch zum Preis von 20.000 € aus § 433 II BGB

V könnte von K Abnahme und Bezahlung verlangen, wenn ein wirksamer Kaufvertrag zustande gekommen wäre.

I. Angebot des V

Ein Angebot des V liegt in dem Zusenden des Schreibens an K. In diesem Schreiben bot er dem K 20 Tonnen norwegisches Haakjöringsköd zum Preis von 20.000 € an.

II. Annahme des K

Dieses Angebot hat K durch die schriftliche Erklärung angenommen.

III. Dissens

Voraussetzung für einen wirksamen Vertragschluss ist aber, dass das Angebot und die Annahme übereinstimmen.

Problematisch ist, dass beide Parteien für die Bezeichnung des Vertragsgegenstandes eine Formulierung gewählt haben, die objektiv eine andere Bedeutung hat. „Haakjöringsköd" bedeutet nämlich Haifischfleisch, nicht Walfischfleisch.

Daher könnte es an übereinstimmenden Willenserklärungen und damit an einer wirksamen Einigung fehlen.

Es könnte hier ein sog. versteckter Dissens i.S.d. § 155 BGB gegeben sein. Dieser liegt vor, wenn die für den Vertragschluss erforderliche Einigung fehlt, die Parteien aber irrtümlich davon ausgehen, sich vollständig einig zu sein.

Hier erklärten jedoch beide Parteien übereinstimmend, einen Kaufvertrag über „Haakjöringsköd". Objektiv liegen also zwei sich inhaltlich deckende Willenserklärungen vor, so dass ein Dissens ausscheidet und ein wirksamer Vertragsschluss vorliegt.

Anmerkung: Zum Dissens vgl. ausführlich Fälle 24, 25.

IV. Inhalt des Vertrages

Es stellt sich aber die Frage, mit welchem Vertragsinhalt der Kaufvertrag zustande kam, insbesondere, was der Vertragsgegenstand ist.

Die Bezeichnung Haakjöringsköd ist die norwegische Bezeichnung für Haifischfleisch. Die Parteien wollten aber übereinstimmend einen Kaufvertrag über Walfischfleisch abschließen. Beide glaubten, "Haakjöringsköd" bedeute Walfischfleisch.

Beide Vertragsparteien waren sich also subjektiv einig, haben jedoch übereinstimmend eine falsche Bezeichnung hierfür gewählt und nach außen kundgegeben.

Lässt sich der Vertragsinhalt nicht eindeutig feststellen, so müssen die Erklärungen der Parteien ausgelegt werden.

Nach den Grundsätzen der Auslegung von Willenserklärungen (vgl. §§ 133, 157 BGB) ist zunächst der wirkliche Parteiwille zu erforschen. Dieser Wille wird jedoch durch die objektiven Verständnismöglichkeiten des Erklärungsempfängers begrenzt, soweit dieser schutzbedürftig ist (sog. "objektiver Empfängerhorizont").

Die Schutzbedürftigkeit ist nicht gegeben, wenn sich beide Parteien gleichzeitig und übereinstimmend über eine Bezeichnung geirrt haben. Dann hat der objektive Erklärungstatbestand keine eigenständige Bedeutung, sondern dient den Parteien lediglich zur Übermittlung ihres wirklichen Willens.

Haben sich K und V trotz objektiv abweichender Erklärung richtig verstanden, besteht kein Bedürfnis, ihrem Willen eine andere als die gewollte Rechtsfolge aufzuzwingen. In diesen Fällen erlangt der übereinstimmende Wille der Parteien Geltung. Der im Verkehr übliche Wortsinn der Erklärung bleibt ohne Bedeutung.

Merke: Das übereinstimmend Gewollte hat Vorrang vor einer irrtümlichen Falschbezeichnung („**falsa demonstratio non nocet**").

Entscheidend ist nur, dass der Erklärende und der Empfänger dasselbe wollen.

V und K wollten hier übereinstimmend einen Kaufvertrag über Walfischfleisch schließen. Somit ist das Walfischfleisch und nicht das Haifischfleisch Vertragsgegenstand geworden.

V kann die Abnahme und Bezahlung von Haifischfleisch nicht verlangen.

V. Ergebnis

Ein Anspruch des V gegen K auf Abnahme und Bezahlung von Haifischfleisch besteht nicht.

Exkurs: „Falsa demonstratio" und formgebundene Erklärungen.

Bsp.: V und K möchten einen Kaufvertrag über das Grundstück Nr. 48 schließen. Im notariellen Vertrag wird versehentlich Grundstück Nr. 47 als Vertragsgegenstand bezeichnet. Dieses gehört ebenfalls dem V. Keiner bemerkt den Fehler. Nichtigkeit nach §§ 125 S. 1, 311b I BGB?

Hier ist in zwei Schritten vorzugehen: Zuerst ist die Erklärung nach allgemeinen Grundsätzen auszulegen. Danach ist zu entscheiden, ob die durch die Auslegung ermittelte Willenserklärung den jeweiligen Formerfordernissen entspricht.

Die Auslegung führt hier zunächst dazu, dass ein Vertrag über das Grundstück Nr. 48 gewollt ist, da dies dem übereinstimmenden Willen von V und K entspricht. Notariell beurkundet wurde aber ein Vertrag über das Grundstück Nr. 47.

Grundsätzlich muss der aus den Umständen außerhalb der Urkunde ermittelte Wille in der Urkunde einen, wenn auch unvollkommenen Ausdruck gefunden haben (**Andeutungstheorie**).

Das wäre bei der „falsa demonstratio" nie der Fall, da das wirklich Gewollte gerade trotz falscher Bezeichnung gelten soll.

Damit würde die Regel der „falsa demonstratio" für formbedürftige Verträge leer laufen. Deswegen findet die Andeutungstheorie bei formbedürftigen Verträgen keine Anwendung. Der Kaufvertrag wurde also wirksam über das Grundstück Nr. 48 geschlossen.

Vergleichbar ist die Konstellation, in der die Grundstücksbezeichnung im Kaufvertrag nur einen Teil des Grundstücks erfasst, welches verkauft werden sollte. Auch hier bezieht sich der Kaufvertrag auf die gesamte Fläche, vgl. BGH Life&Law 2008, 371 ff.

Die „falsa demonstratio"-Regel bildet eine Ausnahme von den Regeln der Auslegung. Grundsätzlich wird die Auslegung durch die Wortlautgrenze beschränkt. In diesem Fall jedoch wird die Willenserklärung, wenn der Empfänger das Gewollte „richtig" verstanden hat selbst gegen ihren eindeutigen Wortlaut i.S.d. Gewollten ausgelegt.

IV. Zusammenfassung

Sound: Die falsche Bezeichnung schadet nicht, wenn die Parteien übereinstimmend etwas anderes gewollt haben.

hemmer-Methode: Bei Auslegung von Testamenten ist immer auf die Sicht des Erblassers abzustellen, § 133 BGB, nicht auf die Sicht des Bedachten, da dessen Vertrauen nicht schutzwürdig ist. § 157 BGB findet somit bei Testamenten keine Anwendung. Eine Ausnahme bilden jedoch vertragsmäßige Verfügungen im Erbvertrag, § 2278 BGB und wechselbezügliche Verfügungen im gemeinschaftlichen Testament, § 2270 BGB. Hier ist gem. § 157 BGB auch auf den Erklärungsempfänger abzustellen.

V. Zur Vertiefung

- Hemmer/Wüst, KK BGB-AT I, Karteikarte, Nr. 44
- Hemmer/Wüst, BGB-AT I, Rn. 177 ff.

Fall 24: offener Dissens

Sachverhalt:

Kaufmann K möchte von Autohändler V einen Lieferwagen kaufen. Beide Parteien einigen sich über den Preis. Meinungsverschiedenheiten bestehen jedoch hinsichtlich der Mängelrechte, die V vollständig ausschließen möchte, womit K nicht einverstanden ist. Da K das Auto gerne haben möchte und auch V sich die gute Geschäftsangelegenheit nicht entgehen lassen will, wird eine Vereinbarung getroffen, nach der K das Auto gegen eine Anzahlung mitnehmen kann. Über die Mängelrechte werde man sich später einigen. Eine Einigung wurde jedoch auch später nicht erzielt.

***Frage:** Kann V von K den vereinbarten Kaufpreis verlangen?*

I. Einordnung

Können sich die Parteien über **unwesentliche** Punkte des Vertrages nicht einigen, so können u.U. die Regeln über den **Dissens** zur Anwendung kommen, §§ 154, 155 BGB. Dabei ist es wichtig zwischen offenem und verstecktem Dissens zu unterscheiden.

Behalten Sie auch den Fall des sog. **Totaldissenses** im Auge, in dem sich die Parteien über **wesentliche** Vertragspunkte nicht einigen (Fall 22). Trotz des irreführenden Namens sind die Dissensregeln hier nicht anwendbar. Beim Totaldissens ist der Vertrag immer nichtig.

II. Gliederung

Anspruch des V gegen K auf Zahlung des Kaufpreises gem. § 433 II BGB

Wirksamer KV (+)
⇨ wenn wesentliche Vertragsgegenstände des KV (**essentialia negotii**) bestimmt oder bestimmbar sind

Essentialia negotii: Kaufgegenstand, Kaufpreis, Vertragsparteien

Hier: Keine Einigung über Mängelrecht

⇨ **accidentalia negotii** (**Nebenpunkte** des Vertrages)

(P): Wirksamkeit des Vertrages beim Fehlen der accidentalia negotii?

⇨ Mglw. Dissens gem. § 154 I BGB
⇨ Vertrag **im Zweifel** nicht geschlossen

§ 154 I BGB aber nicht anwendbar, wenn trotz fehlender Einigung Anhaltspunkte dafür gegeben sind, dass die Parteien am Vertrag festhalten wollten

Hier: Die Parteien haben mit Durchführung des Vertrages einvernehmlich begonnen (Übergabe des Wagens und Anzahlung)

Ergebnis: Auslegung ergibt, dass die Parteien den Vertrag trotz fehlender Einigung gewollt haben
⇨ § 154 BGB ist nicht anwendbar
⇨ ein wirksamer KV ist zustande gekommen

III. Lösung

Anspruch des V gegen K auf Zahlung des Kaufpreises gem. § 433 II BGB

V kann von K die Zahlung des Kaufpreises verlangen, wenn ein wirksamer Kaufvertrag zustande gekommen ist.

Für die Wirksamkeit eines Vertrages müssen die essentialia (Hauptpunkte) des Vertrages bestimmt oder zumindest bestimmbar sein. Zu den essentialia negotii des Kaufvertrages gehören der Kaufgegenstand und der Kaufpreis.

V und K haben sich über den Kaufgegenstand (den PKW) und den Kaufpreis geeinigt. Sie haben jedoch die Frage der Mängelrechte bewusst offengelassen. Auch durch Auslegung (§§ 133, 157 BGB) ergibt sich keine entsprechende Einigung.

Während V einen Ausschluss der Mängelrechte anstrebte, wollte K auf seine Käuferrechte nicht verzichten.

Anmerkung: Wäre K kein Kaufmann, sondern ein Verbraucher (definiert im § 13 BGB), so wäre ein Ausschluss der Mängelrechte größtenteils unzulässig, vgl. § 475 I BGB. Möglich ist nur Beschränkung oder Ausschluss des Schadensersatzanspruches, § 475 III BGB. Auch kann die Verjährung der Mängelrechte bei gebrauchten Sachen auf ein Jahr verkürzt werden. Beachten Sie in diesem Zusammenhang auch die allgemeine Vorschrift des § 202 I BGB, wonach die Verjährung bei Haftung wegen Vorsatzes nicht im Voraus erleichtert werden kann.

Fraglich ist, ob diese bewusst nicht vollständige Einigung (sog. Dissens) das Zustandekommen des Vertrages hindert.

Fehlt eine Einigung über die Hauptpunkte (essentialia negotii) des Vertrages, so ergibt sich bereits aus den allgemeinen Regeln, dass hier überhaupt kein Vertrag zustande kommt (sog. Totaldissens).

Fehlt dagegen eine Einigung über die Nebenpunkte des Vertrages (accidentalia negotii), so ist gemäß § 154 BGB der Vertrag im Zweifel nicht geschlossen.

Die Gewährleistungsrechte des Käufers bilden nicht den wesentlichen Bestandteil des Vertrages.

Demnach wäre vorliegend gemäß § 154 BGB im Zweifel kein wirksamer Kaufvertrag zwischen V und K zustande gekommen.

Allerdings handelt es sich dabei nur um eine widerlegbare gesetzliche Vermutung. Die Regel ist also unanwendbar, wenn sich die Parteien trotz der noch offenen Punkte vertraglich binden wollten.

Ein entsprechender Wille dürfte immer dann gegeben sein, wenn im beiderseitigen Einvernehmen mit der Durchführung des unvollständigen Vertrages begonnen wurde.

Den Vereinbarungen zwischen V und K ist zu entnehmen, dass sie sich trotz der noch ausstehenden Einigung über die Gewährleistung bereits binden wollten. Dafür spricht auch die einverständliche Vertragsdurchführung: Übergabe des Wagens und Anzahlung. Die Auslegung ergibt daher, dass ein Vertrag geschlossen wurde, § 154 I 1 BGB greift nicht ein.

Da ein wirksamer Kaufvertrag zwischen V und K geschlossen wurde, besteht ein Anspruch auf Zahlung des Kaufpreises aus § 433 II BGB.

Die mangels Einigung entstandenen Regelungslücken bzgl. des Gewährleistungsrechts werden durch Heranziehen von dispositivem Recht geschlossen.

IV. Zusammenfassung

Sound: Vorrang der Auslegung vor Dissens.

Stürzen Sie sich in der Klausur nicht sofort auf §§ 154, 155 BGB. Oft führt bereits die Auslegung nach dem objektiven Empfängerhorizont zum Vertragsschluss.

hemmer-Methode: Von einem Dissens kann also nur dann die Rede sein, wenn Angebot und Annahme nach erfolgter Auslegung nicht übereinstimmen. In der Praxis kommt ein Dissens jedoch selten vor, da in der Regel schon die vorrangig vorzunehmende Auslegung zum Erfolg führt.

V. Zur Vertiefung

- Hemmer/Wüst, BGB-AT I, Rn. 152 ff.
- Hemmer/Wüst, KK BGB-AT I, Karteikarte Nr. 45

Fall 25: versteckter Dissens

Sachverhalt:

M sucht eine neue Unterkunft. Er verhandelte mit V über den Abschluss eines Mietvertrages. In fast allen Punkten war man sich einig. Allerdings bestanden noch Differenzen bzgl. der Höhe der von V verlangten Mietkaution. Schließlich wurde eine Mietkaution in Höhe von zwei Monatsmieten vereinbart. M sollte die Mietkaution noch vor dem Einzug bezahlen. Dies tat er auch, allerdings ging er ständig davon aus, dass die Mietkaution in Höhe von zwei Kaltmieten gefordert wird. V dagegen meinte zwei Warmmieten. Als dieser einen niedrigeren Betrag als erwartet auf seinem Konto bemerkte und M auch nicht bereit war, mehr zu zahlen, verweigerte er die Wohnungsübergabe unter Berufung auf die nicht erfolgte Einigung über die Mietkaution.

Frage: *Zu Recht? Es ist davon auszugehen, dass eine Kaution in Höhe von zwei sowohl Kalt- als auch Warmmieten ortsüblich ist.*

I. Einordnung

Ein Dissens wird in der Praxis sehr selten vorkommen, da in der Regel die vorzunehmende Auslegung zum Erfolg führt. Denken Sie daran: Wie konnte und durfte der Empfänger die Erklärung verstehen, §§ 133, 157 BGB. Nicht maßgeblich ist, wie er sie tatsächlich verstanden hat. Seien Sie in der Klausur vorsichtig mit der Bejahung des Dissenses.

II. Gliederung

Anspruch des M gegen V aus § 535 I 1 BGB auf Überlassung der Mieträume

Vor.: Zwei übereinstimmende WE

(P): **Einigung über Mietkautionshöhe?**

1. **Auslegung** ⇨ nach dem objektiven Empfängerhorizont unter Berücksichtigung der Verkehrssitte

   Hier: Sowohl eine Kaution von zwei Kalt- wie auch Warmmieten ist ortsüblich

   ⇨ Auslegung räumt die Zweifel nicht aus

   Grundsatz der falsa demonstratio hier nicht anwendbar, da beide Parteien den Erklärungsinhalt unterschiedlich verstanden haben

   ⇨ unvollständige Einigung zw. M und V

2. **Dissens** (+)
   Kautionshöhe kein wesentlicher Bestandteil des MV

   ⇨ fehlende Einigung führt nicht zwangsläufig zur Unwirksamkeit des MV

   Hier: Versteckter Dissens, da den Parteien die fehlende Einigung nicht bewusst war

3. **Versteckter Dissens, § 155 BGB**

   ⇨ Vertrag ist wirksam, es sei denn die Parteien hätten den Vertrag nicht abgeschlossen, wenn sie sich der Einigungsmängel bewusst gewesen wären

⇨ Üblicherweise führt der Mangel über Mietkautionshöhe nicht zum Scheitern des Vertrages, abweichender Parteiwille hier nicht ersichtlich

4. **Ergebnis: MV (+)**
⇨ Anspruch auf Wohnungsüberlassung (+)

III. Lösung

Anspruch des M gegen V aus § 535 I 1 BGB auf Überlassung der Mieträume

V ist zur Überlassung der Wohnung nur dann verpflichtet, wenn ein wirksamer Mietvertrag zustande gekommen ist.

Dafür sind zwei übereinstimmende, in Bezug auf einander abgegebene Willenserklärungen erforderlich. V und M haben sich über eine Gebrauchsüberlassung einer bestimmten Wohnung zu einem bestimmten Preis geeinigt.

Es könnte jedoch an übereinstimmenden Willenserklärungen hinsichtlich der Höhe der Mietkaution fehlen.

Ob dies tatsächlich der Fall ist, ist durch Auslegung zu ermitteln.

Merke: Auslegung geht vor Dissens!

1. Auslegung

Die Willenserklärungen sind nach dem objektiven Empfängerhorizont nach Treu und Glauben unter der Berücksichtigung der Verkehrssitte auszulegen, §§ 133, 157 BGB. Es ist also zu ermitteln, wie V die Willenserklärung des M, er werde die Kaution in Höhe von zwei Monatsmieten zahlen, verstehen durfte.

Dabei ist das subjektive Verständnis des V nicht maßgebend. Es ist auf die Umstände der Erklärung abzustellen. So ist es vorliegend von Bedeutung, dass sowohl eine Kaution in Höhe der Kalt-, wie auch Warmmiete ortsüblich ist. Damit lässt die Auslegung auch unter der Berücksichtigung der Verkehrssitte Zweifel an der Höhe der Mietkaution.

Es liegt also auch nach der Auslegung eine objektiv mehrdeutige Willenserklärung vor. Auch greift nicht die Regel der *„falsa demonstratio“*, da beide Parteien den Erklärungsinhalt unterschiedlich verstanden haben. Damit liegt keine vollständige Einigung vor.

2. Dissens

Fraglich ist, ob diese unvollständige Einigung dem Zustandekommen eines wirksamen Mietvertrages entgegensteht.

Es muss zunächst festgestellt werden, ob die Höhe der Mietkaution einen wesentlichen Bestandteil des Mietvertrages bildet oder lediglich ein Nebenpunkt ist.

Davon ist nämlich die Anwendbarkeit der Regeln der §§ 154, 155 BGB abhängig. Fehlen bereits die wesentlichen Vertragspunkte, so fehlt es, mangels essentialia negotii, an einem wirksamen Vertrag.

Bei fehlender Einigung über die Nebenpunkte ist zwischen offenem (§ 154 BGB) und verstecktem (§ 155 BGB) Einigungsmangel (Dissens) zu unterscheiden.

Zu den essentialia negotii eines Mietvertrages gehören die Einigung über die Gebrauchsüberlassung der Sache während der Mietzeit und das Instandhalten der Mietsache sowie die Höhe des Mietzinses.

Die Höhe der Mietkaution ist jedoch kein wesentlicher Vertragsteil. Damit führt die fehlende Einigung über sie

Da es sich um vertragliche Nebenpunkte handelt, kommen §§ 154, 155 BGB zur Anwendung.

V und M glaubten irrtümlich, sich auch über die Höhe der Mietkaution geeinigt zu haben. Es liegt damit ein versteckter Dissens vor.

3. Versteckter Dissens, § 155 BGB

Für den Fall der unbewusst unvollständigen Einigung stellt § 155 BGB eine Regel auf: Es gilt das Vereinbarte, sofern anzunehmen ist, dass der Vertrag auch ohne diesen Punkt abgeschlossen worden wäre. Es kommt also darauf an, ob der Vertrag an diesem Punkt scheitern soll oder nicht. Die Wirksamkeit des Vertrages ist erfahrungsgemäß umso eher anzunehmen, je bedeutungsloser der versteckte Einigungsmangel ist.

Das Fehlen der Einigung über die Höhe der Mietkaution dürfte in der Regel nicht so schwerwiegend sein, dass daran der Vertrag scheitern sollte.

noch nicht zwangsläufig zur Unwirksamkeit des Vertrages.

Aus dem Sachverhalt ergeben sich auch keine Anhaltspunkte, die eine andere Beurteilung rechtfertigen könnten.

4. Ergebnis

Damit ist ein wirksamer Mietvertrag zustande gekommen. M hat einen Anspruch gegen V auf Überlassung der Wohnung.

IV. Zusammenfassung

Sound: Ein versteckter Dissens liegt vor, wenn die Parteien zwar glauben, sich vollständig geeinigt zu haben, dies aber in Wirklichkeit nicht zutrifft.

Das Vereinbarte gilt nur dann, wenn anzunehmen ist, dass der Vertrag auch ohne den Nebenpunkt geschlossen worden wäre.

Das ist erfahrungsgemäß um so eher der Fall, je bedeutungsloser der versteckte Einigungsmangel ist.

hemmer-Methode: Bei der Behandlung von Einigungsmängeln (Dissens) ist sorgfältig zwischen mehreren Möglichkeiten zu unterscheiden. Fehlen bereits die wesentlichen Bestandteile des Vertrages, so fehlt es an einem wirksamen Vertrag, ohne dass es eines Rückgriffs auf §§ 154, 155 BGB bedarf. Wurde dagegen keine Einigkeit über die Nebenpunkte erreicht, so ist zwischen dem offenen (§ 154 BGB) und dem versteckten (§ 155 BGB) Einigungsmangel zu differenzieren.

V. Zur Vertiefung

- Hemmer/Wüst, BGB-AT I, Rn. 157

Kapitel III: Geschäftsfähigkeit

Fall 26: Rechtsgeschäfte des unerkennbar Geisteskranken

Sachverhalt:

A ist seit Jahren geisteskrank. Seine Krankheit wird jedoch lange Zeit nicht erkannt, da er keine typischen Ausfallerscheinungen zeigt.
Eines Tages lässt A bei U seine wertvolle Uhr reparieren.
Danach kauft er von H in einem lichten Moment einen Staubsauger. Weder U noch H können seine Krankheit erkennen. Können sie Bezahlung verlangen? Es sind nur vertragliche Ansprüche zu prüfen.

Als die Erkrankung des A erkannt wird, leiten seine Angehörigen bei dem Vormundschaftsgericht ein „Betreuungsverfahren" ein, in dem ein Betreuer für A bestellt werden soll. Zum mündlichen Termin erscheint auch A, der hierzu seine eigene Meinung äußern möchte. Die Angehörigen des A sind der Meinung, dass A wegen seiner Geschäftsunfähigkeit nicht selbst vor dem Gericht auftreten kann.

***Frage:** Haben die Angehörigen des A Recht?*

I. Einordnung

Geschäftsunfähige können nicht selbständig am Rechtsverkehr teilnehmen. Sie können keine wirksamen Willenserklärungen abgeben und damit keine Verträge schließen. Um ihre Interessen wahrnehmen zu können und einen wirksamen Schutz ihrer Vermögensbelange zu gewährleisten, besteht die Möglichkeit der Betreuung. Der Betreuer ist gesetzlicher Vertreter des Betreuten und kann für ihn wirksam Willenserklärungen abgeben und so Rechtsgeschäfte abschließen.

II. Gliederung

I. Anspruch des U gegen A auf Bezahlung der Reparatur gem. § 631 BGB

WV (+), da nicht die Tätigkeit allein, sondern Erfolg (Reparatur der Uhr) geschuldet

(P): wirksame Willenserklärung des A (-)
⇨ § 105 BGB

1. **Geschäftsunfähigkeit, § 104 Nr. 2 BGB**
   dauerhafter Zustand
   krankhafte Störung der Geistestätigkeit
   der eine freie Willensbildung ausschließt
   (+), da A seit Jahren geisteskrank
2. **Schutz des Rechtsverkehrs?**
   U hat die Geisteskrankheit des A weder erkannt, noch hätte er sie erkennen müssen
   Schutz des guten Glaubens an die Geschäftsfähigkeit? ⇨ (-), Schutz des Geschäftsunfähigen genießt Vorrang, zwingender Charakter der Regeln über die Geschäftsunfähigkeit
   Auch kein Fall des § 105a BGB
3. **<u>Ergebnis</u>:** wirksame WE des A (-) ⇨ WV (-) ⇨ Anspruch auf Zahlung (-)

II. Anspruch des H gegen A auf Bezahlung des Kaufpreises gem. § 433 II BGB

1. Wirksamkeit der Willenserklärung

a) Geschäftsunfähigkeit, § 104 Nr. 2 BGB grds. (+), Aber:

b) Geschäftsfähigkeit in **sog. „lichten Augenblicken“** (+), in diesen Fällen kein die freie Willensbildung ausschließender Zustand ⇨ Geschäftsfähigkeit (+)

2. Ergebnis:
KV wirksam zustande gekommen ⇨ Kaufpreisanspruch besteht

III. Ansicht der Angehörigen des A

Möglichkeit der Anordnung der **Betreuung, §§ 1896 ff. BGB**

Zuständig: Vormundschaftsgericht am AG

Betreuer ist gesetzlicher Vertreter des Betreuten, §§ 1902, 164 BGB

Im Prozess, in dem über die Geschäftsfähigkeit entschieden werden soll, ist der Betroffene **als geschäftsfähig zu behandeln**, er ist handlungs- und prozessfähig

⇨ Ansicht der Angehörigen des A falsch

III. Lösung

I. Anspruch des U gegen A auf Bezahlung der Reparatur gem. § 631 BGB

U könnte gegen A einen Anspruch auf werkvertragliche Vergütung haben, wenn ein wirksamer Werkvertrag vorliegen würde.

Der Werkvertrag ist ein gegenseitiger Vertrag, bei dem sich eine Partei (Werkunternehmer) dazu verpflichtet, ein Werk zu erstellen, während sich die andere Partei (Besteller) dafür zur Entrichtung einer Vergütung verpflichtet, § 631 I BGB. Für den Werkvertrag ist insbesondere kennzeichnend, dass im Gegensatz zum Dienstvertrag, nicht die Tätigkeit allein, sondern der Leistungserfolg geschuldet ist.

Die Reparatur der Uhr stellt folglich einen Werkvertrag dar.

Fraglich ist, ob die Willenserklärungen gerichtet auf Abschluss dieses Vertrages wirksam sind.

1. Geschäftsunfähigkeit, § 104 Nr. 2 BGB

Es könnte § 105 I BGB einschlägig sein. Danach ist die Willenserklärung eines Geschäftsunfähigen nichtig.

Merke: Geschäftsfähigkeit ist die Fähigkeit, durch eigene Willenserklärungen Rechtsgeschäfte selbstständig voll wirksam vornehmen zu können.

Wer geschäftsunfähig ist, bestimmt sich abschließend nach § 104 BGB.

A könnte gem. § 104 Nr. 2 BGB geschäftsunfähig sein.

Voraussetzung dafür ist, dass sich der Erklärende wegen krankhafter Störung der Geistestätigkeit in einem dauerhaft die freie Willensbildung ausschließenden Zustand befindet.

Anmerkung: § 104 Nr. 2 BGB greift nur ein, wenn ein dauerhafter Zustand krankhafter Störung vorliegt. Ist der Zustand vorübergehender Natur, so gilt § 105 II BGB.

Im Unterschied zu § 105 I BGB kann eine Willenserklärung zwar nicht abgegeben werden, jedoch wirksam zugehen. Insoweit ist § 131 I BGB zu beachten. Dieser ist nur auf Geschäftsunfähige gem. § 104 BGB anwendbar, nicht jedoch auf die Fälle des § 105 II BGB.

A war seit Jahren geisteskrank. Er konnte weder die Bedeutung, noch die Folgen seines rechtsgeschäftlichen Handelns erkennen. Die freie Willensbildung war damit ausgeschlossen. Somit liegt eine krankhafte Störung der Geistestätigkeit von dauerhafter Natur vor. Damit ist § 104 Nr. 2 BGB gegeben.

2. Schutz des Rechtsverkehrs

Fraglich ist, ob die Willenserklärung des A trotz seiner Geschäftsunfähigkeit nicht als wirksam zu betrachten ist. Ein Grund dafür könnte der Verkehrsschutz sein. U hat die Geisteskrankheit des A nicht erkannt und hätte sie auch nicht erkennen können.

Durch die Nichtigkeit der Willenserklärung eines Geschäftsunfähigen wird das Vertrauen des Rechtsverkehrs in die Wirksamkeit einer abgegeben Willenserklärung durchbrochen. Die Regeln über die Geschäftsfähigkeit sind aber zwingend. Der gute Glaube an die Geschäftsfähigkeit wird nicht geschützt.

Der unerkannt geisteskranke A ist zwar eine Gefahr für den Rechtsverkehr, diese muss jedoch hingenommen werden, da der Schutz des Geschäftsunfähigen Vorrang vor den Belangen der Geschäftspartner verdient.

Es handelt sich zudem nicht um ein Geschäft des täglichen Lebens.

In solchen Fällen normiert § 105a BGB die Wirksamkeit der Willenserklärungen trotz Geschäftsunfähigkeit des Erklärenden. Damit soll zumindest ansatzweise eine Teilhabe am rechtsgeschäftlichen Verkehr ermöglicht werden.

3. Ergebnis

A war zum Zeitpunkt der Abgabe seiner Willenserklärung nicht geschäftsfähig. Damit war seine Willenserklärung unwirksam und nichtig. Ein wirksamer Werkvertrag wurde also nicht geschlossen. U hat keinen Anspruch gegen A aus dem Werkvertrag.

II. Anspruch des H gegen A auf Bezahlung des Staubsaugers gem. § 433 II BGB

H könnte von A die Zahlung des Staubsaugers verlangen, wenn ein wirksamer Kaufvertrag zustande gekommen wäre.

1. Wirksamkeit der Willenserklärung

a) Geschäftsunfähigkeit, § 104 Nr. 2 BGB

Die Willenserklärung des A könnte wegen seiner Geschäftsunfähigkeit gem. § 104 Nr. 2 BGB unwirksam sein.

Wie bereits oben festgestellt, war A geisteskrank und befand sich dauerhaft in einem die freie Willensbestimmung ausschließenden Zustand (s.o.). Damit könnte § 104 Nr. 2 BGB gegeben sein, mit der Folge, dass seine Willenserklärung unwirksam ist.

b) Geschäftsfähigkeit in sog. „lichten Augenblicken“

Die Geschäftsunfähigkeit nach § 104 Nr. 2 BGB ist jedoch zu verneinen, wenn der Handelnde einen „lichten Augenblick“ („lucidum intervallum“) hat. Dann befindet er sich nicht – wie von § 104 Nr. 2 BGB gefordert – in einem die freie Willensbildung ausschließenden Zustand. In diesem Falle besteht volle Geschäftsfähigkeit.

A hat von H den Staubsauger in einem lichten Augenblick gekauft. Er war zum Zeitpunkt des Abschlusses des Kaufvertrages voll geschäftsfähig.

2. Ergebnis

Die Willenserklärung des A scheitert nicht an der Geschäftsunfähigkeit. Andere Unwirksamkeitsgründe sind nicht ersichtlich. Damit kam der Kaufvertrag wirksam zustande und es besteht ein Anspruch des H gegen A auf Bezahlung des Staubsaugers gem. § 433 II BGB.

III. Ansicht der Angehörigen des A

Fraglich ist, ob A im Betreuungsverfahren vor Gericht auftreten kann.

Mit dem Betreuungsgesetz vom 01.01.1992 wurde die Entmündigung abgeschafft und der Vormund durch den Betreuer ersetzt, §§ 1896 ff. BGB.

Zuständig für die Bestellung eines Betreuers ist gemäß § 1896 I 1 BGB das am Amtsgericht errichtete Vormundschaftsgericht. Der Betreuer ist gesetzlicher Vertreter des Betreuten, §§ 1902, 164 ff. BGB.

Anmerkung: Damit kann ein Betreuer sowohl für geschäftsunfähige, wie auch geschäftsfähige aber körperlich behinderte Personen angeordnet werden. Besteht bei dem Betreuten die Geschäftsunfähigkeit nach § 104 Nr. 2 BGB, so kann nur der Betreuer als gesetzlicher Vertreter wirksam für ihn handeln.

Liegen die Voraussetzungen des § 104 Nr. 2 BGB nicht vor, so bleibt der Betreute geschäftsfähig. Für ihn kann aber in den festgesetzten Grenzen seines Aufgabenkreises auch der Betreuer als gesetzlicher Vertreter handeln. In diesen Fällen kann es zu einer Kollision kommen, wenn Betreuter und Betreuer sich widersprechende Geschäfte vornehmen. Hier ist zu unterscheiden zwischen Verpflichtungsgeschäften, bei denen beide wirksam sind und Verfügungen, bei denen die zeitlich frühere Vorrang hat.

Problematischer gestaltet sich die Lage, wenn für einen Geschäftsunfähigen die Betreuung mit Einwilligungsvorbehalt nach § 1903 BGB angeordnet wird.

Es kann dadurch der unrichtige Anschein entstehen, der Betreute sei lediglich in der Geschäftsfähigkeit beschränkt und mit Einwilligung seines Betreuers handlungsfähig. Darin liegt eine Irreführung des Geschäftsverkehrs. Genehmigt der Betreuer ein Rechtsgeschäft eines Geschäftsunfähigen, so geht diese Genehmigung ins Leere, da die Willenserklärung des Geschäftsunfähigen nicht nur schwebend unwirksam, sondern bereits bei der Abgabe endgültig nichtig ist. Man könnte allenfalls an eine Umdeutung der Genehmigung des Betreuers in sein Angebot zum Abschluss eines neuen Vertrages denken. Diese Umdeutung nach § 140 BGB scheitert jedoch daran, dass nur ein Mehr in ein Weniger umgedeutet werden kann. Eine Genehmigung ist rechtlich aber ein Weniger gegenüber einem neuen Angebot zum Vertragsabschluss.

3. Möglichkeit des A selbst vor dem Gericht aufzutreten

Im Zivilprozess und im Verfahren der Freiwilligen Gerichtsbarkeit knüpft die Prozessfähigkeit an die Geschäftsfähigkeit an, vgl. § 52 ZPO. Von diesem Grundsatz besteht aber eine Ausnahme: Die gem. § 104 Nr. 2 BGB Geschäftsunfähigen sind zur Wahrung ihrer Rechte in allen Verfahren prozessfähig, die Maßnahmen aufgrund ihres Geisteszustandes betreffen. Sie sind daher auch für alle Verfahren, welche die Betreuung betreffen, voll handlungs- und prozessfähig, vgl. § 275 FamFG.

Damit ist A im Verfahren prozessfähig und wird vom Vormundschaftsgericht angehört. Die Angehörigen können A daran nicht hindern. Die Ansicht der Angehörigen ist somit falsch.

IV. Zusammenfassung

Sound: Eine Willenserklärung, die von einem Geschäftsunfähigen abgegeben wurde ist gem. § 105 I BGB nichtig.

1) Das Gesetz spricht dem Geschäftsunfähigen einen rechtlich bedeutsamen Willen ab. Ausnahme: § 105a BGB.

Der Gesetzgeber wollte dadurch die soziale Integration erwachsener, geistig behinderter Menschen fördern. Geschäfte des täglichen Lebens, die mit geringwertigen Mitteln zu bewirken sind, werden **als wirksam betrachtet**, sobald Leistung und Gegenleistung tatsächlich bewirkt werden (**Wirksamkeitsfiktion**). Damit soll – vergleichbar § 110 BGB – verhindert werden, dass ein klagbarer Anspruch gegen den Geschäftsunfähigen besteht. Ist die Leistung bewirkt, ist der Anspruch gleich erloschen, eine Klage ist nicht mehr denkbar.

Problematisch kann in diesen Fällen die Frage sein, ob der Geschäftsunfähige auch für die Mangelhaftigkeit einer im Wege des § 105a BGB veräußerten Sache haftet.

Nach überzeugender Ansicht normiert § 105a BGB die Wirksamkeit des Vertrages nur, um die Rückabwicklung nach den §§ 812 ff. BGB auszuschließen. Eine vertragliche Mängelhaftung des Geschäftsunfähigen kommt nicht in Betracht. Achtung: Anders hingegen, wenn dem Geschäftsunfähigen eine mangelhafte Sache verkauft und übergeben wird. Er selbst hat die Mängelrechte.

2) Der gute Glaube an die Geschäftsfähigkeit wird nicht geschützt. Die Gefahr, die dem Rechtsverkehr durch einen unerkannt Geisteskranken droht, wird im Interesse des unbedingten Schutzes des Geschäftsunfähigen hingenommen.

hemmer-Methode: Fehlende Geschäftsfähigkeit ist eine rechtshindernde Einwendung. Sofern sie gegeben ist, kann schon gar kein Anspruch entstehen. Tritt die Geschäftsfähigkeit später ein, so bleibt das Rechtsgeschäft trotzdem unwirksam. Um zu einem gültigen Geschäft zu gelangen, bedarf es einer Neuvornahme oder Bestätigung i.S.v. § 141 BGB.

V. Zur Vertiefung

- Hemmer/Wüst, BGB-AT I, Rn. 110 ff.
- Hemmer/Wüst, BGB-AT II, Rn. 13 ff.
- Hemmer/Wüst, KK BGB-AT I, Karteikarte 46, 47
- Hemmer/Wüst, Basics Zivilrecht, Bd. I, Rn. 13 ff.
- Zum neuen § 105a BGB lesenswert: Hemmer/Wüst, Life&Law, 1/2003, S. 51 ff.

Fall 27: Willenserklärungen eines Betrunkenen

Sachverhalt:

S, der gerade zum vierten Mal durch den „Kleinen Schein“ im Zivilrecht durchgefallen ist, beschließt seinen Frust in einer nahe gelegenen Stammkneipe zu ertränken. Gegen späten Abend, mit über 3‰ BAK bietet er dem Studienkollegen K seinen Medicus BGB-AT für 10 € an. K nimmt erfreut an und drückt dem S sofort ein 10 € Schein in die Hand. Dieser steckt das Geld zu anderen zahlreich in seiner Geldbörse vorhandenen Scheinen. Es wurde vereinbart, dass sich K das Buch am nächsten Tag abholt. Dann begibt sich S nach Hause. Dort randaliert und flucht er im Treppenhaus so laut, dass ihm sein Vermieter V noch in derselben Nacht die schriftliche (längst fällige und daher gerechtfertigte) Kündigung des Mietvertrages übergibt.

Frage: *Welche Ansprüche haben K und V gegen S?*

I. Einordnung

Eine Willenserklärung ist auch dann nichtig, wenn sie im Zustand der Bewusstlosigkeit oder vorübergehender Störung der Geistestätigkeit abgegeben wird, § 105 II BGB.
Probleme können sich ergeben, wenn der unwirksame Vertrag bereits vollzogen wurde. Kann z.B. der bezahlte Preis herausverlangt werden?

II. Gliederung

Ansprüche des K

I. Anspruch auf Übergabe und Übereignung des Buches aus § 433 I 1 BGB

1. Angebot des S (-)

a) **Geschäftsunfähigkeit, §104 Nr. 2 BGB (-)**
Dauerhaftigkeit des Zustands (-), da die Volltrunkenheit nur einige Stunden andauert

b) **Nichtigkeit nach § 105 II BGB (+)**
bei Volltrunkenheit ist sowohl die Fallalternative der Bewusstlosigkeit, wie auch die der vorübergehenden Störung der Geistestätigkeit möglich

2. **Ergebnis:**
Angebot nichtig ⇨ KV (-)
⇨ Anspruch aus § 433 I 1 BGB (-)

II. Anspruch auf Herausgabe des Buches aus § 985 BGB

(-), da S Eigentümer des Buches geblieben

III. Anspruch auf Herausgabe von 10 € gem. § 985 BGB

1. **Geldvindikation** (+), hier ist aber der Schein nicht mehr individualisierbar vorhanden

2. **Geldwertvindikation?** nach h.M (-):
⇨ Verstoß gegen den sachenrechtlichen Bestimmtheitsgrundsatz
⇨ ungerechtfertigte Besserstellung des Bargeldes im Verhältnis zum Buchgeld

IV. Anspruch auf Herausgabe von 10 € gem. §§ 951, 812 I 1 2.Alt., 818 II BGB

1. **Erlangtes Etwas:**
Besitz und Eigentum (§§ 948 I, 947 II BGB) am Geldschein (+)

2. **In sonstiger Weise (+)**

Vermögensmehrung des S erfolgte nicht aufgrund Leistung des K (Übereignung), sondern erst aufgrund der Vermengung durch S selbst ⇨ keine Leistung des K

3. **Auf Kosten des K** (+)

Eingriff in das Zuweisungsgehalt fremden Rechts ⇨ K hat sein Eigentum an dem Geld verloren

4. **Subsidiarität der Eingriffskondiktion**

wenn hinsichtlich desselben Bereicherungsgegenstandes in irgendwelcher Beziehung eine Leistung vorliegt

Hier: Leistung nur hinsichtlich des Besitzes, nicht hinsichtlich des Eigentums (s.o.)

5. **Rechtsfolge: Wertersatz** i.H.v. 10 €

Ansprüche des V

Anspruch des V auf Räumung der Wohnung aus § 546 I BGB

Vor. wirksame Kündigung (+)

(P): **Zugang ggü. einem Volltrunkenen**

§ 131 I BGB: WE die gegenüber einem Geschäftsunfähigen abzugeben sind, werden erst mit deren Zugang an gesetzliche Vertreter wirksam

⇨ § 131 I BGB jedoch nur auf die Fälle des § 104 BGB anwendbar eine Regelung hinsichtlich des Zugangs im Falle des § 105 II BGB existiert nicht

⇨ WE kann auch einem Vollbetrunkenen wirksam zugehen

⇨ Kündigung wirksam

III. Lösung

Ansprüche des K

I. Anspruch auf Übergabe des Buches aus § 433 I 1 BGB

K könnte gegen S einen Anspruch auf Übergabe und Übereignung des Buches gem. § 433 I 1 BGB haben, wenn zwischen ihnen ein wirksamer Kaufvertrag zustande gekommen ist.

Ein Kaufvertrag kommt durch zwei übereinstimmende und wirksame Willenserklärungen zustande.

1. Angebot des S

S hat seinem Studienkollegen K den Medicus BGB-AT für 10 € zum Kauf angeboten. Die essentialia negotii sind mit Bestimmung der Kaufparteien, des Kaufgegenstandes und des Kaufpreises gegeben.

Das Angebot des S könnte jedoch nichtig sein.

a) Geschäftsunfähigkeit, § 104 Nr. 2 BGB

Als Nichtigkeitsgrund kommt eine Geschäftsunfähigkeit nach § 104 Nr. 2 BGB in Betracht. Dafür hätte sich S in einem die freie Willensbildung ausschließenden Willenszustand befinden müssen. Mit 3‰ BAK war dies sicherlich der Fall. Auch ist Volltrunkenheit als eine Folge einer krankhaften Störung der Geistestätigkeit anzusehen. Weiter muss die Störung dauerhaft und nicht nur vorübergehender Natur sein. Daran fehlt er bei einer Volltrunkenheit, da diese naturgemäß nur einige Stunden andauert.

Damit greift der Nichtigkeitsgrund des § 104 Nr. 2 BGB nicht ein.

b) Nichtigkeit nach § 105 II BGB

Die Willenserklärung des S wäre auch dann nichtig, wenn er sie im Zustand der Bewusstlosigkeit oder der vorübergehenden Störung der Geistestätigkeit abgegeben hätte.

Bewusstlosigkeit i.S.d. § 105 II BGB liegt vor, wenn eine hochgradige Bewusstseinstrübung auftritt, die das Erkennen von Inhalt und Wesen der Handlung ganz oder erheblich ausschließt.

Beachte: Bewusstlosigkeit i.S.d. § 105 II BGB kann nicht das völlige Fehlen des Bewusstseins bedeuten, da dann bereits tatbestandlich keine Willenserklärung vorliegt. Gemeint ist vielmehr eine hochgradige Bewusstseinstrübung, die das Erkennen von Inhalt und Wesen der Handlung ganz oder erheblich ausschließt.

Eine Störung der Geistestätigkeit ist gegeben, wenn die freie Willensbildung vorübergehend ausgeschlossen ist.

Die Trunkenheit kann sowohl als Bewusstlosigkeit als auch vorübergehende Störung der Geistestätigkeit verstanden werden. Jedenfalls dann, wenn eine BAK von über 3‰ vorliegt, ist von Bewusstlosigkeit auszugehen. Diesen Wert hat S zwar noch nicht erreicht, es kann jedoch eine vorübergehende Störung der Geistestätigkeit angenommen werden.

2. Ergebnis

Damit war sein Angebot nichtig. Es fehlt an einer wirksamen vertraglichen Einigung zwischen S und K.

Ein vertraglicher Anspruch auf Übergabe und Übereignung des Buches besteht nicht.

II. Anspruch auf Herausgabe des Buches aus § 985 BGB

Ein Anspruch des K auf Herausgabe des Buches besteht nicht, da S Eigentümer des Buches geblieben ist. Zwar kann man das Angebot des S zugleich als Übereignungsangebot an K verstehen, § 929 S. 1 BGB, jedoch ist auch dieses wegen § 105 II BGB nichtig.

III. Anspruch auf Herausgabe von 10 € gem. § 985 BGB

Fraglich ist, ob K zumindest den an S gezahlten Betrag zurückverlangen kann. Es kommt ein Herausgabeanspruch aus § 985 BGB in Betracht. Geld kann man grundsätzlich wie jeden anderen Gegenstand herausverlangen, solange es identifizierbar vorhanden ist und man sein Eigentum daran nicht verloren hat.

Auf die Eigentumsverhältnisse kommt es hier nicht entscheidend an, da der Geldschein nicht mehr identifizierbar vorhanden ist.

Fraglich ist, ob sich an diesem Ergebnis etwas ändert, wenn berücksichtigt wird, dass es dem K nicht auf den einzelnen Schein ankommt, sondern auf den hierdurch verkörperten Wert. Die Möglichkeit einer sog. Geldwertvindikation nach der Vermengung ist jedoch abzulehnen. Zum einen steht ihr der sachenrechtliche Bestimmtheitsgrundsatz entgegen. Danach dürfen nur konkret bestimmte Sachen herausverlangt werden. Zum anderen führt die Geldwertvindikation zu einer nicht gerechtfertigten Besserstellung des Bargelds im Verhältnis zum sog. Buchgeld (Überweisung).

Bei diesem besteht überhaupt keine Möglichkeit zu vindizieren (da kein Besitz vorhanden), allenfalls zu kondizieren.

IV. Anspruch auf Herausgabe von 10 € gem. §§ 951, 812 I 1 2.Alt., 818 II BGB

K könnte von S die Herausgabe der 10 € gem. §§ 951, 812 I 1 2.Alt., 818 II BGB verlangen. Es handelt sich dabei um eine Rechtsgrundverweisung auf das Bereicherungsrecht. Es müssen also alle Tatbestandsvoraussetzungen des § 812 BGB vorliegen.

1. Erlangtes Etwas

S könnte Eigentum und Besitz am Geldschein erlangt haben.

Ursprünglich war K Eigentümer des 10 €- Scheines. Er könnte jedoch sein Eigentum im Wege der rechtsgeschäftlichen Eigentumsübertragung an S verloren haben, § 929 BGB. Dafür ist eine Einigung und Übergabe erforderlich. Die Übergabe liegt unproblematisch vor, da K sofort die 10 € dem S gegeben hat. Fraglich ist nur die dingliche Einigung hinsichtlich des Scheines. Sie erfordert zwei übereinstimmende Willenserklärungen. Auch hier gelten die allgemeinen Regeln des BGB-AT. Damit liegt zwar ein wirksames Übereignungsangebot des K an S vor, es fehlt wegen der Volltrunkenheit des S jedoch an einer wirksamen Annahme, § 105 II BGB.

K hat sein Eigentum an dem Geldschein an S nicht im Wege eines Rechtsgeschäfts verloren.

K könnte jedoch sein Eigentum durch gesetzlichen Eigentumserwerb zugunsten des S verloren haben.

Als gesetzlicher Erwerb kommt Vermengung gem. § 948 I BGB in Betracht. Rechtsfolge ist gem. § 947 BGB, dass an dem Geldschein Miteigentum des S entsteht. Sieht man aber das Geld im Geldbeutel des S als Hauptsache, so erwirbt er Alleineigentum, § 947 II. In dem Moment in dem S das Geld in die Geldbörse steckte, vermengte sich der Schein mit anderen, bereits im Geldbeutel vorhandenen Scheinen und S erwarb daran Alleineigentum.

Anmerkung: Verneint man, dass das in Geldbörse befindliche Geld die Hauptsache ist, so sind S und K Miteigentümer, § 1008 BGB.
Miteigentümer bilden eine Gemeinschaft nach Bruchteilen i.S.d. § 741 BGB. K könnte dann gem. §§ 749, 752 BGB Aufhebung der Gemeinschaft und seinen Anteil verlangen.
Beachte: Falsch wäre es zu sagen, S hat das Geld oder den Geldschein erlangt. Erlangtes Etwas kann nur eine Rechtsposition sein, wie Eigentum oder Besitz.

2. In sonstiger Weise

Fraglich ist, ob K an S geleistet hat oder S das Eigentum an dem Schein in sonstiger Weise erlangt hat.

Leistung ist die bewusste und zweckgerichtete Mehrung fremden Vermögens. Dabei besteht der Zweck in der Erfüllung der vermeintlichen Verbindlichkeit. K hat zwar bewusst und zweckgerichtet gehandelt. Er wollte seiner Kaufpreiszahlungspflicht aus dem vermeintlichen Kaufvertrag nachgehen.

Allerdings hat er dadurch nicht das Vermögen des S gemehrt, da S nicht durch seine Leistung sondern erst durch den gesetzlichen Eigentumserwerb nach §§ 947, 948 BGB das Eigentum an den Geldscheinen erworben hat. Dieser trat aber dadurch ein, dass S selbst das Geld in seine Geldbörse steckte.

Damit liegt keine Leistung des K vor.

Anmerkung: Beachten Sie, dass die bloße Tatsache, dass der Eigentumserwerb kraft Gesetzes eintritt, die Annahme einer Leistung noch nicht ausschließt.

3. Auf Kosten des K

Dies geschah auch auf Kosten des K, da er dadurch sein Eigentum verloren hat. Es wurde also in den Zuweisungsgehalt eines Rechts des K eingegriffen.

4. Subsidiarität der Eingriffskondiktion

Zu prüfen ist, ob diesem Anspruch nicht der Grundsatz vom Vorrang der Leistungsbeziehungen entgegensteht.

Liegt hinsichtlich des Bereicherungsgegenstandes in irgendeinem Verhältnis eine Leistungsbeziehung vor, so muss die Eingriffskondiktion als subsidiär zurücktreten. Vorliegend liegt hinsichtlich des Besitzes eine Leistung des K an S vor. Die Übergabe des Scheines war ein Realakt und ist an keine Wirksamkeitsvoraussetzungen gebunden. Hinsichtlich des Eigentums liegt dagegen gerade keine Leistung vor, da S das Eigentum erst durch eigene Vermengung erlangt hat. Damit greift hier die Subsidiaritätsklausel nicht durch.

5. Rechtsfolge

Da die Herausgabe desselben Geldscheines mangels zuverlässiger Identifikation nicht mehr möglich ist, muss S Wertersatz nach § 818 II BGB leisten. Für eine Entreicherung des S ist nichts ersichtlich.

Damit besteht ein Anspruch des K gegen S auf Herausgabe von 10 € gem. §§ 951, 812 I 1 2.Alt., 818 II BGB

Ansprüche des V

Anspruch des V auf Räumung der Wohnung aus § 546 I BGB

V hat einen Anspruch auf Rückgabe der Wohnung, wenn er dem S wirksam gekündigt hat.

Die Kündigung ist eine einseitige, empfangsbedürftige Willenserklärung, die nach Ablauf der Kündigungsfrist zur Beendigung des Mietverhältnisses führt.

Fraglich ist, ob eine wirksame Kündigung gegeben ist. Es könnte an dem Zugang fehlen, wenn Geschäftsfähigkeit eine Voraussetzung eines wirksamen Zugangs wäre. Tatsächlich wird eine gegenüber einem nicht Geschäftsfähigen abgegebene Willenserklärung erst mit Zugang an seinen gesetzlichen Vertreter wirksam, § 131 I BGB.

Der Zugang an den Geschäftsunfähigen selbst ist für das Wirksamwerden der Erklärung unbeachtlich. § 131 I BGB gilt aber nur für die Fälle des § 104 BGB. Auf § 105 II BGB ist er gerade nicht anwendbar.

Eine Sonderregelung wie § 105 II BGB für die Abgabe einer Willenserklärung existiert für deren Zugang nicht. Damit kann auch einem Volltrunkenen eine Willenserklärung wirksam zugehen.

Die Wirksamkeit der Kündigung scheitert also nicht an deren Zugang. Weitere Nichtigkeitsgründe sind nicht ersichtlich.

V hat wirksam gekündigt und kann nach Ablauf der Kündigungsfrist die Rückgabe der Wohnung verlangen.

IV. Zusammenfassung

Sound: Ein Volltrunkener kann wirksam keine Willenserklärung abgeben, § 105 II BGB.

Ihm kann aber eine Willenserklärung wirksam zugehen. § 131 I BGB findet keine Anwendung.

§ 131 I BGB regelt nur den Zugang einer Willenserklärung unter Abwesenden. Unter Anwesenden scheitert der Zugang schon daran, dass der volltrunkene Empfänger die Willenserklärung nicht verstehen kann und der Erklärende von dem Verständnis auch nicht ausgehen darf (eingeschränkte Vernehmungstheorie).

hemmer-Methode: Von § 105 BGB sind neben Bewusstlosigkeit und Volltrunkenheit auch der Drogeneinfluss, Fieber und Hypnose sowie sonstige vorübergehende Bewusstseinstrübungen erfasst.

V. Zur Vertiefung

- Hemmer/Wüst, KK BGB AT I, Karteikarte 48
- Hemmer/Wüst, BGB-AT II, Rn. 21

Fall 28: relative Geschäftsunfähigkeit

Sachverhalt:

Die 80-jährige F leidet unter fortgeschrittener Arterienverkalkung. Sie kann sich nur mit Schwierigkeiten bewegen und verlässt deshalb selten ihr Haus. Auch ist sie geistig nicht mehr rege und kann nur einfache tägliche Angelegenheiten selbst besorgen. Der Krankenpfleger K legte ihr eines Tages ein Schriftstück vor, in dem F aus Dankbarkeit für treue Dienste dem K das unentgeltliche Wohnen in ihrem Haus gestattet und ihm zusätzlich ein teures Gemälde schenkweise übereignet. Das Schriftstück enthielt auch die Ermächtigung, monatlich 150 € vom Konto der F abzuheben. F unterzeichnete. Die Angehörigen der F, die später davon erfahren haben, möchten wissen, ob eventuelle Verträge wirksam sind.

I. Einordnung

Fraglich ist, ob älteren Menschen für besonders schwierige Rechtsgeschäfte zu ihrem eigenen Schutze die Geschäftsfähigkeit abzusprechen ist.

Bei dieser schwierigen auch rechtspolitischen Frage sind einerseits die Interessen der Betroffenen abzuwägen, andererseits die Sicherheit des Rechtsverkehrs und die möglichen Abgrenzungsprobleme.

Ob die sog. **relative Geschäftsunfähigkeit** anerkannt wird und wie solche Fälle behandelt werden, zeigt der folgende Fall. Letztlich entspricht es heute ganz h.M., die relative Geschäftsfähigkeit abzulehnen.

II. Gliederung

Vertragliche Bindung der F

1. **Geschäftsunfähigkeit**, § 104 Nr. 2 BGB (-)
   fortgeschrittenes Alter und die damit verbundenen Krankheiten begründen keine Geschäftsunfähigkeit nach § 104 Nr. 2 BGB.
2. **Relative Geschäftsunfähigkeit**
   Geschäftsunfähigkeit für schwierige RG
   e. A. (+) ⇨ Umkehrschluss aus der Verneinung der Geschäftsunfähigkeit im „lichten Moment“, Schutzwürdigkeit geistig Schwacher
   h.M. (-)
   ⇨ sonst Verunsicherung des Rechtsverkehrs
   ⇨ hinreichender Schutz durch die Möglichkeit der Anfechtung oder Bestellung eines Betreuers
3. **Ergebnis: Vertrag (+)**

III. Lösung

Vertragliche Bindung der F

Fraglich ist, ob der Vertrag zwischen F und K rechtliche Wirkung entfaltet. Dafür müsste er wirksam zustande gekommen sein.

1. Geschäftsunfähigkeit, § 104 Nr. 2 BGB

An der Wirksamkeit des Vertrages könnten Zweifel bestehen, da F im hohen Alter und infolge ihrer Krankheit geistig und körperlich nicht mehr fit war. Dies könnte eine Geschäftsunfähigkeit nach § 104 Nr. 2 BGB begründen. Jedoch reicht dies alleine für die Annahme der Geschäftsunfähigkeit nicht aus. Erforderlich ist eine krankhafte Störung der Geistestätigkeit, die eine freie Willensbildung ausschließt. F konnte jedoch trotz ihrer Schwäche selbstständig einfache Angelegenheiten des täglichen Lebens erledigen. Die Voraussetzungen des § 104 Nr. 2 BGB liegen nicht vor.

2. Relative Geschäftsunfähigkeit

A konnte zwar tägliche Angelegenheiten ohne Hilfe besorgen, nicht jedoch schwierige Rechtsgeschäfte. K hat F ein Schriftstück mit mehreren Klauseln vorgelegt.

Diese beinhalteten teilweise komplizierte Regelungen, die die geistesschwache F ohne Hilfe und unter Zeitdruck nicht verstehen konnte.

Möglicherweise ist für solch schwierige Geschäfte die Geschäftsunfähigkeit der an sich geschäftsfähigen F anzunehmen.

Es wird teilweise eine solche relative Geschäftsunfähigkeit angenommen. Begründet wird dies mit folgendem Umkehrschluss: Wenn schon die Geschäfte eines Geistesschwachen, die er in einem lichten Moment abschließt, wirksam sind, dann muss umgekehrt der an sich Geschäftsfähige geschützt werden, wenn er Geschäfte aufgrund geistiger Schwäche nicht voll erfassen kann.

Die relative Geschäftsunfähigkeit wird jedoch überwiegend nicht anerkannt. Wer unklug oder kurzsichtig handelt, müsse noch nicht geschäftunfähig sein. Die relative Geschäftsunfähigkeit führe außerdem zu Abgrenzungsproblemen und damit zu Unsicherheiten für den Rechtsverkehr. Daneben biete die Möglichkeit der Anfechtung und der Bestellung eines Betreuers ausreichenden Schutz für den Betroffenen. Eine relative Geschäftsunfähigkeit nur für besonders schwierige Geschäfte gibt es im Zivilrecht damit nicht.

3. Ergebnis

Unabhängig davon, ob sich der Vertrag als rechtlich schwieriges Geschäft darstellt oder nicht, ist daher die Geschäftsfähigkeit der F zu bejahen. Die Erklärungen der F sind wirksam.

Hätte K allerdings die Geistesschwäche der F ausgenutzt, um außergewöhnliche Vorteile zu erlangen, wäre das Geschäft nach § 138 I BGB nichtig. Ob dies der Fall ist, ist aus dem Sachverhalt nicht ersichtlich.

Anmerkung: Anerkannt ist dagegen die Figur der sog. **partiellen Geschäftsunfähigkeit**. Diese bedeutet, dass sich die Geschäftsunfähigkeit auf einen bestimmten gegenständlichen abgegrenzten Lebensbereich beschränken kann. Für alle übrigen Geschäfte besteht volle Geschäftsfähigkeit. Im Gegensatz zur relativen ist bei der partiellen Geschäftsunfähigkeit nicht so sehr die Fähigkeit der Person zu verstehen, sondern vor allem die fehlende Freiheit der Willensbildung auf einem bestimmten Gebiet ausschlaggebend.

Bsp.: Querulantenwahn führt zur Geschäftsunfähigkeit bei der Führung von Prozessen. Krankhafte Eifersucht hat Geschäftsunfähigkeit für Fragen der Ehe zur Folge.

IV. Zusammenfassung

Sound: Relative Geschäftsunfähigkeit existiert nach h.M. nicht.

Sie führt zu Abgrenzungsproblemen und damit zu unerträglichen Unsicherheiten im Rechtsverkehr. Die Anfechtung bietet einen ausreichenden Schutz für den Betroffenen.

hemmer-Methode: Grundsätzlich überzeugender ist in diesem Fall die h.M. Aus klausurtaktischen Gründen kann es aber im Einzelfall angebracht sein, der M.M. zu folgen und die relative Geschäftsunfähigkeit zu bejahen, wenn sich mit der h.M. bestimmte Folgeprobleme (Ansprüche aus § 812 BGB) nicht eröffnen würden.

V. Zur Vertiefung

- Hemmer/Wüst, BGB-AT I, Rn. 113
- Hemmer/Wüst, BGB-AT II, Rn. 18

Fall 29: Minderjährigenrecht / Abschluss eines Kaufvertrages durch einen Minderjährigen

Sachverhalt:

Der 16-jährige A möchte ein neues Mofa kaufen. Auf ein Zeitungsinserat meldet er sich bei B, der ein Mofa für 100 € anbietet. Beide kommen überein, dass der Kaufpreis spätestens in drei Wochen beglichen wird, A kann jedoch bereits jetzt das Mofa mitnehmen. Er hofft, das Geld von seinen Eltern zu bekommen. Als die Eltern jedoch von dem Kauf erfahren, verweigern sie ihre Zustimmung. Daraufhin verlangt B die Rückgabe des Mofas.

Frage: *Zu Recht?*

I. Einordnung

Das Minderjährigenrecht gehört zu den wichtigsten Rechtsproblemen des BGB. Der Rechtsgedanke des Minderjährigenschutzes „durchzieht“ das gesamte BGB. Es wirkt sich u.a. sowohl auf vertragliche Ansprüche wie auch auf das Delikts-, Sachen- und Bereicherungsrecht aus.

Aufgrund des Abstraktionsprinzips bringt der Minderjährige eine willkommene Abwechslung in die Klausur: Während das schuldrechtliche Rechtsgeschäft schwebend unwirksam ist, ist die diesbezügliche Übereignung als rechtlich vorteilhaft rechtsgültig. Der Minderjährige wird dadurch Eigentümer. Der Vertragspartner kann allenfalls kondizieren.

II. Gliederung

I. Anspruch des B gegen A auf Herausgabe des Mofas gem. § 985 BGB

1. Eigentum des B

Eigentumsverlust an A?

a) dingliche Einigung (+)

WE des B: konkludent erteilt durch Einverständnis mit der Mitnahme und Verzicht auf einen Eigentumsvorbehalt

WE des A:

- A minderjährig, § 106 BGB
- Übereignung des Mofas ist für A lediglich rechtlich vorteilhaft

⇨ Rechtposition des A wird verbessert, da er Eigentum erlangt

⇨ Zustimmung gesetzlicher Vertreter nicht erforderlich

⇨ dingliche Einigung (+)

b) Übergabe (+), Realakt, Geschäftsfähigkeit nicht erforderlich

2. Ergebnis:

Eigentum des B (-)⇨ § 985 BGB (-)

II. Anspruch des B gegen A auf Herausgabe des Mofas aus § 812 I 1 1.Alt. BGB

1. Erlangtes Etwas (+), Eigentum und Besitz am Mofa

2. Durch Leistung des B (+), zwecks Erfüllung vermeintlicher Verbindlichkeit aus dem KV (solvendi causa)

3. Ohne Rechtsgrund
wirksamer KV als Rechtsgrund

(P): WE des A

- kein lediglich rechtlich vorteilhaftes Geschäft i.S.d. § 107 BGB ⇨ Begründung der Kaufpreiszahlungspflicht
- Einwilligung der gesetzlichen Vertreter (-)
- Genehmigung (-)

4. Rechtsfolge: Herausgabeanspruch (+)

III. Lösung

I. Anspruch des B gegen A auf Herausgabe des Mofas gem. § 985 BGB

B könnte gegen A einen Anspruch aus § 985 BGB auf Herausgabe des Mofas haben, wenn er Eigentümer und A dessen unrechtmäßiger Besitzer ist, § 986 BGB.

1. Eigentum des B

Ursprünglich war B Eigentümer des Mofas. Er könnte sein Eigentum jedoch im Wege der rechtsgeschäftlichen Übereignung an A verloren haben, § 929 S. 1 BGB. Voraussetzung sind eine wirksame dingliche Einigung über den Übergang des Eigentums auf A sowie eine Übergabe.

a) Dingliche Einigung

Zu prüfen ist, ob eine wirksame dingliche Einigung vorliegt.

Eine entsprechende Willenserklärung des B liegt konkludent im Einverständnis mit der Mitnahme des Mofas.

Fraglich ist, ob A seinerseits die Annahme wirksam erklärt hat.

Dies erscheint fraglich, da er minderjährig und damit in seiner Geschäftsfähigkeit beschränkt ist, § 106 BGB.

Die Willenserklärungen eines Minderjährigen unterliegen den besonderen Erfordernissen der §§ 107-113 BGB. Beim Abschluss von Verträgen (mehrseitige Rechtsgeschäfte) ist eine Willenserklärung eines Minderjährigen grundsätzlich nur dann wirksam, wenn sie mit Einwilligung des gesetzlichen Vertreters erfolgt, § 107 BGB. Gesetzliche Vertreter des Minderjährigen sind im Regelfall seine Eltern, § 1629 BGB. Ein ohne Einwilligung der Eltern geschlossener Vertrag ist zunächst schwebend unwirksam, § 108 I BGB. Durch die Erteilung der Genehmigung wird der Vertrag wirksam, bei Verweigerung endgültig unwirksam.

Anmerkung: Die Zustimmung bildet den Oberbegriff für Einwilligung und Genehmigung. Einwilligung ist die vorherige, Genehmigung die nachträgliche Zustimmung des gesetzlichen Vertreters zu dem von einem Minderjährigen getätigten Rechtsgeschäft.

Da die Eltern des A ihre Genehmigung verweigert haben, könnte es an einer wirksamen Willenserklärung des A fehlen. Damit wäre die dingliche Einigung nichtig und die Übereignung nach § 929 S. 1 BGB gescheitert.

Die Zustimmung (Einwilligung oder Genehmigung) ist aber entbehrlich, wenn der Minderjährige durch seine Willenserklärung lediglich einen rechtlichen Vorteil erlangt, § 107 BGB.

Ein lediglich rechtlicher Vorteil liegt vor, wenn die Rechtsstellung des Minderjährigen verbessert wird. Entscheidend sind allein die rechtlichen Folgen, ein nur wirtschaftlicher Vorteil bleibt dagegen außer Betracht.

Anmerkung: Die Übereignung des Mofas ist eine Verfügung. Verfügungen sind für den Minderjährigen rechtlich vorteilhaft, wenn sie zu seinen Gunsten getroffen werden, wenn er also ein Recht erwirbt. Verfügung ist ein Rechtsgeschäft, durch das ein Recht übertragen, inhaltlich geändert, belastet oder aufgehoben wird. Diese Definition ist insbesondere für den Anspruch aus § 816 I 1 BGB wichtig!

Durch das Verfügungsgeschäft nach § 929 S. 1 BGB, erwirbt der Minderjährige Eigentum. Seine Rechtsposition wird also verbessert.

Dabei sind die Verfügungen streng von den Verpflichtungen (z.B. dem Kaufvertrag gem. § 433 BGB) zu trennen. Sie sind abstrakt. Die Prüfung, ob für den Minderjährigen lediglich ein rechtlicher Vorteil besteht, muss für das Verpflichtungs- und das Verfügungsgeschäft gesondert erfolgen. Bei der Bewertung des Verfügungsgeschäfts darf nur auf dieses und nicht auch auf das zugrunde liegende Verpflichtungsgeschäft abgestellt werden, sog. **Abstraktionsprinzip**.
Merke: Abstraktionsprinzip bedeutet, dass die Gültigkeit des zugrunde liegenden Verpflichtungsgeschäfts (auch causa oder Rechtsgrund genannt) keine Wirksamkeitsvoraussetzung des Verfügungsgeschäfts ist. Mängel des Verpflichtungsgeschäfts wirken sich nicht unmittelbar auf die Wirksamkeit eines zur Erfüllung des – mangelhaften – Verpflichtungsgeschäfts vorgenommenen dinglichen Übereignungsaktes aus.

Die dingliche Einigung brachte dem A einen rechtlichen Vorteil in Form des Eigentumserwerbs.

A konnte damit die dingliche Erklärung selbst wirksam abgeben, ohne dass es einer Zustimmung der Eltern bedurfte.

Damit liegt eine wirksame dingliche Einigung zwischen A und B vor.

b) Übergabe

Die Übergabe des Mofas ist noch am Tag der Einigung erfolgt. Sie ist ein Realakt. Hierfür bedarf es keiner Geschäftsfähigkeit.

2. Ergebnis

B hat somit sein Eigentum am Mofa an A verloren. Er hat keinen Herausgabeanspruch aus § 985 BGB.

II. Anspruch des B gegen A auf Herausgabe des Mofas aus § 812 I 1 1.Alt. BGB

B könnte einen Anspruch auf Herausgabe des Mofas aus § 812 I 1 1.Alt. BGB (Leistungskondiktion) haben, wenn A etwas durch Leistung des B ohne Rechtgrund erlangt hätte.

1. Erlangtes Etwas

A hat Eigentum und Besitz am Mofa erlangt (s.o.).

2. Durch Leistung des B

Fraglich ist, ob dies durch Leistung des B geschah.

Leistung ist die bewusste und zweckgerichtete Mehrung fremden Vermögens. B hat A das Eigentum an dem Mofa durch Übereignung nach § 929 S. 1 BGB verschafft. Dadurch wollte er seine vermeintliche Verbindlichkeit aus dem Kaufvertrag erfüllen.

Damit hat er bewusst und zweckgerichtet (solvendi causa) geleistet.

Eine Leistung des B liegt vor.

3. Ohne Rechtsgrund

Fraglich ist, ob die Vermögensverschiebung ohne Rechtsgrund erfolgte. Als Rechtsgrund kommt der Kaufvertrag zwischen A und B in Betracht. Dieser müsste jedoch wirksam geschlossen worden sein. Dafür sind zwei übereinstimmende, in Bezug aufeinander abgegebene Willenserklärungen, Angebot und Annahme, erforderlich.

In dem Inserat des B liegt mangels Rechtbindungswillens kein Angebot. Dieses stellt lediglich eine unverbindliche invitatio ad offerendum dar.

Ein Angebot wurde jedoch später im Laufe des Gesprächs zwischen A und B abgegeben. Ob A oder B das Angebot erklärt haben ist unerheblich, denn jedenfalls liegen entsprechende Willenserklärungen vor.

Problematisch ist nur die Wirksamkeit der Willenserklärung des minderjährigen A. Der Kaufvertrag könnte nicht lediglich rechtlich vorteilhaft für den A sein und der Zustimmung der Eltern bedürfen, § 107 BGB.

Der Abschluss eines Kaufvertrages bringt dem Minderjährigen zwar insoweit einen Vorteil, als er ihm die Gläubigerstellung im Hinblick auf die geschuldete Leistung (hier Übergabe und Übereignung des Mofas) verschafft. Jedoch wird der Minderjährige zugleich verpflichtet, den Kaufpreis zu zahlen. Seine rechtliche Stellung wird also geschmälert, da er einem Anspruch ausgesetzt ist. Dass er dafür ein Äquivalent erhält, bleibt außer Betracht.

Damit war der Kaufvertrag für A ein rechtlich nachteiliges und somit ein zustimmungsbedürftiges Rechtsgeschäft.

Eine Einwilligung der Eltern lag nicht vor. Ebenso wenig haben die Eltern das Rechtsgeschäft genehmigt.

Damit ist ein wirksamer Kaufvertrag nicht zustande gekommen, so dass ein Rechtsgrund für die Übereignung fehlt.

4. Rechtsfolge

Da B ohne Rechtgrund geleistet hat, ist A nach § 812 I 1 1.Alt. BGB verpflichtet, Eigentum und Besitz am Mofa herauszugeben.

IV. Zusammenfassung

Sound: Nachteilige Rechtsgeschäfte eines Minderjährigen sind ohne Zustimmung des gesetzlichen Vertreters unwirksam.
Der Minderjährige erwirbt Eigentum an der Kaufsache, da die Übereignung an ihn seine rechtliche Position verbessert und somit lediglich rechtlich vorteilhaft ist.

Grundsätzlich sind die Eltern des Minderjährigen seine gesetzlichen Vertreter, § 1629 I 1 BGB. Beide Eltern vertreten das Kind gemeinschaftlich, § 1629 I 2 BGB.

Alleinige Vertretung ist in Fällen der §§ 1629 I 3, 1680 gesetzlich vorgesehen. Beachten Sie, dass die Vertretungsmacht der Eltern in Fällen der §§ 1629 II, 1643 I BGB gesetzlich ausgeschlossen bzw. eingeschränkt ist.

Achten Sie aber darauf, dass bei der Klausurbearbeitung keine praxisfremden Ergebnisse entstehen: Die Gesamtvertretung wird nämlich im täglichen Leben durch die sog. Funktionsteilung zwischen den Eltern weitgehend relativiert.

So kann z.B. der erziehende Teil in regelmäßig wiederkehrenden Problemstellungen häufig allein entscheiden, weil eine konkludente Übertragung des Erziehungsrechts und damit der Vertretungsmacht stattgefunden hat.

hemmer-Methode: Weiß der Vertragspartner von der Minderjährigkeit und gehen beide Parteien davon aus, dass die Eltern ihr Einverständnis erklären, welches allerdings ausbleibt, so kommt statt § 812 I 1 1.Alt. BGB (es wird nicht solvendi causa geleistet), § 812 I 2 2.Alt. BGB (Zweckkondiktion) in Betracht. Bezweckter Erfolgt i.S.d. § 812 I 2, 2.Alt. BGB war das Einverständnis der Eltern.

V. Zur Vertiefung

- Hemmer/Wüst, BGB-AT I, Rn. 114 ff.
- Hemmer/Wüst, BGB-AT II, Rn. 24 ff.
- Hemmer/Wüst, Basics Zivilrecht, Bd. I, Rn. 18 ff.
- Hemmer/Wüst, KK BGB-AT II, Karteikarte Nr. 49 ff.
- Hemmer/Wüst, KK Basics Zivilrecht, Karteikarte Nr. 7

Fall 30: Übereignung an Minderjährigen - Eigentumswohnung

Sachverhalt:

Nach dem Tod der Mutter möchte Vater V seinem 16-jährigen Sohn S eine Eigentumswohnung schenken. Beim Notar wird neben der Schenkung zugleich die Einigung über den Eigentumsübergang erklärt. S soll in die Gemeinschaftsordnung der Wohnanlage eintreten. Die Gemeinschaftsordnung enthält keine über das Gesetz hinausgehenden Pflichten. Später erfolgt die Eintragung im Grundbuch.

Frage: *Ist S Eigentümer der Wohnung geworden?*

I. Einordnung

Bei Geschäften, an denen ein Minderjähriger beteiligt ist, steht die Beachtung von Trennungs- und Abstraktionsprinzip im Vordergrund. Grundsätzlich ist der Schenkungsvertrag für den Minderjährigen lediglich rechtlich vorteilhaft, da hierdurch keine Verpflichtung des Beschenkten begründet wird. Problematisch wird jedoch die Übereignung der geschenkten Sache. Zwar ist der dadurch bedingte Eigentumserwerb zunächst einmal nur ein rechtlicher Vorteil. Indes können gerade im Grundstücksrecht mit dem Erwerb auch Nachteile verbunden sein. Der Minderjährige kann dann nicht selbst handeln. Lässt er sich durch seine Eltern vertreten, ist dieser Nachteil grundsätzlich „überwindbar“. Problematisch sind dann jedoch die Fälle, in denen die Eltern auch auf der anderen Seite des Geschäfts stehen. Hier könnten die §§ 1629 II, 1795 II, 181 BGB einer wirksamen Vertretung entgegenstehen. Zwar könnte man sich auf den Standpunkt stellen, dass es bei der Übereignung nur um die Erfüllung der aus dem (wirksamen) Schenkungsvertrag resultierenden Verbindlichkeit geht. Gleichwohl besteht Einigkeit, dass der Minderjährige auf diesem Wege nicht mit Nachteilen belastet werden darf.

II. Gliederung

Eigentumslage an der Wohnung

1. Sonderrechtsfähigkeit von Eigentumswohnungen

§§ 873, 925 BGB gelten nur für Grundstücksübereignung
⇨ Wohnung Teil des Gebäudes
⇨ wesentlicher Bestandteil des Grundstücks, § 94 I BGB
⇨ gem. § 93 BGB nicht sonderrechtsfähig

Aber: Wohnungseigentumsgesetz
⇨ gem. § 4 I WEG Wohnungseigentum möglich und somit sonderrechtsfähig

Vor.: Einigung und Eintragung ins Grundbuch

2. Dingliche Einigung

V Vertragspartner und zugleich gesetzlicher Vertreter des S, § 1680 BGB

a) Verstoß gegen § 181 BGB

(P): §§ 1629 II 1, 1795 II, 181 BGB
Verbot eines Insichgeschäfts

b) **Ausnahmen:**

- Gestattung
- Erfüllung einer Verbindlichkeit
- rechtlich vorteilhaftes RG (ungeschrieben)

Hier: In Betracht kommt Erfüllung einer Verbindlichkeit aus dem schuldrechtlichen Schenkungsvertrag
⇨ Schenkung wirksam, da für S lediglich rechtlich vorteilhaft

c) **Zwischenergebnis:** kein Verstoß gegen § 181 BGB ⇨ Einigung demnach (+)

d) **Teleologische Reduktion des § 181?**

Grund: Gefahr für Minderjährigenschutz

Nach h.M. begründet Eintritt in Gemeinschaftsordnung rechtlichen Nachteil, auch wenn keine über das Gesetz hinausgehenden Pflichten bestehen.

Hier daher: Einschränkung der Erfüllung von Verbindlichkeiten auf Geschäfte, die lediglich rechtlich vorteilhaft sind

3. **Ergebnis:**
Übereignung insg. rechtlich nachteilig
⇨ Auflassung unwirksam
⇨ S ist nicht Eigentümer geworden

III. Lösung

Eigentumslage an der Wohnung

S könnte gem. §§ 873, 925 BGB, 4 I, II WEG Eigentümer der Wohnung geworden sein, wenn die Eigentumswohnung sonderrechtsfähig ist und eine wirksame dingliche Einigung sowie die Eintragung ins Grundbuch stattgefunden haben.

1. Sonderrechtsfähigkeit von Eigentumswohnungen

Fraglich ist bereits, ob eine Wohnung Gegenstand eines wirksamen Rechtsüberganges sein kann. §§ 873, 925 BGB sprechen nur von Grundstücken als tauglichen Rechtsobjekten.

Eine Wohnung ist Teil eines Gebäudes, das selbst wesentlicher Bestandteil des Grundstücks ist, auf dem es sich befindet, § 94 I BGB. Wesentliche Bestandteile können aber nicht eigenständig Gegenstand besonderer Rechte sein. Sie sind nicht sonderrechtsfähig. Rechtlich kann man also nicht Eigentümer eines Gebäudes sein. Man ist Eigentümer des Grundstücks, und über §§ 94 und 93 BGB erstreckt sich dieses Eigentum automatisch auch auf das auf dem Grundstück stehende Gebäude. Nach dem BGB ist damit Wohnungseigentum gar nicht möglich.

Anmerkung: Gebäude sollen vor allem aus wirtschaftlichen Gründen nicht Gegenstand besonderer Rechte sein, weil sonst der Wert zerschlagen werden könnte, der gerade durch ihre Einheit mit dem Grundstück besteht.

Möglich wird Wohnungseigentum erst durch ein spezielles Gesetz, das Wohnungseigentumsgesetz. Zur Übertragung des Wohnungseigentums als Sondereigentum (§ 1 II WEG) bedarf es der Einigung und Eintragung ins Grundbuch.

Damit ist eine Eigentumswohnung sonderrechtsfähig und kann Gegenstand der Eigentumsübertragung sein.

2. Dingliche Einigung (Auflassung)

S und V müssten sich einig sein, dass das Eigentum an der Wohnung auf S übergehen soll. Insofern bestehen an dem Einigungswillen keine Zweifel. Problematisch ist jedoch, dass der S minderjährig ist. Er wurde bei der Einigung allerdings von seinem Vater vertreten. Nach dem Tod der Mutter hat er gem. § 1680 BGB die alleinige elterliche Sorge und damit das alleinige Vertretungsrecht für das Kind.

Der Wirksamkeit der Einigung (Auflassung) könnte aber § 181 BGB entgegenstehen. Gem. §§ 1629 II, 1795 II BGB findet diese Vorschrift auch Anwendung im Falle der Vertretung durch die Eltern, hier den Vater.

a) Verstoß gegen § 181 BGB

Fraglich ist, ob die Einigung gegen § 181 BGB verstößt.

V handelte als Vertreter des S, §§ 1629 I, 164 ff. BGB. Gem. § 1629 II 1 BGB können die Eltern das Kind nicht vertreten, wenn auch ein Vormund von der Vertretung ausgeschlossen wäre. Dies ist insbesondere in den Fällen des § 181 BGB der Fall.

V hat zugleich auf der einen Seite als Vertreter des S und auf der anderen Seite selbst als Partei des Vertrages gehandelt. Somit liegt ein **Insichgeschäft** in Form des Selbstkontrahierens vor.

Anmerkung: Die andere Form des Insichgeschäfts ist die sog. Mehrfachvertretung, wenn derselbe Vertreter beide Vertragsparteien vertritt. Die Folge des unerlaubten Selbstkontrahierens ist nicht die Nichtigkeit, sondern zunächst die schwebende Unwirksamkeit des Rechtsgeschäfts.

Im Falle einer Genehmigung wird das Rechtsgeschäft wirksam, bei Verweigerung tritt endgültige Unwirksamkeit ein. Genehmigen kann grundsätzlich der Vertretene. Anders ist das jedoch im Falle des § 1795 II BGB. Es greift § 1693 BGB ein: Das Gericht ordnet gem. § 1909 I 1 BGB die Ergänzungspflegschaft an. Der Ergänzungspfleger kann dann alle erforderlichen Handlungen vornehmen.

b) Ausnahmen von dem Verbot der Selbstkontrahierung

Die Auflassung könnte aber wirksam sein, wenn V ausnahmsweise nicht an der Vertretung des S gehindert war.

Es gibt nämlich **drei Ausnahmen von § 181 BGB**, zwei davon normiert die Vorschrift selbst.

(1) So ist ein Insichgeschäft wirksam, wenn eine Gestattung durch Gesetz oder von dem Vertretenen gegeben ist.

(2) Eine weitere geschriebene Ausnahme bildet die Vornahme des Insichgeschäfts zur Erfüllung einer Verbindlichkeit.

(3) Schließlich ist ein Insichgeschäft erlaubt, wenn eine Interessenkollision und Gefährdung des Vertretenen generell ausgeschlossen ist. Diese Ausnahme wird aus der teleologischen Reduktion des § 181 BGB gewonnen.

Er könnte das Insichgeschäfts zur Erfüllung einer (wirksamen) Verbindlichkeit getätigt haben.

Die Verbindlichkeit könnte aus dem schuldrechtlichen Schenkungsvertrag entstanden sein.

Dieser Schenkungsvertrag gem. § 516 BGB ist auch wirksam, da S das Schenkungsversprechen des V selbst annehmen konnte. Einer Zustimmung des gesetzlichen Vertreters bedurfte es deshalb nicht, da die Annahme einen rechtlichen Vorteil darstellte. Dem S entstand dadurch ein Anspruch auf Auflassung und Eintragung, während er selbst keiner Verpflichtung ausgesetzt ist.

c) Zwischenergebnis

Damit konnte V unbeschadet der Vorschrift des § 181 BGB zugleich auch im Namen des minderjährigen S handeln, denn die Auflassung diente nur der Erfüllung der im Schenkungsvertrag begründeten Verpflichtung. Damit liegt grundsätzlich kein Verstoß gegen § 181 BGB vor. Die Auflassung wäre demnach wirksam.

d) Teleologische Reduktion erforderlich?

Fraglich ist, ob dieses Ergebnis mit der Intention des § 181 BGB in Einklang steht. Nach überzeugender herrschender Meinung ist eine Ausnahme vom Verbot des Selbstkontrahierens im Fall der Erfüllung einer Verbindlichkeit nur dann zulässig, wenn das Erfüllungsgeschäft dem Minderjährigen nicht einen rechtlichen Nachteil bringt. Denn andernfalls wäre die Folge, dass nahezu jeder Schenkungsvertrag der Eltern an ihre minderjährigen Kinder ohne Hinzuziehung eines Ergänzungspflegers möglich wäre.

Anmerkung: Der BGH hat dieses Problem früher mit der sog. Gesamtbetrachtungslehre gelöst. Danach sollte der Schenkungsvertrag (!) nur dann wirksam sein, wenn sich weder aus diesem, noch aus dem dinglichen Vertrag ein rechtlicher Nachteil ergab. So wollte der BGH das Entstehen einer Verbindlichkeit verhindern, welche über § 181 BGB hätte erfüllt werden können. Dieser Ansatz stellt einen eklatanten Verstoß gegen das Trennungsprinzip dar und wurde vom BGH aufgegeben. Der BGH schließt sich dem Ansatz der Literatur an, welche die Lösung über eine teleologische Reduktion des § 181 BGB sucht.

Die dingliche Einigung war für S nicht lediglich rechtlich vorteilhaft. Er würde mit dem Erwerb in die Gemeinschaftsordnung hineinwachsen. Nach neuer Rechtsprechung des BGH (Life&Law 2011, 135 ff.) ist der Erwerb einer Eigentumswohnung immer rechtlich (auch) von Nachteil. Denn die Gemeinschaftsordnung normiert persönliche Pflichten. So normiert § 16 II WEG Verpflichtungen, welche in ihrem Umfang den Wert der Wohnung auch übersteigen könnten.

3. Ergebnis

Die dingliche Einigung war für S nicht lediglich rechtlich vorteilhaft. Somit greift nach h.M. § 181 BGB in der Variante der Erfüllung einer Verbindlichkeit nicht ein. Dieses Ergebnis wird im Wege einer teleologischen Reduktion erreicht.

IV. Zusammenfassung

Sound: Bei Schenkungen des gesetzlichen Vertreters an den Minderjährigen ist die Frage des rechtlichen Vorteils der Übereignung für die Frage relevant, ob die Eltern die Verbindlichkeit aus dem Schenkungsvertrag gem. § 181 BGB erfüllen können, oder ob ein Ergänzungspfleger bestellt werden müsste.

hemmer-Methode: Die beschriebene Problematik kann in der Klausur auch bei Übereignung eines Grundstücks auftauchen. Ist dieses vermietet, würde der Minderjährige wegen der §§ 578 I, 566 BGB als Vermieter in den Mietvertrag hineinwachsen. Insoweit wäre er wiederum persönlichen Verpflichtungen ausgesetzt, die sich nicht auf den Wert des Grundstücks beschränken würden, vgl. § 535 I S.2 BGB.

V. Zur Vertiefung

- Hemmer/Wüst, Basics Zivilrecht, Bd. I, Rn. 21, 22
- Hemmer/Wüst, BGB-AT I, Rn. 122 ff.
- Hemmer/Wüst, KK BGB-AT I, Karte Nr. 53
- BGH, Life&Law 2011, 135 ff.

Fall 31: Einseitige Rechtsgeschäfte eines Minderjährigen (1)

Sachverhalt:

Die 17-jährige Auszubildende M hatte mit Einwilligung ihrer Eltern ein möbliertes Zimmer bei V gemietet. Die Miete war monatlich zu entrichten. Da sie der ständigen Einmischung des V in ihre Privatangelegenheiten leid war, kündigte sie nach telefonischer Rücksprache mit ihren Eltern das Mietverhältnis mit V am 13.02. zum 28.02. V wies die Kündigung noch am gleichen Tag zurück, da M keine schriftliche Einverständniserklärung ihrer Eltern vorgelegt hat. M holte dies am 17.02. nach und zog am 26.02. in eine WG ein. V verlangt von M Zahlung der Märzmiete, weil M nicht fristgerecht gekündigt hat.

Frage: *Zu Recht?*

I. Einordnung

Einseitige Rechtsgeschäfte sind solche, die eine Rechtsänderung ohne Mitwirken des Empfängers bewirken (Anfechtung, Kündigung). Die Rechtsänderung tritt bereits beim Zugang der Willenserklärung ein. Eine nachträgliche Zustimmung ist zu einer derartigen Willenserklärung, die für den Minderjährigen nicht lediglich rechtlich vorteilhaft ist, im Interesse der Rechtssicherheit grundsätzlich nicht möglich.

II. Gliederung

Anspruch des V gegen M auf Mietzahlung gem. § 535 II BGB

I. Beendigung des Mietverhältnisses

1. **Kündigungsfrist**
   §§ 573c II, 549 II Nr. 2 BGB: Spätestens am 15. eines Monats zum Ablauf des Monats

2. **Wirksamkeit der Kündigung**

a) **Kündigungserklärung** am 13.02.

(P): **Minderjährigkeit** der M

Kündigung nicht lediglich rechtlich vorteilhaft, da M dadurch ihren Anspruch aus § 535 I BGB verliert

⇨ Zustimmung gesetzlicher Vertreter erforderlich, § 107 BGB

Hier: Mündliche Einwilligung ggü. M erteilt

Aber: § 111 BGB bei einseitigen RG

§ 111 S. 2 BGB

⇨ Kündigung als einseitiges Rechtsgeschäft unwirksam, wenn:

- die Einwilligung der Gegenpartei bei Vornahme des einseitigen RG nicht schriftlich vorgelegt wird (+)
- und der andere aus diesem Grund das RG unverzüglich zurückweist (+)
- und der Vertreter den anderen von der Einwilligung nicht in Kenntnis gesetzt hat (§ 111 S. 3 BGB) (+)

	⇨ Kündigung am 13.02 unwirksam
b)	**Kündigungserklärung** am 17.02.: **ordnungsgemäß, aber zu spät**
II.	**Ergebnis:** Anspruch auf Miete für März (+)

III. Lösung

Anspruch des V gegen M auf Bezahlung der Miete für den Monat März gem. § 535 II BGB

V könnte gegen M einen Anspruch aus § 535 II BGB auf Bezahlung der Miete haben, wenn das Mietverhältnis über den 28.02. hinaus bestand.

I. Beendigung des Mietverhältnisses

Das Mietverhältnis könnte durch die Kündigung der M beendet worden sein.

Dafür müsste M gegenüber V fristgerecht eine wirksame Kündigungserklärung abgegeben haben.

1. Kündigungsfrist

Die gesetzliche Frist der ordentlichen Kündigung beträgt für Wohnräume drei Monate, vgl. § 573c I 1 BGB.

Bei Vermietung eines möblierten Zimmers in der Wohnung des Vermieters gelten jedoch die besonderen Vorschriften der §§ 573c III, 549 II Nr. 2 BGB. Die Kündigung muss dann spätestens am 15. eines Monats zum Ablauf des Monats erfolgen.

Die Zahlungspflicht besteht also nur dann nicht, wenn M wirksam am 13.02. gekündigt hat.

2. Wirksamkeit der Kündigung

a) Kündigungserklärung am 13.02.

Der Wirksamkeit der Kündigung könnte die Minderjährigkeit der M entgegenstehen.

Als nicht voll Geschäftsfähige kann sie Willenserklärungen, die für sie nicht lediglich einen rechtlichen Vorteil begründen, nur mit Zustimmung der gesetzlichen Vertreter abgeben, §§ 107, 108 BGB. Bei der Kündigung handelt es sich um eine nicht lediglich rechtlich vorteilhafte Willenserklärung, da durch die Kündigung die Rechtsposition der M verschlechtert wird. Sie verliert ihren Anspruch aus § 535 I BGB.

Die Einwilligung war aber mündlich gegenüber M erteilt worden, so dass grundsätzlich die Kündigung wirksam gewesen war.

Bei einseitigen Rechtsgeschäften werden jedoch die Regelungen der §§ 107, 108 BGB durch § 111 BGB modifiziert.

So kann ein einseitiges Rechtsgeschäft eines Minderjährigen nur mit Einwilligung (vorherige Zustimmung) des gesetzlichen Vertreters vorgenommen werden. Rechtsfolge der fehlenden Einwilligung ist nicht die schwebende Unwirksamkeit, sondern die Nichtigkeit der Willenserklärung.

Fehlt die Einwilligung, kann eine nachträglich erteilte Genehmigung die Unwirksamkeit nicht heilen.

Die Einwilligung der Eltern liegt aber, wie bereits festgestellt, vor.

Erfolgt die Einwilligung jedoch nur mündlich und weist die andere Partei das Rechtsgeschäft aus diesem Grunde unverzüglich i.S.d. § 121 BGB zurück, so ist dieses trotz erfolgter Einwilligung unwirksam, § 111 S. 2 BGB. Die Zurückweisung ist nur dann ausgeschlossen, wenn die Einwilligung in schriftlicher Form vorgelegt wird oder der gesetzliche Vertreter die Gegenpartei von der Einwilligung in Kenntnis gesetzt hat, § 111 S. 3 BGB.

V hat die Kündigung noch am gleichen Tag, somit unverzüglich zurückgewiesen. Damit war die Kündigung am 13.02. unwirksam.

b) Kündigungserklärung am 17.02.

Fraglich ist, ob M zumindest am 17.02. noch fristgerecht zum Ende Februar kündigen könnte. Dann könnte die Vorlage der schriftlichen Einwilligungserklärung als neue Kündigung gewertet werden (§ 140 BGB). Am 17.02. kann allerdings die Kündigungsfrist zum Ende des Monats nicht mehr eingehalten werden, §§ 573c II, 549 II Nr. 2 BGB.

Das Mietverhältnis konnte somit durch die Erklärung vom 17.02. erst zum Ende des Monats März aufgelöst werden.

II. Ergebnis

Damit besteht der Zahlungsanspruch des V gegen M aus § 535 II BGB auf die Miete für den Monat März.

IV. Zusammenfassung

Sound: Einseitige, rechtlich nachteilige Rechtsgeschäfte von und gegenüber beschränkt Geschäftsfähigen können nur bei vorheriger Zustimmung des gesetzlichen Vertreters wirksam vorgenommen werden.

Der Geschäftspartner soll dadurch nicht der Ungewissheit über das Wirksamwerden eines Geschäfts, auf dessen Entstehen er keinen Einfluss hatte, ausgesetzt sein.

hemmer-Methode: Einseitige, rechtlich nachteilige Rechtsgeschäfte von und gegenüber beschränkt Geschäftsfähigen können nur bei vorheriger Zustimmung (Einwilligung) des gesetzlichen Vertreters wirksam vorgenommen werden, §§ 111, 131 II 2 BGB. Von dieser Regel gibt es neben der gesetzlichen Ausnahme des § 111 S. 2, 3 BGB noch eine weitere Ausnahme: Hat sich der Geschäftsgegner mit der Vornahme des einseitigen Rechtsgeschäfts ohne Einwilligung einverstanden erklärt, sind für den Vertrag §§ 108, 109 BGB entsprechend anzuwenden. Das Geschäft ist also zunächst schwebend unwirksam und nach der Genehmigung voll wirksam. Verweigern die Eltern dagegen ihre Genehmigung, so erfolgt die Rückabwicklung des fehlgeschlagenen Vertrages über § 812 I 2 2.Alt. BGB (Zweckkondiktion), nicht dagegen nach § 812 I 1 1.Alt. BGB (Leistungskondiktion).

V. Zur Vertiefung

- Hemmer/Wüst, BGB-AT I, Rn. 118
- Hemmer/Wüst, BGB-AT II, Rn. 29
- Hemmer/Wüst, KK BGB-AT I, Karteikarte Nr. 51

Fall 32: Einseitige Rechtsgeschäfte eines Minderjährigen (2)

Sachverhalt:

Der minderjährige M kauft bei dem Fachhändler F ein neues Mountainbike. Sein gebrauchtes Fahrrad gibt er in Zahlung. Im Kaufvertrag erteilt M dem F die Vollmacht, das gebrauchte, nicht mehr benötigte Fahrrad des M zu veräußern. Die gesetzlichen Vertreter erfahren erst nach Vertragsschluss von dem Geschäft.

Frage: *Ist der Vertrag bei Genehmigung durch die Eltern wirksam?*

I. Einordnung

Es gibt keine Regel ohne Ausnahme. Auch bei einseitigen Rechtsgeschäften eines Minderjährigen kommt ausnahmsweise eine entsprechende Anwendung von §§ 108, 109 BGB in Betracht. Eine solche Ausnahme stellt Ihnen der folgende Fall vor.

II. Gliederung

Wirksamkeit des Kaufvertrages

1. KV für M rechtlich nachteilig, da er den vereinbarten Kaufpreis zahlen soll
   ⇨ Zustimmung der gesetzlichen Vertreter erforderlich ⇨ hier: Genehmigung (+)
2. **Vollmachtserteilung**:
   Ein neben dem KV selbstständiges Rechtsgeschäft

   Hier jedoch nach dem Willen der Parteien zu einem **einheitlichen Rechtsgeschäft** zusammengefasst (Auslegung)
3. Einheitliches Rechtsgeschäft unwirksam, wenn eines der zusammengefassten RG unwirksam, **§ 139 BGB**
4. **Wirksamkeit der Vollmachtserteilung**
   einseitiges Rechtsgeschäft gem. § 111 S. 1 BGB ohne vorherige Zustimmung (Einwilligung) der gesetzlichen Vertreter unwirksam

   Hier: Keine Einwilligung, sondern nachträgliche Genehmigung

   Nach dem Wortlaut des § 111 S. 1 BGB nicht ausreichend
5. **Ausnahme**

   Werden ein gegenseitiges und ein einseitiges RG zu einem einheitlichen RG verbunden, so erstreckt sich die Genehmigungsfähigkeit des § 108 I BGB auch auf das einseitige RG.
6. **Ergebnis: KV und Vollmacht wirksam**

III. Lösung

Der Vertrag des Minderjährigen M über ein neues Mountainbike ist wirksam, wenn er dadurch entweder lediglich einen rechtlichen Vorteil erlangt, § 107 BGB oder aber eine Zustimmung der gesetzlichen Vertreter vorliegt und möglich ist.

1. Wirksamkeit des Kaufvertrages

Durch den Kaufvertrag wird M verpflichtet, den vereinbarten Kaufpreis zu zahlen. Es handelt sich um ein rechtlich nachteiliges Rechtsgeschäft, das somit nur mit Zustimmung der gesetzlichen Vertreter wirksam ist. Eine nachträgliche Zustimmung (Genehmigung) liegt hier vor.

Im Kaufvertrag wurden aber nicht nur die synallagmatischen Leistungspflichten festgelegt (Zahlung des Kaufpreises gegen Übergabe und Verschaffung des Eigentums an dem Fahrrad), sondern es wurde auch dem F die Vollmacht zur Veräußerung des alten Fahrrades erteilt.

Zu prüfen ist, ob dessen Wirksamkeit für die Wirksamkeit des Kaufvertrages von Bedeutung ist.

Der Kaufvertrag über das neue Mountainbike und die Vollmachtserteilung bilden ein einheitliches Rechtsgeschäft. Es handelt sich dabei um zwei an sich selbstständige Rechtsgeschäfte, die nach dem Willen der Parteien zu einem zusammengefasst wurden. Der dafür notwendige Einheitlichkeitswille ist gegeben, wenn es erkennbar ist, dass beide Rechtsgeschäfte miteinander stehen und fallen sollen. Das ist hier der Fall, da nach der Auslegung unter Berücksichtigung der Interessenlage der Parteien und der Verkehrssitte zu erkennen ist, dass M das alte Fahrrad nur solange behalten möchte, wie der Kaufvertrag über das neue Mountainbike nicht zustande gekommen ist.

Bei einem einheitlichen Rechtsgeschäft führt gem. § 139 BGB die Nichtigkeit des einen Teils zur Totalnichtigkeit.

Folglich ist neben der Wirksamkeit des Kaufvertrages auch die Wirksamkeit der Vollmachtserteilung von Bedeutung.

2. Wirksamkeit der Vollmachtserteilung

Die Vollmachtserteilung durch A stellt ein einseitiges Rechtsgeschäft dar. Ein solches Rechtsgeschäft ist nach § 111 S. 1 BGB ohne vorherige Zustimmung (Einwilligung) der Eltern unwirksam.

Die Eltern des M haben aber nicht vorher in das Geschäft eingewilligt. Sie haben davon erst später erfahren und ihre Genehmigung erteilt. Jedoch kommt laut Wortlaut des § 111 BGB eine nachträgliche Genehmigung grundsätzlich nicht in Betracht. Grund für diese Regelung ist, dass der Geschäftsgegner der Ungewissheit über das Wirksamwerden eines Rechtsgeschäftes, auf dessen Entstehen er keinen Einfluss hat, nicht ausgesetzt werden soll. Damit wäre die Vollmachtserteilung durch den M grundsätzlich unwirksam.

Fraglich ist, ob dieser Grundsatz eine Ausnahme zulässt. Das Erfordernis der Zustimmung, sei es in Form der vorherigen Einwilligung oder nachträglicher Genehmigung, soll dem Minderjährigenschutz dienen.

Es ist jedoch für den Minderjährigenschutz nicht erforderlich, von der Unwirksamkeit des einseitigen Rechtsgeschäfts über § 139 BGB auf die Nichtigkeit des mit diesem verbundenen Vertrages zu schließen.

Vielmehr erstreckt sich die grundsätzliche Genehmigungsfähigkeit des Vertrages dann auch auf das einseitige Rechtsgeschäft.

Bildet die von einem Minderjährigen erteilte Vollmacht eine rechtliche Einheit mit dem Kaufvertrag, nimmt die Bevollmächtigung an der Genehmigungsfähigkeit des Vertrages teil.

Die Ungewissheit über das Wirksamwerden der Bevollmächtigung trifft dann den F nicht mit unbilliger Härte. Würde man § 139 BGB anwenden, so ginge dem M die eingeräumte Möglichkeit verloren, F an dem als Vertrag ausgestalteten Teil des einheitlichen Geschäfts festzuhalten.

Damit ist § 108 BGB auf die Bevollmächtigung durch M entsprechend anzuwenden. Die Genehmigung erfasst somit auch die Erteilung der Vollmacht.

3. Ergebnis

Sowohl der Kaufvertrag, wie auch die Bevollmächtigung sind wirksam. § 139 BGB findet keine Anwendung.

IV. Zusammenfassung

Sound: Ausnahme von der Grundregel des § 111 BGB bei:
a) Einverständnis des Geschäftsgegners mit der Vornahme eines einseitigen Rechtsgeschäfts durch den Minderjährigen (vgl. Hemmer-Methode zum Fall 31).
b) Rechtliche Einheit von ein- und mehrseitigem Rechtsgeschäft.

Ein Festhalten am Wortlaut des § 111 BGB ist nicht immer möglich. Achten Sie bei der Klausurbearbeitung deswegen stets auf die hinter dem Minderjährigenrecht stehenden Wertungsaspekte!

hemmer-Methode: Für die Zustimmung zu einem nachteiligen Rechtsgeschäft ist beim Minderjährigen grundsätzlich die Zustimmung beider Eltern notwendig, § 1629 I 2 1.Alt. BGB. Die Gesamtvertretung wird im täglichen Leben durch die sog. Funktionsteilung zwischen den Eltern weitgehend relativiert. So kann z.B. der erziehende Teil in regelmäßig wiederkehrenden Problemstellungen allein entscheiden, weil eine (konkludente) Übertragung des Erziehungsrechts stattgefunden hat. Die Scheidung der Eltern ändert daran grundsätzlich nichts, § 1671 BGB, es sei denn der eine Elternteil beantragt die Übertragung der elterlichen Sorge auf sich alleine. Für die Regelung des Entscheidungsrechts der geschiedenen Eltern bei gemeinsamem Sorgerecht, vgl. auch § 1687 BGB.

V. Zur Vertiefung

- Hemmer/Wüst, BGB-AT I, Rn. 118
- Hemmer/Wüst, BGB-AT II, Rn. 29
- Hemmer/Wüst, BGB-AT I, Karteikarte Nr. 51

Fall 33: Neutrale Geschäfte eines Minderjährigen

Sachverhalt:

Der 14-jährige Johannes leiht seinem gleichaltrigen Freund Paulus ein Buch, das ihm seine Eltern zur Kommunion geschenkt haben. Paulus tauscht mit dem 13-jährigen Christoph das Buch gegen zwei Exemplare der Zeitschrift „Bravo". Als Johannes bei Christoph zufällig das Buch entdeckt, verlangt er es heraus. Christoph weigert sich und erklärt, das Buch gehöre jetzt ihm.

Frage: *Kann Johannes das Buch von Christoph herausverlangen?*

I. Einordnung

Verfügt ein Minderjähriger über ihm gehörende Gegenstände, so ist die Übereignung für ihn rechtlich nachteilig, da er das Eigentum verliert. Die Eigentumsübertragung ist folglich ohne Genehmigung der gesetzlichen Vertreter nicht wirksam. Die h.M. lässt aber die Veräußerung von fremden Gegenständen durch Minderjährige zu.

Kennen Sie den Grund dafür? Denken Sie nochmals über den Schutzzweck des Minderjährigenrechts nach!

II. Gliederung

Anspruch des J gegen C auf Herausgabe des Buches aus § 985 BGB

1. **Eigentum** des J (-)

a) Eigentumsverlust an P (-), da lediglich Leihe vereinbart

b) Eigentumsverlust an C (+), §§ 929 S. 1, 932 BGB

aa) Einigungserklärung des C (+) rechtlich vorteilhaft, § 107 BGB

bb) Einigungserklärung des P **rechtlich neutrales Rechtsgeschäft**, da P nicht Eigentümer des Buches war und somit keinen rechtlichen Verlust erlitt

absolut **h.M.**: Zustimmungsfreiheit bei neutralen Geschäften

Rechtsgedanke des § 165 BGB

Teleologische Reduktion des § 107 BGB

cc) **Guter Glaube** des C ?

(1) E. A.: kein Eigentumserwerb möglich

der Erwerber ist so zu stellen, wie er bei unterstellter Richtigkeit seiner Vorstellungen stehen würde (teleologische Reduktion)

⇨ dann aufgrund Minderjährigkeit kein Eigentumserwerb möglich, da dann Zustimmung der Eltern erforderlich

(2) h.M. Gutgläubigkeit bezieht sich nur auf Eigentum des Veräußerers, hier (+)

dd) **Abhandenkommen** beim Minderjährigen, § 935 BGB
e.A. Weggabe erfordert als eine geschäftsähnliche Handlung die Geschäftsfähigkeit
h.M. Weggabe ein Realakt, es kommt auf den natürlichen Willen an

2. **Ergebnis:**
Kein Herausgabeanspruch des J

III. Lösung

Anspruch des Johannes (J) gegen Christoph (C) auf Herausgabe des Buches aus § 985 BGB

J könnte gegen C einen Anspruch aus § 985 BGB auf Herausgabe des Buches haben, wenn er Eigentümer des Buches wäre und C dessen unrechtmäßiger Besitzer.

Ursprünglich war J Eigentümer des Buches. Er könnte jedoch sein Eigentum verloren haben.

1. Eigentum des J (-)

a) Eigentumsverlust an P

Durch die Übergabe des Buches an P hat J sein Eigentum nicht verloren.

Eine Einigung über den Eigentumsübergang haben J und P nicht getroffen. Vielmehr sollte P das Buch nur vorübergehend zur Leihe, § 598 BGB erhalten. Damit ist J Eigentümer des Buchs geblieben.

b) Eigentumsverlust an C

J könnte das Eigentum an dem Buch aber durch das Tauschgeschäft des P mit C verloren haben, § 929 S. 1 BGB. Dafür sind eine wirksame dingliche Einigung sowie die Übergabe des Buchs erforderlich.

Die Übergabe des Buchs ist erfolgt. C und P müssten sich jedoch auch über den Eigentumsübergang an dem Buch geeinigt haben.

aa) Einigungserklärung des C

Die Einigungserklärung auf Seiten des C ist unproblematisch auch ohne Zustimmung seiner gesetzlichen Vertreter wirksam, da das Erlangen des Eigentums an dem Buch lediglich rechtlich vorteilhaft ist, § 107 BGB (Abstraktionsprinzip, vgl. Fall 29 „Abschluss eines Kaufvertrages durch einen Minderjährigen“).

bb) Einigungserklärung des P

Für den P dagegen wäre die Einigungserklärung grds. nachteilig, weil er dadurch das Eigentum an dem Buch verlieren würde. Deshalb bräuchte er hierfür die Zustimmung seiner gesetzlichen Vertreter, §§ 107, 108 BGB.

Hier könnte sich jedoch etwas anderes daraus ergeben, dass P überhaupt nicht Eigentümer des Buches und deswegen Nichtberechtigter war. Für den Nichtberechtigten ist die Weiterveräußerung eines Gegenstandes nicht rechtlich nachteilig, sondern stellt einen neutralen Vorgang dar.

P kann kein Eigentum an dem Buch verlieren, da er selbst nie Eigentümer war.

Nach absolut h.M. ist die dingliche Einigung über fremde Gegenstände als neutrales Geschäft zustimmungsfrei. Als Argument hierfür kann § 165 BGB dienen.

Wenn der Minderjährige Vertreter sein kann, so kann er erst recht eine neutrale Willenserklärung abgeben.

Vor allem aber sprechen der Sinn und Zweck der Minderjährigenvorschriften für diese h.M. Die §§ 106 ff. BGB sollen dem Minderjährigen einen umfassenden und wirksamen Schutz seiner Rechtspositionen gewährleisten.

Wo es sich aber gar nicht um Sachen und Rechtpositionen des Minderjährigen selbst handelt, kann das Minderjährigenrecht keine Anwendung finden. § 107 BGB, der nach seinem Wortlaut einen Vorteil verlangt, ist in diesem Fall teleologisch zu reduzieren. Der Minderjährige kann damit im Ergebnis rechtlich neutrale Geschäfte auch ohne Zustimmung seiner gesetzlichen Vertreter vornehmen. Die dingliche Einigungserklärung des P ist wirksam.

cc) Guter Glaube des C

Da P als Nichtberechtigter verfügte, konnte C das Buch nur dann erwerben, wenn er gutgläubig war, §§ 929 S. 1, 932 II BGB. Dies ist hier mangels entgegenstehender Anhaltspunkte anzunehmen.

(1) E. A.: Kein Eigentumserwerb möglich

Gleichwohl wird der gutgläubige Erwerb z.T. im Wege einer teleologischen Reduktion der Gutglaubensvorschriften verneint.

Der Erwerber soll durch die Gutglaubensvorschriften nur so gestellt werden, wie er stünde, wenn das Vorgestellte den Tatsachen entspräche.

C glaubt an das Eigentum des P. Angenommen P wäre tatsächlich Eigentümer des Buches, so könnte C trotzdem nicht durch einfache dingliche Willenserklärung des P das Eigentum an dem Buch erlangen. Durch die Übereignung an C würde der minderjährige P ja seine Eigentümerposition verlieren.

Es läge ein rechtlich nachteiliges Rechtgeschäft vor. P bedürfte zur wirksamen Übereignung der Zustimmung seiner gesetzlichen Vertreter nach §§ 107, 108 BGB.

(2) H.M.: gutgläubiger Erwerb möglich

Nach herrschender Meinung scheitert der Erwerb an dieser Überlegung nicht.

Zum einen werden von der Mindermeinung Aspekte des Minderjährigenschutzes zur Verneinung des Gutglaubenserwerbs herangezogen, obwohl es letztlich gar nicht um den Schutz des Minderjährigen geht.

Außerdem wollen die Vorschriften der §§ 932 ff. BGB den Erwerber nicht generell so stellen, wie er bei Richtigkeit seiner Vorstellung stehen würde. Vielmehr wird nur der gute Glaube an das Eigentum des Veräußerers geschützt.

Im Übrigen kann nicht pauschal davon ausgegangen werden, dass das Geschäfts unwirksam wäre, wenn die Vorstellung vom Eigentum des Minderjährigen richtig wäre. Denn auch Minderjährige können z.B. i.R.d. § 110 BGB wirksame Willenserklärungen abgeben.

Mit der überzeugenden herrschenden Meinung ist daher ein gutgläubiger Erwerb möglich.

dd) Abhandenkommen beim Minderjährigen, § 935 BGB

Ein gutgläubiger Erwerb ist allerdings nicht möglich, wenn die Sache abhanden gekommen ist, § 935 I BGB.

Abhanden gekommen ist eine Sache, wenn der Eigentümer (§ 935 I 1 BGB) oder sein Besitzmittler (§ 935 I 2 BGB) den unmittelbaren Besitz ohne (nicht notwendig gegen) seinen Willen verloren hat.

Vorliegend kommt § 935 I 2 BGB in Betracht. Der Eigentümer J war nur mittelbarer Besitzer. Bei der Frage des Abhandenkommens muss aber immer auf den <u>unmittelbaren</u> Besitzer abgestellt werden. Das ist hier der P.

Dieser hat das Buch freiwillig aus der Hand gegeben, so dass kein ungewollter oder unbewusster Verlust gegeben ist.

Zu prüfen ist jedoch, ob bei der Weggabe durch einen Minderjährigen bezüglich der Freiwilligkeit Besonderheiten beachtet werden müssen.

Nach einer umstrittenen Ansicht ist die Weggabe eine geschäftsähnliche Handlung und setzt als solche Geschäftsfähigkeit voraus. Damit wären auch bei der Beurteilung der Freiwilligkeit der Weggabe die §§ 107 ff. BGB anwendbar. Da P jedoch eine fremde Sache weggeben hat, handelt es sich für ihn um ein neutrales Rechtsgeschäft, so dass er das Buch ohne Zustimmung der Eltern weggeben durfte. Damit liegt nach dieser Ansicht kein Abhandenkommen vor.

Nach der h.M. erfordert die Freiwilligkeit der Weggabe nur einen natürlichen, nicht aber einen rechtsgeschäftlichen Willen. Danach ist die Freiwilligkeit zu bejahen, wenn der Handelnde über die natürliche Einsichtsfähigkeit bzgl. der Bedeutung der vorgenommenen Handlung verfügt. Bei einem 14-jährigen ist diese natürliche Einsichtsfähigkeit unproblematisch gegeben. Damit liegt auch nach der h.M. kein Abhandenkommen vor.

2. Ergebnis

J hat sein Eigentum an dem Buch an C verloren. Er hat gegen ihn keinen Herausgabeanspruch aus § 985 BGB.

Anmerkung: Als weitere Ansprüche des J gegen C kommen §§ 812 I 1 1.Alt. und 2.Alt. BGB in Betracht. Die Leistungskondiktion scheitert jedoch daran, dass J dem C nichts geleistet hat.
Eine Eingriffskondiktion scheidet wegen des Vorrangs der Leistungsbeziehung (zwischen P und C) ebenfalls aus. Außerdem darf der gutgläubige Rechtserwerb durch die Zulassung einer Kondiktion nicht aus den Angeln gehoben werden.

IV. Zusammenfassung

Sound: Rechtlich neutrale Geschäfte eines Minderjährigen sind ohne Zustimmung des gesetzlichen Vertreters wirksam (Rechtsgedanke des § 165 BGB, teleologische Reduktion des § 107 BGB).

Beachten Sie, dass zwar die Verfügung, nicht aber die Verpflichtung ein rechtlich neutrales Geschäft darstellt. Das dem Eigentumserwerb zugrunde liegende schuldrechtliche Rechtsgeschäft ist unwirksam, da der Minderjährige dadurch eine rechtliche Verpflichtung eingeht (zur Übertragung des Eigentums).

hemmer-Methode: An diesem Fall kann man sehr gut mit dem „Regel-Ausnahme-Mechanismus" arbeiten. Grundsätzlich bedürfen die Rechtshandlungen Minderjähriger der Zustimmung des gesetzlichen Vertreters, es sei denn es liegt ein lediglich rechtlicher Vorteil vor (geschriebene Ausnahme). Davon bilden die sog. neutralen Geschäfte eine weitere Ausnahme.

V. Zur Vertiefung

- Hemmer/Wüst, KK BGB-AT I, Karteikarte Nr. 54, 55
- Hemmer/Wüst, BGB-AT I, Rn. 124

Fall 34: Minderjähriger Stellvertreter

Sachverhalt:

Unternehmer F bevollmächtigt den minderjährigen M, für ihn bei der Bank B ein Darlehen aufzunehmen.

Frage: *Kann der Vertrag zwischen F und B wirksam zustande kommen?*

Abwandlung 1: *Wie ist es, wenn der F unerkannt geisteskrank ist?*

Abwandlung 2: *Bei M tritt der Wille, im Namen des F zu handeln nicht deutlich hervor. Wer ist Vertragspartner der Bank B geworden?*

I. Einordnung

Ein Minderjähriger kann wirksam Vertreter sein, § 165 BGB. Die Bevollmächtigung gegenüber dem Minderjährigen ist gem. § 131 II 2 BGB wirksam, da sie lediglich rechtlich vorteilhaft ist.

Merken Sie sich: Das der Vollmacht zugrunde liegende Rechtsgeschäft (meistens Auftrag) ist rechtlich nachteilig und somit schwebend unwirksam. Hier zeigt sich deutlich die **Abstraktheit** der Vollmacht (das Grundverhältnis und die Vollmacht sind voneinander unabhängig).

II. Gliederung

Ausgangsfall

Wirksamer Vertrag zwischen F und B

1. **Willenserklärung** des F (+)
   a) Selbst (-)
   b) Vertretung durch M mgl. § 165 BGB
   c) Wirksame Bevollmächtigung (+) § 131 II 2 BGB
2. **Ergebnis:** Vertrag (+)

Abwandlung 1

1. F gem. § 104 Nr. 2 BGB geschäftsunfähig, seine WE ist gem. § 105 BGB nichtig
2. Wirksame Bevollmächtigung (-)
3. M handelte als falsus procurator, § 177 BGB
4. Haftung des M jedoch gem. § 179 III 2 BGB ausgeschlossen

Abwandlung 2

§ 164 II BGB (+), aber aus Gründen des Minderjährigenschutzes, entsprechende Anwendung von §§ 107, 108 BGB

III. Lösung Ausgangsfall

Wirksamer Vertrag zwischen F und B

Voraussetzung für einen wirksamen Vertrag ist, dass zwei übereinstimmende, mit Bezug aufeinander abgegebene Willenserklärungen der Vertragsparteien vorliegen.

F hat jedoch nicht selbst gehandelt und hat somit auch keine Willenserklärung abgegeben. Damit ist er nur dann Vertragspartner der B Bank geworden, wenn er wirksam durch M vertreten worden ist.

Voraussetzungen der Stellvertretung:

1. Eigene Willenserklärung des Vertreters
2. Im Namen des Vertretenen
3. Mit Vertretungsmacht

1. Wirksame Willenserklärung des Vertreters

M gab eine eigene Willenserklärung im Namen des F ab.

Fraglich ist jedoch, ob ein Minderjähriger überhaupt als Stellvertreter wirksame Willenserklärungen abgeben kann.

Das wäre dann zu verneinen, wenn die Stellvertretung für ihn einen rechtlichen Nachteil mit sich bringen würde.

Die von dem Minderjährigen als Vertreter abgegebene Willenserklärung trifft aber nicht ihn selbst, sondern allein den Vertretenen.

Die Stellung des Minderjährigen als Stellvertreter erweitert nur seinen Rechtskreis, sie ist nicht rechtlich nachteilig. Der Minderjährigenschutz steht damit einer Stellvertretung durch einen Minderjährigen nicht entgegen, vgl. auch § 165 BGB.

Damit konnte M gegenüber der B wirksam eine eigene Willenserklärung als Vertreter des F abgeben.

2. Wirksame Bevollmächtigung

Eine wirksame Bevollmächtigung könnte an § 131 I BGB scheitern. Gem. § 131 II 1 BGB wird eine gegenüber einem Minderjährigen abgegebene Willenserklärung erst mit dem Zugang an seine gesetzlichen Vertreter wirksam.

Jedoch bestimmt Abs. II S. 2 der Vorschrift, dass eine Willenserklärung bereits mit dem Zugang bei dem Minderjährigen wirksam ist, wenn sie ihm lediglich einen rechtlichen Vorteil bringt. Das ist hier der Fall, da die Bevollmächtigung durch F den rechtsgeschäftlichen Wirkungskreis des M lediglich erweitert (s.o.). Die Wirksamkeit der Vollmachtserteilung ist dabei abstrakt von der Wirksamkeit des Grundgeschäfts – i.d.R. ein Auftrag – zu beurteilen. Auch wenn der Auftrag unwirksam sein sollte, weil er für den Minderjährigen rechtlich nachteilig ist, bleibt die Vollmachtserteilung dennoch wirksam.

Damit scheitert die wirksame Stellvertretung nicht an § 131 BGB.

Damit liegen alle Voraussetzungen für eine wirksame Stellvertretung vor. Die Pflichten aus dem Darlehensvertrag treffen somit allein den Vertretenen F und nicht auch den Vertreter M.

Anmerkung: Die Vollmacht ist vorliegend nicht nach § 492 V BGB formbedürftig, da F als Unternehmer i.S.d. § 14 BGB handelt und somit kein Verbraucherdarlehen nach § 491 BGB vorliegt.

IV. Lösung Abwandlung 1

Fraglich ist, ob F dem M wirksam eine Vollmacht erteilen konnte, § 167 BGB.

F war unerkannt geisteskrank. Er konnte selbst keine wirksame Willenserklärung abgeben, § 105 I BGB. Damit konnte er auch den M nicht wirksam bevollmächtigen.

Demnach ist F nicht Partei des Darlehensvertrages geworden. M handelt als Vertreter ohne Vertretungsmacht (falsus procurator).

Handelt jemand als falsus procurator, so haftet er der anderen Partei (hier der B) wie der Vertragspartner wahlweise auf Erfüllung oder Schadensersatz statt der Leistung, § 179 I BGB.

Dieses Ergebnis lässt aber den Minderjährigenschutz außer Acht. Lässt das Gesetz die Stellvertretung durch einen Minderjährigen zu, so muss es entsprechende Vorkehrungen treffen, um den Minderjährigenschutz zu gewährleisten. Der Gesetzgeber hat aus diesem Grund die Haftung des Minderjährigen als falsus procurator in § 179 III 2 BGB ausgeschlossen.

Anmerkung: Gäbe es § 179 III 2 BGB nicht, wäre es nicht ausgeschlossen, dass ein Minderjähriger durch sein Auftreten als Vertreter verpflichtet würde. Dann müsste eigentlich bereits eine wirksame Stellvertretung durch den Minderjährigen an § 107 BGB scheitern.

V. Lösung Abwandlung 2

Fraglich ist, ob F Vertragspartner der B wurde.

M hat zwar eine eigene Willenserklärung i.R.d. Vollmacht abgegeben, er hat aber nicht erkennbar im Namen des Vertretenen F gehandelt. Da der Wille für einen anderen zu handeln auch nicht aus den Umständen erkennbar war, greift die Rechtsfolge des § 164 II BGB. Im Zweifel liegt ein Eigengeschäft des Vertreters vor. Folglich würde M Vertragspartei der B. Auch hier ist jedoch eine Korrektur für die Fälle des minderjährigen Vertreters notwendig.

Da das Rechtsgeschäft den minderjährigen Vertreter selbst treffen und diesen verpflichten soll, handelt es sich um einen rechtlich nachteiligen Vertrag. §§ 107 ff. BGB müssen hier Anwendung finden, denn es darf keinen Unterschied machen, ob der Minderjährige bewusst (dann Anwendung der §§ 107 ff. BGB unproblematisch) oder unbewusst (wie im Falle des § 164 II BGB) im eigenen Namen handelte.

Der Vertrag ist somit zunächst schwebend unwirksam. Genehmigt der gesetzliche Vertreter das Rechtsgeschäft nicht, so wird der Vertrag endgültig unwirksam.

VI. Zusammenfassung

Sound: Ein Minderjähriger kann wirksam Vertreter sein, § 165 BGB. Das der Bevollmächtigung zugrunde liegende Rechtsgeschäft ist jedoch schwebend unwirksam.

Denken Sie an den Ersteller der Klausur. Der Minderjährige als Vertreter ermöglicht dem Ersteller einen facettenreicheren Sachverhalt. Er kann die Probleme des Minderjährigenrechts und zugleich die der Stellvertretung abfragen. Damit müssen Sie schon beim kleinen BGB-Schein rechnen.

hemmer-Methode: Der Minderjährigenschutz beansprucht im BGB eine besondere Stellung. Er ist in §§ 104 bis 113 BGB geregelt und setzt sich in den Vorschriften über das Vertretungsrecht fort (§§ 165, 179 III 2 BGB). Beachten Sie, dass die Wertung des § 165 BGB für die Begründung der Zustimmungsfreiheit der neutralen Rechtsgeschäfte herangezogen wird.

VII. Zur Vertiefung

- Hemmer/Wüst, BGB-AT I, Rn. 240

Fall 35: Erfüllung gegenüber Minderjährigen

Sachverhalt:

Der 17-jährige M hatte gegen S eine fällige Forderung aus einem Darlehen in Höhe von 100 €. S zahlte das Geld an M, ohne dass dessen Eltern zustimmten. M verprasste die Summe mit Freunden innerhalb weniger Tage. Als die Eltern nochmalige Zahlung verlangen, beruft sich S darauf, dass er bereits an M gezahlt hat.

Frage: *Muss S noch mal zahlen? Kann er gegebenenfalls mit einem Rückzahlungsanspruch gegen M aufrechnen? Hat M Eigentum an dem gezahlten Geld erworben? Die Minderjährigkeit des M war dem S nicht bekannt.*

I. Einordnung

Der strenge Schutz des Minderjährigen vor rechtlichen Nachteilen zeigt sich insbesondere auch dann, wenn an ihn zum Zwecke der Erfüllung einer Forderung geleistet wird.

Steht dem Minderjährigen eine Forderung zu, so ist zwischen dem schuldrechtlichen und dem dinglichen Rechtsgeschäft zu trennen. An den Minderjährigen kann nicht mit Erfüllungswirkung geleistet werden. An dem zu diesem Zwecke übereigneten Geld erwirbt der Minderjährige jedoch Eigentum.

II. Gliederung

I. Anspruch des M gegen S auf Zahlung von 100 € aus § 488 I 2 BGB

1. Anspruch entstanden (+)

2. Anspruch erloschen (-)
durch **Erfüllung,** § 362 BGB = Bewirkung der Leistung an den Gläubiger (tatsächlicher Leistungserfolg)
⇨ Übereignung des Geldes an M rechtlich vorteilhaft und wirksam, § 107 BGB

a) e.A.: Erfüllung als Vertrag
neben dem tatsächlichen Leistungserfolg ist ein schuldrechtlicher Vertrag erforderlich
M verliert durch diesen Vertrag seine Forderung damit erleidet er einen rechtlichen Nachteil, Zustimmung des gesetzlichen Vertreters erforderlich
⇨ hier (-)

b) Theorie der realen Leistungsbewirkung
kein schuldrechtlicher Vertrag erforderlich, aber dem Minderjährigen fehlt die **Empfangszuständigkeit**

II. Aufrechnung des S mit einem Anspruch aus §§ 387, 812 I 1 1.Alt. BGB

Vor. (+), aber M ist entreichert

3. Ergebnis: S muss nochmals zahlen

III. Lösung

I. Anspruch des M gegen S auf Zahlung von 100 € aus § 488 I 2 BGB

1. Anspruch entstanden

Ursprünglich bestand ein Anspruch des M gegen S aus einer fälligen Forderung in Höhe von 100 €.

Die Eltern als gesetzliche Vertreter des M (§ 1629 BGB) können diesen Anspruch im Namen des M geltend machen.

2. Anspruch erloschen

Der Anspruch könnte jedoch erloschen sein, wenn S durch die Zahlung an M die Forderung erfüllt hat, § 362 BGB.

Das Schuldverhältnis erlischt gem. § 362 Abs. 1 BGB dann, wenn der Schuldner die geschuldete Leistung an den Gläubiger bewirkt. Es muss durch eine Leistungshandlung (zweckgerichtete, erfüllungsbezogene Handlung) des Schuldners der Leistungserfolg eingetreten sein.

Der Leistungserfolg besteht hier in der wirksamen Übereignung des Geldes gem. § 929 BGB. Da durch die Übereignung M das Eigentum an dem Geld erworben hat und sich dadurch seine Rechtsposition verbessert hat, liegt ein rechtlicher Vorteil vor, so dass M für die dingliche Einigungserklärung nicht der Zustimmung seiner Eltern bedurfte, § 107 BGB.

Strittig ist, ob die Erfüllungswirkung allein schon durch das Bewirken der Leistung eintritt, oder ob zusätzlich ein subjektives Element, nämlich eine Willenseinigung der Parteien oder jedenfalls ein Erfüllungswille des Schuldners erforderlich ist.

a) Vertragstheorie

Nach der früher vertretenen Ansicht (sog. Vertragstheorie), bedarf es neben dem tatsächlichen Leistungserfolg eines schuldrechtlichen Vertrages zwischen dem Schuldner und Gläubiger.

Da durch diesen Vertrag der minderjährige Gläubiger seinen Anspruch aus der Forderung verliert und somit einen rechtlichen Nachteil erleidet, sind die §§ 107 ff. BGB anzuwenden. Der Nachteil wird auch nicht dadurch ausgeglichen, dass M das Geld erhält (Trennungsprinzip). M konnte damit ohne Zustimmung der Eltern eine entsprechende Erklärung zum Abschluss eines Erfüllungsvertrages nicht abgeben. Da diese Zustimmung nicht vorlag, konnte S die Forderung nach dieser Ansicht durch Zahlung an M nicht zum Erlöschen bringen.

b) Theorie der realen Leistungsbewirkung

Nach der heute überwiegend vertretenen Ansicht der realen Leistungsbewirkung bedarf es für den Eintritt der Erfüllung keiner zusätzlichen Willenserklärung des Gläubigers. Voraussetzung des § 362 I BGB ist nur, dass an den Gläubiger gezahlt wird. M war Gläubiger der Leistung. Damit wäre die Erfüllung grundsätzlich zu bejahen.

Dies hätte jedoch zur Folge, dass der Minderjährige seine Forderung verlieren würde (s.o.).

Das Vermögen und damit auch die Forderung des Minderjährigen obliegt der Verwaltung der Eltern aufgrund ihres Personen- und Vermögenssorgerechts (§ 1629 I BGB). Sie sollen darüber entscheiden, ob und wie es zum Besten des Minderjährigen eingesetzt wird. Dieses Verwaltungsrecht würde beeinträchtigt, wenn durch Leistung an den Minderjährigen wirksam erfüllt werden könnte. Es besteht die Gefahr der Verschwendung und des Verlustes. In Analogie zu § 107 BGB sei daher dem Minderjährigen die Empfangszuständigkeit abzusprechen.

Dies bedeutet, dass eine Erfüllung erst dann eintreten kann, wenn der Leistungsgegenstand an den gesetzlichen Vertreter gelangt oder die Leistung von diesem genehmigt worden ist.

3. Ergebnis

Damit kommen beide Theorien zu gleichen Ergebnissen. S muss noch mal leisten. Der Anspruch aus § 488 I 2 BGB besteht noch.

II. Aufrechnung des S mit einem Anspruch aus §§ 387, 812 I 1 1.Alt. BGB

Prüfungsschema für Aufrechnung, § 387 BGB

1. Gegenseitigkeit der Forderungen
2. Gleichartigkeit des Leistungsgegenstandes
3. Gültigkeit, Fälligkeit und Durchsetzbarkeit der Gegenforderung (Forderung, mit der aufgerechnet wird, hier: Bereicherungsanspruch des S gegen M)
4. Bestehen und Erfüllbarkeit der Hauptforderung (Forderung, gegen die der Schuldner die Aufrechnung erklärt, hier nochmalige Zahlung an M)

Ein Gegenanspruch des S gegen M könnte sich aus § 812 I 1 1.Alt. BGB ergeben. Ein Anspruch aus Leistungskondiktion ist gegeben, wenn der Vertragspartner die Minderjährigkeit seines Geschäftsgegners nicht kennt, zum Zwecke der Erfüllung (solvendi causa) leistet und jedoch mangels Empfangszuständigkeit keine Erfüllungswirkung eintritt.

S konnte die Minderjährigkeit des 17-jährigen M nicht erkennen.

1. Erlangtes Etwas

M hat das Eigentum und Besitz an dem Geld erlangt.

Der Eigentumserwerb ist für den Minderjährigen rechtlich vorteilhaft, weil seine Rechtsposition verbessert wird.

2. Durch Leistung des S

Dies geschah im Wege des rechtsgeschäftlichen Erwerbes gem. § 929 S. 1 BGB. M hat zwecks Vertragserfüllung bewusst und zweckgerichtet dem M das Geld übereignet.

3. Ohne Rechtsgrund

Die Übereignung des Geldes erfolgte ohne Rechtsgrund, da die Erfüllung mangels Empfangszuständigkeit des Minderjährigen nicht eingetreten ist.

4. Rechtsfolge

Da die Herausgabe wegen der Beschaffenheit des Geldes nicht mehr möglich ist, schuldet M Wertersatz nach § 818 II BGB in Höhe von 100 €.

5. Entreicherung, § 818 III BGB

Jedoch könnte M entreichert sein, da er das erhaltene Geld innerhalb weniger Tage mit seinen Freunden ausgegeben hat.

Er dürfte sich aber auf die Entreicherung dann nicht berufen, wenn er bösgläubig gewesen wäre, §§ 819 I, 818 IV BGB. Unabhängig davon, ob man auf die Kenntnis des Minderjährigen selbst oder gem. § 166 I BGB auf die seiner Eltern als gesetzliche Vertreter abstellt, gibt der Sachverhalt keine Anhaltspunkte für die Annahme der Bösgläubigkeit. Damit ist dem M die Berufung auf Entreicherung nicht verwehrt.

6. Ergebnis

S hat wegen Entreicherung des M keinen aufrechenbaren Anspruch gegen M. Er muss die 100 € nochmals zahlen.

IV. Zusammenfassung

Sound: Dem Minderjährigen fehlt die Empfangszuständigkeit zur Entgegennahme von Leistungen.

Da jedoch der Minderjährige an den Geldscheinen ohne weiteres Eigentum erwirbt, kommt gegen den Minderjährigen als Gegenanspruch des Vertragspartners eine Kondiktion in Betracht. Hat der Minderjährige das Geld verbraucht, entfällt seine Haftung wegen § 818 III BGB. Gleichwohl kann der Minderjährige noch einmal Erfüllung verlangen. Der Schuldner wird nur dann befreit, wenn er an den gesetzlichen Vertreter leistet oder dieser zustimmt.

hemmer-Methode: Leistet der Vertragspartner eines Minderjährigen in Kenntnis der Minderjährigkeit und rechnet er mit der Zustimmung der Eltern, so ist § 812 I 2, 2.Alt. BGB (Zweckkondiktion) einschlägig, wenn die Eltern ihre Zustimmung doch nicht erteilen und somit die Empfangszuständigkeit der gesetzlichen Vertreter verletzt wird. Die Zweckkondiktion ist nämlich immer dann einschlägig, wenn der bezweckte Erfolg über die normale Erfüllung hinausgeht.
Die Empfangszuständigkeit des Minderjährigen wird jedoch nicht immer zu verneinen sein.
Abzustellen ist jeweils auf den konkreten Einzelfall: Mussten die Eltern bei Genehmigung des Rechtsgeschäfts damit rechnen, dass auf Seiten des Vertragspartners die Gegenleistung sofort erfolgt, so wird die Genehmigung in den Verkauf einer Sache i.d.R. die (konkludente) Einwilligung in den Empfang des Geldes mitenthalten (z.B. Einwilligung zum Verkauf der Spielsachen auf einem Flohmarkt).

V. Zur Vertiefung

- Hemmer/Wüst, BGB-AT I, Rn. 125
- Hemmer/Wüst, Basics Zivilrecht, Bd. 1, Rn. 30
- Hemmer/Wüst, KK BGB-AT I, Karteikarte Nr. 56, 57

Fall 36: Geschäfte über das Surrogat

Sachverhalt:

Die minderjährige Tina (T) und ihre gleichaltrige Freundin Luise (L) bekommen von ihren Eltern 20 € Taschengeld im Monat. T kauft sich davon regelmäßig die Zeitschrift „Bravo". L liest dagegen die Zeitschrift „Elle". T und L vereinbaren den Tausch ihrer jeweiligen Zeitschriften.

Eines Tages kauft sich T vom Taschengeld ein Lotterielos für 2 € und gewinnt 10.000 €. Mit dem erzielten Gewinn erwirbt sie eine Bräunungsbank im Wert von 1.000 €.

Frage: *Sind der Tausch- und der Kaufvertrag wirksam zustande gekommen?*

I. Einordnung

In den Fällen des beschränkten Generalkonsenses nach § 107 BGB und der Überlassung von Geldmitteln i.S.v. § 110 BGB ist fraglich, ob die Wirksamkeit des Vertrages sich auch auf die sog. **Surrogatgeschäfte** erstreckt.

Surrogatgeschäfte sind Geschäfte über die aus dem ursprünglichen Vertrag erlangte Leistung.

Beschränkter Generalkonsens ist eine Einwilligung, die sich von vornherein auf eine bestimmte Art oder einen abgrenzbaren Bereich von Rechtsgeschäften bezieht.

Versetzen Sie sich in die Lage der Eltern - wie würden sie den Fall regeln?

II. Gliederung

I.	**Wirksamkeit des Tauschvertrages**
1.	T und L minderjährig ⇨ § 107 BGB
a)	Rechtlich nachteiliges RG (+): abstrakte Betrachtung (!) einzelner RG ⇨ Pflicht zur Übereignung und Übergabe der Zeitschriften begründet
b)	§ 110 BGB (+): Wirksamkeit der RG, die mit zur freien Verfügung überlassenen Mitteln bewirkt (§ 362 BGB) werden
c)	Wirksamkeit der Surrogatgeschäfte (+), wenn das Surrogat bereits als erstes RG mit dem Taschengeld vorgenommen werden könnte
2.	**Ergebnis:** Tausch zwischen L und T wirksam
II.	**Wirksamkeit des Kaufvertrages**
	§ 110 BGB (-), da nur Lotterielos wirksam gekauft
	Geschäft über das Surrogat ⇨ unwirksam, da T den Kauf der Bräunungsbank nicht mit dem Taschengeld bewirken könnte, §§ 110, 362 BGB

III. Lösung

I. Wirksamkeit des Tauschvertrages

Der Tauschvertrag ist wirksam, wenn T und L gültige, übereinstimmende und miteinander korrespondierende Willenserklärungen abgegeben haben.

1. Beschränkte Geschäftsfähigkeit

Der Wirksamkeit der Willenserklärungen könnte die Minderjährigkeit von T und L entgegenstehen.

Als Minderjährige sind sie nur beschränkt geschäftsfähig, § 106 BGB. Willenserklärungen, die ihnen nicht lediglich einen rechtlichen Vorteil bringen, bedürfen der Zustimmung der gesetzlichen Vertreter (§ 107 BGB).

a) Rechtlich nachteiliges Geschäft

Der Tausch ist sowohl für T als auch für L rechtlich nachteilig. Er begründet für die Minderjährigen die Pflicht zur Übereignung und Übergabe ihrer Zeitschriften.

Damit bedürften sie grds. der Zustimmung ihrer gesetzlichen Vertreter.

b) „Taschengeldparagraph“, § 110 BGB

Eine Einwilligung der gesetzlichen Vertreter könnte in der Überlassung des Taschengeldes vorliegen, § 110 BGB. Diese Einwilligung ist unproblematisch für die Rechtsgeschäfte gegeben, die der Minderjährige mit den ihm überlassenen Mitteln bewirkt. Die Kaufverträge der T über die Zeitschrift „Bravo“ und der L über die „Elle“ sind also wirksam zustande gekommen.

c) Geschäfte über das Surrogat

Fraglich ist aber, ob auch die Verträge des Minderjährigen wirksam sind, die er mit dem von dem Taschengeld Erlangten bewirkt hat. Das ist dann der Fall, wenn die Einwilligung der Eltern, die konkludent durch Überlassung des Taschengeldes erteilt wurde, auch solche Rechtsgeschäfte umfasst (sog. Geschäfte über das Surrogat). Dies muss durch Auslegung ermittelt werden, §§ 133, 157 BGB.

Regelmäßig wird die Einwilligung auch das zweite Geschäft umfassen, wenn dieses auch gleich mit dem Taschengeld hätte vorgenommen werden können.

Hier ist demnach davon auszugehen, dass die Eltern der T auch mit dem Erwerb der „Elle“ Zeitschrift einverstanden wären und die Eltern der L ihr den Kauf der „Bravo“ erlaubt hätten.

2. Ergebnis

Somit waren die Willenserklärungen der L und der T wirksam. Damit ist auch ein gültiger Tauschvertrag zustande gekommen.

II. Wirksamkeit des Kaufvertrages

Fraglich ist, ob der Kaufvertrag über die Bräunungsbank wirksam zustande gekommen ist.

Der Kaufvertrag ist für T rechtlich nachteilig und bedarf grundsätzlich der Zustimmung der gesetzlichen Vertreter.

Jedoch könnte auch hier das Rechtsgeschäft wirksam sein, wenn die T die vertragsmäßige Leistung (Bezahlung des Kaufpreises) mit Mitteln bewirkt hat, die ihr die gesetzlichen Vertreter zur freien Verfügung überlassen haben, § 110 BGB. Mit dem ihr überlassenen Taschengeld hat T aber nur ein Lotterielos gekauft. Der Kauf des Loses war jedenfalls von der Einwilligung des § 110 BGB umfasst.

Fraglich ist, ob auch der Kauf der Sonnenbank von der Einwilligung mitumfasst war. Es handelt sich um ein Geschäft über das Surrogat. Surrogat ist hier der Gewinn, der an die Stelle des mit dem Taschengeld erworbenen Loses tritt.

Solch ein weiteres Geschäft ist nur dann gültig, wenn es auch als erstes Geschäft, also direkt mit dem Taschengeld hätte vorgenommen werden können. In diesem Fall spricht man davon, dass es mitkonsentiert, d.h. von der ursprünglichen Zustimmung miterfasst war.

Das ist hier aber nicht der Fall. Den Erwerb der Bräunungsbank zu einem Preis von 1.000 € hätte T mit ihrem Taschengeld von 20 € nicht bewirken können.

Anmerkung: Bewirken i.S.d. **§ 110 BGB** bedeutet die vollständige Erfüllung (§ 362 BGB) des Vertrages, hier also die volle Kaufpreiszahlung. Wird dagegen ein Ratenkauf vereinbart, so greift § 110 BGB frühestens dann, wenn der Minderjährige die letzte monatliche Rate bewirkt.

§ 110 BGB scheidet aus, da T den Kauf der Sonnenbank mit ihrem Taschengeld nicht vollständig bezahlen könnte. Damit bedurfte es einer Zustimmung der Eltern zu dem Kaufvertrag. Eine Einwilligung liegt nicht vor, § 107 BGB.

Der Kaufvertrag ist also zunächst schwebend unwirksam. Verweigern die Eltern ihre Genehmigung, so wird der Vertrag endgültig unwirksam, § 108 I BGB.

IV. Zusammenfassung

Sound: Die Geschäfte über das Surrogat sind wirksam, wenn der Minderjährige das Surrogat auch mit seinem Taschengeld bewirken könnte.

Ob dies der Fall ist, ist im Wege der Auslegung der durch Überlassung des Taschengeldes konkludent erteilten Einwilligung zu ermitteln.

hemmer-Methode: Beachten Sie unterschiedliche Begriffe der Leistung: Unter Leistung i.S.v. § 362 BGB versteht man nicht die Leistungshandlung, sondern den Leistungserfolg. Auf den Leistungserfolg kommt es auch i.R.d. Unmöglichkeit nach § 275 BGB an. Unmöglichkeit liegt vor, wenn der Leistungserfolg auf Dauer nicht erbringbar ist. Für den Schuldnerverzug ist es dagegen gem. § 286 BGB ausreichend, dass der Schuldner in Verzug mit der Leistungshandlung gerät.

V. Zur Vertiefung

- Hemmer/Wüst, BGB-AT II, Rn. 40
- Hemmer/Wüst, KK BGB-AT I, Karteikarte Nr. 60

Fall 37: Widerrufsrecht des Geschäftsgegners eines Minderjährigen

Sachverhalt:

Die 16-jährige A wünscht sich schon seit langer Zeit eine Katze. Als sie von B erfährt, dass seine Katze gerade vier kleine Kätzchen geworfen hat, wird man sich schnell über den Kauf einer der Katzen, die sich A bereits ausgesucht hat, einig. Da die Katzen noch sehr jung sind, soll A sie erst nach einigen Wochen abholen und bezahlen. Kurz danach erfährt B, dass A minderjährig ist. Er fragt daher schriftlich bei den Eltern der A an, ob sie den Kauf genehmigen. Die Eltern genehmigen das Geschäft in einem Gespräch mit A, reagieren aber auf das Schreiben des B zunächst nicht. Nach zehn Tagen meldet sich bei B ein anderer Kaufinteressent, der für die Katzen mehr zu zahlen bereit ist. B ruft bei den Eltern der A an und teilt ihnen mit, dass er den Kauf rückgängig macht. Die Eltern protestieren dagegen und sie erklären sich mit dem Kauf einverstanden. Sie möchten mit A am nächsten Tag die Katze abholen.

Frage: *Muss B die Katze herausgeben?*

I. Einordnung

Hat der Minderjährige ein Rechtsgeschäft ohne Einwilligung des gesetzlichen Vertreters abgeschlossen, so hängt die Wirksamkeit des Vertrages von deren Genehmigung ab. Die schwebende Unwirksamkeit des Rechtsgeschäfts in dieser Zwischenphase bringt für den Geschäftspartner des Minderjährigen Rechtsunsicherheit.

Um berechtigte Interessen des Geschäftsgegners zu schützen, räumt ihm § 109 BGB ein Widerrufsrecht ein.

II. Gliederung

Anspruch der A gegen B auf Übereignung der Katze aus § 433 I BGB

1. A ist **minderjährig**: KV rechtlich nachteilig ⇨ Zustimmung der Eltern erforderlich
2. **Genehmigung**, §§ 108 I, 182 ff. BGB

   grundsätzlich gegenüber Mj. möglich
3. **Widerrufsrecht des Geschäftsgegners**, § 109 I BGB

   a) Bis zur Genehmigung möglich
   ⇨ Hier zwar Genehmigung gegenüber A vor dem Widerruf des B erteilt
   Aber: Nach Aufforderung zur Genehmigung ist diese nur ggü. dem Vertragspartner möglich, § 108 II BGB

   b) § 109 II BGB (-), keine Kenntnis von der Minderjährigkeit der A bei Vertragsabschluss
4. **Ergebnis:**

   KV (-), Herausgabeanspruch (-)

III. Lösung

Anspruch der A gegen B auf Übereignung der Katze aus § 433 I BGB

A kann gem. § 433 I BGB von B Übereignung der Katze verlangen, wenn ein wirksamer Kaufvertrag zustande gekommen ist.

1. Beschränkte Geschäftsfähigkeit der A

Da die A minderjährig war, finden §§ 106 ff. BGB Anwendung. Der Abschluss des Kaufvertrages brachte der A nicht lediglich einen rechtlichen Vorteil, so dass er nicht zustimmungsfrei war. Eine vorherige Einwilligung der Eltern der A lag nicht vor.

2. Genehmigung der Eltern

Damit war die Willenserklärung der A gem. § 108 I BGB zunächst schwebend unwirksam und von der Genehmigung der Eltern abhängig.

Anmerkung: Auf die Genehmigung finden die Vorschriften der §§ 182 ff. BGB Anwendung. So kann die Genehmigung grundsätzlich sowohl gegenüber dem Minderjährigen wie auch gegenüber dem Geschäftsgegner erklärt werden und bedarf nicht der für das Rechtsgeschäft vorgeschriebenen Form, § 182 BGB.

3. Widerrufsrecht des Geschäftsgegners, § 109 I BGB

Fraglich ist, ob der B seine Willenserklärung noch wirksam widerrufen kann.

Solange die Genehmigung nicht erteilt wurde, kann der Geschäftsgegner grundsätzlich seine Willenserklärung widerrufen und sich so von dem Vertrag lösen. Solange nämlich der beschränkt Geschäftsfähige an den Vertrag nicht gebunden ist, soll es auch sein Geschäftsgegner nicht sein, § 109 I BGB.

Vorliegend könnte jedoch ein Widerruf des B nicht mehr möglich sein. Die Eltern der A haben bereits vor dem Anruf des B gegenüber der A den Kauf der Katze genehmigt, §§ 108 I, 182 I BGB.

Allerdings ist zu beachten, dass die alleinige Erklärung der Genehmigung gegenüber A nicht mehr ausreichend ist, wenn der Geschäftsgegner die gesetzlichen Vertreter zur Erklärung der Genehmigung aufgefordert hat. In diesem Falle kann die Genehmigung nur ihm gegenüber erfolgen, § 108 II 1 BGB.

Damit war die gegenüber der A erteilte Genehmigung nicht wirksam.

B durfte noch widerrufen, als er die Eltern 10 Tage nach der schriftlichen Aufforderung angerufen hat. Dass die Eltern während des Telefonates ihre Zustimmung auch dem B gegenüber erklärt haben, ist nicht mehr relevant. Den Widerruf hat B bereits vorher erklärt, dieser war also gem. § 109 I BGB wirksam. § 109 II BGB ist nicht einschlägig, da B die Minderjährigkeit der A nicht kannte.

4. Ergebnis

Infolge des Widerrufs wurde der Kaufvertrag endgültig unwirksam. B muss die Katze nicht gem. § 433 I BGB herausgeben.

IV. Zusammenfassung

Sound: Während des Schwebezustandes steht dem Geschäftspartner ein Widerrufsrecht gem. § 109 BGB zu.

Beachten Sie immer die Interessenlage und die Schutzwürdigkeit beider Parteien.

Der Geschäftspartner des Minderjährigen, der die begrenzte Geschäftsfähigkeit nicht kennt darf nicht schutzlos gestellt werden. Er muss die Möglichkeit haben, vom Vertrag Abstand zu nehmen. Angesichts der Interessen des Minderjährigen grenzt § 109 I BGB dieses Widerrufsrecht zeitlich ein.

hemmer-Methode: Genehmigt der gesetzliche Vertreter das Rechtsgeschäft nicht innerhalb von zwei Wochen nach Zugang der Aufforderung, so tritt die Fiktion der Verweigerung ein, § 108 II 2 BGB. Es handelt sich hier also um eine gesetzlich normierte Ausnahme zu dem Grundsatz, dass ein Schweigen im Rechtsverkehr keine rechtliche Bedeutung hat (mehr dazu bereits in Fällen 19-21).

V. Zur Vertiefung

- Hemmer/Wüst, BGB-AT II, Rn. 47 a.E.

Fall 38: Haftung eines Minderjährigen

Sachverhalt:

Der 17-jährige M kaufte bei V ein neuwertiges Fahrrad für 100 €. Dabei täuschte er V über sein Alter. M sollte das Fahrrad in Raten von 25 € an den V zahlen. Er zahlte 25 € an. Am folgenden Tag fuhr M mit dem Fahrrad aus Unachtsamkeit gegen eine Wand. Das Fahrrad erlitt einen Totalschaden. Die Eltern weigern sich, irgendwelche Verträge ihres Sohnes anzuerkennen.

Frage: *Welche Ansprüche hat V vor Anfechtung gegen M?*

I. Einordnung

Der Minderjährige ist häufig in Klausuren anzutreffen, damit der Vertrag und somit der Primäranspruch scheitert. Die eigentlichen Probleme liegen dann im Bereicherungs-recht und im Schadensersatz aus EBV. Die typische Prüfungsreihenfolge müssen Sie kennen.

II. Gliederung

I.	**Anspruch auf Bezahlung des Kaufpreises aus § 433 II BGB**
1.	**Minderjährigkeit** des M
a)	**Einwilligung** (-)
b)	**§ 110 BGB** (-): keine Bewirkung i.S.d. § 362 BGB
c)	**Genehmigung** (-)
2.	**Ergebnis:** KV (-)
II.	**Anspruch auf Schadensersatz aus §§ 311 II, 241 II, 280 I BGB**
	(-) ⇨ nicht zu Lasten des Minderjährigen
III.	**Anspruch des V auf Schadensersatz aus §§ 989, 990 BGB**
	EBV (-), M hat wirksam Eigentum am Fahrrad erworben
IV.	**Anspruch des V gegen M aus § 812 I 1 1.Alt. BGB**
	<u>Vor.</u> (+)
3.	**Rechtsfolge:** Wertersatz, § 818 II BGB Aber: **Entreicherung** des M (+), § 818 III BGB Verschärfte Haftung nach § 819 I BGB? **Bösgläubigkeit** des M ⇨ wessen Kenntnis maßgebend? ⇨ Leistungskondiktion: § 166 I BGB analog, gesetzlicher Vertreter ⇨ Eingriffskondiktion § 828 III BGB analog, ⇨ Einsichtsfähigkeit des Minderjährigen Hier zwar LK, jedoch deliktische Handlung des M (argl. Täuschung) ⇨ § 828 III BGB analog (+)
4.	**Ergebnis:** Bösgläubigkeit (+), Entreicherung (-), Anspruch auf Wertersatz des V (+)

III. Lösung

I. Anspruch auf Bezahlung des Kaufpreises aus § 433 II BGB

V könnte gegen M einen Anspruch auf Bezahlung des Kaufpreises für das Fahrrad i.H.v. 100 € haben, wenn ein wirksamer Kaufvertrag zustande gekommen ist.

1. Wirksame Willenserklärung des M

Angesichts der Minderjährigkeit des M könnte seine Willenserklärung unwirksam sein. Der Abschluss des Kaufvertrages begründete für M eine Zahlungsverpflichtung gem. § 433 II BGB und ist damit rechtlich nachteilig. Gem. § 107 BGB bedurfte er zum Vertragsschluss grundsätzlich der Einwilligung seiner Eltern als gesetzliche Vertreter.

a) Einwilligung

Eine ausdrückliche Einwilligung der Eltern lag nicht vor.

b) § 110 BGB

Die Wirksamkeit des Kaufvertrages könnte sich aus § 110 BGB ergeben. § 110 BGB greift jedoch nur ein, wenn der Minderjährige die gesamte Vertragsleistung schon bewirkt hat. Das bedeutet, der Vertrag ist erst mit der Erfüllung gem. § 362 BGB wirksam.

Anzahlung und Ratenzahlungsverpflichtung genügen hierfür nicht, denn sie zeigen gerade, dass der Minderjährige nicht auf einmal vollständig aus eigenen Mitteln erfüllen kann. Überdies fehlt es an einer Überlassung der Mittel i.S.v. § 110 BGB.

c) Genehmigung der Eltern

Eine nachträgliche Genehmigung haben die Eltern ausdrücklich verweigert.

2. Ergebnis

Damit ist die zunächst schwebend unwirksame Willenserklärung des M endgültig unwirksam.

Ein Kaufpreiszahlungsanspruch gem. § 433 II BGB besteht mangels wirksamen Vertrages nicht.

II. Anspruch auf Schadensersatz aus §§ 311 II, 241 II, 280 I BGB

V könnte gegen M einen Anspruch auf Schadensersatz aus §§ 311 II, 241 II, 280 I BGB haben.

Bei den Verhandlungen hat M falsche Angaben über sein Alter gemacht, so dass ihm eine vorvertragliche Pflichtverletzung (culpa in contrahendo – c.i.c.) zur Last fällt.

Diese falsche Vorstellung war auch kausal für die Übereignung des Fahrrades und die Zerstörung durch M. Nach h.M. soll aber bei dem Anspruch aus § 311 II BGB (c.i.c.) der Minderjährigenschutz vorgehen. Grund dafür ist die Tatsache, dass über die c.i.c. eine quasivertragliche Haftung begründet werden kann.

M müsste als Schadensersatz den Wert des Fahrrades zahlen. Das käme einer Verpflichtung zur Zahlung des Kaufpreises gleich. Diese Umgehung des Minderjährigenschutzes soll aber vermieden werden.

Damit scheidet auch ein Anspruch gem. §§ 311 II, 241 II, 280 BGB aus.

III. Anspruch des V auf Schadensersatz aus §§ 989, 990 BGB

Prüfungsschema §§ 989, 990 BGB
1. Vorliegen eines Eigentümer-Besitzer-Verhältnisses (EBV)
2. Verschlechterung oder Untergang der Sache
3. Verschulden
4. Rechtshängigkeit bzw. Bösgläubigkeit
5. Kausaler Schaden

1. Vorliegen eines EBV

Fraglich ist, ob hinsichtlich des Fahrrades überhaupt ein EBV gegeben ist. Dies wäre nicht der Fall, wenn das Fahrrad wirksam nach § 929 S. 1 BGB von V an M übereignet worden wäre.

Die Übereignung des Fahrrades an den Minderjährigen war für ihn nur rechtlich vorteilhaft. Seine Willenserklärung ist damit wirksam.

Da auch die Übergabe nach § 929 S. 1 BGB wirksam erfolgt ist, fehlt es am Eigentum des V, damit also am Vorliegen der Vindikationslage.

2. Ergebnis

V hat keinen Anspruch auf Schadensersatz gegen M aus §§ 989, 990 BGB.

Anmerkung: Hätte V seine Verfügung an M wegen arglistiger Täuschung angefochten, §§ 142, 123 BGB, so würde das Eigentum rückwirkend wieder an V zurückfallen und M hätte kein Recht zum Besitz mehr. Ein EBV wäre dann zu bejahen. Das Verschulden läge wegen fahrlässigen Verhaltens unproblematisch vor.

Weiterhin müsste M bösgläubig gewesen sein, § 990 BGB. Die Bösgläubigkeit muss sich dabei auf das Recht zum Besitz beziehen. Der Maßstab wird dem § 932 II BGB entnommen (analoge Anwendung des § 932 II BGB i.R.v. § 990 BGB).
Fraglich ist, auf wen bei der Ermittlung der Bösgläubigkeit abzustellen ist. Zum Schutze des Minderjährigen wird hier nach h.M. nach der Art der Besitzerlangung differenziert: Hat der Minderjährige Besitz aufgrund eines unwirksamen Vertrages erlangt, darf das EBV nicht dazu führen, dass die nicht existente vertragliche Haftung quasi wieder auflebt.
Dann ist wie im Vertragsrecht auf die Eltern abzustellen. Hat der Minderjährige sich den Besitz jedoch durch Eingriff verschafft, ist wegen der Deliktsähnlichkeit auf seine Einsichtsfähigkeit analog § 828 III BGB abzustellen.

IV. Anspruch des V gegen M aus § 812 I 1 1.Alt. BGB

1. Etwas Erlangtes / Durch Leistung

M hat durch Leistung des V Eigentum und Besitz am Fahrrad erlangt, da dieser seiner Verpflichtung aus dem Kaufvertrag nachkommen wollte.

Anmerkung: Nach erfolgter Anfechtung hätte M nur Besitz am Fahrrad erlangt.

2. Ohne Rechtgrund

Da der Kaufvertrag unwirksam ist, ist ein Rechtsgrund nicht ersichtlich.

3. Rechtsfolge

a) Wertersatz

Da das Fahrrad einen Totalschaden erlitt, schuldete M Wertersatz gem. § 818 II BGB.

Die Pflicht zum Wertersatz würde jedoch entfallen, wenn sich M auf Entreicherung gem. § 818 III BGB berufen könnte.

b) Entreicherung, § 818 III BGB

Fraglich ist damit, ob sich M auf die Entreicherung berufen kann. Die Entreicherungseinrede ist ausgeschlossen gem. §§ 819 I, 818 IV, 292 BGB, wenn der Entreicherte bösgläubig war und nach allgemeinen Vorschriften (§§ 292, 989 BGB) verschärft haftet. Dies ist der Fall, wenn er positive Kenntnis von dem Mangel des rechtlichen Grundes hatte.

c) Bösgläubigkeit i.S.d. § 819 I BGB

Fraglich ist, auf wessen Kenntnis von dem rechtlichen Mangel abzustellen ist. In Betracht kommt die Kenntnis der gesetzlichen Vertreter und ihre Zurechnung über § 166 I BGB analog oder aber die des Minderjährigen selbst und die analoge Anwendung des § 828 III BGB.

Anmerkung: Insoweit stellt sich dasselbe Problem wie bereits bei §§ 989, 990 BGB.

Hierbei ist zwischen Leistung- und Eingriffskondiktion zu differenzieren. Die Leistungskondiktion ist Spiegelbild des fehlgeschlagenen Vertrages, sie ist insoweit vertragsähnlich.

Die vertraglichen Wertungen müssen auch hier zur Geltung gelangen. Deswegen ist es nur sachgerecht auf die Kenntnis der Eltern abzustellen gem. § 166 I BGB analog.

Eine andere Ansicht möchte hier auf den Minderjährigen selbst abstellen und § 828 III BGB analog anwenden. Dies ist zu bejahen, wenn es sich um eine Eingriffskondiktion handelt, weil diese einen deliktsähnlichen Tatbestand darstellt.

Anmerkung: Wobei nach überzeugender Ansicht die Deliktsähnlichkeit nur dann zu bejahen ist, wenn auch ein Schaden entstanden ist. Andernfalls haftet der Minderjährige, obwohl die andere Seite keine Vermögenseinbuße erlitten hat, vgl. dazu AG Kerpen, Life&Law 2007, 73 ff.

Hier liegt eine Leistungskondiktion vor.

Somit müsste man unter Berücksichtigung vertraglicher Wertungen auf die Kenntnis der Eltern gem. § 166 I BGB analog abstellen. Da diese aber erst danach von den Geschäften des M erfahren hatten, waren sie nicht bösgläubig. Die Berufung auf die Entreicherung wäre dem M nicht verwehrt.

Jedoch ist zu berücksichtigen, dass zwar eine Leistung vorliegt, diese aber durch eine deliktische Handlung, nämlich Täuschung des V durch M veranlasst wurde. In diesen Fällen muss konsequenterweise auf den Deliktscharakter der Handlung abgestellt werden und § 828 III BGB analog angewendet. Es ist davon auszugehen, dass ein 17-Jähriger die nötige Einsichtsfähigkeit besitzt und M hier auch positiv wusste, dass der Vertrag unter den ihm bekannten Umständen keinen Bestand hat. Er hatte somit positive Kenntnis i.S.d. § 819 I BGB.

4. Ergebnis

Damit ist M bösgläubig i.S.v. § 819 I BGB. Die Vorschriften der §§ 818 IV, 292, 989 BGB sind demnach anzuwenden.

§ 292 BGB ist eine teilweise Rechtsfolgenverweisung auf § 989 BGB.

Zwar ist kein EBV erforderlich, die verschärfte Haftung besteht aber nur bei verschuldetem Untergang der Sache.

Das war hier der Fall, da M unachtsam und somit fahrlässig das Fahrrad beschädigt hat. Damit kann er sich nicht auf Entreicherung berufen. Er muss gem. § 818 II BGB Wertersatz für das untergegangene Fahrrad leisten.

IV. Zusammenfassung

Sound: I.R.v. § 819 BGB kommt es bei der Leistungskondiktion gegen den Minderjährigen grundsätzlich auf die Kenntnis der gesetzlicher Vertreter an (§ 166 BGB analog).
Ausnahmsweise ist die Kenntnis des Minderjährigen selbst relevant und zwar dann, wenn er sich bei Vorliegen der erforderlichen Einsichtsfähigkeit durch eine deliktische Handlung in den Genuss der Leistung gebracht hat, § 828 III BGB analog.

hemmer-Methode: Die Frage auf wessen Kenntnis es für die Beurteilung der Bösgläubigkeit ankommt, kann also an zwei verschiedenen Stellen in der Klausur entscheidend sein. Zum einen bei §§ 989, 990 BGB, zum anderen bei § 819 I BGB. Die Argumente sind in beiden Fällen ähnlich: wegen bzw. bei Vertragsähnlichkeit § 166 I BGB analog bei Leistungskondiktion und im EBV. Dagegen § 828 III BGB analog bei Eingriffskondiktion und im EBV bei Besitzerlangung durch Eingriff, da. wenn diese Ansprüche dann deliktsähnlich sind. Dabei ist ein Ausnahme im Fall der Leistungskondiktion zu beachten: § 828 III BGB analog auch dann, wenn der Minderjährige arglistig täuscht. Das deliktische steht dann trotz Vertragsähnlichkeit im Vordergrund.

V. Zur Vertiefung

- Hemmer/Wüst, Bereicherungsrecht, Rn. 509 ff.

Fall 39: Fehlerhaftes Arbeitsverhältnis

Sachverhalt:

Der Minderjährige M schließt ohne Mitwirkung der Eltern einen Arbeitsvertrag mit A. Am 01.04 nimmt er die Arbeit auf. Als seine Eltern hiervon am 30.04. erfahren, verweigern sie ihre Zustimmung. A zahlt daraufhin den Lohn für April unter Berufung auf die Nichtigkeit des Vertrages nicht aus.

Frage: *Kann M die Zahlung des Lohnes für April verlangen?*

I. Einordnung

Der Gesetzgeber hat in den §§ 112, 113 BGB die Erweiterung der Geschäftsfähigkeit des Minderjährigen auf einen bestimmten abgegrenzten Bereich – selbständiger Betrieb eines Erwerbsgeschäfts bzw. Aufnahme eines Dienst- oder Arbeitsverhältnisses – vorgesehen, sofern eine entsprechende Ermächtigung vorliegt. Insoweit spricht man von „partieller Geschäftsfähigkeit".

Fraglich ist, was passiert, wenn kein Fall der §§ 112, 113 BGB vorliegt und der beschränkt Geschäftsfähige ein Arbeitsverhältnis ohne Zustimmung seiner gesetzlichen Vertreter eingeht.

Es muss Ihnen klar sein, dass der Minderjährigenschutz in jedem Rechtsbereich zur Geltung kommt, also auch im Arbeitsrecht gilt.

II. Gliederung

I. Anspruch des M auf Lohnzahlung aus § 611 BGB

AV (-), da Mj. und keine Zustimmung

II. Anspruch auf Lohnzahlung nach den Grundsätzen des fehlerhaften Arbeitsverhältnisses

Bei nichtigen Verträgen grds. §§ 812 ff. BGB anwendbar, anders jedoch bei fehlerhaftem AV:

1. **Abschluss eines nichtigen AV** (+)
2. **Invollzugsetzung** (+)
3. Grundsätze des fehlerhaften Arbeitsverhältnisses **nicht zu Lasten des Mj.**, hier jedoch Anwendung zu dessen Gunsten
4. **Folge:**
   AV bis zur Geltendmachung des Nichtigkeitsgrundes voll wirksam, Geltendmachung nur mit ex nunc Wirkung
5. **Ergebnis:**
   M kann Vergütung verlangen, Berufung des A auf die Nichtigkeit hat ausnahmsweise nur ex nunc Wirkung

III. Lösung

I. Anspruch des M gegen A auf Lohnzahlung aus § 611 BGB

M hat gegen A einen Anspruch auf die Lohnzahlung, wenn ein wirksamer Arbeitsvertrag gegeben ist.

Die Eingehung eines Arbeitsverhältnisses begründet für M rechtliche Verpflichtungen, ist also nicht lediglich rechtlich vorteilhaft und bedarf daher der Zustimmung der gesetzlichen Vertreter, § 107 BGB. Weder eine ausdrückliche Einwilligung noch eine Genehmigung liegen vor. Der Arbeitsvertrag ist auch nicht gem. § 113 BGB wirksam, da M gegen den Willen seiner Eltern die Arbeit aufgenommen hat.

Damit ist der Arbeitsvertrag nichtig und kann keine Rechtsgrundlage für die Lohnzahlungsforderung des M sein.

II. Anspruch auf Lohnzahlung nach den Grundsätzen des fehlerhaften Arbeitsverhältnisses

Die Figur des fehlerhaften Arbeitsverhältnisses wurde aus der Erkenntnis heraus entwickelt, dass die Rückabwicklung eines bereits in Vollzug gesetzten Arbeitsvertrages auf praktische Schwierigkeiten stößt. So würde eine Rückabwicklung nach den (an sich einschlägigen) §§ 812 ff. BGB zu Unbilligkeiten führen. Zum einen hätte der Arbeitnehmer nur einen Anspruch auf Wertersatz für seine geleistete Arbeit, § 818 II BGB, wobei auch noch die Gefahr der Entreicherung bestünde, § 818 III BGB. Zum anderen sind die Rückabwicklungsvorschriften der ungerechtfertigten Bereicherung nur auf den einmaligen Leistungsaustausch zugeschnitten und tragen folglich den Schutzpflichten des Arbeitsverhältnisses nicht hinreichend Rechnung.

Voraussetzungen für die Annahme des fehlerhaften Arbeitsverhältnisses:

1. Abschluss eines Arbeitsvertrages, der nach allgemeinen Regeln nichtig oder anfechtbar ist.
2. Das Arbeitsverhältnis muss bereits in Vollzug gesetzt worden sein.
3. Die Mängel des Arbeitsverhältnisses dürfen nicht so schwerwiegend sein, dass deren Nichtbeachtung mit gewichtigen Interessen der Allgemeinheit oder einzelner Personen unvereinbar wäre.

Liegen die Voraussetzungen des fehlerhaften Arbeitsverhältnisses vor, so ist der Arbeitsvertrag bis zur Geltendmachung des Nichtigkeitsgrundes als voll wirksam zu behandeln. Die Geltendmachung des Nichtigkeitsgrundes (z.B. Anfechtung) hat ausnahmsweise lediglich eine ex-nunc Wirkung.

Fraglich ist, ob die Voraussetzungen des fehlerhaften Arbeitsvertrages gegeben sind. Der abgeschlossene Vertrag ist mangels Zustimmung der Eltern nichtig. Er wurde bereits in Vollzug gesetzt, da M im April gearbeitet hat.

Es stehen der Annahme auch keine Wertungsgesichtpunkte des fehlerhaften Arbeitsverhältnisses entgegen.

Die Grundsätze des fehlerhaften Arbeitsverhältnisses dürfen den Minderjährigenschutz zwar nicht unberücksichtigt lassen. Daraus folgt aber nur, dass diese Grundsätze nicht zu Lasten des Minderjährigen angewendet werden dürften. Der Arbeitgeber kann für die Vergangenheit keine vertraglichen Leistungs- oder Schadensersatzansprüche geltend machen. In dieser Hinsicht greift die Fiktion des fehlerhaften Arbeitsverhältnisses gerade nicht ein. Der Minderjährigenschutz hat hier Vorrang.

Verlangt jedoch der Minderjährige eine Vergütung für geleistete Arbeit, nachdem der Vertrag in Vollzug gesetzt wurde, so gelten zu seinen Gunsten die Grundsätze des fehlerhaften Arbeitsverhältnisses.

Damit gilt der Vertrag für die Zeit, in der er durchgeführt wurde, als wirksam.

Folglich kann M die Vergütung für den Monat April verlangen.

Die Berufung des A auf den Nichtigkeitsgrund, kann das fehlerhafte Arbeitsverhältnis nur mit ex-nunc Wirkung, also für die Zukunft beenden. Hierbei bedarf es keiner Einhaltung von Fristen.

V. Zusammenfassung

Sound: Nach Aufnahme der Arbeitsleistung durch den Minderjährigen kann sich der Arbeitgeber für die Vergangenheit nicht auf die Nichtigkeit des Vertrages berufen.

Beachten Sie: Diese Aussage gilt nur für Ansprüche des Minderjährigen gegen den Arbeitgeber. Die Grundsätze des fehlerhaften Arbeitsverhältnisses dürfen nicht zum Nachteil des Minderjährigen angewendet werden. Ansonsten würde der Schutz des § 107 BGB ausgehebelt, weil der Minderjährige wie aus einem wirksamen Vertrag verpflichtet wäre.

hemmer-Methode: Wichtig für das richtige Verständnis des fehlerhaften Arbeitsverhältnisses ist die Kenntnis der dahinter stehenden Wertungsaspekte, denn in erster Linie sollen damit Unbilligkeiten bei der Rückabwicklung verhindert werden. Zu beachten ist auch, dass neben Minderjährigkeit auch Sittenwidrigkeit (§ 138 BGB) und der Verstoß gegen ein Verbotsgesetz (§ 134 BGB) einer Anwendung der Grundsätze über das fehlerhafte Arbeitsverhältnis entgegenstehen können.

V. Zur Vertiefung

- Hemmer/Wüst/Gold, Bereicherungsrecht, Rn. 25
- Hemmer/Wüst, BGB-AT II, Rn. 55
- Hemmer/Wüst, KK BGB-AT I, Karteikarte Nr. 61
- Hemmer/Wüst/Krick, Arbeitsrecht, Rn. 302 ff.
- BGH, Life&Law 2009, 1 ff.; hier stellt der BGH klar, dass die Grundsätze nicht auf das Mietrecht übertragbar sind.

Fall 40: Saldotheorie und das Minderjährigenrecht

Sachverhalt:

Der 17-jährige M arbeitet gegen den Willen seiner Eltern als Zeitungszusteller drei Stunden täglich für den Zeitschriftenverlag V. M hatte bei Beginn der Beschäftigung auf Befragen des Prokuristen P mitgeteilt, dass seine Eltern mit dieser Beschäftigung einverstanden wären. Da M für seine Beschäftigung ein Fahrrad benötigte, verkaufte ihm der Zeitschriftenverlag ein neuwertiges Fahrrad für 100 €. M sollte das Fahrrad in Raten von 25 € an den Verlag zahlen. M zahlte 25 € an.

Als M am folgenden Tag losfahren wollte, musste er feststellen, dass sein Fahrrad trotz ausreichender Vorrichtungen entwendet wurde.

***Frage:** Kann M die bereits angezahlten 25 € zurückverlangen, wenn sich die Eltern weigern, irgendwelche Verträge ihres Sohnes anzuerkennen?*

I. Einordnung

Haben Sie keine Angst vor der Saldotheorie. Sie ist eine Ausnahme vom Gesetz und hat nur Bedeutung bei Bereicherungsansprüchen des Entreicherten.

Merken Sie sich diesen Satz und versuchen Sie ihn mit Hilfe des Falles zu verstehen: Der Wert der Entreicherung wird zum Abzugsposten des eigenen Bereicherungsanspruchs des Entreicherten.

II. Gliederung

I. Anspruch des M gegen V auf Rückzahlung von 25 € aus § 985 BGB

Keine Geldwertvindikation

II. Anspruch des M gegen V auf Rückgabe des Geldes aus §§ 951 i.V.m. 812 BGB

1. Kein vorheriger rechtsgeschäftlicher Erwerb

2. Gesetzlicher Erwerb durch Vermengung

⇨ §§ 951, 812 ff. BGB anwendbar Eingriffskondiktion (+), aber Entreicherung des M und gem. § 828 III BGB analog Bösgläubigkeit (+)

⇨ gem. §§ 819 I, 818 IV BGB Haftung nach allgemeinen Vorschriften §§ 292, 989 BGB

⇨ Untergang des Fahrrads nicht verschuldet

⇨ keine Haftung nach § 989, 292 BGB

⇨ M kann sich auf Entreicherung berufen

3. Anwendung der Saldotheorie

nicht zu Lasten des Minderjährigen

hier nur **Zweikondiktionenlehre** anwendbar

4. Ergebnis: Anspruch des M (+)

(P): M täuscht arglistig (a.A. deswegen gut vertretbar!)

III. Lösung

I. Anspruch des M gegen V auf Rückzahlung von 25 € aus § 985 BGB

M könnte einen Anspruch auf Herausgabe der 25 € gegen V haben, wenn er Eigentümer der Geldscheine und V ihr Besitzer ohne Recht zum Besitz ist.

Geld kann man wie einen normalen Gegenstand herausverlangen, solange es noch konkret individualisierbar im Vermögen des Anspruchsgegners vorhanden ist. Der Anspruch aus § 985 BGB entfällt aber, wenn das Geld in der Kasse mit anderen Geldscheinen vermengt wird. Die sog. Geldwertvindikation, die das Geld als Geldwertträger und nicht als Sache betrachtet, ist als contra legem abzulehnen. Sie verstößt insbesondere gegen den sachenrechtlichen Bestimmtheitsgrundsatz.

Auch führt die Geldwertvindikation zu einer nicht gerechtfertigten Besserstellung des Bargelds im Verhältnis zum Buchgeld (Überweisung). Bei diesem ist eine Vindikation nicht möglich. Auch die sog. Miteigentumslösung (vgl. § 947 I BGB) führt zu praktisch nicht lösbaren Problemen und großer Rechtsunsicherheit.

Damit steht M gegen V kein Rückzahlungsanspruch aus § 985 BGB zu.

II. Anspruch des M gegen V auf Rückgabe des Geldes aus §§ 951 i.V.m. 812 BGB

1. Anwendbarkeit des §§ 951 i.V.m. 812 ff. BGB

Gemäß §§ 947 II, 948 BGB erwirbt V dann (Allein-) Eigentum am Geld, wenn das Geld des M mit dem Geld in der Kasse vermengt wird, wobei das Geld in der Kasse als Hauptsache i.S.d. § 947 II BGB anzusehen ist. Üblicherweise befindet sich in der Kasse der größere Betrag. Somit könnte V kraft Gesetzes Eigentum erworben haben, so dass § 951 BGB Anwendung findet.

a) Rechtsgeschäftlicher Erwerb

§ 951 BGB ist aber nicht einschlägig, wenn V schon vorher das Eigentum wirksam nach §§ 929 ff. BGB erworben hat. Es könnte bereits vor der Vermengung in der Kasse eine wirksame Einigung zwischen M und V gerichtet auf Übereignung der 25 € vorgelegen haben.

(1) Einwilligung

Da es sich bei den 25 € um das Geld des Minderjährigen handelt und er durch die Verfügung seine Eigentumsposition an dem Geld verliert, ist das Rechtsgeschäft für ihn rechtlich nachteilig. Es erfordert zu seiner Wirksamkeit die Zustimmung der gesetzlichen Vertreter. Eine Einwilligung haben die Eltern ausdrücklich nicht erteilt.

(2) Partielle Geschäftsfähigkeit des M, § 113 BGB

Der M könnte jedoch ausnahmsweise in der Lage sein, die Verfügung über sein Geld treffen zu können, wenn er partiell geschäftsfähig wäre.

M wäre dann partiell voll geschäftsfähig, wenn er das Arbeitsverhältnis mit Einwilligung seiner gesetzlichen Vertreter eingegangen wäre.

Im Rahmen eines bewilligten Arbeitsverhältnisses könnte er selbstständig auch solche Verträge abschließen, die zur Erfüllung der Pflichten aus dem Arbeitsverhältnis erforderlich sind. Vorliegend fehlt jedoch die dazu notwendige Einwilligung der Eltern des M. Damit ist das Rechtsgeschäft auch nicht über den Rückgriff auf die Figur der partiellen Geschäftsfähigkeit wirksam (vgl. Fall 37 „Haftung eines Minderjährigen“).

(3) Genehmigung der Eltern

Eine nachträgliche Genehmigung haben die Eltern ausdrücklich verweigert. Damit ist die zunächst schwebend unwirksame Verfügung endgültig unwirksam.

b) Gesetzlicher Erwerb

M hat sein Geld nicht bereits im Wege eines rechtsgeschäftlichen Erwerbs an V verloren. Erst durch Vermengung in der Kasse erlangte V das Eigentum an dem Geld kraft Gesetzes. § 951 i.V.m. § 812 BGB finden Anwendung.

2. Etwas Erlangtes

V hat Besitz und Eigentum am Geld erlangt.

3. In sonstiger Weise

Der Minderjährige konnte wegen § 107 BGB das Eigentum an dem Geld nicht rechtsgeschäftlich übertragen. Vielmehr hat er nur Besitz geleistet. Das Eigentum ging erst durch Vermengung auf den V über. Damit hat V das Eigentum am Geld in sonstiger Weise erlangt.

4. Ohne Rechtsgrund

Der Rechtsgrund könnte das Arbeitsverhältnis sein. Dieses ist aber unwirksam, da eine Einwilligung der gesetzlichen Vertreter des M fehlte, §§ 107, 113 BGB.

Neben dem Arbeitsverhältnis könnte aber ein selbständiger Kaufvertrag über das Fahrrad bestehen. Wegen der Kaufpreisverpflichtung wäre dieser rechtlich nachteilig, so dass auch er mangels Einwilligung oder Genehmigung nach § 107 BGB unwirksam wäre.

Die Wirksamkeit des Kaufvertrages könnte sich aber aus § 110 BGB ergeben. § 110 BGB greift jedoch nur ein, wenn der Minderjährige die gesamte Vertragsleistung schon bewirkt hat. Der Vertrag ist dann erst mit der Erfüllung nach § 362 BGB wirksam.

Anzahlung und Ratenzahlung genügen hierfür nicht, solange nicht die letzte Rate gezahlt ist.

Der Kaufvertrag könnte gem. § 113 BGB wirksam sein. Es fehlt jedoch an der Genehmigung der Eltern für den zugrunde liegenden Arbeitsvertrag (s.o.).

Ein weiterer Rechtsgrund ist nicht ersichtlich.

5. Rechtsfolge

V ist verpflichtet gem. § 818 II BGB Wertersatz i.H.v. 25 € zu leisten.

6. Saldotheorie

a) Entreicherung des M

Der M ist ebenfalls verpflichtet den Wertersatz gem. § 818 II BGB für das untergegangene Fahrrad zu leisten.

Diese Pflicht könnte aber gem. § 818 III BGB entfallen sein. Grundsätzlich erlischt die Pflicht zur Herausgabe oder zum Wertersatz, wenn der Bereicherungsschuldner einen kausalen Vermögensnachteil erleidet. Das wäre vorliegend der Fall, da das Fahrrad untergegangen ist.

Allerdings bleibt diese Verteidigungsmöglichkeit dem Bereicherungsschuldner dann abgeschnitten, wenn er nach §§ 818 IV, 819 I, 292, 989 BGB verschärft haftet. Dann muss er trotz seiner Entreicherung Wertersatz leisten.

Wie im Ausgangsfall festgestellt, war M bösgläubig i.S.d. § 819 I BGB. Es kommt insoweit auf seine Einsichtsfähigkeit an. Er haftet somit nach allgemeinen Vorschriften, § 818 IV BGB.

Zu den allgemeinen Vorschriften i.S.d. § 818 IV BGB gehören auch § 292 i.V.m. §§ 989, 990 BGB. Es handelt sich dabei um eine teilweise Rechtsfolgenverweisung. Zwar ist die Vindikationslage (EBV) nicht erforderlich, der Untergang der Sache muss jedoch auf einem Verschulden des M beruhen.

Da jedoch das Fahrrad <u>unverschuldet</u> untergegangen ist, fehlt es an der Verschuldensvoraussetzung der §§ 292, 989 BGB. Damit haftet M nicht nach den allgemeinen Vorschriften, § 818 IV BGB. Die verschärfte Haftung tritt somit trotz seiner Bösgläubigkeit nicht ein. Ihm ist die Verteidigungsmöglichkeit des § 818 III BGB (Berufung auf Entreicherung) nicht abgeschnitten.

b) Anwendbarkeit der Saldotheorie

Die strikte Anwendung des Gesetzeswortlautes würde dazu führen, dass zwei voneinander unabhängige Ansprüche bestehen (die sog. Zweikondiktionenlehre): M kann von V 25 € verlangen und V von M Wertersatz für das Fahrrad.

Dieses Gleichgewicht ist aber zerstört, wenn wie vorliegend eine Partei entreichert ist und seine Entreicherung geltend machen kann. In diesem Fall führt das Festhalten am Gesetzeswortlaut zu einer Benachteiligung des Sachgläubigers und einem ungerechten Vorteil für den Geldgläubiger, denn der Geldschuldner wird sich nicht auf Entreicherung berufen können („Geld hat man zu haben"). Der Geldgläubiger könnte immer kondizieren, während er sich selbst auf § 818 III BGB berufen könnte.

Um diese Unbilligkeit zu vermeiden, wurde die sog. Saldotheorie entwickelt. Statt der isolierten Rückabwicklung jeder fehlgeschlagenen Leistung soll von vornherein nur ein einheitlicher Bereicherungsanspruch zugunsten desjenigen bestehen, für den sich ein positiver Saldo ergibt: Gleichartige Ansprüche werden automatisch saldiert. Ist eine Partei nach § 818 III BGB entreichert, so wird der Wert ihrer Entreicherung zum Abzugsposten bei ihrem eigenen Bereicherungsanspruch.

Vorliegend würde also die Entreicherung des M in Höhe von 100 € (Wert des Fahrrades) von eigenem Bereicherungsanspruch (25 €) abgezogen. Da ein Abzug eigener Entreicherung vom eigenen Bereicherungsanspruch maximal bis auf Null zulässig ist, hätte M gegen V gar keinen Rückzahlungsanspruch.

c) Einschränkung der Saldotheorie

Die Saldotheorie muss jedoch dort zurücktreten, wo gesetzliche Wertungen ausgehebelt würden. So darf der Minderjährigenschutz durch die Anwendung der Saldotheorie nicht umgegangen werden.

Der Minderjährige darf nicht entgegen der Wertung der §§ 104 ff. BGB faktisch am Vertrag festgehalten werden, da er sonst zum „Quasi-Vertragspartner" werden würde. Die Saldotheorie ist deswegen nicht zu Lasten des Minderjährigen anwendbar. Somit bleibt es bei den zwei von einander unabhängigen Ansprüchen M gegen V und V gegen M, ohne dass das Schicksal des einen Anspruchs durch das Schicksal des anderen Anspruchs beeinflusst wird. (sog. **Zweikondiktionenlehre**).

6. Ergebnis

M kann von V die Rückzahlung der 25 € verlangen.

Anmerkung: Die Saldotheorie ist, wie gerade gesehen, gegenüber Minderjährigen nicht anwendbar.
Es bleibt hier aber unberücksichtigt, dass M zugleich derjenige war, der den Verkäufer V arglistig getäuscht hat. In diesem besonderen Fall treffen zwei Wertungsgesichtspunkte aufeinander. Zum einen wird nur die Zweikondiktionenlehre dem Minderjährigenschutz gerecht, zum anderen wird dadurch ein arglistig Täuschender bevorzugt. Dies widerspricht aber dem Grundgedanken, dass der arglistig Täuschende nicht schutzwürdig ist. Damit ist eine andere Ansicht und die Anwendung der Saldotheorie ebenso gut vertretbar.

IV. Zusammenfassung

Sound: Die Saldotheorie ist gegenüber von Minderjährigen nicht anwendbar.

Auch hier überwiegt die Wertung des Minderjährigenschutzes gem. §§ 106 ff. BGB den Schutz des Vertragspartners. Das Bereicherungsrecht darf sich nicht über den Sinn und Zweck der §§ 106 ff. BGB hinwegsetzen.

hemmer-Methode: Anhand dieses Falles wird es besonders deutlich, dass es in der Klausur nicht nur auf das Auswendiglernen von Meinungen ankommt. Öfters werden bei entsprechend guter Argumentation beide Ansichten vertretbar sein.

V. Zur Vertiefung

- Hemmer/Wüst/Gold, Bereicherungsrecht, Rn. 498

Kapitel IV: Formbedürftige Rechtsgeschäfte

Fall 41: Form im Zivilrecht

Sachverhalt:

B teilt dem Gläubiger G per Telefax mit, er verbürge sich für die (genauer bezeichnete) Schuld seines Freundes S. Kann G den B in Anspruch nehmen, wenn S nicht bezahlt?

Abwandlung: *Wie wäre es, wenn B statt eines Telefaxes eine E-Mail verschickt hätte?*

I. Einordnung

„Den Bürgen soll man würgen".

Der Bürge haftet im Gegensatz zur Grundschuld oder Hypothek mit seinem gesamten Vermögen. Von daher besteht für die Bürgschaftserklärung eines Bürgen ein strenger Formzwang, vgl. § 766 S 1 BGB. Die Nichtbeachtung des Schrifterfordernisses führt zur Nichtigkeit der Bürgschaft, § 125 S. 1 BGB.

II. Gliederung

Anspruch des G gegen B auf Zahlung aus § 765 BGB

I. Wirksamer Bürgschaftsvertrag

1. Inhalt:
Abgrenzung zum Garantievertrag und Schuldbeitritt

2. Formwirksamkeit, §§ 766, 126 I BGB
nur der Erklärung des Bürgen

a) Eigenhändige Unterschrift
⇨ bei einer Telekopie (-)

b) Textform, § 126b BGB
anwendbar nur, wenn das Gesetz dies vorschreibt ⇨ bei Bürgschaft (-)

c) Heilung des Formfehlers, § 766 S. 3 BGB
Vor. nicht gegeben

II. Ergebnis: Schriftform nicht eingehalten
⇨ Bürgschaft unwirksam
⇨ kein Anspruch G gegen B aus § 765 BGB

Abwandlung:

Anspruch des G gegen B auf Zahlung aus § 765 BGB

E-Mail als elektronische Form, § 126 III BGB, aber Vorauss. des § 126a BGB fraglich

Jedenfalls elektronische Form für Bürgschaft nicht zugelassen, §§ 126 III a.E., 766 S. 2 BGB

⇨ wegen Formmangels keine Bürgschaft

III. Lösung

Anspruch des G gegen B auf Zahlung aus § 765 BGB

G könnte gegen B einen Anspruch auf Bezahlung der Schuld des S haben, wenn B sich hierfür wirksam verbürgt hätte.

I. Wirksamer Bürgschaftsvertrag

1. Inhalt der Vereinbarung

Zunächst müsste ein wirksamer Bürgschaftsvertrag vorliegen. Dieser kommt zustande durch zwei übereinstimmende Willenserklärungen. B und G haben sich darüber geeinigt, dass B die Schuld des S im Falle seiner Nichterfüllung begleichen wird. Damit liegen zwei übereinstimmende Willenserklärungen vor , die gerichtet sind auf den Abschluss eines Bürgschaftsvertrages. Auf den Zugang der Annahmeerklärung des G wird hier nach § 151 BGB verzichtet (s. dazu Fall 17 „Tod des Antragenden").

Anmerkung: Die Bürgschaft ist von dem **Garantievertrag** und dem **Schuldbeitritt** zu unterscheiden. Der Garantievertrag ist die Gefährlichste der drei Formen, da er von der Entstehung und dem Fortbestand der Hauptschuld unabhängig ist. Der Schuldbeitritt ist zwar in seiner Entstehung vom Bestehen der Hauptschuld abhängig, kann jedoch nach seiner Begründung eigene Wege gehen (vgl. § 425 BGB). Dagegen ist die Bürgschaft in der Entstehung, Fortbestand und Entwicklung von der Hauptschuld abhängig (akzessorisch). Welche Form der Verpflichtung die Parteien gewollt haben, ist durch Auslegung §§ 133, 157 BGB zu ermitteln. Die Verwendung des Wortes „Bürgschaft" im Vertrag ist zwar ein starkes Indiz, schließt jedoch insbesondere bei Nichtjuristen eine andere Vertragsform nicht aus.

2. Formwirksamkeit der Bürgschaftserklärung, § 766 BGB

Die Erklärung des Bürgen bedarf gem. § 766 S. 1 BGB zu ihrer Wirksamkeit der Schriftform. Fraglich ist, ob B diese Schriftform eingehalten hat.

Welche Anforderungen an die Schriftform zu stellen sind, bestimmt § 126 I BGB. Danach muss die Urkunde von dem Aussteller eigenhändig durch Namensunterschrift unterzeichnet werden, § 126 I 1.Alt. BGB.

Zwar sind hier in der eigenhändig unterschriebenen Urkunde alle wesentlichen Angaben zu Inhalt und Umfang der Bürgschaftsverpflichtung enthalten, so dass die Originalurkunde die Schriftform gem. § 126 I BGB erfüllt. Problematisch ist aber, ob die per Telefax übertragene Urkunde, die den G erreicht, den Anforderungen der §§ 766 S. 1, 126 I BGB genügt.

a) Eigenhändige Unterschrift

Fraglich ist, ob hier eine eigenhändige Unterschrift in diesem Sinne vorliegt. Die Telekopie enthält nur eine Kopie der Originalunterschrift, aber eben keine eigene Unterschrift.

Wie sich aus § 127 II 1 BGB entnehmen lässt, genügt dies zwar im Zweifel für die Einhaltung der gewillkürten Schriftform, nicht aber für die gesetzliche Schriftform des § 126 BGB. Daher ist § 126 I BGB nicht erfüllt.

Fraglich ist jedoch, ob Sinn und Zweck der §§ 126 I, 766 S. 1 BGB die Telekopie zur Wahrung der Schriftform genügen lassen.

Durch die Einführung der Schriftform verfolgte der Gesetzgeber mehrere Ziele. Zum einen soll die Schriftform den Erklärenden warnen und ihm eine gewisse Bedenkzeit geben.

Sie soll ihn so vor übereilten und unüberlegten Entscheidungen schützen (Warn- und Schutzfunktion). Zum anderen soll die Schriftform auch die Authentizität der Urkunde gewährleisten (Beweis- und Identitätsfunktion).

Anmerkung:
Weitere Funktionen der Schriftform:
1. Abschlussfunktion, insb. beim Testament, § 2247 BGB
2. Perpetuierungsfunktion
3. Echtheitsfunktion

Hinsichtlich der Warnfunktion macht es einen Unterschied, ob der Bürge lediglich ein Fax schickt, die Originalurkunde aber behält oder ob er dieses Original aus den Händen gibt. Da § 766 BGB die „Erteilung" der Erklärung verlangt, ist es nach ganz h.M. erforderlich, dass die Originalurkunde ausgehändigt wird.

Damit kann hier nicht vom Wortlaut des § 126 I BGB abgewichen werden. Das Fax ist keine formgültige Bürgschaftserklärung i.S.v. §§ 766 S. 1, 126 I BGB.

b) Textform

Das Telefax, das eine Kopie der eigenhändigen Unterschrift des B beinhaltet, könnte jedoch der Textform i.S.d. § 126b BGB genügen.

Die Textform verlangt nur, dass eine Nachbildung der Namensunterschrift am Ende der Urkunde erfolgt (Abschlussfunktion).

Ein Telefax mit abgebildeter Unterschrift erfüllt unproblematisch diese Voraussetzungen, so dass möglicherweise die Bürgschaftserklärung nicht wegen eines Formmangels unwirksam ist.

Die durch § 126b BGB eingeführte neue Form ersetzt jedoch nicht die Schriftform. Sie kann nur dann zur Anwendung kommen, wenn das Gesetz es vorschreibt. Bei einer Bürgschaftserklärung ist dies aber gerade nicht der Fall.

Anmerkung: Im BGB nehmen u.a. die §§ 554 III 1, 556a II, 556b II 1, 560 I, IV, 613a V, 355 ff. BGB auf die Textform Bezug.

c) Ersetzung der Schriftform durch die elektronische Form oder notarielle Beurkundung, § 126 III, IV BGB

Die Schriftform kann immer durch notarielle Beurkundung (§ 126 IV BGB) und in den gesetzlich geregelten Fällen durch die elektronische Form (§ 126 III BGB) ersetzt werden. Beide Fälle liegen hier nicht vor.

d) Heilung des Formfehlers gem. § 766 S. 3 BGB

Der unwirksame Bürgschaftsvertrag kann geheilt werden, wenn der Bürge die Hauptverbindlichkeit erfüllt. Das ist aber gerade noch nicht erfolgt. Somit scheidet die Möglichkeit der Heilung nach § 766 S. 3 BGB aus.

II. Ergebnis

Die Schriftform des § 126 I BGB wurde nicht eingehalten. Damit ist die Bürgschaftserklärung des B gem. § 125 S. 1 BGB nichtig. Ein wirksamer Bürgschaftsvertrag ist mangels zweier wirksamer Willenserklärungen nicht zustande gekommen. G hat keinen Anspruch gegen B aus § 765 BGB.

Abwandlung

Anspruch des G gegen B auf Zahlung aus § 765 BGB

Zu prüfen ist die Wirksamkeit des Bürgschaftsvertrages. Auch hier ist vor allem die Einhaltung der gesetzlich vorgeschriebenen Schriftform fraglich. Eine eigenhändig unterschriebene Urkunde liegt in einer E-Mail nicht vor. Damit sind die Voraussetzungen an die Schriftform nicht erfüllt. Auch eine teleologische Reduktion des §§ 126 I, 766 S. 1 BGB ist nicht möglich (s.o.).

a) Elektronische Form

In Betracht kommt aber die Einhaltung der Formvorschriften durch die elektronische Form, gem. § 126 III BGB. Sie ersetzt die herkömmliche Unterschrift gleichwertig, d.h. das gesetzliche Schriftformerfordernis des § 126 BGB wird hierdurch erfüllt.

Anmerkung: Für die durch die Parteien vereinbarte Schriftform gilt § 127 III BGB, wobei allerdings geringere Anforderungen an die Einhaltung der Form gestellt werden, „soweit nicht ein anderer Wille anzunehmen ist".

Was unter „elektronischer Form" zu verstehen ist, bestimmt § 126a BGB. Die Erklärung muss insbesondere eine qualifizierte Signatur enthalten (gem. dem Verfahren der sog. asymmetrischen Kryptographie nach dem Signaturgesetz). Ob die E-Mail des B diese Anforderungen erfüllt, kann dahingestellt bleiben, wenn die Form aus anderen Gründen unwirksam ist.

Die elektronische Form wird nicht für alle Fälle zugelassen, daher ist zu beachten, dass sie nicht durch Gesetz ausgeschlossen ist. § 126 III a.E.: „Wenn sich nicht aus dem Gesetz ein anderes ergibt".

Einen solchen Ausschluss beinhaltet aber § 766 S. 2 BGB.

Anmerkung: Die elektronische Form wird auch durch §§ 623 HS. 2, 630 S. 3, 761 S. 2, 780 S. 2, 781 S. 2 BGB ausgeschlossen.

b) Ergebnis

Damit ist eine Bürgschaftserklärung per E-Mail nicht wirksam und gem. § 125 S. 1 BGB nichtig. G kann B aus der Bürgschaft nicht in Anspruch nehmen.

IV. Zusammenfassung

Sound: Die Bürgschaftserklärung erfordert zu ihrer Wirksamkeit die Schriftform, §§ 766 S. 1, 125 S. 1 BGB.

Eine die Schriftform ersetzende elektronische Form ist bei der Bürgschaft gesetzlich ausgeschlossen, §§ 126 III, 766 S. 2 BGB.

Beachten Sie, dass Verträge grundsätzlich formfrei sind. Ein Formzwang, der eine Ausnahme darstellt muss gesetzlich angeordnet werden.

Die wichtigsten Vorschriften, die den Formzwang anordnen sind im BGB: §§ 311 I b, 623, 766 S. 1 BGB. Beachten Sie, dass auch §§ 550, 585a BGB die Schriftform vorsehen.

Ihre Nichtbeachtung führt aber nicht zur Unwirksamkeit, sondern zum Abschluss des Mietvertrages (Landpachtvertrages) auf unbestimmte Zeit. Das hängt mit der unterschiedlichen Funktion der Schriftform zusammen. Bei Mietverträgen soll diese lediglich dem Beweis des Vertragsabschlusses dienen.

hemmer-Methode: Verschiedene Formvorschriften können unterschiedliche Schutzzwecke verfolgen. Die Unterteilung des Formzwangs in diese verschiedenen Schutzzwecke ist keine bloße Förmelei, denn der Schutzzweck entscheidet letztendlich darüber, ob und ggf. unter welchen Voraussetzungen eine Formvorschrift disponibel ist.

V. Zur Vertiefung

- Hemmer/Wüst, Basics Zivilrecht , Bd. 1, Rn. 79
- Hemmer/Wüst, BGB-AT I, Rn. 158 ff.
- Hemmer/Wüst, BGB-AT II, Rn. 70 ff.
- Hemmer/Wüst, BGB-AT I, KK Karteikarte Nr. 70

Fall 42: Edelmannfall

Sachverhalt:

S verspricht G als Belohnung für geleistete Dienste die Übereignung eines Grundstückes. Dem Verlangen des G nach notarieller Beurkundung entgegnet S, er sei von Adel, sein Wort als Edelmann genüge.

Frage: *Ist der Vertrag wirksam?*

I. Einordnung

Wird die gesetzlich vorgeschriebene Form nicht beachtet, so ist das Rechtsgeschäft gem. § 125 S. 1 BGB nichtig. Auch der gute Glaube hilft grundsätzlich nicht über eine Formunwirksamkeit hinweg.

In besonderen Ausnahmefällen jedoch kann nach § 242 BGB unter dem Gesichtspunkt einer unzulässigen Rechtsausübung das Rechtsgeschäft trotz Formnichtigkeit als wirksam zu behandeln sein. Dies ist immer dann der Fall, wenn die Berufung auf Formnichtigkeit zu **schlechthin unerträglichen Ergebnissen** führen würde.

II. Gliederung

Wirksamkeit des Vertrages

1. **Beachtung der Form**

a) **notarielle Beurkundung**, § 311b I 1 BGB (-)

b) Heilung nach § 311b I 2 BGB (-)
⇨ KV nichtig, § 125 S. 1 BGB

c) **Durchbrechung des § 125 BGB** durch die Grundsätze von Treu und Glauben,
§ 242 BGB
⇨ schlechthin untragbares Ergebnis?
Nach RG (-), G hat das Risiko der Vorleistung ohne formwirksamen Vertrag bewusst und freiwillig übernommen
Nach BGH (+), bedenklich, da G den Formmangel kannte

2. **Ergebnis:**
BGH: KV (+)
RG: Formnichtigkeit (+) ⇨ KV (-)

III. Lösung

Wirksamkeit des Vertrages

Der zwischen G und S geschlossene Vertrag ist wirksam, wenn zwei übereinstimmende Willenserklärungen gerichtet auf Abschluss dieses Vertrages wirksam abgegeben wurden und alle sonstigen Vorschriften eingehalten wurden. Insbesondere müssen die Parteien die für den Vertrag vorgeschriebene Form beachtet haben.

1. Beachtung der Formvorschriften

a) Notarielle Beurkundung

Problematisch ist hier die Einhaltung der Formvorschriften. Gem. § 311b I 1 BGB bedarf der Kaufvertrag, als Verpflichtungsgeschäft über die Verfügung über ein Grundstück der notariellen Beurkundung.

Eine solche Beurkundung durch einen Notar ist unterblieben.

b) Heilung des Formmangels

Grds. könnte nach § 311b I 2 BGB Heilung eintreten, wenn die Auflassung und die Eintragung in das Grundbuch erfolgt sind. Da dies hier nicht der Fall ist kommt eine Heilung nicht in Betracht.

Damit ist der Kaufvertrag gem. § 125 S. 1 BGB nichtig.

Anmerkung: Die Frage nach der Heilung kann auch noch an anderer Stelle bedeutsam sein. Vgl. Sie zum einen den Fall 7 hinsichtlich des Scheingeschäfts gem. § 117 BGB. Zum anderen stellt sich im Rahmen des § 442 I S.1 BGB die Frage, worauf hinsichtlich des Zeitpunkts des Vertragsschlusses abzustellen ist. Nach Ansicht des BGH kommt es nicht auf die Heilung an, sondern auf den Zeitpunkt der Abgabe der Willenserklärungen. Demnach kann der Käufer im Zeitpunkt der Heilung Kenntnis vom Mangel haben, ohne seine Rechte gem. § 442 I S.1 BGB zu verlieren, vgl. BGH, Life&Law 2011, 758 f.

c) Durchbrechung des § 125 BGB durch die Grundsätze von Treu und Glauben

Fraglich ist, ob diese für G scharfe Rechtsfolge aus Billigkeitsgründen aufgelockert werden kann. Dafür müsste es sich um einen der eng begrenzten Ausnahmefälle handeln, in dem die Nichtigkeit für die betroffene Partei schlechthin untragbar wäre. Ein hartes Ergebnis alleine genügt noch nicht. Ob der vorliegende Fall eine solche Ausnahme von der Formunwirksamkeit rechtfertigt, ist sehr umstritten.

Das Reichsgericht (RG) hat in seiner Rechtsprechung die Wirksamkeit des Vertrages und den Erfüllungsanspruch des G verneint. Es sah eine Ausnahme zur Formunwirksamkeit nicht begründet. Ein schlechthin untragbares Ergebnis liege in solchen Fällen nicht vor. G hat das Risiko der Vorleistung ohne formwirksamen Vertrag bewusst und freiwillig übernommen. Die Nachteile, die mit der Formunwirksamkeit verbunden sind, muss er selbst tragen. Wenn er das Risiko nicht eingehen wollte, so hätte er den formlosen Vertrag nicht abschließen dürfen. Die Hoffnung des G, der S werde sein Wort als Edelmann erfüllen, ist unbeachtlich. Wer nämlich seinen Vertrag bewusst nicht dem Recht unterstellt, dem hilft das Recht nicht.

Demgegenüber hat der BGH diese Auffassung korrigiert und einen Fall des **schlechthin untragbaren Ergebnisses** angenommen. Er gewährt in solchen Fällen den Erfüllungsanspruch über § 242 BGB.

Diese Rechtsprechung ist freilich dogmatisch nicht unbedenklich und beeinträchtigt die Rechtssicherheit. Vor allem aber kannte G den Formmangel. Er hat sich nur durch die Worte des S vom Einschalten des Notars abhalten lassen. Wer jedoch den Formmangel kennt, verdient keinen Schutz, mag ihm auch der Vertragspartner die Gültigkeit fest versprochen haben.

2. Ergebnis

Damit kann der Formmangel vorliegend nicht über die Grundsätze von Treu und Glauben überwunden werden. Der Vertrag ist formunwirksam und damit nach § 125 S. 1 BGB nichtig.

IV. Zusammenfassung

Sound: Die Nichtigkeitsfolge bei Nichtbeachtung gesetzlicher Formvorschriften tritt nicht ein, wenn die Berufung auf den Formmangel unter dem Gesichtspunkt von Treu und Glauben, § 242 BGB, zu schlechthin unerträglichen Ergebnissen führen würde.

Ein hartes Ergebnis genügt nicht, es muss schlechthin untragbar sein. Das Rechtsgeschäft ist in diesem Falle trotz Formunwirksamkeit gültig. Dabei handelt es sich aber um keine Heilung, sondern um eine Überwindung des Formerfordernisses.

hemmer-Methode: Sofern man nicht über § 242 BGB die Unbeachtlichkeit der Formnichtigkeit bejahen kann, kommt ein Anspruch aus §§ 280 I, 311 II, 241 II BGB in Betracht, der u.U. auf das Erfüllungsinteresse gehen kann. Dies ist dann der Fall, wenn es ohne die schuldhafte Pflichtverletzung des einen Vertragspartners zum formgerechten Vertragsabschluss gekommen wäre. Dieser Anspruch geht nach dem BGH allerdings nur auf Geldersatz. Im Falle des § 311b I 1 BGB ist der Schadensersatz dann auf Zahlung des Kaufpreises eines gleichwertigen Grundstücks gerichtet.

V. Zur Vertiefung

- Hemmer/Wüst, Basics Zivilrecht , Bd. 1, Rn. 81 a.E
- Hemmer/Wüst, BGB-AT I, Rn. 174 ff.
- Hemmer/Wüst, BGB-AT II, Rn. 100 ff.
- Hemmer/Wüst, KK BGB-AT I, Karteikarte Nr. 82

Fall 43: Ausnahmen von der Formbedürftigkeit des Vertrages

Sachverhalt:

Der Bauunternehmer A errichtete eine Wohnungsanlage und verkaufte Eigentumswohnungen an Interessenten. B war am Kauf einer Wohnung interessiert, jedoch geschäftlich völlig unerfahren. A erkannte dies und erklärte, solche Verträge benötigen keiner notariellen Beurkundung, eine schriftliche Vereinbarung reiche aus. B schenkte dieser Mitteilung Glauben und vertraute auf die geschäftliche Erfahrung des A. Dieser wollte sich dadurch vorbehalten, dem B die Wohnung doch nicht zu verkaufen, wenn sich ein zahlungskräftiger Käufer findet. B leistete eine Anzahlung und kündigte zu dem geplanten Einzugstermin seine Mietwohnung. A fand jedoch tatsächlich einen anderen Kaufinteressenten, der für die Wohnung mehr zu zahlen bereit war und verweigerte dem B gegenüber die Erfüllung des Vertrages. Er meint, der Kaufvertrag sei mangels Einhaltung der Formvorschriften nichtig.

Frage: *Kann B die Erfüllung des Kaufvertrages verlangen?*

I. Einordnung

Hat ein Vertragsteil seinen Geschäftspartner arglistig über die Formbedürftigkeit getäuscht, um so über § 125 BGB der vertraglichen Bindung zu entgehen, gewährt die h.M. dem anderen Teil einen Erfüllungsanspruch und das Wahlrecht, ob er den Vertrag als wirksam behandeln möchte oder nicht.

Merken Sie sich, dass diese Ausnahmen eines schwerwiegenden Eingriffs bedürfen, ein hartes Ergebnis reicht noch nicht aus.

II. Gliederung

Anspruch B gegen A auf Übereignung und Verschaffung des Besitzes an der Wohnung aus § 433 I 1 BGB

Vorbehalt des A unbeachtlich, § 116 S. 1 BGB

1. **Beachtung der Formvorschriften**, §§ 311b I 1 BGB, 4 III WEG
   ⇨ notarielle Beurkundung erforderlich
   Hier: Schriftform nicht genügend
   Heilung, § 311b I 2 BGB (-), da Auflassung und Eintragung ins Grundbuch noch nicht erfolgt sind
   ⇨ RG grds. nichtig
2. **Durchbrechung des § 125 BGB durch Treu und Glauben, § 242 BGB**
   ⇨ Ausnahmsweise keine Formnichtigkeit, wenn das Ergebnis der Nichtigkeit für die betreffende Partei schlechthin untragbar wäre, ein hartes Ergebnis genügt nicht
   (+) bei **arglistiger Täuschung** einer Vertragspartei über die Formbedürftigkeit des Vertrages, um später gegebenenfalls die Nichtigkeit geltend zu machen
3. **Ergebnis:** Wahlrecht des Käufers: Nichtigkeit des Vertrages und Ersatz des Vertrauensschadens nach § 826 BGB oder Erfüllungsanspruch
   Hier: Erfüllungsanspruch geltend gemacht, § 433 I 1 BGB (+)

III. Lösung

Anspruch des B gegen A auf Übereignung und Verschaffung des Besitzes an der Wohnung aus § 433 I 1 BGB

B könnte von A die Übergabe der Wohnung und die Verschaffung des Eigentums hieran verlangen, wenn zwischen ihnen ein wirksamer Kaufvertrag geschlossen wurde.

1. Wirksamer Kaufvertrag

Voraussetzung für einen wirksamen Kaufvertrag ist das Vorliegen zweier übereinstimmender Willenserklärungen. A und B haben sich über den Kauf einer Wohnung geeinigt. Damit liegen zwei mit Bezug aufeinander abgegebene übereinstimmende Willenserklärungen vor. Fraglich ist aber, ob der Vorbehalt des A, er wollte die Wohnung an B nur dann verkaufen, wenn sich kein anderer zahlungskräftiger Käufer finde, Inhalt des Vertrages geworden ist.

a) Bedingung

Es könnte sich dabei um eine aufschiebende Bedingung i.S.d. § 158 I BGB handeln. Eine Bedingung bewirkt, dass die Wirkung eines Rechtsgeschäfts von einem in der Zukunft liegenden ungewissen Ereignis abhängig ist. Bei einer aufschiebenden Bedingung treten die Rechtswirkungen des Vertrages erst mit dem Eintritt des Ereignisses ein. Davor bestehen noch keine Verpflichtungen.

Voraussetzung einer jeder Bedingung ist aber, dass sich die Vertragsparteien über die Bedingung als Bestandteil des Vertrages geeinigt haben.

Das war hier gerade nicht der Fall, da B von dem Vorbehalt des A nichts gewusst hat. Damit liegt keine aufschiebende Bedingung, die Vertragsinhalt geworden ist, vor

b) Geheimer Vorbehalt

In dem Vorbehalt des A, den Kaufvertrag mit B nicht abschließen zu wollen, wenn ein anderer Kunde mehr zahlt, könnte vielmehr ein geheimer Vorbehalt liegen. Da der Vertragspartner B den Vorbehalt des A nicht kannte, bleibt die von A erklärte Einigung trotz des Vorbehaltes wirksam, § 116 S. 1 BGB.

Damit ist Inhalt des Kaufvertrages zwischen A und B ein bedingungsloser Kauf der Wohnung geworden.

c) Beachtung der Formvorschriften

Der Wirksamkeit des Kaufvertrages könnten aber die §§ 311b I 1 BGB, 4 III WEG entgegenstehen. Ein Kaufvertrag über eine Eigentumswohnung bedarf zu seiner Wirksamkeit der notariellen Beurkundung. Es handelt sich dabei um eine gesetzlich vorgeschriebene Form, deren Nichtbeachtung die Nichtigkeit des Vertrages zur Folge hat, § 125 S. 1 BGB. Vorliegend wurde der Kaufvertrag nicht notariell beurkundet, sondern lediglich privatschriftlich festgehalten. Diese Schriftform genügt nicht dem vorgeschriebenen Formerfordernis.

Der Formmangel wäre jedoch geheilt, wenn die Auflassung und die Eintragung ins Grundbuch erfolgt wären, § 311b I 2 BGB. Da weder das Eine noch das Andere vorliegen, scheidet eine Heilung aus.

Der Kaufvertrag zwischen A und B ist mangels Einhaltung der Form gem. § 125 S. 1 BGB nichtig.

d) Durchbrechung des § 125 BGB durch Treu und Glauben

Fraglich ist, ob die Berufung des A auf den Formmangel mit den Grundsätzen von Treu und Glauben vereinbar ist. Grundsätzlich ist die Rechtsfolge bei Vorliegen eines Formmangels zwingend und einer Korrektur nicht zugänglich. Dies ergibt sich aus dem Sinn und Zweck der Formvorschriften. Diese erfüllen Beratungs-, Kontroll-, Warn- und Schutz-, Beweis- sowie Identitätsfunktion. Der Formzwang der notariellen Beurkundung hat insbesondere eine Schutzfunktion. Der Notar soll den Interessenten aber auch sachlich beraten und auf die mit dem Geschäft verbundenen Risiken hinweisen. Der Käufer soll vor übereilten Entscheidungen geschützt werden. Jede Abweichung vom Formzwang kann zu einem Leerlaufen dieser Zwecke führen. Deswegen sind die Ausnahmen von § 125 BGB besonders restriktiv zu handhaben.

Ausnahmefälle werden über § 242 BGB unter dem Gesichtspunkt der unzulässigen Rechtsausübung begründet. Das Rechtsgeschäft ist dann trotz der Formnichtigkeit ausnahmsweise als wirksam zu behandeln.

Eine Unvereinbarkeit mit Treu und Glauben liegt aber nur dann vor, wenn das Ergebnis der Nichtigkeit für die betreffende Partei schlechthin untragbar wäre, ein bloß hartes Ergebnis genügt nicht.

Wann die Formnichtigkeit schlechthin untragbar ist, ist jedoch schwierig zu bestimmen. Deswegen wurden Fallgruppen herausgebildet, bei deren Vorliegen diese Ausnahme angenommen werden kann.

Zu diesen Fallgruppen gehört eine arglistige Täuschung einer Vertragspartei über die Formbedürftigkeit des Vertrages, um später gegebenenfalls die Nichtigkeit der Erklärung geltend zu machen.

A hat den B vorsätzlich über die Form getäuscht, um sich eventuelle spätere Vorteile zu sichern. Würde man hier § 125 S. 1 BGB anwenden, hätte A das von ihm gewünschte Ziel erreicht. Die vertragliche Bindung wäre nicht eingetreten. B könnte lediglich über §§ 311 II Nr. 3, 241 II, 280 I BGB und § 826 BGB den Ersatz des negativen Interesses (Vertrauensschadens) verlangen. A wäre dann so zu stellen, wie er stehen würde, wenn er nicht auf die Gültigkeit des Vertrages vertraut hätte. A könnte die Anzahlung und die Mehrkosten der Mietwohnung nach dem Übergabetermin verlangen, nicht aber die Übereignung der Wohnung.

In diesem Fall wird dem Getäuschten unter Hinweis auf § 242 BGB (Treu und Glauben) sowie den Rechtsgedanken des § 162 BGB trotz Formunwirksamkeit ein Wahlrecht zugestanden. Derjenige, der wider Treu und Glauben verhindert, dass ein Erfordernis erfüllt wird, von dem die Gültigkeit des Vertrages abhängt, muss sich so behandeln lassen, als wäre es erfüllt. Der Getäuschte kann den formunwirksamen Vertrag als wirksam behandeln und Erfüllung verlangen.

2. Ergebnis

B hat nach § 242 BGB die Wahl zwischen der Nichtigkeit des Vertrages und Ersatz des Vertrauensschadens nach § 826 BGB oder aber dem Erfüllungsanspruch. Da er an den Kaufvertrag festhalten und die Wohnung kaufen möchte, ist der Vertrag als formwirksam zu behandeln.

A ist aus § 433 I 1 BGB verpflichtet, das Eigentum an der Wohnung und den Besitz dem B zu verschaffen.

Anmerkung: Weitere Fallgruppen der Durchbrechung des § 125 BGB sind:

1. Versehentliche Nichtbeachtung der Form
2. Bewusste Nichtbeachtung der Form (sehr umstritten, s.o. Fall 42 „Edelmannfall“)
3. Existenzgefährdung

Da es sich jeweils um enge Ausnahmefälle handelt, ist immer im Einzelfall zu prüfen, ob eine unerträgliche Folge bzw. ein besonderes Verschulden vorliegen.

IV. Zusammenfassung

Sound: Derjenige, der wider Treu und Glauben verhindert, dass eine rechtliche Voraussetzung (Einhaltung der gesetzlichen Form) eintritt, von der die Gültigkeit des Vertrages abhängt, muss sich so behandeln lassen, als wäre die notwendige Form erfüllt, §§ 242, 162 BGB.
Der Getäuschte kann die Erfüllung verlangen.

hemmer-Methode: Wie weit die Grenzen der Formbedürftigkeit reichen und wann ein Ausnahmefall vorliegt, muss anhand der jeweiligen Umstände des Einzelfalles geprüft werden. Neben der Frage, ob die Form eingehalten wurde, sind Hinweise auf „unerträgliche Folgen“ oder ein besonderes Verschulden (z.B. Arglist) zu beachten.

V. Zur Vertiefung

- Hemmer/Wüst, BGB-AT I, Rn. 175 ff.
- Hemmer/Wüst, BGB-AT II, Rn. 102
- Hemmer/Wüst, KK BGB-AT I, Karteikarte Nr. 82

Fall 44: Schriftformklausel und mündliche Zusage

Sachverhalt:

M hat von V eine Anliegerwohnung gemietet. V versicherte M mündlich, er könne den Kellerraum mitbenutzen. Auf Verlangen des V, der die Schriftform erkennbar als Wirksamkeitsvoraussetzung erachtete, wurde ein schriftlicher Mietvertrag unterschrieben, in dem jedoch die Nutzung des Kellerraumes nicht erwähnt wurde. Nach einiger Zeit kam es zum Streit zwischen M und V. M verlangte den Schlüssel zum Kellerraum, wie V seinerzeit mündlich zugesagt hat. V meint, dies sei nicht schriftlich vereinbart worden und lt. Mietvertrag hätten mündliche Nebenabreden keine Gültigkeit.

Frage 1: *Kann M die Überlassung des Kellerraumes verlangen?*

Frage 2: *Wie wäre es, wenn V und M einen formularmäßigen Mietvertrag abgeschlossen hätten?*

I. Einordnung

Gem. § 125 S. 2 BGB kann sich ein bestimmtes Schriftformerfordernis auch durch Rechtsgeschäft ergeben (sog. **gewillkürte Schriftform**). Die Nichtbeachtung der gewillkürten Schriftform hat nur im Zweifel die Nichtigkeit des Rechtsgeschäfts zur Folge.

Die elektronische Form und die Textform gelten auch für die gewillkürte Schriftform, es sei denn die Parteien haben dies in ihrer Abrede ausgeschlossen.

Bei solchen rechtsgeschäftlich vereinbarten Formerfordernissen ist fraglich, ob die Vertragsparteien diese mündlich wieder aufheben können.

II. Gliederung

Frage 1

Anspruch M gegen V auf Überlassung des Kellerraumes gem. § 535 I 1 BGB

1. **Rechtsgültigkeit der mündlichen Zusage**
   laut MV haben mündliche Zusagen keine Gültigkeit

a) **MV formfrei,** § 550 BGB keine Formvorschrift

b) § 127 I BGB **gewillkürte Form** (+)

beim Formmangel gilt § 125 S. 2 BGB: Nichtigkeit nur im Zweifel, Vorrang der Auslegung

Hier: In der Weigerung der Schlüsselherausgabe und der Kellernutzung liegt ein erkennbarer Wille des V, die schriftliche Vereinbarung als Wirksamkeitsvoraussetzung der Abrede zu behandeln

⇨ kein Anspruch des M auf Überlassung des Kellers, da die Abrede gem. § 125 S. 2 BGB unwirksam ist

c) **Aufhebung der Formvereinbarung**
e.A.: formlos möglich
a.A.: unterfällt dem Formzwang
nach beiden Ansichten keine Aufhebung

Frage 2

Anspruch M gegen V auf Überlassung des Kellerraumes aus § 535 I 1 BGB

Schriftformklausel in ABG
⇨ Aufhebung erfolgt gem. § 305b BGB
⇨ Abrede wirksam
⇨ Anspruch auf Überlassung des Kellers (+)

III. Lösung Frage 1

Anspruch des M gegen V auf Überlassung des Kellerraumes, § 535 I 1 BGB

M hätte einen Anspruch auf Überlassung des Kellerraumes, wenn die mündliche Zusage des V wirksam ist.

Dafür müsste die mündliche Zusage Inhalt des Mietvertrages geworden sein.

1. Rechtsgültigkeit der mündlichen Zusage

Problematisch ist, dass der Mietvertrag schriftlich geschlossen wurde und laut der mietvertraglichen Klausel mündliche Abreden keine Gültigkeit besitzen sollten.

a) Form des Mietvertrages

Grds. ist ein Mietvertrag an keine gesetzliche Form gebunden. Er kann sowohl schriftlich wie auch mündlich geschlossen werden.

Anmerkung: Auch § 550 BGB steht dem nicht entgegen. Er schreibt keinen Formzwang vor, sondern bestimmt lediglich, dass ein mündlich geschlossener Mietvertrag, der für einen längeren Zeitraum als ein Jahr gelten soll, für unbestimmte Zeit gilt. Die Rechtsfolge der mündlichen Form des Mietvertrages ist somit nicht eine Nichtigkeit nach § 125 BGB, sondern lediglich die zeitlich unbefristete Geltung. Vgl. exemplarisch und zur Vertiefung zu § 550 BGB: BGH,
Life&Law 2009, 143 ff.

b) Gewillkürter Formzwang

Den Mietparteien steht es jedoch frei, auch für einen an sich nicht formbedürftigen Mietvertrag eine bestimmte Form vorzusehen (sog. **gewillkürter Formzwang**), § 127 I BGB. Hier liegt eine derartige vereinbarte Schriftform vor.

Für die vertraglich vereinbarte Schriftform trifft § 125 S. 2 BGB eine von der gesetzlichen Schriftform abweichende Regelung. Demnach tritt die Nichtigkeit des Rechtsgeschäftes wegen des Formmangels nur im Zweifelsfall ein. Es ist zunächst der Wille der Parteien durch Auslegung zu ermitteln, §§ 133, 157 BGB. Erst wenn sich dieser nicht eindeutig ermitteln lässt, also trotz der Auslegung Zweifel bestehen bleiben, ist auf § 125 S. 2 BGB zurückzugreifen.

Dann ist von einer Nichtigkeit des Rechtsgeschäfts auszugehen.

M und V haben sich zerstritten, als M die Überlassung des Kellers verlangte. V wollte M den Kellerraum nicht mitbenutzen lassen und weigerte sich, den Schlüssel herauszugeben. Damit lag kein übereinstimmender Wille vor, die mündliche Abrede als wirksam zu betrachten.

Darüber hinaus sollte die vereinbarte Schriftform nach dem für M erkennbaren Willen des V gerade Wirksamkeitsvoraussetzung sein und nicht lediglich der Beweissicherung dienen. In diesem Fall wird ein Rechtsgeschäft, bzw. eine ergänzende Vereinbarung erst durch Einhaltung der Form wirksam.

Somit bestünde an sich kein Anspruch des M auf Überlassung des Kellers, da die mündliche Abrede gem. § 125 S. 2 BGB unwirksam ist.

c) Aufhebung der Formvereinbarung

Dennoch könnte die mündliche Abrede trotz ursprünglicher Nichtigkeit wirksam sein, wenn M und V einen entsprechenden Aufhebungsvertrag geschlossen hätten. In diesem hätten sie das von ihnen geschaffene Formverbot wieder außer Kraft setzten müssen. Hierfür bedarf es zweier übereinstimmender Willenserklärungen, mit dem Inhalt, dass das mündlich Vereinbarte Geltung beanspruchen soll.

Nach e.A. bedarf die Aufhebungsvereinbarung selbst keiner Form, weil das Formerfordernis nicht auf dem Gesetz beruht und daher in seiner Fortdauer alleine von dem Parteiwillen abhängt.

Ein ausdrücklicher Aufhebungsvertrag wurde jedoch nicht geschlossen. Auch ein konkludenter Aufhebungsvertrag scheidet hier aus, da die entsprechende Zusicherung des V, M könne den Kellerraum benutzen, zeitlich vor dem Abschluss des Mietvertrages lag. Damit konnte sie den dort vereinbarten Formzwang nicht aufheben.

Nach der Gegenansicht unterfällt die Aufhebung der Formklausel immer dem Formzwang. Dies bedeute nicht etwa eine Einschränkung, sondern gerade eine volle Anerkennung der Privatautonomie, d.h. des zunächst vereinbarten Formzwangs.

Nach der Gegenansicht wäre somit eine formlose Aufhebung des Formzwangs schon gar nicht möglich.

Damit führen beide Ansichten zu demselben Ergebnis. M hat keinen Anspruch aus dem Mietvertrag auf Überlassung des Kellerraumes.

Frage 2

Anspruch des M gegen V auf Überlassung des Kellerraumes aus § 535 I 1 BGB

Auch hier stellt sich die Frage nach der Wirksamkeit einer mündlichen Abrede neben einem schriftlichen Mietvertrag mit Schriftformklausel. Die mündliche Absprache könnte wegen der gewillkürten Schriftform nach § 127 I BGB unwirksam sein. Fraglich ist somit die Wirksamkeit der Schriftformklausel.

Da der Vertrag vorformulierte Klauseln enthält, könnte es sich um Allgemeine Geschäftsbedingungen (AGB) handeln.

AGB sind im BGB in §§ 305 bis 310 BGB geregelt. Sie sind für eine Vielzahl von Verträgen vorformulierte Vertragsbedingungen, die der Verwender der anderen Vertragspartei vorlegt.

Sie werden Bestandteil des Vertrages und unterliegen der besonderen Inhaltskontrolle der §§ 308 und 309 BGB.

Der Mietvertrag zwischen V und M unterliegt den Vorschriften der §§ 305 ff. BGB, da V vorgefertigte Klauseln benutzt und M den bereits formulierten Vertrag zur Unterschrift vorgelegt hat. Es ist davon auszugehen, dass die Einbeziehungsvoraussetzungen des § 305 II BGB eingehalten wurden.

Die in diesem formularmäßigen Mietvertrag enthaltene Schriftformklausel ist damit an § 305b BGB zu messen.

Danach haben individuelle Vertragsabreden Vorrang vor AGB. In der mündlichen Zusage des V an M, er dürfe den Kellerraum nutzen, liegt eine individuell getroffene Abrede. Damit entfaltet die Schriftformklausel vorliegend keine Wirkung.

M kann die Überlassung des Kellers verlangen.

IV. Zusammenfassung

Sound: Ein rechtsgeschäftlich vereinbartes Formerfordernis kann von den Parteien grundsätzlich jederzeit wieder aufgehoben werden, wenn ein entsprechender Parteiwille vorhanden ist.

hemmer-Methode: Die Schriftformklausel und mündliche Zusage könnte auch innerhalb der AGB relevant werden. Enthält eine AGB die Klausel: „mündliche Abreden bedürfen schriftlicher Bestätigung", so ist fraglich, ob eine mündliche Abmachung ohne entsprechender Bestätigung rechtsgültig ist. Die mündliche Absprache könnte nämlich wegen der gewillkürten Schriftform nach § 127 BGB unwirksam sein. Dafür müsste die Schriftformklausel der AGB Geltung beanspruchen. Die Schriftformklausel könnte aber wegen Vorrangs der Individualabrede, § 305b BGB unwirksam sein. Nach ganz h.M. gelten mündliche Abreden auch dann, wenn die AGB eine Schriftformklausel enthalten. Dies ergibt sich aus dem Rangverhältnis zwischen Individualabreden und AGB. Im Übrigen kann ein gewillkürter Formzwang jederzeit einvernehmlich formlos wieder aufgehoben werden.

V. Zur Vertiefung

- Hemmer/Wüst, Basics Zivilrecht, Bd. 1, Rn. 82
- Hemmer/Wüst, BGB-AT I, Rn. 165 f.
- Hemmer/Wüst, BGB-AT II, Rn. 81 ff.
- Hemmer/Wüst, KK BGB-AT I, Karteikarte Nr. 76
- Vgl. zu einer sog. doppelten Schriftformklausel BGH, Life&Law 2009, 816 ff.

Fall 45: Umfang des Formerfordernisses

Sachverhalt:

Der Finanzmakler B wirbt für ein Bauherrenmodell. A bekundet Interesse und unterzeichnet den schriftlichen Anlagevermittlungsvertrag, welcher der Vorbereitung des Beitritts von A zum Bauherrenmodell mit einer Beteiligung von 100.000 € dienen soll. In dem Vertrag verpflichtet sich A, eine sofort fällige Vergütung von 8.000 € zu zahlen. Als B Zahlung begehrt, beruft sich A auf Unwirksamkeit des Vertrages.

I. Einordnung

Der gesetzliche Formzwang erstreckt sich auf das gesamte Rechtsgeschäft. Formbedürftig sind damit auch alle wesentlichen Nebenabreden sowie Vorverträge, durch die bereits eine vertragliche Bindung zum späteren Abschluss des Vertrages begründet wird. Nur dadurch kann der gesetzliche Formzwang seine Warnfunktion effektiv ausüben und vor übereilten Entscheidungen schützen. Fraglich ist das Formerfordernis dagegen bei sonstigen Verträgen, die das formbedürftige Rechtsgeschäft lediglich vorbereiten.

II. Gliederung

Anspruch des B gegen A auf Zahlung von 8.000 € aus dem Anlagevermittlungsvertrag

1. **Formbedürftigkeit des Vertrages**

a) Vorbereitende Verträge grds. **formfrei**

b) **Ausnahmen:**

Formbedürftigkeit (+), wenn auf den zukünftigen Käufer ein unangemessener Druck in Richtung auf die Vornahme des eigentlichen Grundstücksgeschäfts ausgeübt wird

Indizien für den Zwang: Höhe der Vermittlungssumme, sofortige Fälligkeit

Grund: Beschränkung der Entscheidungsfreiheit des Käufers, Gefahr der Aushöhlung der Warn-, Beratungs- und Schutzfunktion des § 311b I 1 BGB

2. **Ergebnis:**

§ 311b I BGB analog auf vorbereitenden Vermittlungsvertrag anzuwenden

⇨ Nichtigkeit des Vertrages gem. § 125 S. 1 BGB

III. Lösung

Anspruch des B gegen A auf Zahlung von 8.000 € aus dem Anlagevermittlungsvertrag

B hat gegen A einen Anspruch auf Zahlung von 8.000 €, wenn zwischen ihnen ein wirksamer Vertrag geschlossen wurde.

1. Wirksamkeit des Anlagevermittlungsvertrages

Fraglich ist, ob der Anlagevermittlungsvertrag zu seiner Wirksamkeit einer besonderen Form bedarf.

In Betracht kommt die notarielle Beurkundung nach § 311b I BGB, da sich der Vertrag auf Vermittlung von Grundstücken bezieht. Greift § 311b I BGB ein, so wäre der Anlagevermittlungsvertrag wegen Verstoßes gegen § 125 S. 1 BGB nichtig.

a) Grundsätzliche Formfreiheit der vorbereitenden Verträge

Fraglich ist, ob der Vertrag unter § 311b I BGB fällt. Der Anlagevermittlungsvertrag stellt keinen Vertrag über die Veräußerung oder den Erwerb eines Grundstücks dar, sondern soll lediglich der Vorbereitung eines solchen Vertrages dienen.

Grundsätzlich sind Vereinbarungen, die nur der Vorbereitung eines Vertrages über den Erwerb oder die Veräußerung eines Grundstückes dienen, nicht nach § 311b I BGB formbedürftig.

b) Ausnahme: Formbedürftigkeit der vorbereitenden Verträge

Im vorliegenden Fall, könnte aber im Hinblick auf den Schutzzweck des § 311b I BGB der Vertrag mit dem Anlagevermittler formbedürftig sein. Dieser Vertrag ist seinem wirtschaftlichen Sinn nach darauf gerichtet, den Beitritt des Anlegers zu einem Bauherrenmodell vorzubereiten. Der Anleger wird darin verpflichtet, unabhängig von dem Zustandekommen des angestrebten Geschäfts dem Anlagevermittler ein Entgelt zu zahlen, welches aufgrund seiner Höhe nur als vorweggenommene Vermittlungsprovision verstanden werden kann. Sofern durch die Höhe der vereinbarten Vermittlungsgebühr auf den Auftraggeber ein unangemessener Druck in Richtung auf die Vornahme des eigentlichen Grundstücksgeschäfts ausgeübt wird, ist § 311b I BGB auch auf diesen vorbereitenden Vertrag anwendbar. Dann besteht eine faktische Erwerbsverpflichtung.

Die hier vereinbarte Vermittlungsgebühr war nach den vorliegenden Umständen - insbesondere wegen der sofortigen Fälligkeit - geeignet, einen unmittelbaren Zwang zum Erwerb des Grundstücks auszuüben. Somit hatte A die grundlegende Entscheidung, ob er Mitglied des Bauherrenmodells werden möchte, bereits mit dem Abschluss des hier in Frage stehenden Vermittlungsvertrages getroffen.

2. Ergebnis

§ 311b I BGB ist analog auch auf den vorbereitenden Vermittlungsvertrag anzuwenden. Dieser ist folglich gem. § 125 S. 1 BGB nichtig.

Ein Zahlungsanspruch des B besteht daher nicht.

Anmerkung: Ausnahmen von dem Grundsatz der Formfreiheit sind unter wertenden Gesichtspunkten auch bei Maklerverträgen zu machen, in denen sich der Auftraggeber verpflichtet, zu bestimmten Bedingungen an jeden vom Makler zugeführten Interessenten zu verkaufen.

IV. Zusammenfassung

Sound: Die grundsätzlich formfreien vorbereitenden Verträge sind ausnahmsweise dann formbedürftig, wenn sie geeignet sind, einen unangemessenen Druck in Richtung auf die Vornahme des eigentlichen formbedürftigen Vertrages auszuüben.

Ob eine Formbedürftigkeit bei vorbereitenden Verträgen zu bejahen ist, richtet sich nach den verschiedenen Funktionen des Formzwangs.

Sie müssen in der Klausur eine wertende Entscheidung treffen, die sich am Schutzzweck der betroffenen Formvorschrift orientiert. Gilt die Vorschrift lediglich den Beweiszwecken, so muss sie zumindest beim Abschluss eines vorbereitenden Vertrages nicht gewahrt werden.

hemmer-Methode: Dieselbe Problematik ergibt sich auch bei der Frage, ob die Erteilung einer Vollmacht zum Abschluss eines formbedürftigen Vertrages bereits selbst formbedürftig ist. Die Erteilung der Vollmacht ist grundsätzlich formfrei, vgl. § 167 II BGB. Sofern aber die Formfreiheit im Ergebnis zu einer Umgehung der Formvorschriften führen würde, erstreckt sich das Formerfordernis auch auf die Erteilung der Vollmacht. Das ist dann der Fall, wenn der Vertretene bereits durch die Erteilung der Vollmacht rechtlich und tatsächlich in gleicher Weise gebunden wird, wie durch die Vornahme des formbedürftigen Geschäfts selbst.
Formbedürftig sind daher die unwiderrufliche Vollmacht zum Verkauf und Erwerb eines Grundstücks. Die widerrufliche Vollmacht ist nur ausnahmsweise formbedürftig. Ein solcher Fall liegt vor, wenn sie eine rechtliche oder tatsächliche Bindung des Vollmachtsgebers zur Veräußerung oder zum Grundstückserwerb begründet.

V. Zur Vertiefung

- Hemmer/Wüst, BGB-AT I, Rn. 160, 161
- Hemmer/Wüst, BGB-AT II, Rn. 86 ff.
- Hemmer/Wüst, KK BGB-AT I, Karteikarte Nr. 78, 79

Kapitel V: Gesetzliche Verbote

Fall 46: Handwerker ohne Handwerksrolle

Sachverhalt:

Schlau (S) beschäftigt für die Renovierung seines Hauses den Handwerker Pfiffig (P). Als P nach Fertigstellung der Arbeiten und erfolgter Abnahme Zahlung verlangt, wendet S ein, die Zahlungspflicht bestehe nicht, da P, wie S herausgefunden hat, nicht in die Handwerksrolle eingetragen ist und somit gegen die Handwerksordnung verstoßen hat. S sieht nicht ein, einen unehrlichen Handwerker bezahlen zu müssen.

Frage: *Hat S mit seiner Argumentation Recht?*

I. Einordnung

Eine weitere rechtshindernde Einwendung bildet der Verstoß gegen ein Verbotsgesetz, § 134 BGB.

In der Klausur ist § 134 BGB in drei Schritten zu prüfen: Zunächst ist zu fragen, ob überhaupt ein Verbotsgesetz vorliegt. Erst dann kann das Vorliegen eines Verstoßes und die Nichtigkeitsfolge untersucht werden.

II. Gliederung

Anspruch P gegen S auf Zahlung der vereinbarten Vergütung gem. §§ 631 I, 641 BGB

1. **Wirksamer Werkvertrag**

a) **Verstoß gegen § 134 BGB**

aa) **HandwO als Verbotsgesetz** (+)

bb) **Verstoß** (+)

cc) **Nichtigkeit des WV** (-)

Bei einseitigen Verstößen grds. keine Nichtigkeit

⇨ Schutz des redlichen Geschäftspartners

b) Ebenso bei bloßen Ordnungsvorschriften

(P): **§§ 1 I, 7 ff., 117 I Nr. 1 HandwO als Ordnungsvorschrift?**

⇨ Zweck der Eintragung in die Handwerksrolle

Interesse der Wirtschaft am hohen Leistungsstand und Leistungsfähigkeit der Handwerkerschaft

sachgerechte Ausbildung des Nachwuchses

<u>Nicht</u>: Abwenden von Gefahren für die Gesamtheit oder den Einzelnen aus einer unsachgemäßen Berufsausübung

2. **Ergebnis:**

Keine Nichtigkeit nach § 134 BGB,

Anspruch auf fällige Vergütung (+)

III. Lösung

Anspruch des P gegen S auf Zahlung der vereinbarten Vergütung gem. §§ 631 I, 641 BGB

P könnte von S die Zahlung der Vergütung verlangen, wenn ein wirksamer Werkvertrag geschlossen wurde und der Anspruch durchsetzbar ist.

1. Wirksamer Werkvertrag

P hat sich verpflichtet, an dem Haus des S Handwerksarbeiten auszuführen. Geschuldet war nicht alleine die Tätigkeit, (dann Dienstvertrag), sondern der Erfolg, nämlich die Renovierung des Hauses.

Der Werkvertrag wäre aber nur dann wirksam zustande gekommen, wenn dem keine rechtshindernden Einwendungen entgegenstünden. Diese hätten die Nichtigkeit des Rechtsgeschäfts zur Folge, d.h. der Anspruch würde erst gar nicht zur Entstehung gelangen.

Merke: Es gibt drei grundsätzliche Arten von Mängeln unter denen ein Rechtsgeschäft leiden kann:

1. Rechts<u>hindernde</u> Einwendungen
⇨ der Anspruch entsteht nicht (z.B. Geschäftsfähigkeit, Formnichtigkeit, Sittenwidrigkeit, Verbotsgesetz).

2. Rechts<u>vernichtende</u> Einwendungen
⇨ der zunächst wirksam entstandene Anspruch wird nachträglich zerstört (z.B. Erfüllung, Widerruf, Anfechtung, Unmöglichkeit etc.).

3. Rechts<u>hemmende</u> Einreden
⇨ der Anspruch besteht, ist aber nicht durchsetzbar (z.B. Verjährung, Fälligkeit, Stundung, ZBR).

Vorliegend setzt S dem Zahlungsanspruch des P die Tatsache entgegen, dass P nicht in die Handwerksrolle eingetragen ist. Die Eintragung in die Handwerksrolle ist für jeden Handwerker obligatorisch, §§ 1 I, 7 ff. HandwO (Nr. 815 im Sartorius).

Die fehlende Eintragung könnte ein Verstoß gegen § 134 BGB darstellen mit der Folge, dass der Werkvertrag nichtig wäre.

a) Verstoß gegen § 134 BGB

Für eine Anwendung des § 134 BGB müsste ein Verstoß gegen ein Verbotsgesetz gegeben sein. Dieses Verbotsgesetz muss nach seinem Sinn und Zweck die Nichtigkeit des Rechtsgeschäftes erfordern.

aa) Verbotsgesetz

Zunächst müsste überhaupt ein Verbotsgesetz vorliegen. Verbotsgesetze sind Rechtsnormen i.S.d. Art. 2 EGBGB, die eine nach unserer Rechtsordnung grundsätzlich mögliche rechtsgeschäftliche Handlung wegen ihres Inhalts, der Umstände ihres Zustandekommens oder wegen der bezweckten Rechtsfolge untersagen. Das Verbot muss sich dabei gerade gegen die Vornahme des Rechtsgeschäfts richten.

Ob ein Verbotsgesetz vorliegt, ergibt sich oft bereits aus dem Wortlaut („soll nicht“, „darf nicht“) des Gesetzes.
Das Verbot muss aber im Gesetz nicht ausdrücklich ausgesprochen sein. Es genügt, dass es im Gesetz zum Ausdruck kommt und durch Auslegung nach dem Sinn und Zweck zu ermitteln ist.

Echte Verbotsnormen stellen Gesetze dar, die an die Tätigkeit eine Straf- oder Ordnungswidrigkeitsmaßnahme anknüpfen. Gem. § 117 I Nr. 1 i.V.m. § 1 I HandwO handelt ordnungswidrig, wer ohne Eintragung in die Handwerksrolle Handwerkergeschäfte vornimmt. Damit liegt ein Verbotsgesetz vor.

Merke: Verbotsgesetze stellen eine Einschränkung der grundsätzlich gegebenen Privatautonomie dar. Wegen § 134 BGB ist es den Parteien nicht möglich, eine gegen ein Verbotsgesetz verstoßende Rechtsfolge herbeizuführen.

bb) Verstoß gegen Verbotsgesetz

Weiter muss ein Verstoß gegen das Verbotsgesetz vorliegen. Indem P sich in die Handwerksrolle nicht eintragen ließ, verstieß er gegen das Verbotsgesetz.

cc) Nichtigkeit des Werkvertrages

Fraglich ist nun, ob der Verstoß gegen die Eintragungspflicht die Nichtigkeit des Rechtsgeschäftes zwischen S und P zur Folge hat. Nach § 134 BGB ist ein Rechtsgeschäft wegen des Gesetzesverstoßes nur dann nichtig, wenn „sich aus der Verbotsnorm nicht ein anderes ergibt". Daher kommt es auf die Auslegung der Verbotsnorm an, d.h. darauf, ob das Geschäft selbst (wegen seines Inhalts oder der mit ihm verfolgten Zwecke) oder nur die äußeren Umstände (Zeit und Ort der Vornahme) missbilligt werden.

Selbst die Tatsache, dass eine Handlung unter Strafe gestellt oder als Ordnungswidrigkeit mit Buße bedroht ist (vgl. § 117 I Nr. 1 HandwO), bewirkt nicht zwingend die Nichtigkeit des bürgerlich-rechtlichen Geschäfts.

Das gilt vor allem dann, wenn das Verbot - wie hier - nur eine der vertragsschließenden Parteien betrifft.

Bei lediglich einseitigen Verstößen ist ein Rechtsgeschäft zum Schutz des redlichen Vertragspartners in der Regel wirksam.

In besonderen Fällen folgt die Nichtigkeit allerdings auch aus der Verletzung einseitiger Verbote, falls der Zweck des Gesetzes anders nicht zu erreichen ist und die durch das Rechtsgeschäft getroffene Regelung nicht hingenommen werden kann.

b) Handelt es sich jedoch um bloße Ordnungsvorschriften, die ein sonst unbedenkliches Rechtsgeschäft aus gewerbepolizeilichen oder ordnungspolitischen Gründen untersagen, so bleibt die Gültigkeit eines dem Verbot zuwider geschlossenen Vertrages unberührt.

Merke: Ordnungsvorschriften richten sich nur gegen die Art und Weise wie das Geschäft abgeschlossen wird, nicht aber gegen den Erfolg des Geschäftes.

§§ 1 I, 7 ff., 117 I Nr. 1 HandwO könnten solche Ordnungsvorschriften darstellen.

Der Gesetzgeber hat die Zulassung zum selbständigen Betrieb eines Handwerks von dem Nachweis beruflicher Kenntnisse und Fertigkeiten abhängig gemacht, um im Interesse der gesamten Wirtschaft den hohen Leistungsstandard und die Leistungsfähigkeit der Handwerkerschaft zu erhalten. Gleichzeitig wollte er die sachgerechte Ausbildung des Nachwuchses für das Handwerk wie auch für die übrige gewerbliche Wirtschaft sicherstellen. In der Einführung des Befähigungsnachweises und der Eintragung in die Handwerksrolle sah er ein geeignetes und notwendiges Mittel zur Erreichung dieses Ziels.

Dagegen kam es ihm nicht darauf an, Gefahren für die Gesamtheit oder den Einzelnen aus einer unsachgemäßen Berufsausübung abzuwenden. Maßgebend war vielmehr das Interesse an der Erhaltung und Förderung eines gesunden, leistungsfähigen Handwerksstandes.

Dem kann mit berufsrechtlichen Maßnahmen oder öffentlich- rechtlichen Sanktionen hinreichend Rechnung getragen werden (§§ 16, 118 HandwO), ohne dass es erforderlich wäre, einem einzelnen verbotswidrig zustande gekommenen Rechtsgeschäft die zivilrechtliche Wirksamkeit zu versagen.

Für dieses Ergebnis spricht ferner, dass § 3 HandwO es gestattet, handwerkliche Neben- oder Hilfsleistungen durch ein andersartiges Hauptunternehmen zu erbringen. Nach § 4 HandwO kann sogar für gewisse Zeit der Betrieb eines verstorbenen Handwerksmeisters durch seine beruflich nicht ausgebildeten Hinterbliebenen fortgeführt werden.

Zwischenergebnis

Daraus folgt, dass der Verstoß gegen die Handwerksordnung nicht zur Nichtigkeit des Vertrages führt. Der Primäranspruch auf Zahlung des Werklohnes ist wirksam entstanden.

Fälligkeit der Vergütung

Der Anspruch des P ist nach Abnahme des Werkes fällig. Diese liegt hier vor. Der Anspruch des P ist somit auch durchsetzbar.

2. Ergebnis

S muss die vereinbarte Vergütung an P zahlen.

Anmerkung: Eine andere Frage ist es, ob P gegen das SchwArbG verstößt und welche Folgen der etwaige Verstoß hat (siehe Schwarzarbeiterfälle).

IV. Zusammenfassung

Sound: Ein Verstoß gegen die Handwerkordnung führt nicht zur Nichtigkeit des Vertrages.

Ein Verbotsgesetz liegt vor, wenn es eine nach der Rechtsordnung grundsätzlich mögliche rechtsgeschäftliche Handlung wegen deren Inhaltes, ihres Zustandekommens
oder des bezweckten Erfolges untersagt.

Es schränkt die Privatautonomie zum Schutze der Allgemeinheit ein, wenn die zivilrechtliche Wirksamkeit mit Sinn und Zweck des Verbotsgesetzes unvereinbar ist.

hemmer-Methode: Verstößt das Rechtsgeschäft gegen ein gesetzliches Verbot, so führt dies u.U. zur Nichtigkeit nach § 134 BGB. Verstößt es gegen ungeschriebene Verbote, so kann ein Verstoß gegen die guten Sitten vorliegen, § 138 I BGB. Dagegen führen Verstöße gegen Verfügungsverbote, die nur einzelne Personen schützen sollen, nur zur Unwirksamkeit ihnen gegenüber, §§ 135, 136 BGB.

V. Zur Vertiefung

- Hemmer/Wüst, Basics Zivilrecht, Bd. 1, Rn. 83
- Hemmer/Wüst, BGB-AT II, Rn. 104 ff.
- Hemmer/Wüst, KK BGB-AT I, Karteikarte Nr. 84 ff.
- Zur Nichtigkeit eines Online-Spielvertrages gem. § 134 BGB vgl. BGH Life&Law 2008, 510 ff.
- Bei der Nichtigkeit gem. § 138 I BGB ist stets ein objektiver und ein subjektiver Tatbestand erforderlich. Liegt der subjektive Tatbestand vor, ist das Rechtsgeschäft aber objektive nicht in der Lage, sich sittenwidrig auszuwirken, kommt § 138 I BGB nicht zur Anwendung, vgl. BGH, Life&Law 2012, 167 ff.
- Im Hinblick auf § 138 I BGB ist des Weiteren wichtig, dass sich die Beurteilung nach dem Zeitpunkt der Vornahme des Geschäfts richtet. Ändern sich später die Umstände, so dass nun eine andere Beurteilung der Sittenwidrigkeit möglich wäre, hat dies auf die Unwirksamkeit keinen Einfluss mehr, wenn zuvor die Voraussetzungen des § 138 I BGB vorgelegen haben. Zu denken ist allenfalls an eine Neuvornahme des Geschäfts, vgl. dazu BGH, Life&Law 2012, 393 ff.

Fall 47: Schwarzarbeiterfall (1)

Sachverhalt:

K trifft den bei E angestellten S und hört von ihm, dass er sich des Öfteren in den Abendstunden und an den Wochenenden durch private Malerarbeiten zusätzlich Geld nebenher verdient. K sieht eine günstige Gelegenheit, die nötigen Renovierungsarbeiten billig erledigen zu lassen. S führt diese am Wochenende aus. Als er Zahlung verlangt, verweigert K diese mit der Begründung, S habe mangelhaft gearbeitet.

***Frage:** Hat K gegen S Mängelrechte?*

I. Einordnung

Arbeitet ein Werkunternehmer „schwarz" und führt er seine Bestellung mangelhaft aus, so ist fraglich, ob dem Besteller vertragliche Gewährleistungsrechte zustehen.

Scheitert der Vertrag an § 134 BGB, so ist auch das Gewährleistungsrecht ausgeschlossen, da es eines wirksamen Vertrages bedarf. In Betracht kommen aber Ansprüche des Bestellers aus GoA, §§ 280 I, 311 II, 241 II BGB (c.i.c). und § 823 BGB.

II. Gliederung

I. Mängelrechte des K aus § 634 BGB

⇨ **(P):** Unwirksamer Vertrag wegen § 134 BGB i.V.m. SchwArbG?

1. **SchwArbG** als Verbotsgesetz i.S.d. § 134
2. **Beiderseitiger Verstoß**
   „Durchschlagen auf zivilrechtliche Ebene"?

   ⇨ (+), da Schwarzarbeit generell verhindert werden soll, Schutz des Handwerks

II. Anspruch des K gegen S auf Schadensersatz aus §§ 280 I, 311 II Nr. 3, 241 II BGB (c.i.c.)

(-), da quasivertragliche Haftung, Sinn und Zweck des SchwArbG gefährdet

III. Anspruch des K gegen S aus §§ 280 I, 677 BGB

1. **Vorliegen eines Schuldverhältnisses** (-)
   In Betracht kommt GoA:
   a) h.M.: Tb. der GoA bei unwirksamem Vertrag (-), da FGW fehlt, § 687 I BGB
   b) BGH: Tatbestand (+)
   dagegen spricht, dass §§ 812 ff. BGB vorgehen müssen, da sonst die Einschränkungen der §§ 814, 817 S. 2, 818 III BGB umgangen würden
2. **Ergebnis: Anspruch (-)**

IV. Anspruch des K gegen S aus § 823 I BGB, § 826 II i.V.m. § 263 StGB

TB (+), Aber: Ansprüche aus Delikt bestehen nicht, wenn sie Ersatzansprüche gewähren, die nach dem Gesetzeszweck gerade nicht bestehen sollen ⇨ (-)

V. Endergebnis:

Keine Gewährleistungsansprüche des K gegen S

III. Lösung

I. Mängelrechte des K gegen S aus § 634 BGB

K könnten Mängelrechte zustehen, wenn ein wirksamer Werkvertrag zwischen den Parteien vorliegt. Hier könnte der Vertrag gegen § 134 BGB verstoßen und damit nichtig sein. Dies ist der Fall, wenn ein Verbotsgesetz verletzt wurde und dieser Verstoß zur Nichtigkeit des Rechtsgeschäftes führt.

1. Nichtigkeit des Rechtsgeschäfts gem. § 134 BGB

a) Verbotsgesetz

Zunächst müsste ein Verbotsgesetz vorliegen. Als Verbotsgesetz kommt das Gesetz zur Bekämpfung der Schwarzarbeit (Schwarzarbeitgesetz) in Betracht, insbesondere § 1 II Nr. 3 SchwArbG. Die Vorschrift untersagt eine an sich nach geltendem Recht mögliche Handlung, nämlich Ausübung des Handwerksgewerbes, wenn keine Eintragung in die Handwerksrolle vorliegt. Damit ist ein Verbotsgesetz gegeben.

b) Verstoß gegen ein Verbotsgesetz

Weiter bedarf es eines Verstoßes gegen das Verbotsgesetz. Von S wurden Arbeiten im erheblichen Umfang übernommen, obwohl er nicht in die Handwerksrolle eingetragen war. Dadurch sollte das übliche Entgelt, welches bei Zuziehung eines Handwerkermeisters anfällt, eingespart werden. Ein Verstoß gegen § 1 II Nr. 3 SchwArbG ist gegeben.

c) Nichtigkeit des Rechtsgeschäftes

Fraglich ist, ob dies tatsächlich zur Unwirksamkeit des geschlossenen Vertrages nach § 134 BGB führt.

Die Frage, ob verbotswidrige Rechtsgeschäfte nach § 134 BGB nichtig sind, ist aus dem Sinn und Zweck der jeweiligen Verbotsvorschrift zu beantworten.

Das Gesetz zur Bekämpfung der Schwarzarbeit will den Leistungsaustausch zwischen dem Auftraggeber und dem nicht in der Handwerksrolle eingetragenen Gewerbetreibenden allgemein verhindern und die Schwarzarbeit schlechthin verbieten. Aus dieser Zielrichtung und der sowohl für den Auftraggeber, wie auch für den Auftragnehmer vorgesehenen Geldbuße (§§ 1 und 22 SchwArbG) ist zu entnehmen, dass Verträge, durch die beide Vertragspartner gegen das Gesetz verstoßen, gem. § 134 BGB nichtig sind.

Aus dem Schutzzweck des SchwArbG (Schutz des Handwerks) ergibt sich daher, dass das Verbotsgesetz grundsätzlich das Geschäft selbst ergreift.

Anmerkung: Anders wäre es bei einem nur einseitigen Verstoß des Handwerkers. In diesem Fall wäre die Anwendung des § 134 BGB interessenwidrig und auch mit den Intention des Gesetzgebers nicht in Einklang zu bringen. Das SchwArbG verfolgt in erster Linie den Schutz öffentlicher Belange. Sekundär soll auch der Auftraggeber geschützt werden, weil er bei fehlerhafter Werkleistung keine Ansprüche haben würde. Eine einseitige Zuwiderhandlung führt also nicht zur Nichtigkeit des Werkvertrages. Dem gesetzestreuen Auftraggeber sollen die Erfüllungsansprüche und Mängelrechte belassen werden.

2. Ergebnis

Damit findet § 134 BGB Anwendung. Der Werkvertrag ist nichtig. Die Mängelrechte sind bei einem nichtigen Vertrag ausgeschlossen.

II. Anspruch des K gegen S auf Schadensersatz aus §§ 280 I, 311 II Nr. 3, 241 II BGB (c.i.c.)

Schadensersatzansprüche lassen sich auch nicht über c.i.c. begründen. Es wäre widersprüchlich, über c.i.c. trotz nichtigen Vertrages Gewährleistungsansprüche entstehen zu lassen. Ansonsten würde der Schutzzweck des SchwArbG umgangen.

III. Anspruch des K gegen S aus §§ 280 I, 677 BGB

K könnte jedoch ein Anspruch aus §§ 280 I, 677 BGB zustehen. S könnte seine Pflichten aus der Geschäftsführung ohne Auftrag schuldhaft und rechtswidrig verletzt haben und dem K dadurch Schaden zugefügt haben.

1. Vorliegen eines Schuldverhältnisses

Fraglich ist, ob im vorliegenden Fall überhaupt eine GoA in Betracht kommt.

Voraussetzungen der GoA

1. Besorgung eines fremden Geschäfts
2. Mit Fremdgeschäftsführungswillen, § 687 I BGB
3. Ohne Auftrag oder sonstige Berechtigung

S besorgte die Handwerkerarbeiten im Hause des K. Zugleich ging er dadurch eigener Verpflichtung aus dem Werkvertrag nach. Es liegt ein sog. „auch“ fremdes Geschäft vor.

Fraglich ist der Fremdgeschäftsführungswille des S. Liegt ein **objektiv fremdes Geschäft** vor (das Rechtsgeschäft gehört bereits nach dem äußeren Erscheinungsbild nicht zum Rechts- und Interessenkreis des Geschäftsführers), so wird der Fremdgeschäftsführungswille widerlegbar vermutet.

Vorliegend handelt es sich aber um ein sog. **auch fremdes Geschäft**, da S mit den Arbeiten auch seine vermeintlichen eigenen Vertragspflichten erfüllen wollte. Grundsätzlich wird auch hier der Fremdgeschäftsführungswille vermutet.

Anmerkung: Bei einem **auch fremden Geschäft** vertritt die Rechtsprechung dieselbe Ansicht wie bei objektiv fremden Geschäften. Eine Schlechterstellung desjenigen, der aufgrund eines unwirksamen Vertrages tätig geworden ist, gegenüber demjenigen, der „vertragslos“ tätig wird, ist nicht gerechtfertigt.
Die Literatur schließt sich dem grundsätzlich an, macht aber in drei Fällen Ausnahmen: Tätigwerden aufgrund Vertrages mit einem Dritten, aufgrund spezieller öffentlich-rechtlicher Vorschriften sowie im Falle eines nichtigen Vertrages, wie dies vorliegend der Fall ist. Diese Ausnahme wird mit dem Vorrang der §§ 812 ff. BGB erklärt. Dieser Vorrang ist zwingend, um die Wertungen der §§ 814, 817 S. 2, 818 III BGB nicht zu umgehen.
Zwar ist der Rechtsprechung insoweit zuzustimmen, dass eine eigene Pflicht des Handelnden nicht zwingend dem Fremdgeschäftsführungswillen entgegensteht.

Andernfalls könnte der Nothelfer am Unfallort (einer der eindeutigsten GoA-Fallgruppen) nicht i.R.d. GoA handeln, da er selbst gem. § 323c StGB verpflichtet ist.
Richtigerweise kann sich aber der Fremdgeschäftsführungswille nicht allein darin erschöpfen, dass der Handelnde weiß, dass es um eine fremde Sache geht. Den Fremdgeschäftsführungswillen könnte man auch als die Motivation der Handlung bezeichnen. Der Geschäftsführer muss – wie sich aus § 687 I BGB ergibt – das Geschäft als fremdes führen wollen.
Die Erfüllung der eigenen Verpflichtung ist bei einem vermeintlich wirksamen Vertrag alleinige Motivation des Ausführenden. Dass es sich dabei um ein Haus eines anderen handelt, ist zwar eine Erkenntnis, jedoch keine Motivation.
Es kann auch folgendermaßen argumentiert werden: Wenn der Geschäftsführer das Geschäft ausführt, um eine vermeintliche eigene Verpflichtung zu erfüllen, so bleibt kein Raum mehr für einen Fremdgeschäftsführungswillen. Die Vermutung aus dem objektiv „auch fremden" Geschäft ist dann praktisch widerlegt. Sofern also der Geschäftsführer glaubt, lediglich ein eigenes Geschäft zu führen – was bei einem unerkannt nichtigen Vertrag der Fall ist – so liegt eine Eigengeschäftsführung gem. § 687 I BGB vor. Vgl. Sie den verschiedenen Fällen des „auch-fremden" Geschäfts den Aufsatz von Tyroller in Life&Law 2013, Heft 3.

Jedoch ist die GoA nach h.M bei unwirksamen Verträgen nicht anwendbar. Hier mangelt es entgegen der sonstigen Vermutung am Fremdgeschäftsführungswillen. S will bei der Ausführung der Arbeiten ein eigenes Geschäft führen.

Die Tatsache, dass dieses Geschäft unwirksam ist, ist ihm nicht bekannt. Der Anspruch aus §§ 280 I, 677 BGB ist nicht gegeben.

IV. Anspruch des K gegen S aus § 823 I BGB, § 823 II BGB i.V.m. § 263 StGB (zwei selbstständige Ansprüche!)

Zwar stellt ein mangelhafter Wandanstrich eine Eigentumsverletzung dar. Aber wenn aus dem SchwArbG keine Ansprüche auf Schadensersatz bestehen sollen, dann muss dies auch für deliktische Anspruchsgrundlagen gelten, da insoweit derselbe Schutzzweck betroffen ist.

Der Deliktsanspruch besteht nicht, wenn er Ersatzansprüche gewährt, die nach dem Gesetzeszweck gerade nicht bestehen sollen.

Anmerkung: Eine Berücksichtigung kann aber stattfinden im Rahmen des Vergütungsanspruchs gem. § 812 I S.1 Alt.1 BGB (vgl. nächster Fall); hier ist ein Abzug gem. § 818 III BGB wegen der Schlechtleistung denkbar.

V. Endergebnis:

K hat keine Gewährleistungs- oder Schadensersatzansprüche gegen S.

IV. Zusammenfassung

Sound: Bei beiderseitigem Verstoß gegen das SchwArbG ist der Vertrag nach § 134 BGB nichtig.

Beachten Sie die 3-fache Schutzrichtung des SchwArbG:

a) Schutz des redlichen Handwerks

b) Bekämpfung der Arbeitslosigkeit

c) Schutz des Staates vor Steuerausfällen und dem Verlust von Sozialversicherungsbeiträgen

hemmer-Methode: Beachten Sie folgenden BGH-Fall: Ein Bauunternehmer verpflichtete sich, das Grundstück der Beklagten mit Geschäfts- und Wohnhäusern zu bebauen und anschließend die erbaute Gaststätte zu kaufen. Der Bauvertrag und die Zusatzvereinbarungen sind gem. §§ 311b I, 125 S. 1 BGB nichtig. Vereinbarungen, die für sich alleine nicht gem. § 311b I BGB formbedürftig sind, müssen dann notariell beurkundet werden, wenn sie mit einem Grundstückvertrag eine rechtliche Einheit bilden. Eine solche Einheit ist dann anzunehmen, wenn die Vereinbarungen nach dem Willen der Parteien derart voneinander abhängig sind, dass sie miteinander stehen oder fallen sollen. Dies war hier der Fall. Folglich ist von einem unwirksamen Vertrag auszugehen. Der BGH wendet auf nichtige Verträge die Vorschriften der GoA an und sprach dem Bauunternehmer einen Aufwendungsersatzanspruch aus §§ 677, 683 S. 1, 670 BGB zu. Dagegen wendet sich die Literatur, die bereits die Voraussetzungen der GoA – den Fremdgeschäftsführungswillen – mit den oben ausgeführten Argumenten verneint.

V. Zur Vertiefung

- Hemmer/Wüst, BGB-AT II, Rn. 114 ff.
- Hemmer/Wüst, KK BGB-AT I, Karteikarte Nr. 87

Fall 48: Schwarzarbeiterfall (2)

Sachverhalt:

Auch G engagiert den immer noch in keine Handwerksrolle eingetragenen S für die Fertigstellung der Elektroinstallationen in seiner Firma.

Frage: *Welche Ansprüche hat S, wenn festgestellt wird, dass er ordnungsgemäß gearbeitet hat?*

I. Einordnung

Für die Ansprüche des Schwarzarbeiters für geleistete Arbeit kommt das Bereicherungsrecht in Betracht. Probleme bereitet in diesem Zusammenhang die Ausschlussnorm **§ 817 S. 2 BGB**.

Es wird auch vertreten, dass der Handwerker gar nichts erhält. Dies erscheint allerdings grob unbillig. Auch der Schwarzarbeiter muss einen Gegenwert für geleistete Arbeit erhalten. Letztlich führt das zu den Problemen des Bereicherungsrechts.

II. Gliederung

I. Anspruch S gegen G aus § 631 BGB

WV (-), da Verstoß gegen § 134 BGB
⇨ Anspruch (-)

II. Anspruch aus § 677, 683, 670 i.V.m. 1835 III BGB analog

GoA (-), da FGW fehlt

III. Anspruch aus § 817 S. 1 BGB

1. TB (+)
2. **Ausschlussgründe**
   a) § 814 BGB
   (-), da auf § 817 S. 1 BGB nicht anwendbar und keine positive Rechtsfolgenkenntnis
   b) **§ 817 S. 2 BGB**
   BGH: § 817 S. 2 BGB hier nicht anwendbar, sonst erfolgt eine dauerhafte Vermögensverschiebung, die gegen § 242 BGB verstößt und zu Lasten des vorleistenden Arbeitnehmers geht
   Lit.: § 817 S. 2 BGB anwendbar, da die Rückabwicklung dem Gesetzeszweck des SchwArbG schadet, der Schwarzarbeiter würde sonst seinen Lohn wie bei wirksamen Vertrag bekommen
   Für BGH: Objektiver Wert der Arbeit viel niedriger bei Schwarzarbeit, somit keine Unbilligkeit
   ⇨ § 817 S. 2 BGB hier nicht anwendbar
   ⇨ Anspruch nicht ausgeschlossen
3. **Anspruchsumfang**
   a) Objektiver Wert von Schwarzarbeit niedriger als bei ordnungsgemäßem Handwerk
   b) Tatsächlich „schwarz" vereinbarte Summe als Obergrenze, § 242 BGB
   c) Keine Entreicherung

IV. Anspruch aus § 812 I 1 1.Alt. BGB

1. TB (+)
2. Ausschluss gem. § 814 BGB Voraussetzungen (-), s.o.
3. Ausschluss gem. § 817 S. 2 BGB (-) und Umfang, § 818 II BGB (wie oben)

III. Lösung

I. Anspruch des S gegen G aus § 631 BGB

S könnte gegen G einen Anspruch auf Bezahlung der vereinbarten Vergütung aus § 631 BGB haben. Voraussetzung dafür wäre ein wirksamer Werkvertrag.

Der Werkvertrag ist aber wegen Verstoßes gegen ein gesetzliches Verbot nichtig, § 134 BGB i.V.m. § 1 I Nr. 3 SchwArbG. (siehe ausführlich „Schwarzarbeiterfall 1").

Damit besteht kein wirksamer Werkvertrag. Der Anspruch aus § 631 BGB ist nicht gegeben.

II. Anspruch aus §§ 677, 683, 670 i.V.m. 1835 III BGB analog

Der Anspruch auf Vergütung kann sich auch nicht aus der Geschäftsführung ohne Auftrag ergeben.

Es fehlt am Fremdgeschäftsführungswillen. Zwar liegt ein auch fremdes Geschäft vor, bei dem die Rechsprechung den Fremdgeschäftsführungswillen vermutet, jedoch kann dies nicht für nichtige Verträge gelten. In diesem Fall sind die §§ 812 ff. BGB vorrangig. Auch der Geschäftsführer will nur eine eigene Verpflichtung erfüllen, wenn er auf den vermeintlich wirksamen Vertrag leistet (siehe „Schwarzarbeiterfall 1").

Der Anspruch ist nicht gegeben.

III. Anspruch des S aus § 817 S. 1 BGB

Weiterhin könnte ein Anspruch aus § 817 S. 1 BGB gegeben sein. Ein solcher Anspruch besteht neben einem Anspruch aus § 812 I 1 1.Alt. BGB.

1. Tatbestand des § 817 S. 1 BGB

Der Tatbestand des § 817 S. 1 BGB ist erfüllt. Insbesondere hat durch die Entgegennahme der Werkleistung zumindest auch der Besteller als Leistungsempfänger gegen das Gesetz verstoßen.

2. Ausschlussgründe

a) § 814 BGB

§ 814 BGB ist auf § 817 S. 1 BGB nicht anwendbar. Außerdem sind die Voraussetzungen des Ausschlusses nicht gegeben.

Erforderlich hierfür ist positive Kenntnis des S von der Rechtslage, also von der Nichtigkeit des Vertrages selbst. Nicht ausreichend ist die Kenntnis nur der Tatsachen, die zur Nichtigkeit führen.

Die zivilrechtlichen Auswirkungen der Schwarzarbeit sind dem Laien i.d.R. nicht bekannt. Aus dem Sachverhalt ist eine positive Kenntnis des S nicht zu entnehmen.

b) § 817 S. 2 BGB

§ 817 S. 2 BGB greift ein, wenn der Leistende gleichfalls gegen ein Verbotsgesetz oder die guten Sitten verstößt.

Dem Leistenden S fällt ein Verstoß gegen SchwArbG zu Last.

Dennoch ist es umstritten, ob die Vorschrift im vorliegenden Fall Anwendung findet.

aa) Nach einer Ansicht ist § 817 S. 2 BGB restriktiv zu behandeln und vorliegend nicht anzuwenden.

Die Anwendung der Vorschrift hätte sonst zur Folge, dass der ebenfalls gegen § 134 BGB verstoßende G die Arbeiten des S gar nicht vergüten müsste. Dadurch würde dem verbotswidrigen Geschäft faktisch ein dauerhafter Zustand verliehen und ein Ausgleich wäre im Ergebnis nicht möglich. Ein Verstoß gegen das SchwArbG ginge so alleine zu Lasten des vorleistenden S. Um diese unbillige Härte zu vermeiden, bedarf es einer wertungsmäßigen Korrektur. § 817 S. 2 BGB wird in diesem Fall durch den Grundsatz von Treu und Glauben eingeschränkt, § 242 BGB. Eine Vermögensverschiebung, die gegen Treu und Glauben verstößt, kann nicht endgültig bleiben.

§ 817 S. 2 BGB stünde einem bereicherungsrechtlichen Ausgleich nicht entgegen.

bb) Eine andere Ansicht macht geltend, dass die Rückabwicklung jedenfalls bei beiderseitigem Verstoß gegen das SchwArbG dem Gesetzeszweck schadet. Das Gesetz soll verhindern, dass der Schwarzarbeiter wie ein ordentlicher Handwerker entlohnt wird.

Der Schwarzarbeiter würde so aber wegen § 818 II BGB i.R.d. Wertersatzes wie bei einem wirksamen Vertrag sein Entgelt erhalten und das obwohl er – wegen Unwirksamkeit des Vertrages - keinen Mängelansprüchen ausgesetzt ist.

Ein solches Ergebnis ist auch deswegen völlig widersprüchlich, weil die Tatsache, dass es über § 818 II BGB zum Ersatz des objektiven Wertes der Arbeit kommt, dazu führen würde, dass dann dem Schwarzarbeiter letztlich mehr Geld zustünde, als überhaupt vereinbart war. Dies käme daher, dass die üblicherweise vereinbarten Stundenlöhne für Schwarzarbeit deutlich niedriger sind als der normale Arbeitslohn eines Handwerkers.

cc) Dagegen lässt sich jedoch anführen, dass das SchwArbG vor allem den Zweck der Wahrung öffentlicher Belange verfolgt. Insbesondere geht es um die Bekämpfung der Arbeitslosigkeit, Minderung der Steuerausfälle, Schutz der Sozialversicherungsträger, sowie der selbstständigen Betriebsinhaber, die nicht so günstig arbeiten können wie Schwarzarbeiter. Erst in zweiter Linie soll der Auftraggeber vor minderwertiger Leistung geschützt werden.

Diese generalpräventive Wirkung des Gesetzes wird bereits durch den Ausschluss vertraglicher Ansprüche, verbunden mit der Gefahr der Strafverfolgung und der Nachzahlung von Steuern und Sozialabgaben erreicht. Die Gewährung eines bereicherungsrechtlichen Ausgleichs steht dieser Wirkung nicht entgegen.

Auch das Argument, der Schwarzarbeiter könnte gegebenenfalls mehr erhalten als überhaupt vereinbart, lässt sich entkräften. Da der Auftraggeber gerade bei Schwarzarbeit erhebliche Risiken eingeht, z.B. Verzicht auf Gewährleistung und Risiko der Strafverfolgung, sind bei der Bemessung des objektiven Wertes gem. § 818 II BGB erhebliche Abschläge vorzunehmen. Der objektive Wert der Schwarzarbeit ist wesentlich niedriger als der einer „legalen", ansonsten vergleichbaren Tätigkeit.

dd) Demzufolge ist der Bereicherungsanspruch des S dem Grunde nach gegeben. Der Anwendung von § 817 S. 2 BGB steht § 242 BGB entgegen.

3. Anspruchsumfang

Der Umfang des Bereicherungsanspruches bestimmt sich nach § 818 BGB.

Da die Herausgabe der durch Vorleistung erbrachten Zuwendung dem S in natura nicht möglich ist, kommt nur Wertersatz nach § 818 II BGB in Betracht.

Problematisch sind dabei die Bewertungsfaktoren.

Bestimmt man den Wert der Werkleistung auf einer objektiven Bewertungsebene, so könnte man zu einer Bereicherungshaftung kommen, die das im unwirksamen Vertrag vereinbarte Entgelt übersteigt (s.o.). Um dieses unbillige Ergebnis zu vermeiden, wird der Anspruch des Schwarzarbeiters gemäß § 242 BGB der Höhe nach darauf beschränkt, was er mit dem Auftraggeber als Vergütung vereinbart hat. Von diesem Entgelt sind dann wegen der mit der Schwarzarbeit verbundenen Risiken Abschläge zu machen. Dabei ist stark wertmindernd zu berücksichtigen, dass vertragliche Mängelrechte wegen der Nichtigkeit des Vertrages nicht gegeben sind.

4. Ergebnis

Der Anspruch des S gegen G ist gegeben.

IV. Anspruch aus § 812 I 1 1.Alt. BGB

Ein Zahlungsanspruch des S könnte sich aber aus § 812 I 1 1.Alt. BGB ergeben.

1. Tatbestand des § 812 I 1 1.Alt. BGB

S hat eine Leistung an G erbracht, indem er durch Renovierungsarbeiten das Vermögen des G ziel- und zweckgerichtet vermehrte.

Dies erfolgte ohne Rechtsgrund, denn der der Leistung zugrunde liegende Vertrag ist nach § 134 BGB nichtig.

2. Ausschlussgründe

a) § 814 BGB

§ 814 BGB bildet einen Ausschlussgrund für Ansprüche aus § 812 I 1 1.Alt. BGB. Weiß der Leistende, dass keine Leistungspflicht bestand, so kann er keine Rückzahlung fordern.

Wie oben bereits geprüft, liegen die Voraussetzungen aber nicht vor.

b) § 817 S. 2 BGB

Der Bereicherungsanspruch könnte aber nach § 817 S. 2 BGB ausgeschlossen sein.

§ 817 S. 2 BGB findet auf alle Fälle der Leistungskondiktion Anwendung, nicht aber auf eine Bereicherung in sonstiger Weise. Greift § 817 S. 2 BGB ein, sind Ansprüche aus der Leistungskondiktion nach § 812 BGB ausgeschlossen.

Die Anwendung auch auf den Tatbestand des § 812 I S. 1 Alt. 1 BGB ist allein deshalb zwingend, weil § 817 S. 2 BGB andernfalls leerlaufen würde. Denn wenn beide Parteien gegen ein Verbotsgesetz verstoßen, ist der Vertrag regelmäßig nichtig, so dass tatbestandlich neben § 817 S. 1 BGB *immer* auch § 812 I S. 1 Alt. 1 BGB verwirklich ist. Würde man § 817 S. 2 BGB nicht auch bei § 812 I S. 1 Alt. 1 BGB prüfen, liefe er faktisch immer leer.

Da aber oben eine Einschränkung über § 242 BGB erfolgte, muss dies konsequenterweise auch für den Anspruch aus § 812 I S. 1 Alt. 1 BGB gelten.

3. Anspruchsumfang

Zum Anspruchsumfang gilt das oben Gesagte entsprechend.

4. Ergebnis

S hat einen Anspruch auf Wertersatz nach § 812 I 1 1.Alt. 818 II BGB. Dieser ist aber begrenzt auf die Höhe des vereinbarten Entgeltes.

IV. Zusammenfassung

Sound: Bei den Ansprüchen des Handwerkers auf Vergütung steht der Anwendung des § 817 S. 2 BGB der § 242 BGB entgegen.

Die strikte Anwendung des § 817 S. 2 BGB würde für den Schwarzarbeiter eine unbillige Härte darstellen, denn die geleistete Arbeit bliebe ersatzlos. § 817 S. 2 BGB darf aber nicht zu einer endgültigen Vermögensverschiebung führen, wenn diese gegen Treu und Glauben verstößt, § 242 BGB.

hemmer-Methode: Verstoß gegen SchwArbG ist ein Klassiker. Wichtig in der Klausur ist die genaue Subsumtion des Sachverhalts unter das SchwArbG. Die Folge des § 134 BGB wird nach h.M. nur bei *beiderseitigem* Verstoß gegen SchwArbG angenommen.

V. Zur Vertiefung

- Hemmer/Wüst, BGB-AT II, Rn. 116
- Hemmer/Wüst, KK BGB-AT I, Karteikarte 88

Kapitel VI: Anfechtung

Fall 49: Teilanfechtung

Sachverhalt:

K erkundigt sich bei V über die Kosten eines Urlaubs auf dem Bauernhof in der Hauptsaison. V nennt als Preis 15 € pro Übernachtung inklusive Frühstück. K erklärt sich einverstanden und reist mit seiner Frau an. Nach 10 Tagen verlangt V 300 €. K ist nur bereit, 150 € zu zahlen. Er hatte verstanden, dass ein Doppelzimmer 15 € pro Nacht koste. V meinte dagegen 15 € pro Übernachtung und Person.

Frage: *Kann V die volle Summe verlangen?*

I. Einordnung

Die Anfechtung ist ein Gestaltungsrecht. Sie wirkt unmittelbar auf ein Rechtsverhältnis, in dem sie es mit **ex-tunc** Wirkung (von Anfang an) beseitigt. Es ist eine rechtsvernichtende Einwendung und systematisch unter dem Punkt „Anspruch erloschen" zu prüfen.

Der Anfechtungsberechtigte hat ein Wahlrecht, ob er das ganze Rechtsgeschäft „zu Fall bringt" oder nur einen Teil davon. Die Teilanfechtung ist möglich, wenn eine vollständige Beseitigung des Vertrages nicht gewollt ist und das Rechtsgeschäft selbst teilbar ist (Rechtsgedanke des § 139 BGB).

Davon abzugrenzen ist der Fall, in dem der Anfechtende den ganzen Vertrag anfechten will, obwohl sich sein Irrtum nur auf einen Teil des Rechtsgeschäfts bezieht.

II. Gliederung

I.	**Anspruch des V gegen K auf Zahlung der 300 € aus § 535 II BGB**
1.	Wirksamkeit des Vertrages
a)	**Dissens, § 155 BGB**? (-), da sich aus (vorrangiger)
b)	**Auslegung, §§ 133, 157 BGB**, ein Mietzins von 15 € pro Person ergibt
2.	**Nichtigkeit des Vertrages nach erfolgter Anfechtung**, § 142 I BGB
a)	**Anfechtungsgrund** - § 119 I 1.Alt. BGB
b)	**Anfechtungserklärung**, § 143 I BGB, konkludent in Zahlungsverweigerung
c)	**Frist** des § 121 I 1 BGB (+)
d)	Rechtsfolge
aa)	<u>Grds.</u>: „ex-tunc-Nichtigkeit" ⇨ § 142 I BGB
bb)	<u>Aber</u>: nach § 242 BGB muss sich K am subjektiv Gewollten festhalten lassen (150 €)
II.	**Anspruch des V gegen K auf Zahlung von 150 € aus § 122 I BGB**
	(+), insbesondere kein Ausschluss nach § 122 II BGB
III.	**Anspruch des V auf Ersatz der Übernachtungs- und Verpflegungskosten gem. §§ 812 I 1 1.Alt., 818 II BGB**
1.	**Erlangtes Etwas:** Übernachtung und Verpflegungsleistungen für 10 Tage, 2 Personen

2. Durch **Leistung** des V (+)
3. **Ohne Rechtsgrund**,
soweit Anfechtung reicht, Vertrag nichtig
4. **Rechtsfolge:** Wertersatz, § 818 II BGB, ⇨ 150 € (Tatfrage)

III. Lösung

I. Anspruch des V gegen K auf Zahlung der 300 € aus § 535 II BGB

V könnte von K 300 € aus einem gemischten Vertrag mit überwiegend mietvertraglichen Elementen verlangen.

Voraussetzung dafür ist, dass ein wirksamer Vertrag zustande gekommen ist.

1. Wirksamkeit des Vertrages

a) Dissens, § 155 BGB

I.R.d. Vertragsschlusses könnte ein Dissens i.S.v. § 155 BGB vorgelegen haben. Damit wäre der Vertrag unwirksam. Die Parteien gingen von jeweils unterschiedlichen Preisen pro Übernachtung und Person aus, daher könnte ein versteckter Dissens vorliegen. Ob ein Einigungsmangel tatsächlich gegeben ist, muss im Rahmen einer Auslegung ermittelt werden. Können die Erklärungen vom objektiven Empfängerhorizont gem. §§ 133, 157 BGB so ausgelegt werden, dass doch eine Einigung besteht, sind die Regelungen über den Dissens nicht mehr anwendbar.

b) Auslegung, §§ 133, 157 BGB

Das Angebot des V lautete 15 € pro Übernachtung.

Entscheidend ist, wie K als Erklärungsempfänger das Angebot des V verstehen durfte. Dabei ist es zu berücksichtigen, dass das Zimmer in der Hauptsaison vermietet werden sollte und dass K üblicherweise unter Berücksichtigung der Verkehrssitte nicht davon ausgehen durfte, für 15 € ein Zimmer für zwei Personen mit Frühstück zu erhalten.

Außerdem hatte sich K alleine erkundigt und nichts von zwei Personen erwähnt. Er konnte daher die Erklärung nur so verstehen, dass **für ihn** die Unterkunft 15 € kostet.

Die Auslegung nach dem objektiven Empfängerhorizont unter Berücksichtigung der Verkehrssitte ergibt somit, dass eine Einigung über 15 € pro Person und Übernachtung erfolgt ist. Damit liegt auch kein Dissens vor. § 155 BGB findet keine Anwendung.

V hat gegen K einen Anspruch auf Bezahlung von 300 €.

2. Anfechtung, § 142 BGB

Der Vertrag könnte aber durch Anfechtung des K entfallen sein. Gem. § 142 I BGB wird das angefochtene Rechtsgeschäft als von Anfang an nichtig behandelt (**ex-tunc Wirkung der Anfechtung**).

Anmerkung: Die Anfechtung ist in §§ 119-124 BGB und §§ 142-144 BGB geregelt.
Für eine wirksame Anfechtung ist erforderlich:
1. Anfechtungsgrund: §§ 119, 120, 123 BGB
2. Anfechtungserklärung: gegenüber dem Anfechtungsgegner, § 143 BGB
3. Innerhalb der Anfechtungsfrist: §§ 121, 124 BGB

a) Anfechtungsgrund

Fraglich ist, ob K einen Grund zur Anfechtung hat. Als Anfechtungsgrund kommt vorliegend ein Inhaltsirrtum nach § 119 I 1.Alt. BGB in Betracht. K hat objektiv erklärt, er nehme das Angebot, 15 € pro Übernachtung und Person zu zahlen, an. Er wollte aber erklären, 15 € pro Übernachtung für zwei Personen. Im Zeitpunkt der Abgabe der Willenserklärung fielen also das objektiv Erklärte und das subjektiv Gewollte unbewusst auseinander. Laut Sachverhalt ist davon auszugehen, dass K bei Kenntnis der Sachlage die Erklärung nicht abgegeben hätte. Damit ist ein Anfechtungsgrund gegeben.

Anmerkung: Anfechtungsgründe im Allgemeinen Teil des BGB (im Erbrecht gibt es Besonderheiten):

1. **Fehler bei der Willensäußerung**
   - a) Inhaltsirrtum, § 119 I 1.Alt. BGB
   - b) Erklärungsirrtum, § 119 I 2.Alt. BGB
   - c) Übermittlungsirrtum, § 120 BGB

   In diesen Fällen weicht das objektiv Erklärte vom subjektiv Gewollten ab.
2. **Fehler bei der Willensbildung**
   Eigenschaftsirrtum, § 119 II BGB
3. **Sonstige Anfechtungsgründe**
   Arglistige Täuschung oder Drohung, § 123 BGB zum Schutz der freien Willensbildung

b) Anfechtungserklärung

Weiter muss eine Anfechtungserklärung i.S.v. § 143 BGB vorliegen. Als Anfechtungserklärung genügt jede Willensäußerung, aus der erkennbar wird, dass das Geschäft rückwirkend beseitigt werden soll. Das Wort „Anfechtung“ braucht nicht zu fallen.

Die Anfechtungserklärung ist hier in der Zahlungsverweigerung des K zu sehen.

c) Anfechtungsfrist, § 121 BGB

Die Anfechtung ist unverzüglich und damit rechtzeitig erfolgt.

d) Rechtsfolge

Da die Anfechtung wirksam erklärt wurde, ist der geschlossene Vertrag als von Anfang an nichtig anzusehen, § 142 BGB.

Zu berücksichtigen ist aber, dass sich die Anfechtungserklärung des K nur auf die 150 € bezog. Eine vollständige Beseitigung des Rechtsgeschäfts war nicht gewollt, da K immerhin bereit war die Hälfte des verlangten Betrages zu bezahlen.

K könnte mit seiner Zahlungsverweigerung eine Teilanfechtung erklärt haben. Die Konsequenz hieraus wäre, dass er bei teilweiser Anfechtung vertraglich nur zur Zahlung der Restsumme verpflichtet bleibt.

Eine solche Teilanfechtung ist möglich, wenn das Rechtsgeschäft teilbar ist (Rechtsgedanke des § 139 BGB). Die Teilbarkeit ist hier gegeben, da eine Geldleistung geschuldet ist.

3. Ergebnis

Der Vertag ist insoweit unwirksam, als sich K geirrt hat. K ist aus dem Vertrag verpflichtet 150 € zu zahlen.

II. Anspruch des V gegen K auf Zahlung von 150 € aus § 122 I BGB

K könnte möglicherweise aber die weiteren 150 € als Schadensposten gegenüber K geltend machen und gem. § 122 I BGB Schadensersatz verlangen.

Die Pflicht zum Ersatz des sog. Vertrauensschadens oder negativen Interesses ist der Preis dafür, dass sich der Irrende durch Anfechtung von seiner Erklärung lösen kann. Der Anfechtende hat den Gegner so zu stellen, wie er bei Nichtabschluss des nichtigen Teiles des Vertrages stehen würde. Hätte V auf die Wirksamkeit des Vertrages nicht vertraut, hätte er das Zimmer nicht an K, sondern an andere Touristen vermietet. Davon ist wegen der Hochsaison auszugehen. Ob er das Zimmer tatsächlich an einen Interessenten hätte vermieten können, muss V wegen der Beweiserleichterung des § 252 S. 2 BGB nicht beweisen. Damit ist dem V ein Schaden in Höhe von 150 € entstanden.

Der Anspruch ist jedoch ausgeschlossen, wenn der Beschädigte den Grund der Anfechtung kannte oder infolge von Fahrlässigkeit nicht kannte (also kennen müsste), § 122 II BGB. V wusste von dem Irrtum des K nichts. Es lagen auch keine Anhaltspunkte vor, die seine fahrlässige Unkenntnis begründen könnten, da der Irrtum des K für V keinesfalls erkennbar war.

Damit ist K aus § 122 I BGB verpflichtet, weitere 150 € als Schadensersatz an V zu zahlen.

III. Anspruch des V auf Ersatz der Übernachtungs- und Verpflegungskosten gem. §§ 812 I 1 1.Alt., 818 II BGB

V könnte Wertersatz für Übernachtungs- und Verpflegungsleistungen nach den Grundsätzen der ungerechtfertigten Bereicherung verlangen. Hierfür müssten die Voraussetzungen der §§ 812 I 1 1.Alt., 818 II BGB gegeben sein.

1. Erlangtes Etwas

K hat die Unterkunft und die Verpflegungsleistungen für 10 Tage und zwei Personen erlangt.

2. Durch Leistung des V

Dies geschah auch durch Leistung des V, da dieser zum Zwecke der Erfüllung des vermeintlich wirksamen Vertrages gehandelt hat (solvendi causa).

3. Ohne Rechtsgrund

Wegen der Teilanfechtung war der Vertrag teilweise ex tunc nichtig. Ein Rechtsgrund für die Leistungen war insoweit nicht vorhanden, als sich K geirrt hat.

4. Rechtsfolge

Da die Herausgabe der Leistungen der Beschaffenheit nach nicht mehr möglich ist, kommt als Rechtsfolge Wertersatz nach § 818 II BGB in Betracht.

K muss den Wert der Bereicherung ersetzen. Ob der objektive Wert der Übernachtung und der Verpflegungskosten tatsächlich 150 € beträgt, ist Tatfrage.

IV. Zusammenfassung

Sound: Eine Anfechtung ist nur insoweit möglich, als sich der Anfechtungsberechtigte geirrt hat. Er muss sich nach Treu und Glauben an dem festhalten lassen, was er ursprünglich gewollt hat. Eine Vollanfechtung ist in diesem Fall nicht möglich.

Nach § 242 BGB gilt der Vertrag deshalb mit dem Inhalt zustande gekommen, der nicht durch den Irrtum bedingt war.

hemmer-Methode: Nichts anderes ergibt sich, wenn bei gleichem Sachverhalt K am Ende des Urlaubes den Vertrag vollständig anficht und nicht bereit ist, überhaupt etwas zu zahlen. Der Anfechtungsberechtigte darf durch die Anfechtung nicht mehr erreichen dürfen als ihm nach §§ 119 ff. BGB zusteht. Diese Vorschriften dienen nämlich in erster Linie dem Schutz des Irrenden. Er muss sich deshalb nach Treu und Glauben an dem festhalten lassen, was er eigentlich gewollt hat. Eine Vollanfechtung ist folglich nicht möglich, auch wenn sie vom Anfechtenden erklärt wird. Die Berufung auf die volle Nichtigkeit ist treuwidrig und unbeachtlich. Der angefochtene Vertrag gilt als mit dem Inhalt zustande gekommen, der nicht vom Irrtum erfasst war.

V. Zur Vertiefung

- Hemmer/Wüst, BGB-AT III, Rn. 311
- Hemmer/Wüst, KK BGB-AT II, Karteikarte Nr. 159

Fall 50: Inhaltsirrtum

Sachverhalt:

A füllte ein Bestellformular für „25 Gros Rollen Toilettenpapier" aus. Als daraufhin 3600 Rollen WC-Papier geliefert wurden, verweigerte er die Annahme und Zahlung mit Ausnahme von 25 Rollen. Der Verkäufer V macht ihm klar, dass die Bezeichnung „Gros" zwölf Dutzend bedeutet. Daraufhin erklärt A die Anfechtung, weil er geglaubt hatte, lediglich 25 große WC-Rollen bestellt zu haben. V verlangt volle Kaufpreiszahlung.

Frage: *Zu Recht?*

I. Einordnung

Nicht jeder Irrtum berechtigt zur Anfechtung. Das BGB-AT normiert die möglichen Anfechtungsgründe in den §§ 119 I, II, 120 und 123 BGB. Dadurch wird eine gewisse Rechtssicherheit geschaffen.

Die unterschiedlichen Anfechtungsgründe kann man unterteilen in Fehler bei der Willensäußerung und Fehler bei der Willensbildung. Einen besonderen Anfechtungsgrund bildet die Anfechtung wegen Täuschung oder Drohung, § 123 BGB.

II. Gliederung

Anspruch des V gegen A auf Bezahlung des vollen Kaufpreises aus § 433 II BGB

1. **Wirksamer Kaufvertrag** über 3600 Rollen Papier
   Dissens, § 155 BGB? (-), da Auslegung, §§ 133, 157 BGB ergibt, dass 3600 Rollen Papier bestellt wurden
2. **Nichtigkeit wegen Anfechtung**, § 142 I BGB (+)

a) **Anfechtungsgrund**

aa) **Inhaltsirrtum**, § 119 I 1.Alt. BGB

bb) **Kausalität** des Irrtums

(1) Subjektives Element
⇨ Hätte der Anfechtende bei Kenntnis der Lage die WE abgegeben

(2) Objektives Element
⇨ Irrtum muss objektiv erheblich sein („bei verständiger Würdigung")

b) **Anfechtungserklärung**, § 143 I BGB

c) **Anfechtungsfrist**, § 121 BGB

3. **Ergebnis:**
   wirksame Anfechtung (+)
   ⇨ KV (-), A muss sich aber an dem ursprünglich Gewollten festhalten lassen, § 242 BGB
   ⇨ Bezahlung des Kaufpreises für 25 Rollen

III. Lösung

Anspruch des V gegen A auf Bezahlung des vollen Kaufpreises aus § 433 II BGB

V kann von A die Bezahlung des Kaufpreises für 3600 Rollen Papier verlangen, wenn zwischen ihnen ein wirksamer Vertrag zustande gekommen ist.

1. Wirksamer Kaufvertrag über 3600 Rollen Papier

Ein wirksamer Vertrag setzt zwei übereinstimmende Willenserklärungen, Angebot und Annahme voraus. Das Angebot zum Abschluss des Kaufvertrages liegt in der schriftlichen Bestellung von „25 Gros Toilettenpapier". Die Annahme erfolgte durch Lieferung der Ware. Jedoch sind sich die Parteien nicht vollständig einig und es könnte ein Dissens vorliegen. Während A nur 25 Rollen bestellen wollte, verstand V die Bestellung als Angebot zum Kauf von 3600 Rollen. Ob tatsächlich ein Einigungsmangel vorliegt ist im Wege der Auslegung nach dem objektiven Empfängerhorizont (§§ 133, 157 BGB) und unter Berücksichtigung von Treu und Glauben (§ 242 BGB) zu ermitteln.

Eine Bestellung von „25 Gros" ist nach dem objektiven Erklärungswert dieser Bezeichnung als Bestellung über 3600 Stück zu verstehen. Damit stimmen Angebot und Annahme objektiv betrachtet überein. Der Kaufvertrag ist mit dem Inhalt von 3600 Rollen Papier zustande gekommen.

2. Nichtigkeit infolge Anfechtung, § 142 I BGB

Der Vertrag könnte aber rückwirkend vernichtet worden sein. Das ist dann der Fall, wenn eine wirksame Anfechtung erfolgt ist, § 142 I BGB. Diese setzt eine rechtzeitige (§ 121 bzw. § 124 BGB) Anfechtungserklärung (§ 143 BGB) und einen Anfechtungsgrund (§§ 119, 120, 123 BGB) voraus.

a) Anfechtungsgrund

aa) Inhaltsirrtum, § 119 I 1.Alt. BGB

Als Anfechtungsgrund kommt ein Inhaltsirrtum nach § 119 I 1.Alt. BGB in Betracht. Ein Inhaltsirrtum ist ein Irrtum über die Bedeutung oder die Tragweite einer Erklärung. Der Erklärende gibt zwar die gewollte Erklärung ab („er weiß, was er sagt"), doch bedeutet diese etwas anderes als der Erklärende gemeint hat („er weiß nicht, was er damit sagt"). Vorliegend hat A „25 Gros" erklärt. Dies wollte er auch erklären. Er hat sich aber über die Bedeutung der Bezeichnung „Gros" geirrt. Damit liegt ein beachtlicher Inhaltsirrtum vor.

Anmerkung: Es handelt sich dabei um einen sog. Verlautbarungsirrtum. Weitere anerkannte Fälle des Inhaltsirrtums sind der Irrtum über die Person des Geschäftspartners oder über den Gegenstand des Vertrages (sog. Identitätsirrtum).

bb) Kausalität des Irrtums

Das Vorliegen eines Irrtums alleine genügt aber noch nicht zur Anfechtung des Vertrages.

Eine Erklärung ist nach § 119 I BGB nur dann anfechtbar, wenn der Irrtum für die Erklärung ursächlich war, § 119 I BGB a.E. Die Kausalität spielt dabei in zweifacher Hinsicht eine Rolle.

Zum einen muss anzunehmen sein, dass der Erklärende die Willenserklärung „bei Kenntnis der Sachlage" nicht abgegeben hätte (subjektives Element).

Zum anderen muss der Irrtum auch objektiv erheblich sein („bei verständiger Würdigung des Falles"). Entscheidend ist, ob der Irrende als ein verständiger Mensch, frei von Eigensinn, subjektiven Launen und törichten Ansichten die Abgabe der Willenserklärung unterlassen hätte.

Hätte A die wahre Bedeutung des Wortes „Gros" erkannt, hätte er eine solche Bestellung nicht abgegeben. Der Irrtum ist auch objektiv erheblich, da eine Vorratshaltung von Toilettenpapier auf mehrere Jahre mit den damit verbundenen Folgen (Haushaltsabrechnung, Lagerungsprobleme) wirtschaftlich nicht sinnvoll ist. Damit ist die Kausalität des Irrtums für die Erklärung gegeben.

b) Anfechtungserklärung, § 143 BGB

Weiter muss die Anfechtung als einseitige empfangsbedürftige Willenserklärung dem Anfechtungsgegner zugehen. Sie ist formfrei und muss nicht das Wort „Anfechtung" enthalten. Anfechtungsgegner ist der Vertragspartner, § 143 II BGB. Diese Voraussetzungen hat A erfüllt, da er die Anfechtung gegenüber dem V erklärt hat.

c) Anfechtungsfrist, § 121 BGB

Die Anfechtung ist aber ausgeschlossen, wenn die Anfechtungserklärung nicht fristgerecht erfolgt ist. Gem. § 121 BGB muss der Anfechtende im Falle eines Inhaltsirrtums unverzüglich (d.h. ohne schuldhaftes Zögern) die Anfechtung erklären. Die Frist beginnt mit dem Zeitpunkt der Kenntnis des Anfechtungsgrundes. A wurde bei der Lieferung über die Bedeutung des Wortes Gros aufgeklärt. Unmittelbar danach hat er seine Anfechtung erklärt. Damit erfolgte die Anfechtung unverzüglich und somit fristgerecht.

3. Ergebnis

Durch die erfolgte Anfechtung ist der Kaufvertrag mit A rückwirkend entfallen, § 142 I BGB. V kann nicht den vollen Kaufpreis verlangen.

Anmerkung: V kann aber die Bezahlung von 25 Rollen Papier verlangen. Die Anfechtung reicht nur soweit, wie sich der A geirrt hat. Eine Vollanfechtung wäre treuwidrig und damit unbeachtlich, § 242 BGB (vgl. auch Fall 48 „Teilanfechtung"). Soweit dem V Transportkosten hinsichtlich der zuviel gelieferten 3575 Rollen angefallen sind, kann er diese als Schadensersatzposten über § 122 I BGB verlangen.

IV. Zusammenfassung

Sound: Inhaltsirrtum: „Der Erklärende weiß, was er sagt, er weiß aber nicht, was er damit sagt."

Der Anfechtungsberechtigte irrt beim Inhaltsirrtum über die Bedeutung oder Tragweite seiner Erklärung. Die Anfechtung ist aber ausgeschlossen, wenn sich der Irrtum auf die Rechtsfolgen bezieht, die unabhängig von dem Willen des Erklärenden durch die Rechtsordnung an das geschlossene Rechtsgeschäft geknüpft werden.

hemmer-Methode: Auch der Irrtum über die Person des Geschäftspartners oder über den Gegenstand des Vertrages ist grundsätzlich nach § 119 I 1.Alt. BGB als Identitätsirrtum zu behandeln. Hier ist jedoch die Grenze zwischen Identitäts- und Eigenschaftsirrtum nach § 119 II BGB fließend. Beachten Sie folgenden Fall: V bietet K das Pferd P1 an. K nimmt das Angebot an, da er glaubt, es handele sich um das Rennpferd P2. K ficht den Vertrag an. Hat K das Pferd P1 nie zuvor gesehen, ist der Name das einzige Identifizierungsmerkmal. Irrt er über diese Identifizierung, liegt ein Inhaltsirrtum nach § 119 I 1.Alt. BGB vor. Anders aber, wenn V das Pferd dem K vorführt. Dann war das Pferd bereits individualisiert. Die Rennpferdtauglichkeit bildete für K lediglich ein Motiv, das Pferd zu kaufen. K hätte aber in diesem Fall ein Anfechtungsrecht nach § 119 II BGB, da er sich über eine verkehrswesentliche Eigenschaft geirrt hat.

V. Zur Vertiefung

- Hemmer/Wüst, BGB-AT III, Rn. 322 ff.
- Hemmer/Wüst, KK BGB-AT II, Karteikarte Nr. 162

Fall 51: Rechtsfolgenirrtum

Sachverhalt:

Teil I: *G verkauft an K seine Gastwirtschaft „nebst Zubehör“. Er hat dabei angenommen, der Ausdruck „Zubehör“ umfasse nur die fest eingebauten Gegenstände, nicht aber das sonstige Mobiliar. Kann G den Vertrag anfechten?*

Teil II. *Kurze Zeit später hatte er im notariellen Kaufvertrag von V ein Hausgrundstück zum Preis von 350.000 € erworben, in dem die Familie M zur Miete wohnte. Nach der Eintragung ins Grundbuch forderte er die M auf, das Haus zu räumen, da das Haus jetzt ihm gehöre und er selbst einziehen möchte. Die M wandten sich an ihren Rechtsanwalt, der in einem Schreiben dem G erklärte, dass das Mietverhältnis auch gegenüber dem Grundstückserwerber fortbestehe. G kann das nicht glauben. Er hätte das Haus nicht gekauft, wenn er dies gewusst hätte. Sollte der Rechtsanwalt Recht haben, will G den Kaufvertrag anfechten.*

Frage: *Wie ist die Rechtslage?*

I. Einordnung

Ein Inhaltsirrtum liegt auch vor, wenn der Erklärende über die Rechtsfolgen seiner Erklärung irrt. Nicht jeder derartige Inhaltsirrtum kann aber ein Anfechtungsrecht gem. § 119 I 1.Alt. BGB begründen.

Wäre jeder Rechtsfolgenirrtum generell beachtlich, würde das Gesetz als Autorität an Bedeutung verlieren. Von daher ist ein Rechtsfolgenirrtum grundsätzlich unbeachtlich. Man kann sich den im Gesetz angelegten Rechtsfolgen nicht entziehen.

II. Gliederung

Teil I

Möglichkeit der Anfechtung

1. **Anfechtungsgrund**, § 119 I 1.Alt. BGB

a) „Rechtsfolgen – Inhaltsirrtum“, wenn die **Rechtsfolge** über die geirrt wird, **unmittelbar** Gegenstand der Erklärung ist

b) **Inhaltsirrtum (-)**, wenn sich der Irrtum auf die Rechtsfolgen bezieht, die unabhängig vom Willen des Erklärenden durch die Rechtsordnung eintreten

c) **Irrtum über „Zubehör“** ⇨ Inhaltsirrtum (+)

2. **Ergebnis:** Anfechtungsgrund (+), bei Vorliegen rechtzeitiger Anfechtungserklärung KV mit ex tunc Wirkung nichtig, § 142 I BGB

Teil II

I. Anspruch des G gegen M auf Herausgabe des Hauses aus § 985 BGB

1. G ist nach Auflassung und Eintragung ins Grundbuch Eigentümer geworden,

2. M sind Besitzer

3. **Recht zum Besitz** der M (RzB)

a) Aus dem MV (-):
Relativität der Schuldverhältnisse

b) § 986 II BGB (-):
gilt nur für bewegliche Sachen

c)	§ 986 II BGB analog? (-), wenn aufgrund besonderer Vorschriften keine Regelungslücke gegeben
d)	§ 566 i.V.m. § 578 I BGB (+)
3.	**Ergebnis:** RzB (+) ⇨ § 985 BGB (-)
II.	**Anspruch des G gegen V auf Rückzahlung des Kaufpreises aus § 812 I I 1.Alt. BGB**
1.	**Erlangtes Etwas** durch Leistung: Eigentum und Besitz an den Geldscheinen
2.	**Ohne Rechtsgrund** KV mglw. durch Anfechtung ex tunc entfallen
a)	Anfechtungsgrund: Rechtsfolgenirrtum
b)	Hier Irrtum über Rechtfolgen, die kraft Gesetzes eintreten ⇨ kein Inhaltsirrtum
3.	**Ergebnis: Anfechtungsgrund (-)** ⇨ KV (+) ⇨ Anspruch aus § 812 I 1 1.Alt. BGB (-)

III. Lösung Teil I

Möglichkeit der Anfechtung

G könnte den Kaufvertrag über den Verkauf der Gaststätte anfechten, wenn ein Anfechtungsgrund gegeben wäre und die Anfechtungserklärung rechtzeitig und gegenüber dem richtigen Anfechtungsgegner abgegeben würde.

1. Anfechtungsgrund

Zunächst müsste ein relevanter Anfechtungsgrund vorliegen. G irrte bei Abgabe seines Angebotes über die Bedeutung und die Tragweite des Begriffes „Zubehör“.

Es liegt kein Versprechen oder Verschreiben vor. Er wollte eine Erklärung dieses Inhalts abgeben und damit ist kein Erklärungsirrtum gem. § 119 I 2.Alt. BGB gegeben. Er irrte aber über die Rechtsfolgen des von ihm gewählten Rechtsbegriffes. In Betracht kommt ein Inhaltsirrtum nach § 119 I 1.Alt. BGB.

Jedoch kann nicht jeder Irrtum über die Rechtsfolgen eines Rechtsgeschäftes einen Inhaltsirrtum begründen und zur Anfechtung berechtigen.

Ein Inhaltsirrtum liegt nur dann vor, wenn die Rechtsfolge, über die ein Irrtum entstanden ist, unmittelbar Gegenstand der Erklärung ist. Es muss sich also um Rechtsfolgen handeln, auf deren Herbeiführung die Erklärung ihrem Inhalt nach gerichtet ist.

Kein Inhaltsirrtum ist dagegen gegeben, wenn es sich um weitere Rechtsfolgen handelt, die unabhängig vom Willen des Erklärenden durch die Rechtsordnung an das geschlossene Rechtsgeschäft geknüpft werden.

Diese Einschränkung ist erforderlich, weil andernfalls der Anfechtung Tür und Tor geöffnet wird und die Rechtssicherheit unerträglich beeinträchtigt würde.

Der Irrtum über die Bedeutung des Wortes „Zubehör“ ist zugleich ein Irrtum über die Rechtsfolgen des Rechtsgeschäfts. Der Übergang des Mobiliars mit dem Verkauf des Zubehörs, ist direkte Folge der Erklärung. G befand sich damit in einem Inhaltsirrtum. Ein Anfechtungsgrund ist gegeben.

2. Weitere Voraussetzungen der Anfechtung

Der Irrtum müsste gem. § 119 I BGB subjektiv und objektiv für die abgegebene Erklärung erheblich sein.

Dies ist hier der Fall. Ohne den Irrtum hätte G eine derartige Erklärung nicht abgegeben. Die Anfechtungserklärung muss G gegenüber seinem Vertragspartner K erklären, § 143 II BGB. Sie muss unverzüglich erfolgen, also ohne schuldhaftes Zögern, § 121 BGB.

Erfüllt G diese Voraussetzungen, fällt der Kaufvertrag durch Anfechtung rückwirkend weg, § 142 I BGB.

IV. Lösung Teil II

I. Anspruch des G gegen M auf Herausgabe des Hauses aus § 985 BGB

G könnte gegen M aus § 985 BGB vorgehen und die Herausgabe des Hauses verlangen, wenn eine Vindikationslage gegeben ist. Er müsste also Eigentümer des Hausgrundstücks sein und Familie M dürfte als Besitzer kein Recht zum Besitz gegenüber G zustehen.

1. Eigentum des G

Ursprünglich war V Eigentümer des Grundstücks. Mit Auflassung und Eintragung ins Grundbuch ist aber G Eigentümer geworden §§ 873, 925 BGB. Von einer wirksamen Auflassung und Eintragung ist auszugehen.

Anmerkung: Übereignung von Grundstücken:
Zur Übereignung von Grundstücken bedarf es gem. §§ 873 I, 925 I BGB einer Einigung über den Übergang des Eigentums (Auflassung) und der Eintragung ins Grundbuch. Für die Grundbucheintragung sind §§ 13 ff. GBO (Nr. 114 in Schönfelder) einschlägig.

2. Besitzer

Die Familie M ist unmittelbarer Besitzer des Hauses und damit Anspruchsgegner.

3. Besitzrecht der Familie M, § 986 BGB

Fraglich ist, ob der Familie M ein Recht zum Besitz zusteht. Ist das nicht der Fall, so müssen sie das Haus an G herausgeben.

a) Besitzrecht gegenüber V

M sind Mieter des Hauses. Sie haben mit dem früheren Eigentümer - dem V - einen Mietvertrag (§ 535 BGB) geschlossen. Dieser Mietvertrag gibt ihnen gegenüber dem Vermieter V ein Recht zum Besitz i.S.d. § 986 BGB.

b) Besitzrecht gegenüber G

Fraglich ist aber, ob das Recht zum Besitz, das sich aus dem Mietvertrag gegenüber V ergab, auch gegenüber dem neuen Eigentümer G wirkt.

Obligatorische Besitzrechte, also Rechte, die auf vertraglichen oder gesetzlichen schuldrechtlichen Beziehungen zu einem Vertragspartner beruhen, wirken grundsätzlich nur gegenüber diesem Vertragspartner (**Relativität der Schuldverhältnisse**).

aa) § 986 II BGB

Ein Recht zum Besitz auch gegenüber dem neuen Eigentümer könnte sich aus § 986 II BGB ergeben. Diese Vorschrift verlängert im Falle einer Veräußerung nach § 931 BGB (oder § 930 BGB) den Schutz des obligatorischen Besitzers.

Der Besitzer hat gegenüber dem Herausgabeanspruch des Erwerbers alle Einwendungen, die ihm gegenüber dem Veräußerer zustanden. Daraus könnte sich zugunsten der Familie M ein Recht zum Besitz auch gegenüber G ableiten.

Jedoch ist § 986 II BGB nur auf die Veräußerung beweglicher Sachen anwendbar.

Auf Grundstücke findet § 986 II BGB keine direkte Anwendung. Zwar könnte an eine analoge Anwendung gedacht werden. Für eine Analogie bedarf es aber einer Regelungslücke und einer vergleichbaren Interessenlage. Bereits an einer Regelungslücke könnte es fehlen, wenn besondere Vorschriften für diesen Fall eingreifen.

bb) § 566 I BGB

Als eine solche besondere Vorschrift kommt § 566 I i.V.m. § 578 I BGB in Betracht. § 566 BGB durchbricht als Ausnahmeregel den allgemeinen Grundsatz, dass Rechte und Pflichten nur zwischen den am Schuldverhältnis beteiligten Personen entstehen. Der Erwerber tritt an Stelle des Vermieters. Er übernimmt alle sich aus dem Mietvertrag ergebenden Rechte und Pflichten.

Damit bleibt der Mietvertrag mit dem neuen Eigentümer bestehen und gibt auch ihm gegenüber ein Recht zum Besitz i.S.d. § 986 I BGB.

3. Ergebnis

Es besteht keine Vindikationslage, da die Familie M ein Recht zum Besitz i.S.v. § 986 I BGB hat. Der Anspruch aus § 985 BGB scheidet aus.

II. Anspruch des G gegen V auf Rückzahlung des Kaufpreises aus § 812 I I 1.Alt. BGB

Anmerkung: Ob bei einer Anfechtung § 812 I 1 1.Alt. oder § 812 I 2 1.Alt. BGB einschlägig ist, ist umstritten. Während eine Meinung wegen der ex tunc Wirkung der Anfechtung (§ 142 BGB) § 812 I 1 1.Alt. BGB annimmt, befürwortet eine andere Ansicht die Anwendung von § 812 I 2 1.Alt. BGB, da der ursprünglich wirksame Vertrag erst durch die zeitlich später erfolgte Anfechtung wegfällt. Unterschiede ergeben sich auch hinsichtlich der Ausschlussgründe der §§ 814 ff. BGB, insbesondere des § 814 BGB selbst, der nur bei § 812 I 1 1.Alt. BGB anwendbar ist.

Der Meinungsstreit ist aber nicht relevant, da bei der Anfechtung auch der Weg über den § 812 I 1 1.Alt. BGB zu demselben Ergebnis führt. Die Rückforderung wird nicht wegen § 814 BGB ausgeschlossen. Zu beachten ist, dass der Leistende die positive Kenntnis der Nichtleistungspflicht haben muss. Diese positive Kenntnis hat der trotz eines Anfechtungsgrundes Leistende aber gerade nicht. Solange er nicht angefochten hat, besteht seine Leistungspflicht fort. Würde er nicht zahlen, käme er in Verzug und es entstünden ihm zusätzliche Kosten. Wenn er später anficht, ist das kein widersprüchliches Verhalten, das § 814 BGB vermeiden möchte. Die Leistungspflicht entfällt zwar rückwirkend, aber erst mit der wirksamen Anfechtungserklärung. Damit ist es unerheblich, ob § 812 I 1 1.Alt. BGB oder § 812 I 2 1.Alt. BGB angewendet wird.

G kann von V die Rückzahlung des Kaufpreises verlangen, wenn er an V ohne Rechtsgrund geleistet hat.

1. Erlangtes Etwas

V hat Eigentum und Besitz an den Geldscheinen erlangt.

2. Durch Leistung

Eine Leistung liegt vor bei einer bewussten und zweckgerichteten Mehrung fremden Vermögens. G hat bewusst und auch zweckgerichtet gehandelt, denn er wollte durch die Zahlung an V den vermeintlich wirksamen Kaufvertrag erfüllen. Er leistete damit *„solvendi causa"*.

3. Ohne Rechtsgrund

Der Kaufpreis könnte rechtsgrundlos geleistet worden sein, wenn der Kaufvertrag, auf dessen Grundlage die Zahlung erfolgte, unwirksam ist. Das ist dann der Fall, wenn der Vertrag mit einem Nichtigkeitsgrund behaftet ist. Als Grund für die Nichtigkeit kommt eine Anfechtung in Betracht.

a) Anfechtungsgrund

Hierfür müsste ein Anfechtungsgrund i.S.v. §§ 119 ff. BGB vorliegen. G hat irrtümlicherweise angenommen, das Mietverhältnis der Familie M wird nicht automatisch mit dem neuen Grundstückseigentümer fortgesetzt. Er irrte somit über eine Rechtsfolge des Grundstückserwerbs. Dieser Irrtum über die Rechtsfolge ist aber nur anfechtbar, wenn er zugleich einen Irrtum über den Inhalt der Erklärung, also einen Inhaltsirrtum, darstellt.

Dies ist, wie oben bereits festgestellt, nur bei Rechtsfolgen der Fall, die unmittelbar Gegenstand der Erklärung sind. Nicht jedoch bei solchen Rechtsfolgen, die das Gesetz unabhängig vom Willen des Erklärenden an die Erklärung knüpft oder die im Wege ergänzender Vertragsauslegung ermittelt werden.

Der Irrtum über die Rechtsfolge des § 566 BGB beim Grundstückskauf ist unbeachtlich, weil diese Rechtsfolge unabhängig vom Parteiwillen eintritt.

Die Anfechtung des A ist deswegen unwirksam. Ein anderer Anfechtungsgrund ist nicht ersichtlich.

4. Ergebnis

Damit besteht ein wirksamer Kaufvertrag als Rechtsgrund für die Zahlung des Kaufpreises. Somit scheidet ein Anspruch aus § 812 I 1 1.Alt. BGB aus.

V. Zusammenfassung

Sound: Die Anfechtung ist ausgeschlossen, wenn sich der Irrtum auf Rechtfolgen bezieht, die unabhängig vom Willen des Erklärenden durch die Rechtsordnung an das geschlossene Rechtsgeschäft geknüpft werden.

Ein beachtlicher Inhaltsirrtum liegt dagegen vor, wenn es sich um einen Irrtum über Rechtsfolgen handelt, die in die Erklärung selbst aufgenommen worden sind und auf deren Herbeiführung die Erklärung ihrem Inhalt nach <u>unmittelbar</u> gerichtet ist.

hemmer-Methode: Der wohl wichtigste Fall des Rechtsfolgenirrtums ist die Frage, ob ein Irrtum über die Bedeutung des Schweigens anfechtbar ist. Irrt der Schweigende über die *rechtliche Bedeutung* seines Schweigens, so liegt unumstritten ein unbeachtlicher Rechtsfolgenirrtum vor. Irrt er dagegen über den damit verbundenen *Inhalt der Erklärung*, so ist strittig, ob jemand der schweigt, stärker an seine Willenserklärung gebunden werden kann, als jemand der eine ausdrückliche Willenserklärung abgibt.

VI. Zur Vertiefung

- Hemmer/Wüst, Basics Zivilrecht, Bd. 1, Rn. 97
- Hemmer/Wüst, BGB-AT III, Rn. 326 ff.
- Hemmer/Wüst, KK BGB-AT II, Karteikarte Nr. 162, 167

Fall 52: Leibl-Fall

Sachverhalt:

V verkaufte an A ein Gemälde für 5.000 €. Die Übereignung erfolgte 4 Wochen später, da das Gemälde sich noch als Leihgabe bei einer Ausstellung befand. Beide gingen irrtümlicherweise davon aus, dass es sich bei dem Gemälde um ein Bild des Malers Wolfgang Leibl handelte, während es in Wirklichkeit von dem weitaus berühmteren Maler Ludwig Leibl stammte. Als V seinen Irrtum erkannte, erklärte er sofort die Anfechtung des Kaufvertrages, da das Bild von einem anderen stamme und verlangte die Herausgabe des Bildes.

Frage: *Zu Recht?*

I. Einordnung

Der Irrtum nach § 119 II BGB (hier die Eigenschaft des Bildes) eignet sich gut für Klausuren. Sowohl schuldrechtliche causa, als auch dingliche Übereignung entfallen nach wirksamer Anfechtung u.U. rückwirkend.

Es bestehen Ansprüche aus §§ 985, 812 BGB. Diese Konstellation gibt dem Klausurersteller die Möglichkeit, sowohl schuldrechtliche wie auch dingliche Probleme miteinander zu verknüpfen und das Verständnis für das **Abstraktionsprinzip** abzuprüfen. Lernen Sie, sich in die Gedankenwelt des Erstellers einzuleben.

II. Gliederung

I. Anspruch des V gegen A auf Herausgabe des Bildes aus § 985 BGB

1. **Eigentum des V** (+), wenn kein Eigentumsverlust an A

Dingliche Einigung (-), wenn wirksame Anfechtung, § 142 I BGB

(P): Anfechtbarkeit dingl. RG? (+)

(P): V hat ausdrücklich nur KV angefochten, wegen Abstraktionsprinzips keine Auswirkung auf dingliches RG

⇨ es sei denn, Fehleridentität (+):

Def. Fehleridentität: Ein und derselbe Mangel ist sowohl für die schuldrechtliche causa, wie auch für das dingliche RG kausal.

(1) **Anfechtungserklärung:** im Herausgabeverlangen des V

(2) **Anfechtungsgrund:** § 119 II BGB, Irrtum über Urheberschaft des Bildes (+)

(P): **Durchschlagen des Mangels** auf die dingliche Ebene?

e.A: Nur dann (+), wenn beide RG zeitlich zusammenfallen

a.A.: Zeitlicher Zusammenhang nicht erforderlich, entscheidend ist alleine die Fehleridentität ⇨ hier: (+) ⇨ V wird rückwirkend wieder Eigentümer

2. **Besitzrecht** des A durch Anfechtung ex tunc entfallen

3. **Ergebnis:** § 985 BGB (+)

II. Anspruch V gegen A auf Herausgabe des Bildes gem. § 812 I 1 1.Alt. BGB

(P): Rechtsgrundlosigkeit des Erlangten

1. KV als Rechtsgrund entfallen, wenn wirksame Anfechtung, § 142 I BGB

a) **Anfechtungsgrund**: § 119 II BGB Irrtum über die Urheberschaft des Bildes, (+)

b) **Verhältnis der Anfechtung nach § 119 II BGB zu § 313 BGB (SGG)**

aa) Vor. § 313 BGB gegeben

bb) Grundsatz: § 119 II BGB geht vor

cc) Beiderseitiger Motivirrtum

⇨ Def.: Beide Parteien zur Anfechtung nach § 119 II BGB berechtigt

⇨ SchaE nach § 122 I BGB würde vom Zufall abhängen (derjenige, der zuerst anficht)

(1) e.A. Anfechtung nach § 119 II BGB (-)

(2) h.M. Anfechtung nach § 119 II BGB (+), es wird nur derjenige anfechten, für den die Rechtfolge der Anfechtung günstig ist (hier der V), dann ist aber auch die Haftung nach § 122 I BGB nicht unbillig

c) **Verhältnis der Anfechtung nach § 119 II BGB zu den Mängelrechten des Käufers** nach §§ 434 ff. BGB

⇨ hier kein Konkurrenzverhältnis, wenn Verkäufer und nicht Käufer anfechten möchte

⇨ Anders nur, wenn der Verkäufer durch Anfechtung seiner Gewährleistungspflicht entgehen möchte

2. **Ergebnis:** Anfechtung (+)
⇨ KV (-)
⇨ Anspruch aus § 812 I 1, 1.Alt. BGB (+)

III. Lösung

I. Anspruch des V gegen A auf Herausgabe des Bildes aus § 985 BGB

V könnte von A Herausgabe des Bildes aus § 985 BGB verlangen, wenn er Eigentümer des Gemäldes und A sein Besitzer ohne ein Recht zum Besitz wäre.

1. Eigentum des V

Ursprünglich war V Eigentümer des Bildes. Er könnte aber sein Eigentum durch die rechtsgeschäftliche Übereignung nach § 929 S. 1 BGB an A verloren haben. Dafür ist eine dingliche Einigung zwischen A und V und die Übergabe des Bildes erforderlich. Fraglich ist hier die wirksame dingliche Einigung.

a) Dingliche Einigung, § 929 S. 1 BGB

A und V haben sich zunächst über die Übergabe des Bildes und den Eigentumsübergang auf A geeinigt.

b) Anfechtung, § 142 I BGB

Die dingliche Einigung könnte jedoch durch die Anfechtung des V ex tunc entfallen sein, § 142 I BGB.

aa) Anfechtbarkeit des dinglichen Rechtsgeschäfts

Die Übergabe der Sache ist ein Realakt und unterliegt keiner Anfechtung.

Die dingliche Einigung ist aber als Willenserklärung nach § 119 ff. BGB anfechtbar.

Laut Sachverhalt hat V jedoch nur den Kaufvertrag angefochten. Die Anfechtung des Grundgeschäftes (causa) beseitigt nicht automatisch das Verfügungsgeschäft. Es gilt das Abstraktionsprinzip.

Zur Erinnerung: Das Abstraktionsprinzip bedeutet, dass das Verfügungsgeschäft gegenüber dem Verpflichtungsgeschäft in seiner Geltung unabhängig ist.

Anfechtbar ist immer das Rechtsgeschäft, auf welches sich der Anfechtungsgrund bezieht. Entscheidend ist, ob der Anfechtungsgrund kausal für das jeweilige Rechtsgeschäft ist. Ein und derselbe Anfechtungsgrund kann sowohl für das Verpflichtungs- wie auch für das Verfügungsgeschäft kausal sein. Man spricht dann von „**Fehleridentität**".

Anmerkung: Der Begriff *Fehleridentität* besagt nur, dass sowohl das Verpflichtungs- wie auch das Erfüllungsgeschäft an ein und demselben Mangel leiden können. Es ist aber immer eine ausdrückliche oder wenigstens konkludente Anfechtung beider Rechtsgeschäfte notwendig.

Während sich vorliegend die Anfechtung des Kaufvertrages durch V alleine auf das Grundgeschäft bezog, kann sein Herausgabeverlangen und die darauf gerichtete Klage nur so verstanden werden, dass auch das dingliche Rechtsgeschäft angefochten werden soll, §§ 133, 157 BGB.

Der „juristische Laie" kennt das Abstraktionsprinzip nicht. Mit seinem Herausgabeverlangen hat V aber gezeigt, dass er sein verlorenes Eigentum zurückhaben möchte.

Eine wirksame Anfechtung bedarf eines Anfechtungsgrundes und einer rechtzeitigen Anfechtungserklärung.

bb) Anfechtungsgrund

Als Anfechtungsgrund kommt § 119 II BGB in Betracht.

V hat sich beim Abschluss des Kaufvertrages über eine verkehrswesentliche Eigenschaft, die Urheberschaft des Bildes als wertbildenden Faktor, geirrt.

Es ist aber umstritten, ob und wann das dingliche Rechtsgeschäft wegen eines beachtlichen Motivirrtums nach § 119 II BGB anfechtbar ist.

Fraglich ist, ob sich die Eigentumsübertragung allein darin erschöpft, die Verpflichtung aus dem Kaufvertrag zu erfüllen (sog. Minimalkonsens). Dann wäre die Übereignung an sich wertneutral. Dabei wird aber nicht berücksichtigt, dass auch die Einigungserklärung des V von der Fehlvorstellung beeinflusst war.

Nach einer Ansicht ist die Anfechtung des dinglichen Rechtsgeschäfts wegen § 119 II BGB nur dann möglich, wenn das schuldrechtliche und das dingliche Rechtsgeschäft in einem einheitlichen Willensakt zusammenfallen und dieser an dem Anfechtungsgrund leidet. Hier wurde das Bild erst vier Wochen nach dem Abschluss des Kaufvertrages übereignet. Daher könnte V nach dieser Ansicht nicht anfechten.

Vorzuziehen ist aber die **Lehre von der Fehleridentität**. Danach besteht das Anfechtungsrecht auch dann, wenn Kausal- und Erfüllungsgeschäft nicht zusammenfallen.

Voraussetzung ist lediglich, dass der Irrtum nach § 119 II BGB auch für die Abgabe der dinglichen Einigungserklärung mitbestimmend (kausal) war. Es genügt also, wenn eine sog. gemeinsame Fehlerquelle bezüglich der beiden Rechtsgeschäfte vorhanden ist.

Das war hier der Fall, da der Irrtum des V auch für die dingliche Erklärung kausal war.

Hätte er die wahre Urheberschaft des Bildes gekannt, hätte er das Bild nicht übereignet.

bb) Anfechtungserklärung, § 143 BGB

Die Anfechtungserklärung der dinglichen Willenserklärung hat V konkludent mit seinem Herausgabeverlangen erklärt.

Damit hat V die Übereignung wirksam angefochten.

2. Besitzrecht des A, § 986 BGB

Die Anfechtung des V bezog sich sowohl auf die dingliche Einigungserklärung wie auch auf den schuldrechtlichen Kaufvertrag. Damit ist mit dem ex tunc nichtigen Kaufvertrag auch das Recht des A zum Besitz entfallen.

3. Ergebnis

V kann von A die Herausgabe des Bildes nach § 985 BGB verlangen.

Anmerkung: Fehleridentität ist i.d.R. bei § 123 BGB gegeben. Eine arglistige Täuschung oder Drohung ist für beide Rechtsgeschäfte ursächlich.

Problematisch ist dagegen die Fehleridentität bei der Anfechtung nach § 119 I BGB.

Ein Inhalts- oder Erklärungsirrtum liegt nur dann vor, wenn sich der Irrtum unmittelbar auf den Inhalt der Willenserklärung bezieht. Für die Anfechtung der dinglichen Einigung bedeutet dies, dass der Irrtum unmittelbar die dingliche Willenserklärung betreffen muss. Er muss sich auf die Dinge beziehen, die zum notwendigen Inhalt gerade der dinglichen Einigung gehören. Irrte der Verkäufer über die Höhe des Kaufpreises, so kann er die dingliche Einigung nicht nach § 119 I BGB anfechten, denn dieser Irrtum betrifft die dingliche Erklärung nur mittelbar. Irrt er dagegen über die Person des Vertragspartners, so ist die Anfechtung nach § 119 I BGB möglich, da die Person der Vertragspartner ein notwendiges Element auch der dinglichen Einigungserklärung ist.

II. Anspruch des V gegen A auf Herausgabe des Bildes gem. § 812 I 1 1.Alt. BGB

V könnte von A die Rückgabe des Bildes nach den Grundsätzen der ungerechtfertigten Bereicherung verlangen.

1. Erlangtes Etwas

A hat das Eigentum und den Besitz an dem Gemälde erlangt.

2. Durch Leistung

Dies geschah durch Leistung des V.

3. Ohne Rechtsgrund

Fraglich ist, ob V mit Rechtsgrund leistete. Als solcher kommt ein wirksamer, zwischen V und A geschlossener Kaufvertrag in Betracht.

a) Wirksamkeit des Kaufvertrages

An der ursprünglichen Wirksamkeit des Kaufvertrages bestehen keine Zweifel.

b) Nichtigkeit infolge Anfechtung, § 142 I BGB

Der Kaufvertrag könnte jedoch durch die Anfechtung des V rückwirkend entfallen sein. Zu prüfen ist, ob die Anfechtungsvoraussetzungen gegeben sind.

aa) Anfechtungsgrund

V könnte sich in einem beachtlichen Motivirrtum befinden, wenn er sich über verkehrswesentliche Eigenschaften einer Sache geirrt hat, § 119 II BGB.

Eigenschaften einer Sache sind alle einer Sache unmittelbar und auf gewisse Dauer anhaftenden Merkmale sowie tatsächliche und rechtliche Verhältnisse und Beziehungen der Sache zur Umwelt, soweit sie nach der Verkehrsanschauung für die Wertschätzung oder die Verwendbarkeit der Sache von Bedeutung sind.

Merke die Kurzformel: Alle wertbildenden Faktoren, nicht jedoch Preis und Wert der Sache selbst.

Die Urheberschaft bzgl. des Bildes ist eine verkehrswesentliche Eigenschaft, da sie geeignet ist, den Wert der Sache zu bestimmen.

So besitzen die Gemälde von W. Leibl einen geringeren Wert als die von L. Leibl.

Damit liegen die Voraussetzungen des § 119 II BGB vor.

bb) Abgrenzung § 119 II zu § 313 BGB (Störung der Geschäftsgrundlage)

In Fällen des beiderseits beachtlichen Motivirrtums ist das Verhältnis der Anfechtung zur SGG (§ 313 BGB) strittig.

Zur Erinnerung: § 313 I BGB zählt drei Elemente der SGG auf:

<u>Reales Element</u>: Ein Umstand, den mindestens eine Partei erkennbar für die andere beim Vertragsschluss vorausgesetzt hat.

<u>Hypothetisches Element</u>: Der Umstand muss für diese Partei so wichtig gewesen sein, dass sie den Vertag nicht oder nicht so geschlossen hätte, wenn sie die Richtigkeit ihrer Voraussetzungen als fraglich erkannt hätte.

<u>Normatives Element</u>: Die andere Partei hätte sich auf die Berücksichtigung des fraglichen Umstandes redlicherweise einlassen müssen.

Abs. 1 regelt die nachträgliche, Abs. 2 die anfängliche Störung der Geschäftsgrundlage. Schließlich werden im Abs. 3 die Rechtsfolgen aufgezählt: Grundsätzlich Anpassung des Vertrages an die geänderten Umstände, in Ausnahmefällen Rücktritt oder bei Dauerschuldverhältnissen Kündigung.

(1) Vorliegen der SGG

Der Motivirrtum des V bildete zugleich seine Geschäftsgrundlage. Er hat angenommen, das Bild stamme von dem Maler W.

Leibl und verkaufte es deswegen nicht zu einem höheren Preis (*das reale Element*).

Hätte er aber gewusst, dass es sich um ein Bild des weitaus bekannteren Malers L. Leibl handelt, so hätte er das Gemälde entweder gar nicht oder zu einem höheren Preis verkauft (*das hypothetische Element*).

Auf die Berücksichtigung der Urheberschaft des Bildes als Grundlage für die Bestimmung des Kaufpreises hätte sich A redlicherweise einlassen müssen (*das normative Element*). Damit sind zugleich auch die Voraussetzungen der SSG nach § 313 BGB gegeben.

(2) Grundsatz: Vorrang des § 119 II BGB

Trotz der Regelung der SGG (früher WGG) mit der Schuldrechtsreform im BGB, ist dieses Institut gegenüber der Anfechtung nach wie vor grundsätzlich subsidiär, da die Schuldrechtsreform keine inhaltlichen Änderung der WGG bezweckt hat.

(3) Behandlung des beiderseits beachtlichen Motivirrtums

Bei einem beiderseitigen Motivirrtum besteht jedoch die Besonderheit, dass beide
Parteien einem beachtlichen Irrtum unterliegen und beide zur Anfechtung berechtigt sind. Es beruht oft alleine auf Zufall, wer zuerst anficht und damit auch nach § 122 BGB zum Ersatz des negativen Interesses verpflichtet ist.

Deswegen wird von e.A. die Anfechtbarkeit über § 119 II BGB verneint. Stattdessen wird die SGG als sachgerechtere Lösung angewendet.

Dagegen lässt sich aber anführen, dass stets nur derjenige anfechten wird, zu dessen Nachteil die Wirklichkeit von der gemeinsamen Vorstellung abweicht.

Dann ist es aber auch nicht unbillig, wenn er den aus der Anfechtung anwachsenden Vorteil mit der Pflicht zum Ersatz des negativen Interesses bezahlt.

Diese Argumentation überzeugt. So wird der Käufer A, der ein gutes Geschäft gemacht hat kein Interesse an der Anfechtung haben. Deswegen besteht kein Bedürfnis, im vorliegenden Fall von der grundsätzlichen Regel („Vorrang der Anfechtung") abzuweichen.

Damit ist die Anfechtung gem. § 119 II BGB möglich.

Achtung: Streng genommen hätte diese Diskussion bereits i.R.d. § 986 BGB geführt werden müssen, da ja das Recht zum Besitz ebenfalls von einem wirksamen Kaufvertrag abhängt. Um die Lösung bei § 985 BGB nicht zu überfrachten – und die Lösung damit übersichtlicher zu gestalten -, haben wir das Problem erst bei § 812 BGB angesprochen. In der Klausur sollten Sie dann aber bereits bei § 986 BGB diskutieren, ob der KV angefochten werden kann oder nicht.

cc) Verhältnis von § 119 II BGB zu den Mängelrechten des Käufers A nach §§ 434 ff. BGB

Ein Konkurrenzverhältnis besteht ebenfalls zu den Mängelrechten des Käufers. Die strengeren Anforderungen für den Rücktritt im Verhältnis zur Anfechtung könnten unterlaufen werden, wenn sich der Käufer vom Vertrag lösen möchte und dafür auch die Anfechtung zur Verfügung hätte.

So würde z.B. der Vorrang der Fristsetzung unterlaufen. Außerdem bliebe unberücksichtigt, dass der Rücktritt nur 2 Jahre ab Übergabe wirksam erklärt werden kann, §§ 438 IV S. 1, 218 BGB.

Jedoch bedarf die Frage nach dem Verhältnis zu §§ 434 ff. BGB vorliegend keiner Entscheidung, da der Verkäufer und nicht der Käufer anfechten wollte. Die §§ 434 ff. BGB regeln aber nur die Rechte des Käufers und können damit das Anfechtungsrecht des Verkäufers nicht ausschließen. Es besteht in solcher Fallkonstellation gerade kein Konkurrenzverhältnis.

Etwas anderes soll nur dann gelten, wenn der Verkäufer beabsichtigt, sich durch die Anfechtung seiner Gewährleistungspflicht zu entziehen. Dafür ist hier jedoch nichts ersichtlich.

Es ist bereits zweifelhaft, ob die Parteien überhaupt eine Beschaffenheitsvereinbarung über die Herkunft des Bildes getroffen haben. Falls nicht, läge bereits kein Mangel vor.

Damit ist festzustellen, dass gem. § 119 II BGB ein Anfechtungsgrund gegeben ist und die Anfechtung auch nicht ausgeschlossen ist.

dd) Rechtzeitige Anfechtungserklärung, § 121 BGB

V hat, nachdem er seinen Irrtum erkannte, gegenüber A unverzüglich die Anfechtung erklärt.

4. Rechtsfolge

Damit wurde der Kaufvertrag gemäß § 142 I BGB ex tunc nichtig. Der Rechtsgrund für die Leistung des V ist entfallen. Gem. § 812 I 1.Alt. 1 BGB (nach a.A. gem. § 812 I 2 1.Alt. BGB) ist A verpflichtet, das Bild herauszugeben.

Er kann aber seinerseits den rechtsgrundlos bezahlten Kaufpreis zurückverlangen.

IV. Zusammenfassung

Sound: Die Anfechtung des Verpflichtungsgeschäfts führt nicht automatisch zur Unwirksamkeit des Erfüllungsgeschäfts.

Ist ein und derselbe Irrtum sowohl für das Verpflichtungs- als auch Verfügungsgeschäft kausal, so liegt **Fehleridentität** vor. Diese berechtigt zur Anfechtung des Verfügungsgeschäfts.

Bei beiderseitigem Motivirrtum ist nach h.M. der Verkäufer zur Anfechtung gem. § 119 II BGB berechtigt. Insbesondere steht der Anfechtung nicht das Gewährleistungsrecht nach §§ 434 ff. BGB entgegen, da dieses Rechte des Käufers und nicht die des Verkäufers betrifft.

hemmer-Methode: Beachten Sie, dass die Probleme der Fehleridentität nur i.R.d. Gültigkeit der dinglichen Rechtsgeschäfte eine Rolle spielen und nur dort anzusprechen sind. Legen Sie die Anfechtungserklärung des juristischen Laien aus! Ficht er den Vertrag an und verlangt er die Herausgabe, so ist es immer zu überlegen, ob damit auch die Anfechtung der Übereignung gewollt war.

Die Antwort auf die Frage: „Ist ein bestimmter Nichtigkeitsgrund sowohl für die schuldrechtliche causa wie auch für die dingliche Ebene kausal", ist zugleich eine Antwort auf die Frage, ob eine Fehleridentität vorliegt.

V. Zur Vertiefung

Zur Anfechtung nach § 119 II BGB:

- Hemmer/Wüst, Basics Zivilrecht, Bd. 1, Rn. 101
- Hemmer/Wüst, BGB-AT III, Rn. 404 ff.
- Hemmer/Wüst, KK BGB-AT II, Karteikarten Nr. 166, 168-170

Zur Fehleridentität und Abstraktionsprinzip:

- Hemmer/Wüst, Basics Zivilrecht, Bd. 1, Rn. 117
- Hemmer/Wüst, KK BGB-AT II, Karteikarte Nr. 176
- Hemmer/Wüst, BGB-AT III, Rn. 470

Fall 53: Arglistige Täuschung

Sachverhalt:

S möchte von seiner Bank G ein Darlehen. Zur Sicherung der Darlehensforderung soll S einen Bürgen benennen. S wendet sich an B und spiegelt diesem erhebliches Anlagevermögen vor. B übernimmt daraufhin die Bürgschaft. Als S nicht zahlt, nimmt G den B in Anspruch. B weigert sich zu zahlen, da er sich über die Vermögensverhältnisse des S geirrt hat.

Frage: *Zu Recht?*

I. Einordnung

Täuscht der Erklärungsempfänger, kommt das Anfechtungsrecht nach § 123 BGB in Betracht.

Täuscht ein Dritter, so besteht das Anfechtungsrecht nur, wenn der Erklärungsempfänger die Täuschung kannte oder kennen musste, § 123 II 1 BGB.

In solchen Fällen geht es um die Frage, ob das Verhalten eines Dritten dem Erklärungsempfänger „zugerechnet" werden kann und wer Dritter i.S.d. § 123 II BGB ist.

Gehen Sie vom Ergebnis her an den Fall. Wenn Bürgschaftserklärungen anfechtbar wären, würde die Bürgschaft an Wert verlieren. Wenn Sie ergebnisorientiert argumentieren, kommen Sie zur richtigen Anwendung des § 123 BGB.

II. Gliederung

Anspruch der Bank G gegen B auf Rückzahlung des Darlehens aus § 765 I BGB

1. Urspr. **wirksamer Bürgschaftsvertrag** (+)
2. **Nichtigkeit nach Anfechtung**, § 142 I BGB

a) **Anfechtungserklärung**, § 143 I BGB, Zahlungsverweigerung ggü. der Bank

b) **Anfechtungsgrund**

aa) § 123 I 1.Alt. BGB, **arglistige Täuschung**

(P): Hier hat S getäuscht, nicht die Bank

bb) **Täuschung durch Dritten**, § 123 II BGB

(1) **(P):** Ist S Dritter i.S.d. Vorschrift? Kein Dritter ist, wer im Lager des Erklärungsempfängers steht

S steht nicht auf der Seite der Bank, sondern ist ihr Vertragsgegner und verfolgt eigene Interessen ⇨ S ist Dritter

(2) Kenntnis oder fahrlässige Unkenntnis der Täuschung (-)
⇨ Anfechtung nach § 123 II BGB nicht möglich

cc) **Anfechtung nach § 119 II BGB**
Zahlungsfähigkeit des Hauptschuldners ist das typische Risiko, das alleine zu Lasten des Bürgen geht
⇨ keine Anfechtung nach § 119 II BGB möglich

3. **Ergebnis: Bürgschaftsvertrag wirksam**

III. Lösung

Anspruch der Bank G gegen B auf Rückzahlung des Darlehens aus § 765 I BGB

G könnte gegen B einen Anspruch auf Rückzahlung des Darlehens haben, wenn ein wirksamer Bürgschaftsvertrag besteht.

1. Bürgschaftsvertrag

Mangels entgegenstehender Anhaltspunkte im Sachverhalt ist von einem formgemäßen und wirksamen Bürgschaftsvertrag auszugehen, §§ 765, 766 BGB.

2. Nichtigkeit wegen Anfechtung, § 142 BGB

Der Bürgschaftsvertrag wäre aber nach § 142 I BGB nichtig, falls B wirksam angefochten hätte.

a) Anfechtungserklärung

In der Zahlungsverweigerung unter Berufung auf einen Irrtum liegt die Anfechtungserklärung des B.

b) Anfechtungsgrund

Weiter müsste ein Anfechtungsgrund gegeben sein.

aa) arglistige Täuschung, § 123 I 1.Alt. BGB

Als Anfechtungsgrund kommt § 123 BGB in Betracht. Er soll die freie Willensbildung schützen.

Voraussetzungen der arglistigen Täuschung nach § 123 BGB

1. Objektive Tatbestandsmerkmale
   - **a)** Täuschungshandlung
   - **b)** Irrtum
   - **c)** Abgabe einer Willenserklärung
   - **d)** Kausalität
2. Subjektives Tatbestandsmerkmal: Arglist

Die Täuschungshandlung liegt in der Erklärung des S gegenüber dem B, er verfüge über ein erhebliches Vermögen. Der dadurch hervorgerufene Irrtum war auch kausal für die Abgabe der Bürgschaftserklärung durch B.

Des Weiteren muss S arglistig gehandelt haben. Das ist dann der Fall, wenn der Täuschende die Unrichtigkeit seiner Angaben kennt und weiß, dass der andere Teil durch die Täuschung zur Abgabe einer Willenserklärung bestimmt wird. Dazu genügt jeweils der dolus eventualis.

Anmerkung: Einen solchen Eventualvorsatz bejaht der BGH bereits bei so genannten Aussagen „ins Blaue hinein“. Der Täuschende weiß zwar nicht positiv, dass seine Angaben unrichtig sind, nimmt dies aber zumindest in Kauf, um den anderen zum Vertragsschluss zu bewegen (ausführlich hierzu Fall 54 „Der arglistige Autohändler“).

Hier liegt eine absichtliche Täuschung durch S vor.

bb) Täuschung durch einen Dritten i.S.v. § 123 II BGB

Problematisch ist, dass der Erklärungsempfänger der angefochtenen Willenserklärung – die Bank – nicht selbst der Täuschende ist.

Läge eine solche Personenidentität vor, wäre eine Anfechtung unproblematisch möglich.

Täuscht aber ein Dritter, so besteht ein Anfechtungsgrund nur, wenn der Erklärungsempfänger die Täuschung kannte oder kennen musste, § 123 II 1 BGB.

(1) Begriff eines Dritten i.S.v. § 123 II BGB

Fraglich ist damit, wer Dritter i.S.d. Vorschrift ist. Nicht ausreichend ist jedenfalls, alleine auf die Personenverschiedenheit abzustellen. Es ist vielmehr danach zu fragen, ob sich ein gutgläubiger Erklärungsempfänger das Verhalten eines anderen zurechnen lassen muss.

Dritter i.S.v. § 123 II BGB ist nur der am Geschäft Unbeteiligte. Kein Dritter ist, wer auf Seiten des Erklärungsgegners steht und maßgeblich am Zustandekommen des Vertrages mitgewirkt hat, wer also, laienhaft gesagt, im Lager des Erklärungsgegners steht (sog. **Lagertheorie**).

Nach der Lagertheorie ist Nichtdritter der Vertreter, Versicherungsagent und nach dem Gedanken des § 278 BGB auch der Verhandlungsgehilfe. Der BGH zieht damit den Rechtsgedanken des § 278 BGB (nicht jedoch die Vorschrift selbst!!) als ein Abgrenzungskriterium heran. Bekäme der Gläubiger bei Zugrundelegung einer Haftung aus §§ 311 II, 241 II, 280 I BGB das Verschulden des „Dritten" als Erfüllungsgehilfen nach § 278 BGB zugerechnet, so handelt es sich um einen Nichtdritten i.S.d. § 123 II BGB.

Fraglich ist somit, ob S „im Lager" der G-Bank steht. S ist weder Vertreter noch Erfüllungsgehilfe der Bank.

Beide stehen auf verschiedenen Seiten und verfolgen als Gläubiger und Schuldner unterschiedliche Interessen. Solange die Bank das Darlehen nicht ausgezahlt hat, hat sie auch kein Interesse an einem Bürgen. S nimmt eigene Interessen wahr, wenn er sich in dieser Situation um einen Bürgen bemüht.

Damit ist S Dritter i.S.d. § 123 II BGB.

Beachte: Anders wäre es dagegen gewesen, wenn die G-Bank das Darlehen bereits ausgezahlt hätte und erst im Nachhinein eine Bürgschaft fordern würde.

(2) Kenntnis oder fahrlässige Unkenntnis der Täuschung

Die Anfechtung des B gegenüber G ist also nur dann möglich, wenn G das arglistige Verhalten des S kannte bzw. kennen musste. Das war vorliegend nicht der Fall. Damit scheidet eine Anfechtung gem. § 123 BGB aus.

cc) Anfechtung nach § 119 II BGB

Als Anfechtungsgrund könnte auch ein Irrtum über eine verkehrswesentliche Eigenschaft nach § 119 II BGB in Betracht kommen, da B sich über die Vermögensverhältnisse des S getäuscht hat.

Die Zahlungsfähigkeit des Hauptschuldners ist allerdings das typische Risiko, das ein Bürge gegenüber dem Gläubiger übernimmt. Irrtümer in diesem Bereich gehen nach der vertraglichen Risikoverteilung allein zu Lasten des Bürgen. Eine Anfechtungsmöglichkeit würde den Sinn und Zweck einer Bürgschaft in Frage stellen:

Der Bürge könnte sich in dem Fall der Vermögenslosigkeit des Hauptschuldners seinen Verpflichtungen entziehen. Gerade für diesen Fall aber wollte sich der Gläubiger durch die Bürgschaft absichern.

Eine Anfechtung nach § 119 II BGB scheidet damit aus.

3. Ergebnis

Da die Anfechtung nicht möglich ist und auch keine anderen Unwirksamkeitsgründe ersichtlich sind, ist der Bürgschaftsvertrag rechtsgültig. G hat gegen B einen Zahlungsanspruch.

Anmerkung: Dem Bürgen, der auf die Hauptschuld gezahlt hat, stehen gegenüber dem Hauptschuldner zwei getrennte Rückgriffsansprüche zu:
1. Im Innenverhältnis zwischen Bürgen und Hauptschuldner besteht in der Regel ein Aufwendungsersatzanspruch aus §§ 675, 683, 684, 670 BGB bei entgeltlicher Geschäftsbesorgung bzw. §§ 662, 670 BGB bei einem Auftrag. Dieser Anspruch besteht selbstverständlich nicht bei einer Schenkung.
2. Ein weiterer Anspruch ergibt sich für den Bürgen aus § 774 I BGB. Der Bürge hat die Wahl, woraus er vorgeht. Jedoch ist bei § 774 I 3 BGB zu beachten, dass der Hauptschuldner die Einwendung aus dem Innenverhältnis auch gegen einen Anspruch aus § 774 I BGB geltend machen kann.
Eine ähnliche Problematik ergibt sich bei dem Gesamtschuldnerausgleich, §§ 426 I und 426 II BGB. Es handelt sich dabei um zwei voneinander unabhängige Ansprüche. § 426 I BGB begründet eine interne Ausgleichpflicht zwischen den Gesamtschuldnern, die einen Freistellungs- oder Zahlungsanspruch entstehen lässt. Soweit ein Gesamtschuldner den Gläubiger befriedigt, geht die Forderung auf den Leistenden über. Dieser zusätzliche Anspruch dient vornehmlich Sicherungszwecken. Da der Anspruch aus § 426 I BGB wie der aus § 426 II BGB auf das gleiche Ziel des Innenausgleichs der Gesamtschuldner gerichtet sind, erlischt der eine mit der Erfüllung des anderen.

IV. Zusammenfassung

Sound: Kein Dritter i.S.d. § 123 II BGB ist, wer auf Seiten des Erklärungsempfängers steht und maßgeblich am Zustandekommen des Vertrages mitwirkt. Der Irrtum des Bürgen über die Zahlungsfähigkeit des Hauptschuldners ist kein Anfechtungsgrund i.S.d. § 119 II BGB.

Das pauschale Zitieren der „Lagertheorie" ist in der Klausur nicht ausreichend.

Stützen Sie sich auf den Rechtsgedanken des § 278 BGB. „Nichtdritte" sind demnach Vertreter, Boten, Verhandlungsgehilfen, Strohmänner, Versicherungsagenten.

„Dritte" sind dagegen je nach Fallkonstellation Makler, Anlageberater und andere Vermittler, die eigene Interessen wahrnehmen.

hemmer-Methode: Die Abgrenzung zwischen einem Dritten und Nichtdritten i.S.d. § 123 II BGB ist nicht immer einfach. Eine Hilfe ist hier das gedankliche Abstellen auf § 278 BGB, dessen Rechtsgedanke zur Abgrenzung herangezogen wird. Aus klausurtaktischen Gründen empfiehlt es sich in einer Klausur, den Bürgschaftsvertrag nicht bereits an der Anfechtung scheitern zu lassen, sonst würden viele Folgeprobleme nicht relevant werden (Formfragen, Sittenwidrigkeit, Akzessorietät, Abgrenzung der Bürgschaft zu anderen Rechtsinstituten).
Die Möglichkeit, wegen arglistiger Täuschung anzufechten, kann nicht vertraglich ausgeschlossen werden. Dies stellte andernfalls eine unzumutbare Einschränkung der freien Selbstbestimmung dar, BGH Life&Law 2007, 234 ff.

V. Zur Vertiefung

- Hemmer/Wüst, Basics Zivilrecht, Bd. 1, Rn. 107
- Hemmer/Wüst, BGB-AT III, Rn. 436
- Hemmer/Wüst, KK BGB-AT II, Karteikarte Nr. 173
- Hemmer/Wüst, KK Basics Zivilrecht, Karteikarte Nr. 23

Fall 54: Der arglistige Autohändler

Sachverhalt:

Autohändler V verkauft dem K einen PKW, den er kurz zuvor in Zahlung genommen hat. Auf die Frage nach der Unfallfreiheit des Wagens erklärt V, ohne bisher eine nähere Prüfung durchgeführt zu haben, er wisse genau, dass der Wagen noch keinen Unfall hatte. Als K später zufällig erfährt, dass der PKW bereits einen schweren Heckschaden erlitten hat, verweigert er gegenüber dem Prokuristen P die Bezahlung des vereinbarten Kaufpreises. Seiner Meinung nach ist der Kaufvertrag wegen des Betruges des V null und nichtig.

***Frage:** Kann V die Zahlung des Kaufpreises verlangen?*

I. Einordnung

Ein Anfechtungsgrund nach § 123 BGB ist möglich, wenn der Erklärungsempfänger oder ein Dritter i.S.d. Vorschrift arglistig täuscht. Arglist liegt vor, wenn der Täuschende die Unrichtigkeit seiner Angaben kennt und er sich bewusst ist, dass der Erklärende durch Täuschung zur Abgabe der Willenserklärung bestimmt wird.

Zum Schutze des Erklärenden nimmt die Rechtsprechung die arglistige Täuschung auch dann an, wenn der Täuschende mit der Unrichtigkeit seiner Angaben rechnet und trotzdem **Behauptungen ins Blaue hinein** aufstellt.

II. Gliederung

Anspruch des V gegen K auf Bezahlung des Kaufpreises aus § 433 II BGB

1. **Anspruch entstanden**
   ⇨ **(P):** Sittenwidrigkeit
   ⇨ § 138 BGB findet bei arglistiger Täuschung keine Anwendung
2. **Anspruch erloschen**
   ⇨ Anfechtung, § 142 BGB

a) **Anfechtungsgrund, § 123 I BGB**
   (P): Arglist des V
   ⇨ Auch bei Behauptungen „ins Blaue hinein" (+)

b) **Anfechtungserklärung**, § 143 II BGB
   Prokurist zur Entgegennahme der WE berechtigt, § 48 HGB, § 164 III BGB

c) **Anfechtungsfrist** , 1 Jahr (+)

3. **Ergebnis:**
   KV durch Anfechtung rückwirkend nichtig, mangels KV Anspruch (-)

III. Lösung

Anspruch des V gegen K auf Bezahlung des Kaufpreises aus § 433 II BGB

V könnte von K die Bezahlung des Kaufpreises verlangen, wenn der Anspruch entstanden, nicht untergegangen und durchsetzbar ist.

1. Anspruch entstanden

Der Anspruch ist entstanden, wenn zwischen K und V ein wirksamer Kaufvertrag geschlossen wurde.

Es liegen zwei übereinstimmende Erklärungen vor, gerichtet auf den Kaufvertrag über einen gebrauchten PKW.

Der Kaufvertrag könnte jedoch sittenwidrig und damit gem. § 138 BGB nichtig sein.

a) Sittenwidrigkeit, § 138 I BGB

Ein Rechtsgeschäft ist sittenwidrig, wenn es gegen das Anstandsgefühl aller billig und gerecht Denkenden verstößt. Es steht außer Zweifel, dass der arglistig Täuschende gegen die herrschende Rechts- und Sozialmoral der Gesellschaft verstößt. Insoweit kann begrifflich die Sittenwidrigkeit bejaht werden.

Fraglich ist jedoch, ob angesichts der besonderen Regelung des arglistigen Verhaltens im § 123 BGB die Rechtsfolge des § 138 BGB einschlägig ist. Ein sittenwidriges Rechtsgeschäft ist nichtig. Der Anspruch entsteht schon gar nicht. Es handelt sich dabei um eine rechtshindernde Einwendung. § 123 BGB gibt dagegen mit der Möglichkeit der Anfechtung dem Getäuschten ein Wahlrecht. Er kann das Rechtsgeschäft anfechten und somit den bisher bestehenden Vertrag vernichten, muss dies aber nicht tun. Es handelt sich hier um eine rechtsvernichtende Einwendung.

Würde man § 138 BGB anwenden, würde dieses Wahlrecht, und auch die Anfechtungsfrist nach § 124 BGB leer laufen. Damit findet § 138 BGB bei der arglistigen Täuschung keine Anwendung.

Zwischen K und V ist ein wirksamer Kaufvertrag zustande gekommen.

2. Anspruch erloschen

K könnte sich aber von dem Kaufvertrag durch Anfechtung lösen, wenn ein Anfechtungsgrund gegeben ist und K die Anfechtung rechtzeitig gegenüber seinem Vertragspartner erklärt, § 142 I BGB.

a) Anfechtungsgrund

In Betracht kommt eine Anfechtung gem. § 123 I BGB wegen arglistiger Täuschung.

Eine arglistige Täuschung liegt vor, wenn objektiv eine Täuschungshandlung gegeben ist, diese Täuschung einen Irrtum hervorgerufen hat und zur Abgabe der entsprechenden Willenserklärung führte. Subjektiv ist Arglist erforderlich.

aa) Täuschungshandlung und Täuschung

Als Täuschungshandlung kommt jedes Verhalten in Betracht, durch das Tatsachen vorgespiegelt, entstellt oder unterdrückt werden. Sie kann sowohl in positivem Tun wie auch in einem Unterlassen liegen. Vorliegend hat V aktiv durch seine Aussage getäuscht.

Diese Aussage rief bei K den falschen Eindruck von der Unfallfreiheit des Autos hervor. Schließlich ist auch die Kausalität zwischen Täuschungshandlung und Täuschung sowie zwischen Täuschung und der Willenserklärung des K gegeben.

bb) Arglist

V hätte arglistig handeln müssen. Arglist liegt vor, wenn der Täuschende die Unrichtigkeit seiner Angaben kennt und das Bewusstsein hat, dass der andere Teil durch die Täuschung zur Abgabe einer Willenserklärung bestimmt wird. Es genügt hierbei bedingter Vorsatz.

Fraglich ist, ob V mit bedingtem Vorsatz handelte. Er hat die Unfallfreiheit des PKWs behauptet, ohne sie positiv zu kennen. Er hat eine Erklärung „ins Blaue hinein" abgegeben. Wer unrichtige Behauptungen ins Blaue hinein aufstellt, obwohl er mit der möglichen Unrichtigkeit dieser Angaben rechnet, handelt bedingt vorsätzlich und damit auch arglistig.

V könnte jedoch auch bewusst fahrlässig gehandelt haben. Ob V mit der Möglichkeit der Unrichtigkeit seiner Angaben rechnete (dann dolus eventualis) oder darauf hoffte, dass seine Angaben richtig sind, lässt der Sachverhalt nicht erkennen. Der gute Glaube in die Richtigkeit der Angaben schließt in der Regel auch bei grober Fahrlässigkeit die Arglist aus. Werden jedoch Behauptungen ins Blaue hinein aufgestellt, so liegt trotz des guten Glaubens Arglist vor, wenn der Handelnde das Fehlen einer zuverlässigen Beurteilungsgrundlage nicht offen legt.

V hätte somit den K darüber aufklären müssen, dass er das Auto noch nicht überprüft hat, er aber der Überzeugung ist, dass es unfallfrei ist. Dies hat V aber nicht getan. Er hat lediglich ins Blaue hinein und ohne jegliche Beurteilungsgrundlage die Unfallfreiheit behauptet. V wusste auch, dass sich K durch seine unrichtige Antwort zum Kauf entschlossen hat.

Damit ist Arglist des V zu bejahen.

b) Anfechtungserklärung

Die Anfechtung ist gem. § 143 II BGB gegenüber dem Vertragspartner zu erklären. Vertragspartner des K war der Autohändler V. K hat aber die Anfechtung gegenüber dem Prokuristen P des V erklärt.

Die Prokura ist eine rechtsgeschäftliche erteilte Vollmacht mit gesetzlich festgeschriebenem Umfang, §§ 48 ff. HGB. Der Prokurist P ist demnach der Stellvertreter des V. Als solcher ist er dazu berechtigt, alle gegenüber dem V abzugebenden Willenserklärungen entgegenzunehmen, § 164 III BGB. Die gegenüber P erklärte Anfechtung ist somit wirksam. Für eine ordnungsgemäße Anfechtungserklärung genügt es, dass K zu erkennen gibt, dass er aufgrund der Täuschung durch V die Zahlung verweigert.

c) Anfechtungsfrist

Die Anfechtung wegen arglistiger Täuschung muss gem. § 124 BGB binnen Jahresfrist erfolgen. Diese Frist ist hier gewahrt.

3. Ergebnis

Nach wirksamer Anfechtung ist der Kaufvertrag rückwirkend entfallen. V kann von K keine Bezahlung des Kaufpreises verlangen.

Anmerkung: Bei der Anfechtung nach § 123 BGB stellt sich oft die Frage nach dem Verhältnis zum Anspruch auf die Vertragsaufhebung aus c.i.c. (§§ 311 II, 241 II, 280 I) i.V.m. § 249 BGB. Zu beachten ist Folgendes: c.i.c. verjährt nach § 195 BGB in drei Jahren und entsteht bereits bei Fahrlässigkeit. Die Anfechtung nach § 123 BGB ist nach einem Jahr ausgeschlossen (nicht verjährt, da kein Anspruch sondern Gestaltungsrecht!) und setzt Arglist voraus.
Nach einer Ansicht ist wegen Gefahr der Umgehung der §§ 123 f. BGB die c.i.c. in diesem Fall nicht anwendbar. Diese Ansicht überzeugt nicht.

Es kann schon gar keine Konkurrenz bestehen, da die Schutzzwecke und die Voraussetzungen unterschiedlich sind. § 123 BGB schützt die Willensfreiheit, die c.i.c. das Vermögen. Die c.i.c. erfordert einen Schaden, § 123 BGB nicht. Beide Institute können somit nebeneinander bestehen. Voraussetzung ist nach h.M. allerdings, dass auch tatsächlich ein Vermögensschaden vorliegt, der geschlossene Vertrag also wirtschaftlich nachteilig ist, vgl. exemplarisch zu dieser Konstellation BGH Life&Law 2007, 730 ff.

IV. Zusammenfassung

Sound: Arglistig handelt auch derjenige, der in bewusster Unkenntnis der Tatsachen „ins Blaue hinein" Behauptungen aufstellt, die sich als unrichtig erweisen.

hemmer-Methode: Anknüpfungspunkt der Arglist bei Behauptungen „ins Blaue hinein" ist das Bewusstsein des Täuschenden von seiner eigenen Unkenntnis. Folglich muss Arglist nicht bzgl. der Unfallfreiheit, sondern bzgl. der Behauptung trotz Wissens um die eigene Unkenntnis vorliegen. Täuscht der Vertreter des Autohändlers, so wird die arglistige Täuschung des Vertreters dem Vertretenen über § 166 I BGB zugerechnet. Der Vertreter ist sog. Nichtdritter i.S.d. § 123 II BGB. Ebenso kann der vertretene Käufer anfechten, wenn sein Vertreter arglistig getäuscht und dadurch zur Abgabe einer Willenserklärung bestimmt wurde, § 166 I BGB.

V. Zur Vertiefung

- Hemmer/Wüst, BGB-AT III, Rn. 434
- Hemmer/Wüst, Basics Zivilrecht, Bd. 1, Rn. 106
- Hemmer/Wüst, KK BGB-AT II, Karteikarte Nr. 171
- Zu den Anforderungen an die Sittenwidrigkeit beim Kaufvertrag vgl. BGH Life&Law 2007, 725 ff.

Fall 55: Kalkulationsirrtum

Sachverhalt:

Grundfall: U macht der Wohnbau-GmbH ein Angebot über Erdaushubarbeiten in Höhe von 200.000 €. U geht zwar richtigerweise davon aus, dass Erdbewegungen von 100.000 cbm erforderlich sind, vergisst aber Transportkosten in Höhe 20.000 € einzuberechnen. Die W-GmbH weiß von dem Irrtum des U nichts und nimmt erfreut das günstige Angebot an. Erst als U während der Arbeiten seinen Fehler bemerkt und eine Nachzahlung verlangt, wird der Irrtum allen klar. Die W-GmbH verweigert die Nachzahlung. Sie meint, es gelte der ursprüngliche Fixpreis.

Frage: *Wer hat Recht?*

Abwandlung: *U unterbreitet der W-GmbH das Angebot über Erdaushubarbeiten zu einer Geldsumme von 200.000 € und legt eine vierseitige Berechnung bei. Innerhalb dieser Berechnung werden Transportkosten zwar als eigenständiger Rechnungsposten aufgeführt, jedoch bei der Addition versehentlich nicht berücksichtigt. Kann U die Nachzahlung verlangen?*

I. Einordnung

Neben dem Rechtsfolgenirrtum ist auch bei dem Kalkulationsirrtum der Übergang vom unbeachtlichen Motivirrtum zum beachtlichen Inhaltsirrtum fließend.

Überprüfen Sie die Anspruchsgrundlagen und beachten Sie dabei, dass ein bloßer Motivirrtum den vertraglichen Anspruch nicht entfallen lässt.

II. Gliederung

Grundfall

I. Anspruch des U gegen die W-GmbH auf Nachzahlung aus § 631 I BGB

1. **Wirksamer Vertrag (+)**
2. **Inhalt des Vertrages**
   ⇨ Vergütung i.H.v. 200.000 €

II. Anspruch des U auf Nachzahlung von 20.000 € gem. § 313 II BGB

1. **Anpassung des Vertrages**?
   ⇨ § 313 I BGB
2. **Vorliegen der SGG**
   ⇨ (-) mangels normativen Elements

III. Anspruch des U gegen die W-GmbH auf Nachzahlung aus § 812 I 1 1.Alt. BGB

(P): Ohne Rechtsgrund

1. **Nichtigkeit des WV** nach erfolgter Anfechtung, § 142 I BGB
   Anfechtungsgrund, § 119 II BGB (-)
   Irrtum bei internen Preisberechnungen, **sog. verdeckter Kalkulationsirrtum** ist ein lediglich unbeachtlicher Motivirrtum

   ⇨ keine Anfechtung nach § 119 II BGB
2. **Ergebnis:**
   WV (+), keine Verpflichtung zur Nachzahlung

Abwandlung

Anspruch des U gegen die W-GmbH auf Nachzahlung gem. § 812 I 1 1.Alt. BGB

1. Durch Leistung erlangtes Etwas
2. Rechtsgrund: Urspr. WV

a) Anfechtung, § 142 I BGB
hier Berechnungsgrdl. mitgeteilt
⇨ **sog. offener Kalkulationsirrtum**

aa) e.A.: erweiterter Inhaltsirrtum, § 119 I 1.Alt. BGB (+)

bb) h.M.: bloßer Motivirrtum, Anfechtung (-),
aber Korrektur des Ergebnisses durch:

b) Auslegung

c) falls keine Auslegung mgl.
⇨ Vertrag wegen Perplexität unwirksam

d) In Ausnahmefällen Rechtsmissbrauch, § 242 BGB

3. **Ergebnis:**
wegen Perplexität Vertrag unwirksam
⇨ Rechtsgrund (-)
⇨ Anspruch auf Wertersatz, § 818 II BGB

III. Lösung Grundfall

I. Anspruch des U gegen die W-GmbH auf Nachzahlung aus § 631 I BGB

U könnte gegen die W-GmbH einen Anspruch auf Bezahlung der zusätzlichen 20.000 € aus Vertrag haben.

1. Wirksamer Vertrag

Hierzu müsste zunächst ein wirksamer Vertrag bestehen.

Da zwischen den Parteien ein Erfolg (Erdaushub) geschuldet war, kommt ein Werkvertrag nach § 631 I BGB in Betracht.

a) Angebot und Annahme

Der Werkvertrag käme durch zwei übereinstimmende Willenserklärungen zustande. Das Angebot liegt in dem Schreiben des U an die W-GmbH, Erdaushubarbeiten zum Festpreis von 200.000 € auszuführen. Dieses Angebot wurde von der W-GmbH auch unverändert angenommen.

b) Inhalt des Vertrages

Im Vertrag haben sich U und die W-GmbH geeinigt, dass für die Aushubarbeiten eine Vergütung in Höhe von 200.000 € erfolgt. Die zusätzliche Vergütung für Transportkosten wurde allerdings nicht zum Inhalt des Vertrages.

Auch die Auslegung, §§ 133, 157 BGB, führt zu keinem anderen Ergebnis, da eine Festpreisvereinbarung erfolgte. Nach dem objektiven Empfängerhorizont durfte die W-GmbH die Angebotserklärung des U so verstehen, dass alle anfallenden Arbeiten für einen Festpreis von 200.000 € durchgeführt werden.

Da der Preis pro cbm und die Transportkosten der W-GmbH nicht mitgeteilt wurden, bestanden für sie keine Anhaltspunkte, das Angebot des U anders zu deuten.

2. Ergebnis

Ein Anspruch auf zusätzliche Vergütung über 20.000 € aus dem Werkvertrag besteht nicht.

II. Anspruch des U gegen die W-GmbH auf Nachzahlung von 20.000 € gem. § 313 II BGB

Ein Anspruch auf Nachzahlung könnte sich aber aus der „anfänglichen“ Störung der Geschäftsgrundlage (SGG) ergeben.

Voraussetzungen der SGG:

1. **Reales Element**
   ⇨ Ein Umstand, der zumindest von einer Partei bei Vertragsschluss erkennbar vorausgesetzt worden ist
2. **Hypothetisches Element**
   ⇨ Der vorausgesetzte Zustand war für diese Partei auch so wichtig, dass sie ohne ihn den Vertrag nicht oder zumindest nicht so geschlossen hätte
3. **Normatives Element**
   ⇨ Die andere Partei hätte sich auf die Berücksichtigung dieses Umstands redlicherweise einlassen müssen

Rechtsfolge:
Vertragsanpassung, § 313 I BGB oder Rücktritt (bei Dauerschuldverhältnissen Kündigung), § 313 II BGB.

Vorliegend fehlt es jedenfalls an dem normativen Element. Es gehört nämlich in die Risikosphäre jeder Partei, das Risiko der Richtigkeit ihrer Kalkulation zu tragen. U hat aufgrund unzutreffender Berechnungsgrundlage einen bestimmten Preis gefordert. Er muss demnach auch das Risiko der Falschberechnung tragen, zumal die falsche Berechnung für die W-GmbH nicht erkennbar war.

Damit scheidet auch ein Anspruch auf Anpassung aus SGG aus.

III. Anspruch des U gegen die W-GmbH auf Nachzahlung von 20.000 € gem. § 812 I 1 1.Alt. BGB

Als Anspruchgrundlage der Nachforderung des U käme § 812 I 1 1.Alt. BGB in Betracht, wenn die W-GmbH durch eine Leistung des U ungerechtfertigt bereichert worden wäre.

1. Erlangtes Etwas

Die W-GmbH hat den Wert der Transportkosten erlangt.

2. Durch Leistung

U hat bewusst und zum Zwecke der Erfüllung eines vermeintlich wirksamen Vertrages die Aushubarbeiten durchgeführt.

3. Ohne Rechtsgrund

Ein Rechtsgrund liegt im wirksamen Werkvertrag vor (s.o.).

a) Nichtigkeit wegen Anfechtung, § 142 BGB

Der Werkvertrag und damit der Rechtsgrund der Leistungen würden aber rückwirkend wegfallen, wenn U der für ihn ungünstigen Verpflichtung durch eine Anfechtung des Vertrages entgehen könnte.

Fraglich ist jedoch, ob überhaupt ein Anfechtungsgrund besteht.

aa) § 119 I BGB

In Betracht kommt ein Inhalts- oder Erklärungsirrtum gem. § 119 I BGB.

Diese Fehler bei der Willensäußerung sind dann gegeben, wenn der objektive Tatbestand der Erklärung vom subjektiv Gewollten abweicht. U hat hier aber weder die Bedeutung oder die Tragweite seiner Erklärung verkannt (Inhaltsirrtum) noch hat er sich verschrieben (Erklärungsirrtum).

Vielmehr stimmen Wille und Erklärung überein. Damit scheidet ein Anfechtungsgrund nach § 119 I BGB aus.

bb) § 119 II BGB

U hat einen Fehler bei der Willensbildung begangen. Er irrte über Eigenschaften des Geschäftsgegenstandes und damit über Umstände außerhalb der Erklärung. Es könnte der Anfechtungsgrund des § 119 II BGB einschlägig sein. § 119 II BGB behandelt einen Teilbereich des grundsätzlich unbeachtlichen Motivirrtums. Nur der Eigenschaftsirrtum i.S.d. § 119 II BGB berechtigt zur Anfechtung.

Derjenige aber, der aufgrund einer für richtig gehaltenen, aber unzutreffenden Berechnungsgrundlage einen bestimmten Preis fordert, trägt das Risiko für die Richtigkeit seiner Kalkulation. U ist ein Kalkulationsirrtum unterlaufen, da er die Kosten für den Transport in die Gesamtsumme nicht eingerechnet hat.

Jedoch ist dieser Irrtum bei den internen Preisberechnungen (sog. **verdeckter Kalkulationsirrtum**) ein lediglich unbeachtlicher Motivirrtum und berechtigt nicht zur Anfechtung nach § 119 II BGB.

3. Ergebnis

Damit ist die Anfechtung ausgeschlossen. Der Werkvertrag bildet eine wirksame Grundlage der Preisberechnung.

Die W-GmbH ist zur Nachzahlung aus §§ 812 ff. BGB nicht verpflichtet.

IV. Lösung Abwandlung

Anspruch des U gegen die W-GmbH auf Nachzahlung der 20.000 € gem. § 812 I 1 1.Alt. BGB

1. Durch Leistung erlangtes Etwas

Die W-GmbH hat durch Leistung des U den Wert der Transportkosten erlangt (vgl. oben).

2. Rechtsgrund

a) Anfechtung

Auch hier stellt sich lediglich die Frage nach dem Bestehen eines Rechtsgrundes für die Leistung. Zu prüfen ist die Möglichkeit der Anfechtung des Werkvertrages und damit der Beseitigung des Rechtsgrundes.

Jedoch hat hier U in seinem Angebot die Berechnungsgrundlage der W-GmbH mitgeteilt, so dass die Kalkulationsgrundlage in die Vertragsverhandlungen eingeführt wurde. Das ist ein Fall eines sog. **offenen (externen) Kalkulationsirrtums**.

Wie der offene Kalkulationsirrtum zu behandeln ist, ist umstritten.

aa) Alte Rechtsprechung: Erweiterter Inhaltsirrtum

Die frühere Rechtsprechung hat in diesen Fällen einen erweiterten Inhaltsirrtum angenommen und das Anfechtungsrecht bejaht.

Die fehlerhafte Kalkulation wäre zum Gegenstand von Vertragsverhandlungen gemacht worden, so dass ein Anfechtungsgrund des § 119 I 1.Alt. BGB bestünde.

bb) Überwiegende Ansicht: Bloßer Motivirrtum

Diese Rechtsprechung wird abgelehnt. Auch der offene Kalkulationsirrtum ist ein unbeachtlicher Motivirrtum. Er betrifft nach wie vor den Bereich der Willensbildung und nicht den Erklärungsinhalt. K wollte ein Angebot über 200.000 € abgeben und das hat er auch getan.

Damit scheidet eine Anfechtung mangels Anfechtungsgrundes aus.

Inwieweit der Irrtum korrigiert werden kann, hängt von den Umständen d. Einzelfalles ab.

b) Auslegung

Die Auslegung nach §§ 133, 157 BGB kann ergeben, dass die Parteien als Preis nicht den falsch addierten Endbetrag, sondern die Einzelbeträge vereinbart haben.

In diesen Fällen ist die Angabe des unrichtigen Preises lediglich eine unschädliche falsa demonstratio. Maßgebend ist der richtig kalkulierte Preis.

c) Perplexität

Ergibt die Auslegung, dass der ziffernmäßig festgelegte Betrag und die Einzelbeträge den gleichen Stellenwert haben, ist der Vertrag wegen des bestehenden unlösbaren Widerspruchs nichtig. Einer Anfechtung bedarf es nicht mehr.

d) Rechtsmissbrauch, § 242 BGB

In seltenen Fällen kann der Kalkulationsirrtum den Einwand des Rechtsmissbrauchs rechtfertigen. Jedoch rechtfertige die bloße Kenntnis des Irrtums noch nicht die Anwendung von § 242 BGB. Hat der Vertragspartner jedoch positive Kenntnis oder entzieht er sich treuwidrig der Kenntnisnahme, dann handelt er missbräuchlich, wenn er auf Vertragserfüllung besteht, obwohl er bereits bei dem Vertragsschluss erkannt hat, dass die Durchführung des Vertrages für den Erklärenden schlechthin unzumutbar ist.

3. Ergebnis

Vorliegend haben die Einzelbeträge und die Gesamtsumme den gleichen Stellenwert. Es liegen auch keine Anhaltspunkte für ein rechtsmissbräuchliches Verhalten seitens der W-GmbH vor. Es besteht ein unlösbarer Widerspruch zwischen den Einzelposten und dem Gesamtbetrag. Der Vertrag ist wegen Perplexität nichtig.

Damit fehlt es an einer Rechtsgrundlage für die von U erbrachten Leistungen.

Er kann gem. § 818 II BGB den Wert der erlangten Dienste ersetzt verlangen. Der Wert der erbrachten Leistungen ist hier eine Tatfrage. Als Grundlage kann aber der Durchschnittspreis für gleichartige Arbeiten zugrunde gelegt werden.

V. Zusammenfassung

Sound: Der verdeckte Kalkulationsirrtum ist ein unbeachtlicher Motivirrtum, der nicht zur Anfechtung nach § 119 I 1.Alt. BGB berechtigt.

Der offene Kalkulationsirrtum ist ebenfalls nur ein unbeachtlicher Motivirrtum, der zur Anfechtung nicht berechtigt. Die Unwirksamkeit des Vertrages kann sich aber im Wege der Auslegung, der Perplexität oder des Einwandes des Rechtsmissbrauchs ergeben.

Es handelt sich dabei um eine sehr streitige Problematik, bei der mehrere Ansichten mit guter Argumentation vertretbar sind. Der BGH hat die Fälle des verdeckten Kalkulationsirrtums bislang offen gelassen. Das können Sie sich in der Klausur nicht leisten. Der Korrektor erwartet von Ihnen eine begründete Entscheidung.

hemmer-Methode: Von der Unbeachtlichkeit des internen Kalkulationsirrtums gibt es zwei Ausnahmen. Merkte der Gegner, dass der vereinbarte Preis nicht stimmen konnte, so darf der Irrende analog § 119 I BGB anfechten. Kannte der Gegner den richtigen Preis, so ist dieser angeboten bzw. angenommen.
Bei der Prüfung der SGG wird i.d.R. das zentrale Problem beim normativen Element liegen, das letztlich einen Verweis auf „Treu und Glauben", § 242 BGB, darstellt. Hier muss eine Abgrenzung nach Risikosphären stattfinden. Die Störung der Geschäftsgrundlage soll trotz ihrer Kodifizierung durch die Schuldrechtsreform die Ausnahme zu dem Grundsatz „pacta sunt servanda" bleiben.

VI. Zur Vertiefung

- Hemmer/Wüst, BGB-AT I, Rn. 98 ff.
- Hemmer/Wüst, BGB-AT III, Rn. 330 ff.
- Hemmer/Wüst, KK BGB-AT II, Karteikarte Nr. 163

Fall 56: Anfechtung nichtiger Rechtsgeschäfte

Sachverhalt:

Der 17-jährige V übereignet eine ihm gehörige Vase ohne Willen seiner Eltern an K. Dieser täuscht den V arglistig über das Alter und den Wert der Vase, so dass V sie zu einem Schleuderpreis veräußert. K veräußert die Vase weiter an D. Dieser kennt zwar die Täuschung, ist aber hinsichtlich der Minderjährigkeit des V gutgläubig. Als die Eltern des V von seinem Geschäft erfahren, verweigern sie die Zustimmung. Sie verlangen als seine Vertreter in seinem Namen die Herausgabe der Vase von D. Zu Recht?

***Frage:** Was sonst können die Eltern des V unternehmen, um die Vase zurück zu erlangen?*

I. Einordnung

Ein schon unwirksames Rechtsgeschäft kann noch einmal angefochten werden. Die Nichtigkeit des Rechtsgeschäftes bedeutet nämlich nichts anderes, als dessen Nichtigkeit im Hinblick auf einen bestimmten Nichtigkeitsgrund. Nur so kann die Bösgläubigkeit eines Dritterwerbers Berücksichtigung finden.

II. Gliederung

Anspruch des V, vertreten durch Eltern, gegen D aus § 985 BGB

1. **Eigentum des V**

a) **Eigentumsverlust an K** (-), wegen §§ 107, 108 BGB genehmigungsbedürftig ⇨ nach Verweigerung der Eltern endgültige Unwirksamkeit des Vertrages

b) **Eigentumsverlust an D**

aa) Einigung und Übergabe (+)

bb) Nichtberechtigung des K (+)

cc) Gutgläubiger Erwerb, § 932 BGB

dd) **(P):** Positive Kenntnis der arglistigen Täuschung des V durch K

dd) **§ 142 II BGB:** Kenntnis der Anfechtbarkeit steht der Bösgläubigkeit gleich, wenn die Anfechtung tatsächlich erfolgt

(P): Anfechtung nichtiger Rechtsgeschäfte?

(+), die Nichtigkeit des RG bedeutet nichts anderes, als dessen **Nichtgeltung im Hinblick auf einen bestimmten Nichtigkeitsgrund**

⇨ RG kann wegen mehrerer Mängel nichtig sein (**Lehre von der Doppelnichtigkeit im Zivilrecht**)

(P): Anfechtung dinglicher Einigung?

(+), wenn Fehleridentität, § 123 I BGB (+)

⇨ nach Anfechtung kein gutgläubiger Erwerb des D möglich

⇨ V bleibt Eigentümer

2. Besitz ohne RzB (-): KV wirkt nur zwischen K und D

3. Ergebnis: § 985 BGB (+)

III. Lösung

Anspruch des V, vertreten durch seine Eltern, § 1629 I 1 BGB, gegen D aus § 985 BGB

V, vertreten durch seine Eltern, könnte gegen D einen Herausgabeanspruch aus § 985 BGB haben, wenn er noch Eigentümer der Vase und D ihr unberechtigter Besitzer ist.

1. Eigentum des V

a) Eigentumsverlust an K

Ursprünglich war V Eigentümer der Vase. Er könnte aber sein Eigentum durch Übereignung an K nach § 929 S. 1 BGB verloren haben. Erforderlich hierfür wäre eine wirksame Einigung und Übergabe der Vase.

aa) Übergabe der Vase, § 929 S. 1 BGB

Die Übergabe der Vase ist erfolgt. Da es sich bei der Übergabe um einen Realakt handelt, ist die Minderjährigkeit des V irrelevant.

bb) Dingliche Einigung, § 929 BGB

Die dingliche Einigung bedarf zweier übereinstimmender Willenserklärungen. Die entsprechende Willenserklärung des minderjährigen V ist zunächst nach §§ 107, 108 BGB schwebend unwirksam. Aufgrund des Eigentumsverlustes liegt eine rechtlich nachteilhafte Erklärung vor und der V handelte ohne Einwilligung seiner Eltern.

Dadurch, dass seine Eltern die Genehmigung verweigern, ist die Erklärung endgültig nichtig (ausführlich hierzu bereits Fälle 29 ff.).

Damit hat V sein Eigentum nicht nach § 929 S. 1 BGB an K verloren.

b) Eigentumsverlust an D

Er könnte sein Eigentum aber durch eine wirksame Übereignung von K an den D verloren haben, §§ 929, 932 BGB.

aa) Einigung und Übergabe, § 929 BGB

Einigung und Übergabe liegen zwischen K und D vor.

bb) Berechtigung des K zu Veräußerung

Es fehlt jedoch an der Berechtigung des K zur Veräußerung, da er nicht Eigentümer der Vase war und von V auch nicht zur Veräußerung ermächtigt wurde, § 185 I BGB.

cc) Gutgläubigkeit des D, § 932 II BGB

Damit konnte D nur gutgläubig das Eigentum an der Vase erwerben. D war gutgläubig, da er die Minderjährigkeit und somit die Nichtigkeit des Rechtsgeschäfts zwischen V und K nicht kannte und auch nicht kennen musste.

Er ging davon aus, dass K Eigentümer der Vase geworden ist. Somit scheint D nach § 932 BGB von K erwerben zu können.

dd) Positive Kenntnis der arglistigen Täuschung des V durch K

Fraglich ist, wie es sich auswirkt, dass D die arglistige Täuschung des K gegenüber V kannte. Gem. § 142 II BGB wird derjenige, der die Anfechtbarkeit des Rechtsgeschäftes kannte (positive Kenntnis) oder kennen müsste (fahrlässige Unkenntnis) so behandelt, als wäre er bösgläubig. Diese Bösgläubigkeit führt dann i.R.d. § 932 II BGB zum Ausschluss des Eigentumserwerbes nach §§ 929, 932 BGB.

Jedoch schadet § 142 II BGB dem D solange nicht, wie das anfechtbare Rechtsgeschäft tatsächlich nicht angefochten wird, (vgl. den Wortlaut des § 142 II BGB: „wenn die Anfechtung erfolgt").

ee) Anfechtung nichtiger Rechtsgeschäfte

Die Eltern des V könnten als seine gesetzlichen Vertreter die dingliche Einigung zwischen ihrem Sohn und K anfechten.

Als Anfechtungsgrund käme sowohl eine arglistige Täuschung nach § 123 I BGB sowie ein Irrtum über eine verkehrswesentliche Eigenschaft nach § 119 II BGB in Betracht. Jedenfalls i.R.d. § 123 I BGB ist allgemein anerkannt, dass nicht nur das schuldrechtliche Verpflichtungsgeschäft – hier der Kaufvertrag zwischen V und K – sondern auch die dingliche Einigung anfechtbar ist, sog. Fehleridentität.

Liegt ein Irrtum über eine verkehrswesentliche Eigenschaft vor und erfolgte demnach eine Anfechtung nach § 119 II BGB, so führt diese nicht zwangsläufig auch zur Nichtigkeit des dinglichen Rechtsgeschäfts.

Der Irrtum nach § 119 II BGB muss nicht nur kausal für den Abschluss des Kaufvertrages, sondern auch für die dingliche Übereignung sein (Fehleridentität). Vorliegend irrt V über das Alter der Vase. Er hält sie deswegen für wertlos und verkauft sie zu einem Schleuderpreis.

Hätte er das wahre Alter der Vase gekannt, hätte er sie nicht verkauft und auch nicht oder allenfalls zu einem höheren Preis übereignet. Damit ist die Fehleridentität zu bejahen. (ausführlich dazu vgl. Fall 52 „Leibl Fall").

Anmerkung: Beachten Sie, dass allein der Irrtum über den Wert der Vase keine Anfechtung nach § 119 II BGB rechtfertigt. Erforderlich ist vielmehr ein Irrtum über einen wertbildenden Faktor (vgl. Fall 52 „Leibl Fall")!

Dann wäre der D nach erfolgter Anfechtung als bösgläubig zu behandeln, § 142 II BGB. Er könnte somit nicht mehr nach §§ 929, 932 II BGB gutgläubig das Eigentum an der Vase erwerben.

Fraglich ist nur, ob eine Anfechtung nichtiger Rechtsgeschäfte überhaupt noch möglich ist. Man könnte sich auf den Standpunkt stellen, dass ein nichtiges Rechtsgeschäft gar nicht mehr angefochten werden kann. Es gibt ja nichts mehr, was Wirksamkeit besitzt und durch Anfechtung nichtig werden kann.

Zu beachten ist jedoch, dass ein Rechtsgeschäft unter mehreren Wirksamkeitsmängeln leiden kann. Jeder dieser Mängel ist selbständig zu betrachten und kann unabhängig von anderen geltend gemacht werden.

So lässt die herrschende **Lehre von der Doppelnichtigkeit im Zivilrecht** eine Anfechtung aus anderen Gründen trotz bereits bestehender Nichtigkeit des Rechtsgeschäfts zu.

Anmerkung: Dies kann im Einzelfall auch sinnvoll sein, um der Schadensersatzpflicht nach § 122 I BGB zu entgehen. So wenn ein Rechtsgeschäft zugleich wegen eines Irrtums über eine verkehrswesentliche Eigenschaft gem. § 119 II BGB und wegen arglistiger Täuschung oder Drohung gem. § 123 I BGB anfechtbar ist, aber zurzeit nur wegen § 119 II BGB angefochten wurde.
Ficht der Getäuschte zugleich wegen arglistiger Täuschung an, so entfällt die Pflicht zum Schadensersatz nach § 122 I BGB.

Fechten die Eltern somit die dingliche Einigung zwischen V und K trotz einer bereits bestehenden Nichtigkeit an, so bleibt mangels eines gutgläubigen Erwerbs des D der V Eigentümer der Vase.

2. Unrechtmäßiger Besitz des D

D ist im Besitz der Vase und hat gegenüber V kein Recht zum Besitz.

Zwar ist der Kaufvertrag zwischen K und D wirksam, dieser gibt D aber nur ein (relatives) Besitzrecht gegenüber K und nicht gegenüber dem unbeteiligten V. Verträge wirken grundsätzlich nur „inter partes“.

3. Ergebnis

V kann von D die Herausgabe der Vase gem. 985 BGB verlangen.

IV. Zusammenfassung

Sound: Ein bereits aus einem anderen Grund unwirksames Rechtsgeschäft kann nochmals angefochten werden, wenn ein Anfechtungsgrund besteht (Lehre von der Doppelnichtigkeit im Zivilrecht).

Die Anfechtung nichtiger Rechtsgeschäfte hat Bedeutung v.a. im Hinblick auf §§ 142 II, 932 II BGB für die Zerstörung der Gutgläubigkeit beim Dritterwerber bzw. für die verschärfte Haftung nach § 819 I BGB.

Weiterhin kann ein bereits nach § 119 BGB angefochtenes Rechtsgeschäft nochmals gem. § 123 BGB angefochten werden, um die aus § 122 BGB resultierende Schadensersatzpflicht aufzuheben.

hemmer-Methode: Um Fehleridentität und Anfechtung nach § 119 II BGB geht es auch im sog. Leibl-Fall (vgl. oben Fall 52). Der Verkäufer erklärte die Anfechtung nach § 119 II BGB, da er über die Herkunft eines von ihm verkauften Bildes irrte und verlangte seine Herausgabe aus § 985 BGB. Es stellt sich die Frage, ob unter seine Anfechtungserklärung auch das dingliche Rechtsgeschäft fällt.

V. Zur Vertiefung

- Hemmer/Wüst, BGB-AT III, Rn. 309
- Hemmer/Wüst, KK BGB-AT II, Karteikarte Nr. 163

Fall 57: Anfechtung der Bevollmächtigung

Sachverhalt:

A erteilt dem V Vollmacht für den Kauf eines PKW. Dabei will A die Vollmacht auf einen Kaufpreis von 3.000 € begrenzen, verspricht sich aber und erteilt Vollmacht in Höhe von 5.000 €. V kontrahiert darauf namens des A mit B über 5.000 €. B verlangt die Zahlung von 5.000 €.

A verweigert unter Berufung auf seinen Irrtum die Zahlung.

I. Einordnung

Anfechtung der Bevollmächtigung ist ein „Klassiker“!
Wenn die Anfechtung der Bevollmächtigung nur ggü. dem Bevollmächtigten möglich wäre, so wäre der Vertrag zerstört, ohne dass der andere Vertragspartner davon etwas wissen würde. Das darf aber im Hinblick auf seine Schutzwürdigkeit nicht passieren.

II. Gliederung

Anspruch des B gegen A auf Bezahlung von 5.000 € aus § 433 II BGB

1. Wirksame Stellvertretung, § 164 BGB (+)

2. Nichtigkeit nach Anfechtung, § 142 I BGB

a) Anfechtungsgrund: § 119 I 2.Alt. BGB

aa) Anfechtung des Kaufvertrages (-) wegen § 166 I BGB, der Vertreter muss irren, vorliegend hat der Vertretene geirrt

bb) Anfechtung der Vollmacht ⇨ WE

(1) Vor Betätigung der Vollmacht
⇨ Widerruf ausreichend, § 168 S. 2 BGB

(2) Nach betätigter Vollmacht
⇨ Möglichkeit der Anfechtung umstritten

(P): Die Anfechtung der Vollmacht wirkt sich **nachteilig für den Geschäftspartner** aus, da dieser das Risiko der Zahlungsfähigkeit des falsus procurator zu tragen hat,
§ 179 BGB

⇨ e.A.: Keine Anfechtung mgl. Vergleich mit der Prozessvollmacht,
Rechtsgedanke des § 166 BGB

⇨ h.M.: Anfechtung möglich, Vollmacht wie jede andere WE anfechtbar

Aber: Die Anfechtung der Innenvollmacht ist zumindest auch ggü. dem Geschäftspartner zu erklären

⇨ damit § 122 I BGB des Vertragspartners ggü. dem Anfechtenden

3. **Ergebnis:** Durch Anfechtung der Vollmacht handelte V als falsus procurator ⇨ Vertrag gem. § 177 I BGB schwebend unwirksam und nach Verweigerung des A endgültig nichtig
⇨ Ansprüche aus KV (-)

III. Lösung

Anspruch des B gegen A auf Bezahlung von 5.000 € aus § 433 II BGB

B könnte gegen A einen Anspruch auf Bezahlung des Kaufpreises haben, wenn zwischen ihnen ein wirksamer Kaufvertrag zustande gekommen wäre.

1. Wirksamer Kaufvertrag

Für einen wirksamen Kaufvertrag müssten zwei übereinstimmende Willenserklärungen vorliegen. A hat nicht selbst gehandelt. Er könnte aber durch das Auftreten des V verpflichtet worden sein, wenn V ihn nach §§ 164 ff. BGB wirksam vertreten hat. Dafür müsste V eine eigene Willenserklärung im fremden Namen mit Vertretungsmacht abgegeben haben, § 164 I BGB.

Diese Voraussetzungen liegen hier vor.

Insbesondere wurde er von A rechtsgeschäftlich zum Kauf eines PKW bis zu einem Kaufpreis in Höhe von 5.000 € bevollmächtigt und handelte somit innerhalb der ihm eingeräumten Vollmacht.

Mithin liegt eine wirksame Vertretung vor, so dass die Willenserklärungen von V und B zu einem wirksamen Kaufvertrag zwischen A und B geführt haben.

2. Nichtigkeit wegen Anfechtung

Der Kaufvertrag könnte aber unwirksam sein, wenn eine Anfechtung nach § 142 BGB möglich wäre.

a) Anfechtungsgrund

A hat sich bei der Erteilung der Vollmacht versprochen.

Er unterlag somit einem Erklärungsirrtum gem. § 119 I 2.Alt. BGB.

Fraglich ist nur, ob der Erklärungsirrtum des A bei der Erteilung der Vollmacht, also im Innenverhältnis, auch auf das Außenverhältnis (den Kaufvertrag) Auswirkungen hat.

aa) Anfechtung des Kaufvertrages

A könnte den Kaufvertrag anfechten. Jedoch steht dieser Anfechtung § 166 I BGB entgegen. Damit der Vertretene anfechten kann, muss sich gerade (auch) der Vertreter geirrt haben. Nur dieser gibt die zum Vertragsschluss führende Willenserklärung ab. V hat sich hier aber nicht geirrt, so dass eine Anfechtung des Kaufvertrages ausscheidet.

Anmerkung: Teilweise wird hier eine analoge Anwendung des § 166 II BGB auf Willensmängel befürwortet, um auf diese Weise den Kaufvertrag selbst anfechtbar zu machen (vgl. die hemmer-Methode am Ende bei Fall 64). Dann hätte der Vertragspartner unmittelbar einen Anspruch aus § 122 I BGB gegen den Vertretenen. Genau das erreicht die h.M. nur durch einen „Kunstgriff" bei § 143 BGB (siehe unten).

bb) Anfechtung der Vollmachtserteilung

A könnte aber seine Vollmachtserteilung wie jede Willenserklärung nach § 119 I 2.Alt. BGB anfechten. Gem. § 142 I BGB ist sie dann ex tunc nichtig, sie gilt als nie erteilt. Über ihre Anfechtbarkeit besteht allerdings Streit.

Für den Fall, dass das Vertretergeschäft noch nicht vorgenommen wurde, genügt grundsätzlich der Widerruf.

Diese Möglichkeit scheidet vorliegend aus, da V den Kaufvertrag mit B bereits betätigt hat.

Problematisch bei der Anfechtung der Bevollmächtigung ist ihre ex tunc Wirkung. Der Vertreter verliert rückwirkend seine Vertretungsmacht, so dass er als Vertreter ohne Vertretungsmacht (falsus procurator) gehandelt hat. Der vermeintlich Vertretene wird nicht verpflichtet, § 177 BGB. Der falsus procurator haftet gem. § 179 I, II BGB selbst gegenüber dem Vertragspartner. Die Anfechtung der Vollmacht wirkt sich damit nachteilig für den Geschäftsgegner aus, da dieser das Risiko der Zahlungsunfähigkeit des Vertreters hinsichtlich des Anspruches aus § 179 BGB zu tragen hat.

(1) Keine Anfechtung möglich

Teilweise wird daher die rückwirkende Anfechtung der betätigten Vollmacht generell abgelehnt. Zum einen wird als Vergleich die Prozessvollmacht angeführt. Diese ist nicht mit ex tunc Wirkung anfechtbar. Zum anderen wird § 166 BGB entnommen, dass es bei Willenserklärungen grundsätzlich auf die Person des Vertreters ankommt. Könnte der Vollmachtsgeber darüber hinaus durch die Anfechtung der Bevollmächtigung das vom Vertreter geschlossene Geschäft zu Fall bringen, so stünde er besser, als wenn er das Geschäft selbst betätigt hätte. Durch die Arbeitsteilung könnte er sich eine zusätzliche Anfechtungsmöglichkeit schaffen.

(2) Anfechtung möglich

Dennoch wird überwiegend die Möglichkeit der Anfechtung einer Vollmachtserteilung angenommen.

Die Vollmachtserteilung ist eine Willenserklärung und muss wie jede andere Willenserklärung anfechtbar sein. Sie stellt ein einseitiges, vom Vertretergeschäft zu trennendes Rechtsgeschäft dar. Sie muss deshalb bei einem Irrtum auch selbständig angefochten werden können. Das Risiko der Zahlungsunfähigkeit des Vertreters, mit dem teilweise die Anfechtbarkeit abgelehnt wird, kann bei der Frage nach dem richtigen Anfechtungsgegner berücksichtigt werden.

Damit kann A die Bevollmächtigung anfechten. Ein Anfechtungsrund nach § 119 I 2.Alt. BGB liegt vor.

b) Anfechtungsgegner

Wer Anfechtungsgegner ist, bestimmt sich nach § 143 I und III BGB. Gem. § 143 III BGB müsste die Anfechtungserklärung eigentlich gegenüber dem Adressaten der Bevollmächtigung erfolgen. Das wäre hier der V als Bevollmächtigter.

Teilweise wird der Wortlaut des § 143 III 1 BGB aber so verstanden, dass die bei der Erteilung der Vollmacht bestehende Wahlmöglichkeit nach § 167 I BGB auch für die Person des Anfechtungsgegners gilt und zwar unabhängig davon, wem gegenüber die Vollmachtserteilung tatsächlich erfolgt ist. Dies hätte zur Konsequenz, dass die Vollmacht sowohl gegenüber dem Bevollmächtigten V als auch gegenüber dem Geschäftsgegner angefochten werden kann.

Nach anderer Ansicht ist für die Bestimmung des Anfechtungsgegners die tatsächliche Vornahme der ursprünglichen Willenserklärung ausschlaggebend. Der Anfechtungsgegner ist bei einer Innenvollmacht der Vertreter.

Dieser haftet dem B dann aus § 179 BGB, hat aber seinerseits gegen A einen Regressanspruch aus § 122 BGB.

Korrektur aus Wertungsgesichtspunkten

Problematisch ist, dass dem Vertragspartner sein schon begründeter Anspruch entzogen werden könnte, ohne dass er davon etwas erfahren müsste. Er hätte auch keinen Schadensersatzanspruch gegenüber dem Vertretenen. Dieser stünde gem. § 122 I BGB nur dem Vertreter zu.

Der Geschäftsgegner müsste sich hingegen über § 179 I BGB an den Vertreter halten.

Um dieses Ergebnis zu vermeiden, ist die ausgeübte Innenvollmacht zumindest auch gegenüber dem Geschäftsgegner anzufechten. Schließlich bedeutet sie rechtlich einen Angriff auf das Geschäft, das mit diesem abgeschlossen wurde. Die Anfechtung hat zwar den Sinn, die Innenvollmacht zu beseitigen, zielt jedoch auch auf die Vernichtung des Vertretergeschäfts ab. Dem muss die Regelung bezüglich des Anfechtungsgegners und damit auch die unmittelbare Ersatzpflicht des Vertretenen nach § 122 I BGB entsprechen.

Dies entspricht auch den Interessen des „falsus procurator“. Er wird aus der Rückabwicklung der Anfechtung herausgehalten, er hat nichts veranlasst.

c) Anfechtungserklärung

In der Zahlungsverweigerung unter Berufung auf seinen Irrtum liegt eine konkludente Anfechtungserklärung vor. Diese hat er auch unverzüglich gegenüber dem B erklärt.

3. Ergebnis

Damit konnte A wirksam anfechten. Durch die ex tunc Wirkung der Anfechtung ist die Bevollmächtigung rückwirkend entfallen. V handelte ohne Vertretungsmacht und hat den A durch Abschluss des Kaufvertrages nicht verpflichtet. Somit hat B gegen A keinen Anspruch auf Bezahlung der 5.000 €.

Anmerkung: Problematisch ist auch die Anfechtung bei einer *nach außen kundgemachten Innenvollmacht*, §§ 171, 172 BGB.
Eine Ansicht betrachtet die Kundgabe nicht als Willens- sondern als Wissenserklärung, die streng von der Außenvollmacht zu unterscheiden ist. Bei §§ 171, 172 BGB handelt es sich um einen Fall der Rechtsscheinhaftung. Bei Rechtsscheinstatbeständen wird aber eine Anfechtung des Rechtsscheins verneint, da eine Anfechtung den einmal gesetzten Schein nicht beseitigen kann.

Nach anderer Ansicht ist die Mitteilung der Innenvollmacht der Außenvollmacht gleichzusetzen und kann wie diese angefochten werden. Es besteht nämlich kein Grund, den Empfänger einer bloßen Kundmachung nach §§ 171, 172 BGB stärker zu schützen als jemanden, dem eine Außenvollmacht erteilt wurde. Deshalb ist es sachgerechter, auch die Anfechtung der Kundmachung zuzulassen, sofern eine erteilte Außenvollmacht selbst anfechtbar wäre.

IV. Zusammenfassung

Sound: Die Bevollmächtigung ist wie jede andere Willenserklärung anfechtbar. Die Anfechtung der Innenvollmacht muss aber zumindest auch gegenüber dem Geschäftsgegner erklärt werden.

Beachten Sie, dass diese Problematik nur dann besteht, wenn die Vollmacht bereits betätigt wurde, wenn also der Vertreter bereits im Namen und für den Vertretenen aufgetreten ist. Davor kommt die Anfechtung mangels Schutzbedürfnisses nicht in Betracht. Der Vertretene kann die Vollmacht jederzeit widerrufen.

hemmer-Methode: Die dargestellte Meinung versucht, die Interessen beider Parteien zu berücksichtigen. Einerseits die des Vertretenen, der die Möglichkeit haben muss, seine Willenserklärung (die Bevollmächtigung) wie jede andere Willenserklärung anzufechten. Andererseits die Interessen des Geschäftspartners, dem dadurch ein bereits begründeter Anspruch entzogen wird und stattdessen ein risikobehafteter Anspruch aus § 179 I BGB gegen den vermeintlichen Vertreter gegeben wird.

V. Zur Vertiefung

- Hemmer/Wüst, BGB-AT III, Rn. 462
- Hemmer/Wüst, KK BGB-AT II, Karteikarte Nr. 177

Fall 58: Abredewidrig ausgefülltes Blankett

Sachverhalt:

K kauft bei V Einrichtungsgegenstände für 5.000 €. Er unterzeichnet ein Darlehensformular, das V später abredegemäß ausfüllen soll. V schreibt jedoch 7.000 €.

Frage: *Ist K zur Zahlung von 7.000 € verpflichtet?*

Abwandlung: *Wie ist es, wenn es sich bei dem von K unterschriebenen Formular um einen Darlehensantrag an die Bank B handelt, den V abredewidrig mit 7.000 € statt 5.000 € ausgefüllt hat? (Verbraucherschutzvorschriften sind nicht zu berücksichtigen.)*

I. Einordnung

Vergegenwärtigen Sie sich, was ein **Blankett** ist. Anders als bei der Vertretung wird beim Blankett nicht im fremden Namen mit Vertretungsmacht gehandelt. Der Erklärende unterzeichnet das leere Blankett. Gleichwohl gilt aufgrund vergleichbarer Interessenlage § 166 BGB analog.

II. Gliederung

Anspruch des V gegen K auf Zahlung der 7000 € gem. § 488 S. 2 BGB

1. **Wirksamer Darlehensvertrag**
   bereits die Auslegung, §§ 133, 157 BGB, ergibt, dass sich K und V über ein Darlehen i.H.v. 5.000 € geeinigt haben
2. **Ergebnis:** DV nur über 5.000 € (+)

Abwandlung

Anspruch der B gegen K auf Zahlung von 7.000 € gem. § 488 S. 2 BGB

1. **Wirksamer Darlehensvertrag**
   über 7.000 € ⇨ Auslegung nach dem objektiven Empfängerhorizont der B
2. **Nichtigkeit nach Anfechtung**, § 142 BGB
   Anfechtungsgrund?
   ⇨ § 119 I 2.Alt. BGB (-), da K wegen des durch Blankourkunde geschaffenen Risikos der Falscheintragung nicht schutzwürdig, Wertung der §§ 172 II, 173 BGB, der gutgläubige Dritte wird in seinem Vertrauen geschützt
3. **Ergebnis:** Anfechtung nicht möglich, DV wirksam ⇨ Anspruch (+)

III. Lösung

Anspruch des V gegen K auf Zahlung der 7000 € gem. § 488 S. 2 BGB

V könnte von K 7.000 € verlangen, wenn in dieser Höhe ein wirksamer Darlehensvertrag zustande gekommen ist.

1. Wirksamer Darlehensvertrag

Zwischen V und K wurde ein wirksamer Darlehensvertrag geschlossen, wenn sie zwei übereinstimmende Willenserklärungen abgegeben haben.

a) Übereinstimmende Willenserklärungen

Fraglich ist, ob die Willenserklärungen von K und V übereinstimmen. Nach dem äußeren Erscheinungsbild der Darlehensurkunde entspricht die Erklärung des K der des V, ein Darlehen in Höhe von 7.000 € aufzunehmen.

b) Auslegung der Willenserklärungen

Andererseits hat K die Urkunde mit dem Willen unterzeichnet, nur 5.000 € Darlehen aufzunehmen.

Die von ihm blanko unterschriebene Urkunde lautete jedoch auf 7.000 €, so dass an sich das objektiv Erklärte und das subjektiv Gewollte auseinander fallen. Dies könnte einen Anfechtungsgrund wegen Erklärungsirrtums gem. § 119 I 2.Alt. BGB begründen. Es bedarf jedoch keiner Anfechtung, wenn bereits die Auslegung ergibt, dass das subjektiv Gewollte gilt.

Merke: Auslegung geht der Anfechtung vor!

Die Auslegung der Willenserklärungen nach dem Empfängerhorizont des V unter der Berücksichtigung der Verkehrsitte und des Gebotes von Treu und Glauben, § 242 BGB, ergibt, dass sich V und K über ein Darlehen in Höhe von 5.000 € geeinigt haben. K hat nämlich im Gespräch mit V mitgeteilt, dass er lediglich ein Darlehen in Höhe von 5.000 € aufnehmen will. Das hat V auch so verstanden und war nach Treu und Glauben verpflichtet, die Darlehensurkunde nur in Höhe des vereinbarten Betrages auszufüllen.

2. Ergebnis

Damit liegen zwei übereinstimmende Willenserklärungen vor. Es ist ein wirksamer Darlehensvertrag über 5.000 € zwischen V und K zustande gekommen. Folglich bedarf es auch keiner Anfechtung, da K bereits das erklärt hat, was er erklären wollte und die Auslegung ergibt, dass dieses Gewollte auch gilt.

Merke: Der Erklärungsempfänger V kann sich nicht auf den Text des Blanketts berufen, wenn er es abredewidrig ausgefüllt hat. Es gilt das Gewollte, da der Empfänger in seinem Vertrauen nicht schutzwürdig ist.

IV. Lösung Abwandlung

Anspruch der B gegen K auf Zahlung von 7.000 € gem. § 488 S. 2 BGB

B könnte von K die Rückzahlung von 7.000 € verlangen, wenn ein wirksamer Darlehensvertrag über 7.000 € zustande gekommen ist.

1. Wirksamer Darlehensvertrag

Auch hier ist es zunächst zweifelhaft, ob B und K zwei übereinstimmende Willenserklärungen abgegeben haben.

Die Erklärung des K, die in der von ihm unterschriebenen Blankourkunde verbrieft ist, konnte und durfte die B nach dem objektiven Erklärungswert unter Berücksichtigung der Verkehrssitte und Treu und Glauben als Aufnahme eines Darlehens über 7.000 € verstehen.

B wusste nichts von den Machenschaften des V, so dass sie im Vertrauen auf die Richtigkeit der Urkunde die Willenserklärung des K entgegengenommen hat. Sie kann davon ausgehen, dass der Erklärende normalerweise die selbst ausgefüllte Urkunde in Kenntnis der Höhe des begehrten Darlehens unterschreibt. Damit ergibt die Auslegung, dass ein wirksamer Darlehensvertrag über 7.000 € zustande gekommen ist.

2. Nichtigkeit wegen Anfechtung, § 142 BGB

Das von K objektiv Erklärte und das von ihm subjektiv Gewollte fallen auseinander. Während er nur 5.000 € erklären wollte, hat er objektiv 7.000 € erklärt. Damit ist ein äußerer Tatbestand geschaffen worden, der dem Willen des Erklärenden K nicht entspricht. Das ist ein Fall des Erklärungsirrtums gem. § 119 I 2.Alt. BGB, der einen Anfechtungsgrund darstellt.

Merke: Ein Erklärungsirrtum gem. § 119 I 2.Alt. BGB liegt vor, wenn schon der äußere Erklärungstatbestand nicht dem Willen des Erklärenden entspricht. Er gibt seine Erklärung in einer Form ab, in der er sie nicht abgeben wollte. Z.B. verschreibt oder verspricht er sich.

K müsste somit die 7.000 € nicht zahlen, wenn er den Vertrag durch die Anfechtung rückwirkend unwirksam machen könnte.

Gegen die Möglichkeit einer Anfechtung durch den K spricht jedoch die Tatsache, dass er selbst durch seine Blankounterschrift das Risiko der unrichtigen Ausfüllung der Urkunde eingegangen ist.

K ist damit nicht schutzwürdig, weil er bei der Unterzeichnung eines Blankoformulars damit rechnen musste, dass das Formular abredewidrig ausgefüllt wird.

Eine ähnliche Interessenlage ist bei §§ 172 II, 173 BGB gegeben. Die Vollmacht bleibt dem gutgläubigen Dritten gegenüber bis zur Rückgabe oder Kraftloserklärung der Urkunde bestehen. Entsprechend dieser Wertung kann sich daher auch der Unterzeichner einer Blanketturkunde gegenüber einem gutgläubigen Dritten (hier der Bank B) nicht darauf berufen, die Urkunde sei abredewidrig ausgefüllt (§§ 172 II, 173 BGB analog).

Merke: Ein Dritter, der das Formular nicht ausgefüllt hat, ist somit im Vertrauen auf das Erklärte geschützt, wenn er die abredewidrige Ausfüllung nicht kennt oder kennen musste. Trotz Erklärungsirrtums ist eine Anfechtung ausgeschlossen. Beachte auch die Wertung der §§ 172 II, 173 BGB.

3. Ergebnis

Damit ist die Anfechtung wegen eines Erklärungsirrtums ausgeschlossen. Ein anderer Anfechtungsgrund ist nicht ersichtlich. Der Darlehensvertrag ist also wirksam. Da auch keine weiteren Nichtigkeitsgründe gegeben sind, ist K verpflichtet an die B 7.000 € zurückzuzahlen.

V. Zusammenfassung

Sound: Die Anfechtung einer Blanketturkunde ist nicht möglich.

Im Zweipersonenverhältnis berechtigt das abredewidrig ausgefüllte Blankett nicht zur Anfechtung, da bereits die Auslegung ergibt, dass das Gewollte gilt.

Auch in Dreipersonenverhältnissen scheidet die Anfechtung aus. Die Erwartung, dass sich der Blankettnehmer an die ihm intern auferlegte Beschränkung halten würde, ist lediglich ein unbeachtlicher Motivirrtum.

hemmer-Methode: Durch die Blankourkunde wurde in den Rechtsverkehr ein Rechtschein gesetzt. Dieser Rechtsschein ist dem K zuzurechnen, da er das Risiko der unrichtigen Ausfüllung trägt. Nach h.M. kann ein Rechtsschein nicht angefochten werden. Eine ähnliche Problematik ergibt sich bei der Frage der Anfechtung der Duldungs- und Anscheinsvollmacht und der Anfechtung der nach außen kundgemachten Innenvollmacht, §§ 171, 172 BGB (vgl. Fälle 57, 65).

VI. Zur Vertiefung

- Hemmer/Wüst, BGB-AT III, Rn. 328
- Hemmer/Wüst, KK BGB-AT II, Karteikarte Nr. 164

Kapitel VII: Stellvertretung

Fall 59: Voraussetzungen der Stellvertretung

Sachverhalt:

Geschäftsmann A aus Hamburg muss berufsbedingt nach Würzburg reisen. Aus diesem Grund hat er keine Zeit, ein Geschenk für den am nächsten Tag anstehenden Geburtstag seiner Freundin zu besorgen. Er bittet daher seine Sekretärin S „irgendetwas Schönes" in einem Juwelierladen zu kaufen. Das Geschenk dürfe jedoch nicht teurer als 1.000 € sein. Der Laden solle eine Rechnung ausstellen, die A dann bezahlen würde. In dem Laden teilt S dem Inhaber G mit, dass sie im Auftrag ihres Chefs A ein Geschenk für dessen Freundin suche. Die Rechnung werde von ihrem Chef beglichen. G ist damit einverstanden so dass sich S für eine massive Goldhalskette zum Preis von 899 € entscheidet. Die Kette wird eingepackt und die Rechnung sofort ausgestellt. Als S mit dem Geschenk ins Büro zurückkommt und dem A von ihrem Einkauf erzählt, erklärt A ihr verärgert, seine Freundin habe eine „Goldallergie". Er weigert sich daher, die mitgebrachte und noch nicht bezahlte Rechnung von G in Höhe von 899 € zu zahlen.

Frage: *Welche Ansprüche hat G gegen A?*

I. Einordnung

In einer Klausur werden nicht die einfachen Konstellationen abgeprüft. Nicht selten wird der Klausurersteller die Aufgabe dadurch bereichern, dass er Dritte ins Spiel bringt. Die Stellvertretung macht die Klausur besonders interessant, insbesondere hinsichtlich der Zurechnung von Wissen und Verschulden Dritter.

Dieser Einführungsfall in das Recht der Stellvertretung erlaubt Ihnen die Prüfung der Stellvertretung nachzuvollziehen.

Gehen Sie immer im Dreierschritt vor:
(1) eigene Willenserklärung,
(2) in fremdem Namen,
(3) mit Vertretungsmacht.

II. Gliederung

Anspruch des G gegen A auf Bezahlung der Rechnung in Höhe von 899 € aus § 433 II BGB

I. **Angebot des A**

a) Abgegeben durch A selbst (-)

b) **Wirksame Stellvertretung** durch S?

1. Abgrenzung:
Botenschaft und Stellvertretung nach dem erkennbaren Auftreten des Handelnden abzugrenzen
⇨ hier: <u>Stellvertretung</u>

2. **Eigene Willenserklärung** der S (+)

3. **Im Namen des A** (+)
kann sich auch aus den Umständen ergeben, § 164 I 2 BGB
<u>Hier</u>: Ausdrücklich erklärt

4. **Mit Vertretungsmacht** (+)
Innenvollmacht erteilt
⇨ Wirksame Stellvertretung durch S (+)

II.	Annahme des G (+) Wirksam mit Zugang an den Vertreter
III.	**Ergebnis:** Anspruch (+)

III. Lösung

Anspruch des G gegen A auf Bezahlung der Rechnung in Höhe von 899 € aus § 433 II BGB

G könnte gegen A einen Anspruch auf Zahlung von 899 € gem. § 433 II BGB haben.

Es müsste ein wirksamer Kaufvertrag zwischen A und G zustande gekommen sein. Ein Kaufvertrag kommt zustande durch zwei übereinstimmende Willenserklärungen der Vertragsparteien, Angebot und Annahme.

I. Angebot

Fraglich ist, ob A ein Angebot an G abgegeben hat. Das Angebot (Offerte oder in der Terminologie des § 145 BGB Antrag) ist eine einseitige, empfangsbedürftige Willenserklärung, die mit Zugang an den Adressaten wirksam wird, § 130 I 1 BGB. Sie ist auf Abschluss eines Vertrages gerichtet. Dem G ist eine solche Willenserklärung tatsächlich zugegangen.

Fraglich ist allerdings, ob A diese selbst abgegeben hat. Jedenfalls hat A den G nicht persönlich gesprochen. Eine Willenserklärung des A liegt daher nur dann vor, wenn S als Botin eine von A geäußerte Willenserklärung überbracht hat. Liegt dagegen eine wirksame Willenserklärung der S vor, so kann diese dem A nur über die Regeln der Stellvertretung zugerechnet werden, § 164 I 1 BGB.

1. Abgrenzung der Botenschaft zur Stellvertretung

Der Bote gibt eine fremde Willenserklärung ab, der Stellvertreter eine eigene im fremden Namen. Der Bote ist lediglich „Werkzeug" des Geschäftsherrn. Deswegen schadet es bei der Übermittlung einer Willenserklärung nicht, wenn der Bote geschäftsunfähig ist.

„Ist das Kindlein noch so klein, kann es dennoch Bote sein."

Dagegen führt die fehlende Geschäftsfähigkeit eines Vertreters zur Nichtigkeit der abgegebenen Willenserklärung nach § 105 I BGB.

Ob im Einzelfall ein Handeln als Bote oder Stellvertreter vorliegt, entscheidet sich nach dem Innenverhältnis zwischen dem Geschäftsherrn und der von ihm eingeschalteten Person.

Dort wird festgelegt, ob der Handelnde eigene Entscheidungsfreiheit hat oder nicht.

Die h.M. stellt jedoch aus Gründen des Vertrauens- und Verkehrsschutzes nicht auf das Innenverhältnis, sondern auf das erkennbare Auftreten des Handelnden ab. Entscheidend ist also, ob der Handelnde aus Sicht des Geschäftspartners noch einen eigenen Entscheidungsspielraum hat oder ob er an genaue Vorgaben des Hintermannes gebunden ist (vgl. dazu auch Fall 22, 23 zur Auslegung von Willenserklärungen nach dem objektiven Empfängerhorizont, §§ 133, 157 BGB).

A hat der S einen Spielraum bei der Auswahl des Schmuckstückes überlassen. Bereits nach dem Innenverhältnis ist somit eine Botenstellung auszuschließen.

Auch nach außen gegenüber G ist S mit eigener Entscheidungsbefugnis aufgetreten, so dass sie nicht als Botin des A betrachtet werden kann.

Die S hat demnach keine Willenserklärung des A übermittelt, sondern eine eigene Willenserklärung abgegeben.

2. Stellvertretung

Die S könnte allerdings als Stellvertreterin des A gehandelt haben, so dass diesem das Angebot der S nach § 164 I 1 BGB zuzurechnen wäre. Zu prüfen sind daher die Voraussetzungen einer wirksamen Stellvertretung.

a) Eigene Willenserklärung des Vertreters

Die S hat ein eigenes Kaufangebot abgegeben, da sie gerade nicht nur als Botin des A gehandelt hat (s.o.).

b) Im fremden Namen / Offenkundigkeit der Stellvertretung

Darüber hinaus müsste S im fremden Namen gehandelt haben und dieses Handeln muss der anderen Vertragspartei erkennbar sein (sog. „Offenkundigkeitsprinzip").

Anmerkung: Hintergrund dieses Grundsatzes ist der Schutz des Geschäftspartners, der wissen muss mit wem er es zu tun hat, um das Risiko der Durchsetzbarkeit seiner Ansprüche abschätzen zu können.

S hat dem G mitgeteilt, sie suche für A ein Geschenk. Dieses ist für die Freundin des A bestimmt und die Rechnung soll direkt an A gerichtet werden.

Damit hat S dem G ausdrücklich erklärt, dass sie nicht selbst, sondern als Vertreterin des A zu handeln beabsichtigt.

Anmerkung: Das Offenkundigkeitsprinzip erfordert nicht, dass der Vertreter ausdrücklich im fremden Namen handelt. Das Handeln im Namen des Vertretenen kann sich auch aus den Umständen ergeben, vgl. § 164 I 2 BGB.
Dem Geschäftspartner muss aber deutlich erkennbar sein, ob es sich um ein Eigengeschäft des Handelnden oder um ein Vertretergeschäft handelt. So ergibt sich beispielsweise bei dem Verkäufer im Laden oder bei Erklärungen auf dem Firmenpapier die Offenkundigkeit von selbst (sog. „unternehmensbezogenes Geschäft").

c) Vertretungsmacht

Nach § 164 I 1 BGB müsste S schließlich die für die Vertretung erforderliche Vertretungsmacht gehabt haben.

Es wird zwischen drei Arten der Vertretungsmacht unterschieden: die gesetzliche (z.B.: 1629 BGB), die rechtsgeschäftliche (sog. Vollmacht, vgl. die Legaldefinition in § 166 II 1 BGB) und die organschaftliche (§ 125 I HGB, § 78 I AktG, § 35 I GmbHG).

Hier kommt eine rechtsgeschäftlich erteilte Vertretungsmacht in Betracht. Gemäß § 167 I BGB erfolgt die Erteilung einer Vollmacht durch Erklärung gegenüber dem zu Bevollmächtigenden (Innenvollmacht) oder dem Dritten, dem gegenüber die Vertretung stattfinden soll (Außenvollmacht).

Im vorliegenden Fall hat A die S gebeten, in dem Juwelierladen nebenan für seine Freundin „irgendetwas Schönes" bis zu einem Preis von 1.000 € zu kaufen. Daraus und auch aus der Tatsache, dass A der S mitgeteilt hat, dass die Rechnung an ihn zu richten sei, ergibt sich, dass A der S Vollmacht zum Abschluss eines Kaufvertrages über ein Geschenk bis zu einem Kaufpreis von 1000 € erteilt hat.

d) Zwischenergebnis

S hat damit wirksam ein Angebot als Stellvertreterin des A an G abgegeben. Das Angebot wirkt daher gemäß § 164 I 1 BGB unmittelbar für und gegen A. Diesem ist das Angebot also zuzurechnen.

II. Annahme

G müsste das Angebot der S gerichtet auf Abschluss eines Kaufvertrages angenommen haben. Ebenso wie das Angebot ist die Annahme eine einseitige, empfangsbedürftige Willenserklärung, die mit Zugang wirksam wird. Indem G die Goldkette einpackte, brachte er konkludent zum Ausdruck, dass er das Angebot der S als Vertreterin des A annimmt.

III. Ergebnis

Damit ist ein wirksamer Kaufvertrag zwischen A (vertreten durch S) und G zustande gekommen. G hat gegen A einen Anspruch auf Zahlung von 899 € gem. § 433 II BGB.

Voraussetzungen der Stellvertretung

1. Eigene Willenserklärung des Vertreters ⇨ Abgrenzung zur Botenschaft: nur Übermittlung einer fremden Willenserklärung
2. Erkennbar im fremden Namen, sog. Offenkundigkeitsprinzip
3. Mit Vertretungsmacht

IV. Zusammenfassung

Sound: Stellvertreter ist, wer eine eigene Willenserklärung in fremdem Namen mit Vertretungsmacht abgibt.

Lernen Sie das Vertretungsrecht nicht isoliert. Auch die dingliche Einigung ist ein Rechtsgeschäft, kann also durch Vertretung erfolgen. Hier sind §§ 164 ff. BGB anwendbar.

Davon zu unterscheiden ist die Übergabe als ein Realakt, auf den die §§ 164 ff. BGB nicht anwendbar sind. Gibt ein Vertreter eine dingliche Willenserklärung ab, so handelt er besitzrechtlich als Besitzmittler, §§ 929, 930 BGB, als Besitzdiener, § 855 BGB oder als Geheißperson.

hemmer-Methode: Von der Stellvertretung zu unterscheiden sind mittelbare Stellvertretung und Verpflichtungsermächtigung: Mittelbare Stellvertretung liegt vor, wenn jemand im eigenen Namen handelt, aber für fremde Rechnung. Berechtigt und verpflichtet wird nur der Handelnde selbst, nicht der Hintermann (vgl. dagegen § 164 I 1 BGB). Bei der Verpflichtungsermächtigung soll der Hintermann durch ein Rechtsgeschäft unmittelbar berechtigt und verpflichtet werden, bei dem der Vordermann im eigenen Namen aufgetreten ist. Die Figur der Verpflichtungsermächtigung ist jedoch vom Gesetz nicht anerkannt (Ausnahme § 1357 BGB), denn dadurch würden die §§ 164 ff. BGB umgangen.

V. Zur Vertiefung

- Hemmer/Wüst, Basics Zivilrecht, Bd. 1, Rn. 31 ff.
- Hemmer/Wüst, BGB-AT I, Rn. 182 ff.
- Hemmer/Wüst, KK BGB-AT II, Karteikarte Nr. 177
- Hemmer/Wüst, Sachenrecht II, Rn. 21, 59 ff.

Fall 60: Der Offenkundigkeitsgrundsatz (1)

Sachverhalt:

Der Klassenlehrer A möchte mit seinen Schülern eine Klassenfahrt machen. Zu diesem Zwecke bestellt er im Auftrag der Eltern im Reisebüro R, das er bereits von früheren Klassenfahrten kennt, „30 Busfahrscheine für eine Klassenreise". Dabei weist er jedoch nicht ausdrücklich darauf hin, dass er für die Eltern tätig ist. Den Fahrpreis in Höhe von 1000 € sammelt der Elternsprecher E ein. Dieser leitet das Geld aber nicht, wie unter den Eltern verabredet, an das Reisebüro weiter. R macht daraufhin seinen Anspruch gegen A geltend.

Frage: *Mit Aussicht auf Erfolg?*

Abwandlung: *Wie wäre es, wenn A von dem Schuldirektor D beauftragt worden wäre, eine Fahrkarte für ihn im Reisebüro R zu kaufen, A aber beim Kauf der Karte nichts von dem Auftrag erwähnt hätte?*

I. Einordnung

Eine wichtige Tatbestandsvoraussetzung der Stellvertretung ist, dass der Vertreter erkennbar **in fremdem Namen** handeln muss.

Die Fremdbezogenheit des Geschäfts muss zum Schutz des Geschäftsgegners für diesen **offenkundig** sein. Er muss wissen, mit wem er es zu tun hat, um das Risiko der Durchsetzbarkeit seiner Ansprüche auf Zahlung, Gewährleistung usw. abschätzen zu können.

Legen Sie den Vertrag genau aus und achten Sie darauf, dass sich die Offenkundigkeit des Handelns auch aus den Umständen ergeben kann.

Lesen Sie den § 164 II BGB und überlegen Sie, welche Konsequenzen die Nichtwahrung des Offenkundigkeitsprinzips zur Folge hat.

II. Gliederung

Anspruch des R gegen A auf Bezahlung von 1000 € aus § 433 II BGB

1. Wirksamer Kaufvertrag (+)

2. Wirksame Stellvertretung (+)

a) Eigene Willenserklärung und Vollmacht

b) Handeln im fremden Namen (Offenkundigkeitsprinzip)

⇨ Bei Anmeldung für mehrere Personen werden gem. § 164 I 2 BGB die einzelnen Personen Vertragspartner des Reiseveranstalters, der Anmeldende tritt mithin als deren Vertreter auf

3. **Ergebnis:** Offenkundigkeitsprinzip (+)

⇨ Vertretung (+)

⇨ Vertragspartner sind die Eltern geworden ⇨ kein Anspruch des R gegen A

Abwandlung

Anspruch des R gegen A auf Zahlung des Kaufpreises aus § 433 II BGB

(P): Offenkundigkeitsprinzip

1. Ausdrücklich (-)
2. Aus den Umständen (-)
3. Anfechtung wegen Inhaltsirrtums nach § 119 I 1.Alt. BGB nicht mögl., § 164 II BGB
4. **Ergebnis:** Eigengeschäft des A, § 164 II BGB

III. Lösung

Anspruch des R gegen A auf Bezahlung von 1000 € für die Fahrscheine aus § 433 II BGB

R könnte einen Anspruch gegen A haben, wenn zwischen ihnen ein wirksamer Kaufvertrag zustande gekommen wäre.

1. Wirksamer Kaufvertrag

An der Wirksamkeit der Willenserklärungen bestehen keine Zweifel. Fraglich ist aber, wer Vertragspartei des Kaufvertrages geworden ist. Der Klassenlehrer A könnte selbst den Kaufvertrag geschlossen haben. Er könnte aber auch für die Eltern, die selbst gesetzliche Vertreter seiner Schüler sind, gehandelt haben. In diesem Fall wären die Eltern der richtige Anspruchsgegner.

Anmerkung: Wird ein Ticket direkt beim Leistungserbringer (Bahn, Bus, Flugzeug) erworben, so wird dadurch ein Beförderungsvertrag geschlossen, der grundsätzlich als Werkvertrag (§ 631 BGB) einzustufen ist. Geschuldet wird dann nicht nur die Tätigkeit selbst (Fliegen, Fahren) sondern auch der Erfolg (Ankunft zu bestimmter Zeit am bestimmten Ort). Andererseits liegt kein Reisevertrag vor, da es hierfür zumindest zweier Reiseleistungen als Hauptleistungen bedarf.

2. Wirksame Stellvertretung

A hat nur dann als Stellvertreter der Eltern gehandelt, wenn er eine eigene Willenserklärung im fremden Namen und mit Vertretungsmacht abgegeben hat.

a) Eigene Willenserklärung und Vollmacht

A überbrachte nicht lediglich eine fremde Willenserklärung sondern er gab gegenüber dem Reisebüro ein eigenes Angebot ab. Er wurde auch von den Eltern zum Kauf der Fahrscheine beauftragt und handelte mit Vertretungsmacht. Damit sind die ersten zwei Voraussetzungen einer wirksamen Stellvertretung erfüllt.

b) Handeln im fremden Namen (Offenkundigkeitsprinzip)

Des Weiteren müsste A aber auch erkennbar im Namen der Eltern gehandelt haben, § 164 I BGB.

Diese weitere Tatbestandsvoraussetzung bezeichnet man als das sog. **Offenkundigkeitsprinzip**. Die Fremdbezogenheit des Geschäfts muss zum Schutze des Geschäftsgegners für diesen offenkundig sein. Er muss wissen, mit wem er es zu tun hat, um das Risiko der Durchsetzbarkeit seiner Ansprüche abschätzen zu können.

A hat nicht ausdrücklich im Namen der vertretenen Eltern gehandelt, § 164 I 1 BGB. Die Tatsache, dass A für die Eltern und nicht für sich selbst gehandelt hat, könnte sich jedoch aus den Umständen ergeben, unter denen das Geschäft mit dem Reisebüro zustande gekommen ist, § 164 I 2 BGB.

Zu berücksichtigen ist, dass ein Klassenlehrer regelmäßig nur Reisebegleiter ist. Er ist verantwortlich für das Wohlergehen der Kinder, insbesondere für ihre Beaufsichtigung. Ein eigenes Interesse an der Durchführung der Reise wird ihm aber nicht zu unterstellen sein. Das Reisebüro R konnte daher aus den Umständen schließen, dass A nicht im eigenen Namen, sondern im Namen der Vertretenen kontrahierte. Damit ist das Offenkundigkeitsprinzip gewahrt (vgl. dazu auch NJW 1989, 2750; NJW 1986, 1941).

Anmerkung: Dem Vertragspartner soll es zumindest im Wege der Auslegung erkennbar heranzuziehender Umstände (§§ 133, 157 BGB) möglich sein, eindeutig zu bestimmen, ob es sich um ein Eigengeschäft des Handelnden oder um ein Vertretergeschäft handelt. Aus den Umständen ergibt sich die Offenkundigkeit z.B. beim Verkäufer im Laden, bei Erklärungen auf Firmenpapier, beim Zusatz mit einem Firmenstempel.

3. Ergebnis

Damit liegen alle Voraussetzungen der Stellvertretung vor. Das Angebot des A wird den Eltern als Vertretenen zugerechnet. Der Kaufvertrag ist zwischen dem Reisebüro R und den Eltern als Vertragspartnern zustande gekommen. Somit hat R keinen Anspruch gegen A. Er muss sich an die Eltern wenden.

IV. Lösung Abwandlung

Anspruch des R gegen A auf Zahlung des Kaufpreises für eine Fahrkarte aus § 433 II BGB

R hat einen Anspruch auf Bezahlung der Fahrkarte, wenn ein wirksamer Kaufvertrag zwischen A und R geschlossen wurde.

Auch hier stellt sich die Frage nach dem richtigen Anspruchsgegner des R. In Betracht kommen A und der Schuldirektor D.

A wäre aus dem Kaufvertrag nicht verpflichtet, wenn er als Stellvertreter des D gehandelt hätte. Eine eigene Willenserklärung und die Bevollmächtigung durch den D liegen unproblematisch vor.

Fraglich ist, ob das Erfordernis der Offenkundigkeit erfüllt ist. Dafür müsste A erkennbar im Namen des D gehandelt haben. Ein ausdrücklicher Hinweis ist vorliegend nicht erfolgt. Dieser ist aber nicht erforderlich, wenn aus den Umständen erkennbar ist, wer der Vertragspartner ist.

Aus dem Verhalten des A kann in keiner Weise darauf geschlossen werden, dass er als Vertreter gehandelt hat. Anders als bei dem Kauf von 30 Tickets ist es bei dem Kauf eines einzelnen Tickets durchaus denkbar, dass A im Eigeninteresse handelt.

Die mangelnde Offenkundigkeit hat zur Folge, dass der Vertreter selbst aus dem von ihm geschlossenen Kaufvertrag verpflichtet wird. Das ergibt sich bereits unmittelbar aus § 164 I BGB und wird von § 164 II BGB dahingehend klargestellt, dass im Zweifel ein Eigengeschäft des Handelnden vorliegt, sofern der Wille, im fremden Namen zu handeln, nicht hinreichend deutlich hervortritt.

Damit wird A aus dem Kaufvertrag selbst berechtigt und verpflichtet. Der Vertragsschluss wird ihm als Eigengeschäft zugerechnet.

Fraglich ist aber, ob sich A durch Anfechtung, § 142 BGB, von dem Vertrag lösen kann. Er wollte nämlich nicht sich selbst, sondern den Schuldirektor verpflichten. Insoweit könnte ein Inhaltsirrtum nach § 119 I 1.Alt. BGB als Anfechtungsgrund vorliegen. Der Anfechtung steht aber § 164 II BGB entgegen. Sein Regelungsinhalt geht über eine bloße Zurechnung als Eigengeschäft hinaus. § 164 II BGB schließt die Möglichkeit einer Anfechtung gem. § 119 I 1.Alt. BGB aus: Ein Willensmangel gerichtet darauf im eigenen Namen zu handeln, kommt nicht in Betracht.

Der Anspruch des R gegen A auf Bezahlung der Reisekarte aus § 433 II BGB besteht.

Merke: Im Zweifel immer ein Eigengeschäft! § 164 II BGB verdeutlicht letztlich nur, dass der mangelnde Wille, im eigenen Namen zu handeln, ein unbeachtlicher Rechtsfolgenirrtum ist. § 119 I BGB ist damit durch § 164 II BGB ausgeschlossen.

V. Zusammenfassung

Sound: **1.** Der Vertreter muss nicht ausdrücklich im Namen des Vertretenen handeln, wenn und soweit sich aus den Umständen hinreichend genau ergibt, dass er für einen anderen und nicht für sich selbst handelt.
Bei der Frage, ob die Stellvertretung offenkundig gemacht wurde, müssen Sie sämtliche Umstände des Sachverhalts ausschöpfen.
2. „Im Zweifel Eigengeschäft"!
§ 164 II BGB schließt die Anfechtung nach § 119 I BGB aus. Der mangelnde Wille, in eigenem Namen zu handeln ist ein unbeachtlicher Rechtsfolgenirrtum.

hemmer-Methode: Beachten Sie einen examenstypischen Fall: Der Vater bucht für sich und seine Familie eine Reise im Reisebüro. Für die mitreisenden Angehörigen kommen mehrere Möglichkeiten in Betracht. Entweder werden sie selbst Vertragspartner des Reiseveranstalters und damit Reisende i.S.v. § 651a BGB oder es wird zu ihren Gunsten ein (echter) Vertrag zugunsten Dritter, § 328 BGB, angenommen. Damit wird der Familienangehörige Inhaber einer einseitigen Gläubigerstellung. Er kann vom Veranstalter die Erbringung der Hauptleistung verlangen. Eine weitere Möglichkeit wäre auch den Vertrag mit Schutzwirkung für Dritte anzunehmen. Dann hat der Reisende nur Sekundäransprüche, keine Primärleistungsansprüche.

VI. Zur Vertiefung

- Hemmer/Wüst, Basics Zivilrecht, Bd. 1, Rn. 40
- Hemmer/Wüst, BGB-AT I, Rn. 208 ff.
- Hemmer/Wüst, KK BGB-AT II, Karteikarte Nr. 125, 126

Fall 61: Der Offenkundigkeitsgrundsatz (2)

Sachverhalt:

Der Antiquitätenhändler A arbeitet nebenher als Angestellter für den Sammler S und kauft für ihn öfters antiquarische Kunstgegenstände beim Trödler T. Eines Tages erfuhr S, dass bei T ein wertvolles Gemälde eingetroffen ist. Er rief T an und teilte ihm mit, dass er den A vorbeischicken wird, um das Bild für ihn zu erwerben. A, selbst sehr an dem Gemälde interessiert, kaufte es bei T, ohne dabei im Namen des S aufzutreten, da er es für sich selbst erwerben wollte. Gleichzeitig vereinbarte er mit T, dass er das Gemälde in einigen Tagen abholen wird.

Frage: *Kann S von T die Übereignung des Bildes verlangen?*

I. Einordnung

Wie bereits dargestellt, ist der Wille im fremden Namen zu handeln unbeachtlich, wenn er nach außen nicht erkennbar wird, § 164 II BGB.

Fraglich ist, ob § 164 II BGB auch auf den umgekehrten Fall, nämlich, dass sich der Handelnde selbst verpflichten will, irrtümlich jedoch ein Vertretergeschäft tätigt, analog angewendet werden kann.

Wiederholen Sie an dieser Stelle die Voraussetzungen der Analogie.

II. Gliederung

Anspruch des S gegen T auf Übereignung des Bildes aus § 433 I 1 BGB

1. Wirksamer Kaufvertrag

a) Wirksame Stellvertretung

aa) Offenkundigkeitsprinzip
⇨ ergibt sich aus den Umständen, § 164 I 2 BGB

bb) Vertretungsmacht
⇨ Außenvollmacht erteilt, § 167 I 2.Alt., 170 BGB

b) Zwischenergebnis:

2. <u>Nichtigkeit wegen Anfechtung</u>, § 142 I BGB

a) Anfechtungsgrund
⇨ Inhaltsirrtum gem. § 119 I 1.Alt. BGB

b) Möglichkeit der Anfechtung
⇨ Ausschluss durch § 164 II BGB direkt (-)
⇨ <u>§ 164 II BGB analog</u>?

(1) e.A.: (-), da Ausnahmefall und somit nicht analogiefähig

(2) h.M.: (+),
da vergleichbare Interessenlage
⇨ Rechtsgedanke des § 116 BGB.
Es gilt das objektiv Erklärte.
⇨ keine Anfechtung möglich

3. Ergebnis:
KV (+), Anspruch des S (+)

III. Lösung

Anspruch des S gegen T auf Übereignung des Bildes aus § 433 I 1 BGB

S könnte gegen T einen Anspruch aus § 433 I BGB auf Übereignung des Gemäldes haben, wenn zwischen ihnen ein wirksamer Kaufvertrag zustande gekommen ist.

1. Wirksamer Kaufvertrag

Da S den Vertrag nicht selbst geschlossen hat, kann er nur Vertragspartner geworden sein, wenn er durch A wirksam vertreten wurde.

a) Wirksame Stellvertretung

Zu prüfen ist, ob eine wirksame Stellvertretung vorliegt, so dass die Willenserklärung für und gegen den Vertretenen wirken. Eine eigene Willenserklärung hat A abgegeben.

aa) Offenkundigkeitsprinzip

Voraussetzung der Stellvertretung ist weiter, dass A im fremden Namen gehandelt hat, § 164 I BGB. Dies tat er jedenfalls nicht ausdrücklich, § 164 I 1 BGB. Das Handeln im fremden Namen kann sich aber auch aus den Umständen ergeben, § 164 I 2 BGB. S hat bei T angerufen und erklärte ihm, dass er seinen Angestellten A - wie bereits häufig geschehen - vorbeischicken wird, um das Gemälde für S zu kaufen. Aus diesem Umstand konnte T schließen, dass A im Namen des S tätig wurde. Sein Verhalten ist somit als Fremdgeschäft auszulegen.

Dem steht auch nicht entgegen, dass A nach seinem inneren Willen ein Eigengeschäft schließen wollte. Willenserklärungen sind nach dem objektiven Empfängerhorizont auszulegen, §§ 133, 157 BGB. Entscheidend ist nicht, was A wollte, sondern wie T sein Verhalten und seine Erklärungen unter Berücksichtigung der Verkehrssitte auffassen musste, nämlich als Vertreterhandeln für S. Der Erklärende trägt das Erklärungsrisiko, wenn sein innerer Wille vom objektiv Erklärten abweicht.

Diese Unbeachtlichkeit eines nicht nach außen tretenden inneren Vorbehalts ergibt sich auch aus § 116 S. 1 BGB.

bb) Vertretungsmacht

Eine weitere Voraussetzung wirksamer Stellvertretung ist, dass A mit Vertretungsmacht gehandelt hat. Durch die Benachrichtigung des T hat S dem A wirksam Außenvollmacht erteilt, §§ 167 I 2.Alt., 170 BGB. Damit handelte A mit Vertretungsmacht.

b) Zwischenergebnis

Demnach ist zwischen S und T ein wirksamer Kaufvertrag zustande gekommen.

2. Nichtigkeit wegen Anfechtung, § 142 BGB

Fraglich ist, ob der Kaufvertrag durch Anfechtung wieder beseitigt werden kann.

Anmerkung: An dieser Stelle wird nur die Frage behandelt, ob überhaupt ein Anfechtungsgrund und die Möglichkeit der Anfechtung an sich bestehen. Davon zu trennen ist die Frage der Anfechtungsberechtigung. Den Vertrag kann nur der Vertragspartner anfechten. Das wäre hier der Vertretene.

a) Anfechtungsgrund

A hat sich über die Bedeutung seiner Erklärung geirrt. Er wollte das Gemälde für sich selbst kaufen, also ein Eigengeschäft tätigen.

Aufgrund der äußeren Umstände wurde sein Verhalten aber im Sinne eines Fremdgeschäfts für S gedeutet. Damit liegt ein Inhaltsirrtum gem. § 119 I 1.Alt. BGB vor.

b) Möglichkeit der Anfechtung

Die Möglichkeit der Anfechtung nach § 119 I BGB könnte aber durch § 164 II BGB ausgeschlossen sein. Seinem Wortlaut nach erfasst § 164 II BGB jedoch nur den Fall, dass der Handelnde sich irrtümlich selbst verpflichtet, obwohl er ein fremdes Geschäft tätigen will. Dann liegt im Zweifel ein Eigengeschäft des Handelnden vor. In diesem Fall ist die Anfechtung ausgeschlossen (vgl. Fall 59 „Offenkundigkeitsgrundsatz I").

Streitig ist, ob § 164 II BGB auch auf den umgekehrten Fall angewendet werden kann. Ein solcher liegt vor, wenn der Handelnde sich selbst verpflichten will, irrtümlich jedoch ein Vertretergeschäft tätigt. Nach einer Ansicht ist eine analoge Anwendung ausgeschlossen. § 164 II BGB behandele nur einen Ausnahmefall und enthalte daher keine analogiefähige Regel.

Zur Wiederholung: Voraussetzung der Analogie ist das Vorliegen einer planwidrigen Regelungslücke und einer vergleichbaren Interessenlage. Außerdem muss ein Bedürfnis für eine Analogie bestehen.

Wegen der gleichen Interessenlage ist § 164 II BGB nach h.M. jedoch umkehrbar. Der Wille im eigenen Namen zu handeln bleibt demnach unbeachtlich, sofern er nicht nach außen zum Ausdruck gekommen ist. Es gelte das objektiv Erklärte (Rechtsgedanke des § 116 BGB).

Dem ist auch zu folgen. Durch die Versagung der Anfechtung kann der Vertreter die für den Vertretenen abgegebene Willenserklärung nicht mehr beseitigen.

Die einzige dem Vertreter hieraus erwachsende Gefahr liegt darin, dass er bei fehlerhafter Vertretungsmacht gem. § 179 I BGB auf Erfüllung oder den Erfüllungsschaden haften muss. Dies entspricht aber gerade seinem Willen. Hätte er wirksam im eigenen Namen gehandelt, bestünde die gleiche Haftungslage für ihn. A ist deswegen nicht schutzwürdig.

Zu berücksichtigen ist weiterhin, dass S, wenn der objektiv in seinem Namen auftretende A ohne Vertretungsmacht gehandelt hätte, die Möglichkeit gehabt hätte, das Geschäft gem. § 177 I BGB an sich zu ziehen. Der Vertrag wäre nur schwebend unwirksam gewesen, so dass sich hieraus für S kein Nachteil, sondern im Gegenteil eine Möglichkeit ergeben hätte.

Wenn A wie im vorliegenden Fall mit Vollmacht des S gehandelt hat, muss dieser erst recht an dem Geschäft teilhaben können.

3. Ergebnis

Nach § 164 II BGB analog ist die Anfechtung somit nicht möglich.

S kann von T die Übereignung des Bildes verlangen.

IV. Zusammenfassung

Sound: § 164 II BGB analog gilt nach h.M. auch dann, wenn jemand ein Rechtsgeschäft für sich tätigen möchte, irrtümlich jedoch ein Vertretergeschäft abschließt.

Lernen Sie juristisch zu argumentieren. Da der Fall gesetzlich nicht geregelt ist, gibt es zwei Lösungswege: Der innere Wille und das nach außen Erklärte. Im Sinne einer Verobjektivierung (wie konnte und durfte der Dritte die Erklärung verstehen) wird in der Regel auf den objektiven Empfänger abgestellt.

Beachten Sie, dass im Rahmen eines Eigentumserwerbs der Umkehrschluss aus § 164 II BGB nur bei der dinglichen Einigung hilft. Zum Eigentumserwerb bedarf es außerdem noch der Übergabe. Hier kann der Vertreter als Besitzdiener, Besitzmittler oder Geheißperson tätig werden.

hemmer-Methode: Der Umkehrschluss zum § 164 II BGB beruht auf dem Rechtsgedanken, dass der innere Wille unbeachtlich ist. Das ist eines der tragenden BGB-Prinzipien. So erfolgt die Auslegung nicht nach dem wirklich Gewollten des Erklärenden, sondern nach dem objektiven Empfängerhorizont des Erklärungsempfängers, §§ 133, 157 BGB. Der innere Vorbehalt ist gem. § 116 BGB unbeachtlich. Auch die Abgrenzung zwischen Botenschaft und Stellvertretung erfolgt nach dem äußeren Erscheinungsbild. Schließlich kommt es bei der Wahrung des Offenkundigkeitsprinzips auf die erkennbaren Umstände an, § 164 I 2, II BGB.

V. Zur Vertiefung

- Hemmer/Wüst, BGB-AT I, Rn. 214
- Hemmer/Wüst, KK BGB-AT II, Karteikarte Nr. 127

Fall 62: Ausnahmen vom Offenkundigkeitsprinzip

Sachverhalt:

A und B sind Geschwister und wollen zusammen ihre Familie in Hamburg besuchen. Da A noch mit Packen beschäftigt ist, bittet sie den B ihr Auto voll zu tanken. Er bekommt dafür von A 100 €. Als B an der Tankstelle zahlen möchte, bemerkt er, dass er den Schein verloren hat. Er ruft bei A an. Diese ist verärgert und möchte von dem Verlust nichts hören. Der Tankstellenpächter (T) verlangt von B die Bezahlung für das getankte Benzin. B weigert sich, schließlich hat er nur im Auftrag seiner Schwester gehandelt.

Frage: *Wer muss bezahlen?*

I. Einordnung

Auch das Offenkundigkeitsprinzip gilt nicht ausnahmslos. Es wird im Wege der teleologischen Reduktion des § 164 I, II BGB zur Erleichterung des Rechtsverkehrs eingeschränkt, wenn der Vertragspartner kein schutzwürdiges Interesse an der Offenlegung der Vertretung hat.

Beachten Sie auch hier die zum Ausdruck kommende Interessenabwägung: Einerseits sollen die Interessen des Vertragspartners an reibungsloser Abwicklung des Geschäfts geschützt werden. Andererseits soll der Rechtsverkehr dadurch nicht übermäßig erschwert werden.

II. Gliederung

I. Anspruch des T gegen B auf Bezahlung des Benzins aus § 433 II BGB

1. Wirksamer Kaufvertrag

(P): Wer ist Vertragspartner des T?

2. Wirksame Stellvertretung des A durch B

a) Eigene Willenserklärung des B mit Vertretungsmacht (+)

b) „Im fremden Namen"
⇨ Wahrung des Offenkundigkeitsprinzips

⇨ ausdrücklich (-)

⇨ aus den Umständen, § 164 I 2 BGB (-)

c) Einschränkungen des Offenkundigkeitsprinzips

⇨ <u>verdecktes Geschäft für den, den es angeht</u>

⇨ h.M.: auch auf schuldrechtliche Verträge anwendbar

<u>Aber</u>: Nur bei Bargeschäften des täglichen Lebens, hier (-)

3. Ergebnis:
Keine Ausnahme vom Offenkundigkeitsprinzip ⇨ Eigengeschäft des B (+)
⇨ B ist Vertragspartner des T geworden

II. Anspruch des T gegen A aus §§ 433 II, 185 I BGB analog

§ 185 I BGB analog (-), da sonst Umgehung der Stellvertretungsregel, insb. des Offenkundigkeitsprinzips

III. Lösung

I. Anspruch des T gegen B auf Bezahlung des Benzins aus § 433 II BGB

1. Wirksamer Kaufvertrag

Der Anspruch des T gegen B aus § 433 II BGB auf Bezahlung des Benzins besteht, wenn zwischen ihnen ein wirksamer Kaufvertrag zustande gekommen ist.

Bei Selbstbedienungstankstellen ist die betriebsbereite Zapfsäule das Angebot zum Abschluss des Kaufvertrages und die Selbstbedienung die Annahme.

Anmerkung: Diese Ansicht ist nicht unumstritten. In dem Bereitstellen der Zapfsäule kann ebenso gut lediglich eine unverbindliche invitatio ad offerendum gesehen werden. Das Angebot ist das Einfüllen in den Tank, die Annahme liegt in der Entgegennahme des Geldes an der Kasse. Der BGH hat sich aber dem hier in der Lösung vertretenen Ansatz angeschlossen, vgl. BGH, Life&Law 2011, 542 ff.

Fraglich ist aber, ob B der Vertragspartner und damit der Schuldner des Zahlungsanspruches geworden ist. Das hängt davon ab, ob B im eigenen oder fremden Namen, nämlich als Stellvertreter der A gehandelt hat.

2. Wirksame Stellvertretung

a) Eigene Willenserklärung und Vertretungsmacht

Zu prüfen ist, ob eine wirksame Stellvertretung vorliegt.

B hat eine eigene Willenserklärung abgegeben und handelte im Auftrag der A, somit mit Vertretungsmacht.

b) Wahrung des Offenkundigkeitsprinzips

Er müsste aber auch erkennbar im fremden Namen gehandelt haben. Dies ist durch Auslegung, §§ 133, 157 BGB zu ermitteln. Dabei ist § 164 I 2 BGB zu beachten. Ein ausdrücklich fremdbezogenes Handeln ist nicht erforderlich. Es reicht aus, wenn sich die Fremdheit des Rechtsgeschäfts aus den Umständen ergibt. B hat bei Abschluss des Kaufvertrages nicht ausdrücklich darauf hingewiesen, dass er für A handelt. Aus dem Umstand alleine, dass er den Wagen der A tankte, ist noch kein ausreichendes Indiz für das Handeln im fremden Namen zu entnehmen, zumal T nicht wusste, wem der Wagen gehörte. Macht der Vertragsschließende nicht deutlich, für wen er handeln will, so ist von einem Handeln im eigenen Namen auszugehen.

Anmerkung: Eine Anfechtung, mit der Begründung, B habe nicht für sich, sondern für A handeln wollen, ist wegen § 164 II BGB nicht möglich (vgl. Fall 60). Dies wäre ein unbeachtlicher Rechtsfolgenirrtum.

Somit sind die Erfordernisse des Offenkundigkeitsprinzips nicht erfüllt.

c) Einschränkungen des Offenkundigkeitsprinzips

Fraglich ist, ob der Grundsatz der Offenkundigkeit hier eingeschränkt werden kann.

Der Offenkundigkeitsgrundsatz schützt die Interessen des Vertragsgegners an der Offenlegung der Stellvertretung. In den meisten Fällen wird der Vertragspartner wegen Bonitätsrisiko und Durchsetzung etwaiger Ansprüche wissen wollen, mit wem er kontrahiert. In denjenigen Fällen jedoch, in denen dieses Interesse nicht besteht, wird § 164 I, II BGB teleologisch (nach dem Sinn und Zweck) reduziert. Vertragspartner wird der Hintermann, obwohl sich die Fremdbezogenheit des Geschäfts weder aus der Aussage des Handelnden noch aus den Umständen ergibt.

aa) Verdecktes Geschäft für den, den es angeht

Vor allem bei Bargeschäften des täglichen Lebens ist es dem Geschäftsgegner in der Regel gleichgültig, mit wem er den Vertrag schließt. Es liegt dann ein sog. verdecktes Geschäft, für den, den es angeht vor.

Anmerkung: Beim verdeckten Geschäft für den, den es angeht, wirkt das Geschäft trotz fehlender Offenkundigkeit für den ungenannten Dritten.
Voraussetzung ist aber, dass der Handelnde die Fremdwirkung wollte. Ferner muss Vertretungsmacht vorliegen. Verzichtet wird nur auf die Offenkundigkeit.

bb) Anwendung auf schuldrechtliche Verträge

Fraglich ist, ob es sich im vorliegenden Fall um ein solches Geschäft handelt. Das Tanken gehört zu den üblichen Geschäften des täglichen Lebens.

Soweit die Zahlung bar erfolgt, bestehen grundsätzlich keine Bedenken, ein verdecktes Geschäft für den, den es angeht zu bejahen. Dem Tankpächter ist es gleichgültig, wer bezahlt oder für wen getankt worden ist, soweit tatsächlich bezahlt wird.

Anmerkung: Das verdeckte Geschäft für den, den es angeht, findet hauptsächlich beim Eigentumserwerb Anwendung.
Die Geltung dieses Grundsatzes für schuldrechtliche Verträge wird zwar teilweise bestritten, die überwiegende Literaturmeinung bejaht aber seine Geltung auch für schuldrechtliche Bargeschäfte des täglichen Lebens. In allen anderen Fällen ist i.d.R. für den Vertragspartner entscheidend, mit wem er abschließt.

T hat hier aber gerade noch kein Geld bekommen. Es ist ihm daher nicht gleichgültig, wer Vertragspartner geworden ist, denn er möchte gegen diesen seinen Zahlungsanspruch geltend machen.

3. Ergebnis

Damit liegt keine Ausnahme vom Offenkundigkeitsprinzip in Form des verdeckten Geschäfts für den, den es angeht vor. Es liegt ein Eigengeschäft des B vor. Er haftet daher dem T für die Bezahlung des getankten Benzins. Damit ist der Anspruch des T gegen B gegeben.

II. Anspruch des T gegen A aus §§ 433 II, 185 I BGB analog

Fraglich ist, ob sich T auch an A halten kann.

Da B für sich gehandelt hat, wurde A über §§ 164 ff. BGB nicht verpflichtet. B könnte A jedoch durch das Handeln im eigenen Namen trotzdem verpflichtet haben, wenn er von A zu einer solchen Verpflichtung ermächtigt wurde. Eine sog. Verpflichtungsermächtigung, die analog einer Verfügungsermächtigung nach § 185 I BGB konstruiert wird, wird jedoch weitgehend abgelehnt. Sie ist mit dem Offenkundigkeitsprinzip des § 164 I BGB nicht vereinbar und daher dem geltenden Recht fremd.

Damit besteht kein Anspruch des T gegen A.

Anmerkung: Weitere Ausnahmen vom Offenkundigkeitsprinzip:

1. **Unternehmensbezogene Geschäfte**

   Tritt jemand für einen Gewerbebetrieb auf, so wird durch das Geschäft der Betriebsinhaber verpflichtet. Es handelt sich um keine wirkliche Ausnahme vom Offenkundigkeitsprinzip. Die Fremdwirkung ergibt sich aus den Umständen des Geschäftsschlusses i.R.d. Gewerbebetriebes, § 164 I 2 BGB.
   Erweckt der Handelnde beim unternehmensbezogenen Geschäft jedoch den Eindruck, selbst Mitinhaber des Unternehmens zu sein, kann eine Rechtsscheinhaftung zu Lasten des Handelnden eingreifen, BGH, Life&Law 2012, 867 ff.

2. **§ 1357 BGB**

   Handelt ein Ehegatte nicht erkennbar im fremden Namen, so hilft § 1357 I BGB über den Offenkundigkeitsmangel hinweg. Es handelt sich um einen ausnahmsweise zulässigen gesetzlichen Fall der Verpflichtungsermächtigung.

3. **Offenes Geschäft für den, den es angeht**

   Der Handelnde wird offenkundig für einen Dritten tätig, benennt diesen aber nicht. Auch dieser Fall bildet eigentlich keine Ausnahme von § 164 BGB. Der Geschäftsgegner weiß, dass der Handelnde eine unbekannte Person vertritt. Es ist seine Entscheidung, ob er ein solches Geschäft eingehen will oder nicht.

IV. Zusammenfassung

Sound: Bei Bargeschäften des täglichen Lebens ist in teleologischer Reduktion des § 164 BGB der Verzicht auf das Offenkundigkeitsprinzip möglich.

Das verdeckte Geschäft für den, den es angeht, gilt nur dann für den unbenannten Dritten, wenn ansonsten alle Voraussetzungen der Stellvertretung erfüllt sind: Der Handelnde muss also mit Vertreterwillen und Vertretungsmacht handeln.

hemmer-Methode: Der Handelnde wird auch in Fällen der sog. „mittelbaren Stellvertretung“ aus dem abgeschlossenen Rechtsgeschäft berechtigt und verpflichtet. Diese Figur ist im BGB nicht geregelt. Sie liegt vor, wenn der Vordermann zwar im eigenen Namen, aber im Interesse und für die Rechnung des Hintermannes handelt. Die Folgen des Rechtsgeschäfts treffen zunächst nur den Vordermann. Aus der rechtsgeschäftlichen Vereinbarung mit dem Geschäftsherrn ist er aber verpflichtet, das durch das Geschäft Erlangte an den Hintermann herauszugeben. Hauptanwendungsfälle der mittelbaren Stellvertretung sind die Kommission (§§ 383 ff. HGB) und die Spedition (§§ 407 ff. HGB).

V. Zur Vertiefung

- Hemmer/Wüst, Basics Zivilrecht, Bd. 1, Rn. 42
- Hemmer/Wüst, BGB-AT I, Rn. 218 ff.
- Hemmer/Wüst, KK BGB-AT II, Karteikarte Nr. 129

Fall 63: Form der Vollmacht

Sachverhalt:

S ist in finanziellen Schwierigkeiten. Um der Zwangsvollstreckung zu entgehen, bietet er seinem Gläubiger G sein Grundstück zum Verkauf an. Laut der zwischen G und S getroffenen mündlichen Vereinbarung soll G das Grundstück freihändig veräußern und sich aus dem Erlös befriedigen. Zu diesem Zweck erteilt S dem G eine unwiderrufliche Verkaufsvollmacht.

Einige Zeit später bekommt S eine größere Erbschaft. Daraufhin teilt er sofort dem G mit, ein Verkauf des Grundstücks ist nicht mehr notwendig, da S jetzt die Schulden bezahlen kann. Allerdings hat G zu dieser Zeit bereits mit der D-GmbH, einer Immobiliengesellschaft, einen notariellen Kaufvertrag über das Grundstück abgeschlossen.

S möchte wissen, ob er an den Kaufvertrag mit der D-GmbH gebunden ist.

Abwandlung: *S möchte sich auch ein neues Cabrio für die sonnigen Sommertage kaufen. Er hat allerdings bereits mehrere andere Käufe großen Umfangs getätigt. Seine Erbschaft hat sich dadurch erheblich geschmälert, so dass er wieder sparen muss. Auf ein schönes Cabrio möchte er aber trotzdem nicht verzichten. Deswegen lässt er sich den Kauf des Wagens bei der B- Bank finanzieren. Er beauftragt mündlich seinen Freund V mit dem Abschluss des Darlehensvertrages.*

1. *Wird S durch den von V abgeschlossenen verzinslichen Darlehensvertrag verpflichtet?*

2. *Wie ist es, wenn S statt eines Darlehens-, einen Finanzierungsleasingvertrag abschließen möchte? V wird ebenfalls entsprechende mündliche Vollmacht erteilt.*

I. Einordnung

Die Erteilung einer Vollmacht ist gem. § 167 II BGB formlos möglich, auch wenn das Vertretergeschäft formpflichtig ist.

Ausnahmsweise kann jedoch auch eine Bevollmächtigung formpflichtig sein. Dies ist der Fall, wenn der Zweck der einschlägigen Formschrift es erfordert und eine formfreie Bevollmächtigung im Ergebnis zu einer Umgehung von Formvorschriften führen würde.

II. Gliederung

I.	**Wirksamer Kaufvertrag**
1.	**Notarielle Beurkundung** des KV (+)
2.	**Vertretung der D-GmbH** (+) ⇨ §§ 13 I, 35 I GmbHG
3.	**Vertretung des S**
4.	**Form der Vollmacht** ⇨ § 167 II BGB, Bevollmächtigung grds. formlos möglich

	Aber: Ausnahmsweise bedarf die Vollmacht der Form des Rechtsgeschäftes, wenn bereits durch die Vollmachtserteilung eine rechtliche oder tatsächliche Bindung wie bei Vornahme des Rechtsgeschäfts besteht
	⇨ (+) bei unwiderruflicher Vollmacht
	Hier: Notarielle Beurkundung der Vollmacht (-) ⇨ Nichtigkeit gem. § 125 S. 1 BGB
II.	**Ergebnis:**
	Mangels Vollmacht Vertretungsmacht (-) ⇨ KV schwebend unwirksam, bei Verweigerung der Genehmigung endgültige Unwirksamkeit

Abwandlung	
Frage 1: Bindung an den DarlehensV	
(P):	**Form der Vollmacht** für den Abschluss eines Verbraucherdarlehensvertrages
a)	§ 167 II BGB grds. formfrei
b)	Formbedürftigkeit aus § 492 I BGB?
	⇨ § 492 IV BGB schreibt die Formbedürftigkeit für die Vollmacht vor
Frage 2: Bindung an den FinanzleasingV	
	Anwendung des § 492 IV BGB auf Finanzierungsleasingverträge?
	Regelung in § 506 I, II BGB
	⇨ **keine Verweisung auf § 492 IV BGB**!

III. Lösung

S muss den Verkauf des Grundstücks gegen sich gelten lassen, wenn zwischen ihm und der D-GmbH ein wirksamer Kaufvertrag über das Grundstück zustande gekommen ist.

I. Wirksamer Kaufvertrag

Von einem wirksamen Angebot gerichtet auf Verkauf des Grundstücks und dessen wirksamer Annahme ist auszugehen.

1. Notarielle Beurkundung

Zu prüfen ist, ob die Formvorschriften eingehalten wurden, § 311b I 1 BGB.

Bei den Verträgen über Kauf oder Verkauf eines Grundstücks ist die besondere Form des Vertrages zu beachten, nämlich die notarielle Beurkundung gem. § 311b I 1 BGB. Die Nichtbeachtung der erforderlichen Form führt gem. § 125 BGB zur Nichtigkeit des Rechtsgeschäftes. Zu beachten ist allerdings die Heilungsmöglichkeit des § 311b I 2 BGB. Wenn die Auflassung und die Eintragung ins Grundbuch erfolgen, dann wird der ganze Vertrag ex nunc wirksam. Vorliegend wurde der Vertrag zwischen D und der D-GmbH notariell beurkundet.

Da S aber nicht selbst gehandelt hat und auch die GmbH nicht alleine wirksam die Rechtshandlungen vornehmen kann, ist zu prüfen, wer die Parteien des Vertrages sind.

2. Vertretung der D-GmbH

Die D-GmbH ist eine juristische Person und kann selbst Träger von Rechten und Pflichten sein, § 13 I GmbHG. Für sie handelt ihr Geschäftsführer als gesetzlicher Vertreter, vgl. § 35 I GmbHG.

3. Vertretung des S

Für den S hat G gehandelt. Jedoch muss S die Willenserklärung des G nur dann gegen sich gelten lassen, wenn G sein Vertreter ist.

Die Voraussetzungen der Stellvertretung regelt § 164 I BGB. G müsste somit eine eigene Willenserklärung im fremden Namen mit Vertretungsmacht abgegeben haben.

Diese Voraussetzungen liegen hier grds. vor.

4. Form der Vollmacht

Problematisch könnte allerdings sein, dass S den G nur mündlich bevollmächtigt hat. Möglicherweise reicht dies alleine noch nicht aus, wenn es um ein formbedürftiges Rechtsgeschäft geht. So könnte man annehmen, dass die Bevollmächtigung die Form des Rechtsgeschäfts erfordert, für das sie erteilt wurde. Im vorliegenden Fall müsste dann S den G in einer notariellen Urkunde bevollmächtigt haben. Da er dies nicht getan hat, könnte die Vollmacht unwirksam sein, mit der Folge, dass G für S keine wirksame Willenserklärung abgegeben hat und S damit an den Vertrag nicht gebunden ist.

Zu beachten ist in diesem Zusammenhang aber § 167 II BGB. Danach bedarf die Vollmacht nicht der Form, die für das Vertretergeschäft vorgeschrieben ist. Es ist also unschädlich, dass die Vollmacht nicht notariell beurkundet war, obwohl der Kaufvertrag dieser Form bedurfte. An sich wäre daher die Vollmacht gültig gewesen. Im Ergebnis wäre dann S durch die Willenserklärung des G zur Übergabe und Übereignung des Grundstücks verpflichtet worden.

Jedoch bedarf § 167 II BGB im Hinblick auf diejenigen Formvorschriften, denen eine besondere Warnfunktion zukommt der Einschränkung (teleologische Reduktion).

§ 311b I BGB soll den Verkäufer und Käufer vor übereilten und nicht überdachten Entscheidungen schützen. Dieser Schutzzweck wird durch die notwendige notarielle Beurkundung verbunden mit einer Beratung gefördert. Ein Vollmachtgeber, der eine Vollmacht ohne Beachtung des § 311b I BGB erteilt, wird vor den schwerwiegenden Folgen des ihn treffenden Rechtsgeschäfts gerade nicht gewarnt.

Diese Schutzinteressen des § 311b I BGB einerseits und die Formfreiheit des § 167 II BGB andererseits müssen einen gerechten Ausgleich finden.

Deswegen geht die h.M. zwar von grundsätzlicher Formfreiheit der Vollmacht aus. Sie macht aber dann Ausnahmen zugunsten des Schutzgedanken des § 311b I BGB, wenn der Vertretene durch die Vollmachterteilung rechtlich und tatsächlich in gleicher Weise gebunden wird, wie durch die Vornahme eines formbedürftigen Rechtsgeschäftes. Dies wird in den Fällen der unwiderruflichen Vollmacht und der Vollmacht unter Befreiung vom Verbot des Selbstkontrahierens nach § 181 BGB bejaht.

G hat sich eine unwiderrufliche Vollmacht zum Verkauf des Grundstücks geben lassen. Diese hätte der notariellen Beurkundung bedurft. Da eine solche nicht erfolgt ist, ist die Vollmachtserteilung gem. § 125 S. 1 BGB nichtig.

II. Ergebnis

G hat als Vertreter ohne Vertretungsmacht gehandelt.

Der von ihm geschlossene Kaufvertrag ist gem. § 177 I BGB schwebend unwirksam. Genehmigt S den Vertrag nicht, so wird er endgültig unwirksam und S wird nicht gebunden.

IV. Lösung Abwandlung Frage 1

S wird durch den von V geschlossenen Darlehensvertrag gem. § 488 BGB verpflichtet, wenn eine wirksame Stellvertretung vorliegt. Auch hier ist alleine die Form der Vollmachtserteilung problematisch.

Die Vollmacht wurde dem V zum Abschluss eines Verbraucherdarlehensvertrages erteilt.

Beachte: Ein Verbraucherdarlehensvertrag ist ein Darlehensvertrag, der zwischen einem Unternehmer (§ 14 BGB) und einem Verbraucher (§ 13 BGB) geschlossen wird. Für ihn gelten ergänzend zu den §§ 488 ff. BGB auch §§ 491 ff. BGB. Ein solcher Vertrag bedarf der Schriftform und eines bestimmten Inhalts, der näher in § 492 II BGB i.V.m. Art. 247, §§ 6-13 EGBGB bezeichnet wird.

Auch hier ist fraglich, ob eine Vollmacht, die der Verbraucher seinem Vertreter zum Abschluss eines Kreditvertrages erteilt, formlos wirksam ist oder ob die Vollmacht ihrerseits den verbraucherrechtlichen Formanforderungen genügen muss. Für die Formfreiheit spricht § 167 II BGB. Auch handelt es sich hier nicht um eine unwiderrufliche Vollmacht oder Befreiung von dem Verbot des Selbstkontrahierens nach § 181 BGB. Andererseits sind der Sinn und Zweck der Schriftform zu beachten. Formfreiheit bedeutet Leerlaufen der Warn- und Informationsfunktion, die der verbraucherkreditrechtlichen Form zukommt.

Aus diesem Grund ordnet der mit der Schuldrechtsmodernisierungsreform in Kraft getretene § 492 IV S. 1 BGB an, dass die verbraucherkreditrechtliche Form auch für die Vollmacht gilt, die ein Darlehensnehmer zum Abschluss eines Verbraucherdarlehensvertrages erteilt.

Eine Ausnahme gilt nur für die Prozess- und notarielle Vollmacht.

S hat vorliegend keine den Erfordernissen des § 492 IV BGB entsprechende Vollmacht erteilt. Damit ist die Vollmacht des V unwirksam. Die Folge ist, dass S durch den Abschluss des Verbraucherdarlehensvertrages nicht wirksam verpflichtet wurde.

V. Lösung Abwandlung Frage 2

Fraglich ist, ob § 492 IV BGB auch auf einen Finanzierungsleasingvertrag Anwendung findet.

Ein <u>Finanzierungsleasingvertrag</u> ist nach h.M. ein Dauerschuldverhältnis, das der Miete sehr ähnlich ist und auf das „in erster Linie" die Bestimmungen der Miete (§§ 535 ff. **BGB**) Anwendung finden.

Zugleich beinhaltet er Finanzierungselemente und ist damit ein Kreditvertrag i.S.v. § 1 II lit. C VerbrKr-RiLi.

Im BGB fällt der Finanzierungsleasingvertrag unter die Varianten des § 506 II BGB.

Der Finanzierungsleasingvertrag unterliegt überwiegend den Regelungen des Verbraucherdarlehensvertrages; § 506 I BGB verweist auf die meisten Regelungen dieses Vertrages, aber nicht auf § 492 IV BGB.

Damit bleibt die Vollmacht zum Abschluss eines Finanzierungsleasingvertrages formfrei möglich.

VI. Zusammenfassung

Sound: Die Bevollmächtigung ist grundsätzlich formfrei, § 167 II BGB. Ausnahmen ergeben sich aus dem Gesetz (§ 492 IV S. 1 BGB, § 2 II GmbHG, § 135 AktG) oder aus dem Sinn und Zweck der Formvorschrift (unwiderrufliche Vollmacht zum Grundstücksverkauf, zur Übernahme einer Bürgschaft). Auch eine widerrufliche Vollmacht kann ausnahmsweise formbedürftig sein (beachte hemmer-Methode unten).

hemmer-Methode: Die Ausnahme von dem Grundsatz der Formfreiheit der Vollmacht, § 167 II BGB, ist auch dann zu beachten, wenn die Vollmacht unter Befreiung vom Verbot des Selbstkontrahierens nach § 181 BGB erteilt wurde.
Erteilt der Geschäftsherr seinem Vertreter eine Vollmacht für den Fall seines Todes und befreit er ihn von dem Verbot der Selbstkontrahierung, so bedarf diese Vollmacht der Form des formbedürftigen Rechtsgeschäfts. Übereignet der Vertreter nach dem Tod des Geschäftsherrn ein Grundstück an sich selbst, so ist dieses Rechtsgeschäfts mangels wirksamer Form unwirksam. Die formfreie Bevollmächtigung würde hier zur Umgehung der Formvorschriften führen. Es entsteht bereits mit Vollmachtserteilung eine ähnliche rechtliche und tatsächliche Bindung wie bei unwiderruflicher Vollmacht.

VII. Zur Vertiefung

- Hemmer/Wüst, Basics Zivilrecht, Bd. 1, Rn. 50
- Hemmer/Wüst, BGB-AT I, Rn. 237 ff.
- Hemmer/Wüst, KK BGB-AT II, Karteikarte Nr. 132

Fall 64: Bösgläubigkeit des Vertretenen

Sachverhalt:

A hat der B eine ihrer wertvollen Halsketten für eine Gala geliehen. B befand sich in Geldnot und hatte nicht vor, das Schmuckstück zurückzugeben. Sie bot es einem Juweliergeschäft zum Kauf an. Der Angestellte V, der zu Ankäufen berechtigt war, nahm die Kette ohne Bedenken entgegen. Als sein Chef C von einer Geschäftsreise zurückkehrte, war er entsetzt, da er wusste, wem die Kette in Wirklichkeit gehört. B war jedoch bereits mit dem Geld verschwunden, so dass er beschloss die Kette zu behalten.

Frage: *Kann A von C die Herausgabe verlangen?*

I. Einordnung

§ 166 BGB ist eine der wichtigsten Bestimmungen des BGB. Der bösgläubige Dritte als Vertreter ist klausurtypisch.

Merken Sie sich, dass § 166 BGB nur das **Wissen** des Vertreters dem Vertretenen zurechnet. Er betrifft jedoch nicht die Frage der Verschuldenszurechnung.

II. Gliederung

Anspruch der A gegen C auf Herausgabe der Kette aus § 985 BGB	
1.	**Eigentum der A** **Eigentumsverlust** an C
a)	Dingliche Einigung und Übergabe, § 929 BGB (+)
b)	Berechtigung der B (-)
c)	Gutgläubiger Erwerb, §§ 932 ff. BGB
(P):	**Vertreter V war gutgläubig, Vertretener aber bösgläubig** ⇨ § 166 I BGB ⇨ es kommt auf die Willensmängel des Vertreters an (+) Ausnahme des § 166 II BGB (-)
2.	**Ergebnis: Gutgläubiger Erwerb des C** (+) ⇨ Eigentumsverlust der A (+) ⇨ § 985 BGB (-)

III. Lösung

Anspruch der A gegen C auf Herausgabe der Kette aus § 985 BGB

1. Eigentum der A

A könnte von C gem. § 985 BGB die Herausgabe der Kette verlangen, wenn sie noch Eigentümerin und C unberechtigter Besitzer wäre.

Eigentumsverlust an C

Sie könnte ihr Eigentum durch die rechtsgeschäftliche Übereignung der B an C verloren haben.

a) Dingliche Einigung und Übergabe, § 929 S. 1 BGB

Im Verkaufsangebot der B liegt zugleich das Angebot der dinglichen Übereignung.

Die Annahme hat C zwar nicht selbst erklärt, in seinem Namen handelte aber der Angestellte V, der auch zu Ankäufen bevollmächtigt war. Die Kette wurde sofort übergeben.

Anmerkung. Die Vertretungsmacht für die Vornahme von Ankäufen durch V ergibt sich nicht bereits aus § 56 HGB, vgl. Wortlaut!

b) Berechtigung der B

B war weder die Eigentümerin der Kette, noch wurde sie von A zur Übereignung ermächtigt, § 185 I BGB.

c) Gutgläubiger Erwerb, §§ 932 ff. BGB

Ihre Verfügung könnte aber nach den Vorschriften über den gutgläubigen Eigentumserwerb an beweglichen Sachen, §§ 929 S. 1, 932 ff. BGB, wirksam sein.

Voraussetzung ist, dass der Erwerber bei dem Erwerb der Sache gutgläubig war. Er darf keine positive Kenntnis oder grob fahrlässige Unkenntnis davon haben, dass die Sache nicht dem Veräußerer gehört, § 932 II BGB.

Fraglich ist, auf wessen Kenntnis abzustellen ist, wenn auf der Erwerberseite ein Vertreter handelt.

Gem. § 166 I BGB kommt es für Inhalt und Wirksamkeit des Geschäftes auf Willensmängel, Kenntnis und Kennenmüssen des Vertreters an. Dahinter steht die Erwägung, dass die vom Vertreter abgegebene Willenserklärung zwar für und gegen den Vertretenen wirkt, rechtsgeschäftlich Handelnder aber der Stellvertreter ist. Er entscheidet über die Vornahme des Rechtsgeschäfts.

Etwas anderes gilt nur, wenn der Bevollmächtigte nach bestimmten Weisungen des Vertretenen handelt (sog. Vertreter mit gebundener Marschroute), § 166 II BGB. In diesem Fall kommt es allein auf die Kenntnis oder das Kennenmüssen des Vertretenen an. Denn in diesem Fall ist der Vertreter nur das Werkzeug des Vertretenen, der selbst die Entscheidung über die Vornahme des Rechtsgeschäftes trifft. Entscheidend ist somit, ob V „nach bestimmten Weisungen" des C handelte, § 166 II BGB, oder nicht, § 166 I BGB.

Der Begriff der Weisung ist weit auszulegen. Es genügt, dass der Vertretene den Bevollmächtigten zum Geschäft veranlasst hat. Der Weisung steht es gleich, wenn der Vertretene trotz Kenntnis nicht eingreift, obwohl ihm dies möglich wäre.

C hat dem V die sog. Gattungsvollmacht zum Abschluss von An- und Verkäufen gegeben. Er hat ihn aber nicht zu diesem speziellen Ankauf veranlasst. Auch hatte er zunächst keine Kenntnis von dem Ankauf und hätte ihn folglich auch nicht verhindern können.

Damit hat V nicht auf Weisung des C gehandelt. § 166 II BGB findet keine Anwendung.

Es bleibt bei der Regelung des § 166 I BGB. Entscheidend ist alleine die Gutgläubigkeit des Vertreters. V war hier gutgläubig.

Da A der B die Kette geliehen hatte, § 598 BGB liegt auch kein Abhandenkommen i.S.d. § 935 I BGB vor.

2. Ergebnis

C hat somit gem. §§ 929 S. 1, 932 BGB gutgläubig Eigentum erworben. A hat ihr Eigentum an der Kette verloren. Ein Herausgabeanspruch gegen C aus § 985 BGB besteht nicht.

IV. Zusammenfassung

Sound: Die Bösgläubigkeit des Vertreters wird dem Vertretenen gem. § 166 I 2.Alt. BGB zugerechnet.
Wer die Vorteile ausnutzt, einen anderen für sich handeln zu lassen, muss auch für die nachteiligen Rechtsfolgen des Vertreterhandelns einstehen.

Der Vertretene kann anfechten, wenn sich sein Vertreter geirrt hat, § 166 I 1.Alt. BGB.

Bei Bösgläubigkeit des Vertretenen gilt **§ 166 II BGB**.

Der Geschäftsherr kann sich in Ansehung von Umständen die er selber kannte nicht auf die Unkenntnis seines Vertreters berufen, **sofern der Vertreter nach seinen Weisungen gehandelt hat.** In allen anderen Fällen bleibt es bei der Regelung des § 166 I BGB.

§ 166 BGB wird analog auf die Bösgläubigkeit des Besitzdieners beim Besitzerwerb nach §§ 990, 989 BGB angewendet, wenn dieser keine lediglich botenähnliche Stellung hat. Auch für die Frage der Bösgläubigkeit nach § 819 I BGB wird die Kenntnis des Vertreters analog § 166 I BGB zugerechnet. Bei Minderjährigen wird auf die Kenntnis der Eltern abgestellt. Dies zumindest bei der Leistungskondiktion.

hemmer-Methode: Umstritten ist, ob eine Analogie zu § 166 II BGB auch zugunsten des Geschäftsherrn möglich ist. Diese ist insbesondere in den Fällen problematisch, wenn sich der Vertretene bei der Vollmachtserteilung geirrt hat und der Vertreter genau das erklärt, was ihm aufgetragen wurde, vgl. Fall 57. In diesem Fall scheidet die Anfechtung nach § 119 I i.V.m. § 166 I BGB aus: Der Vertreter hat sich nicht geirrt. Fraglich ist dann, ob in analoger Anwendung des § 166 II BGB der Vertretene sich auf seine Willensmängel berufen kann und damit das durch den Vertreter zustande gekommene Rechtsgeschäft anfechten kann. Dies wird zum Teil mit dem Argument bejaht, der Grundgedanke des § 166 II BGB sei, dass es auf die Person ankomme, bei der die Entschließung für den Vertrag liege, also den Vertretenen. Gegen diese Analogie bestehen jedoch berechtigte Zweifel. So ist bereits die Planwidrigkeit der Regelungslücke fraglich. Während § 166 I BGB von Willens- und Wissensmängeln spricht, lässt § 166 II BGB bewusst nur Wissensmängel zu. Außerdem handelt es sich um eine Ausnahmevorschrift zum Schutz des Rechtsverkehrs. Der Gesetzgeber wollte verhindern, dass sich der bösgläubige Vertretene durch den gutgläubigen Vertreter „sauber wäscht“. Es handelt sich um eine Vorschrift zuungunsten des Vertretenen.

V. Zur Vertiefung

- Hemmer/Wüst, Basics Zivilrecht, Bd. 1, Rn. 58
- Hemmer/Wüst, BGB AT-I, Rn. 199 f.
- Hemmer/Wüst, KK BGB-AT II, Karteikarte Nr. 122, 123

Fall 65: Missbrauch der Vertretungsmacht

Sachverhalt:

Die Bank B verlangt vom Unternehmer U Rückzahlung eines Darlehens in Höhe von 100.000 €, welches der Prokurist P des U im Namen des U in Anspruch genommen hat. U verweigert die Rückzahlung, da er dem P die Aufnahme von Krediten untersagt hat und die Bank wusste, dass der U gewöhnlich keinen Kredit in diesem Rahmen in Anspruch nimmt. Außerdem hat P den gesamten Betrag seinem Privatkonto bei der gleichen Bank gutschreiben lassen.

I. Einordnung

Merken Sie sich: Das Risiko des Missbrauchs der Vertretungsmacht trägt grundsätzlich derjenige, der den Dritten als Vertreter eingeschaltet hat und dadurch auch die Vorteile der Stellvertretung ausnutzt. Der Vertrag ist wirksam, es sein denn es liegt ein Fall der **Kollusion** oder **Evidenz** vor. Diese Begriffe müssen Sie kennen.

II. Gliederung

Rückzahlungsanspruch der B gegen U aus § 488 I 2 BGB

I. **Angebot des U** ⇨ Stellvertretung durch P

1. **Eigene Willenserklärung** des P / im fremden Namen (+)
2. **Vertretungsmacht** (+) ⇨ §§ 48 ff. HGB
3. **Missbrauch der Vertretungsmacht**
   a) Grundsatz ⇨ Risiko des Missbrauchs der Vertretungsmacht trägt der Vertretene
   b) Ausnahmen
   ⇨ **Kollusion**, hier (-), da kein bewusstes Zusammenwirken von P und B zum Nachteil des U
   ⇨ **Evidenz** (+)
4. Rechtsfolge
   a) BGH: Einwand des § 242 BGB
   b) H.L.: § 177 BGB analog anwendbar
5. **Ergebnis:**
   Mangels Genehmigung, §§ 177 I, 184 BGB analog keine wirksame Verpflichtung des U

III. Lösung

Rückzahlungsanspruch der B gegen U aus § 488 I 2 BGB

B könnte gegen U einen Anspruch auf Rückzahlung des Darlehens in Höhe von 100.000 € aus § 488 I 2 BGB haben.

Zwischen B und U müsste ein wirksamer Darlehensvertrag gem. § 488 I BGB zustande gekommen sein. Ein Vertrag kommt durch zwei übereinstimmende, in Bezug aufeinander abgegebene Willenserklärungen zustande (Angebot und Annahme).

I. Angebot des U

Zu prüfen ist zunächst, ob ein wirksames Angebot des U vorliegt. U hat persönlich keine Willenserklärung abgegeben.

Es könnte ihm aber die Willenserklärung seines Prokuristen P zugerechnet werden, wenn P gem. §§ 164 ff. BGB wirksam für ihn gehandelt hat.

1. Eigene Willenserklärung des P im fremden Namen

P hat eine eigene Willenserklärung im Namen des U abgegeben.

2. Vertretungsmacht

Die Vertretungsmacht des P ergibt sich aus § 49 I HGB. U betrieb ein Handelsgewerbe und konnte als Kaufmann die Prokura erteilen, § 48 I HGB.

Das Rechtsgeschäft war auch von der Prokura erfasst, denn die Aufnahme von Krediten gehört zu den Geschäften, die der Betrieb eines Handelsgewerbes gewöhnlich mit sich bringt, § 49 I HGB. Zwar wurde im Innenverhältnis dem P untersagt, Kredite aufzunehmen, diese Beschränkung entfaltet jedoch keine Wirkung gegenüber Dritten, § 50 I HGB.

3. Missbrauch der Vertretungsmacht

Somit liegt grundsätzlich eine wirksame Stellvertretung des P für U vor. Fraglich ist aber, wie es sich auswirkt, dass P seine Pflichten im Innenverhältnis zu U verletzt hat.

Im Innenverhältnis war der P zur Aufnahme von Krediten nicht berechtigt.

Er durfte somit das Darlehen bei der B Bank gar nicht aufnehmen, obwohl ihm dies wegen seiner gesetzlich angeordneten unbeschränkten Vertretungsmacht möglich war. Das rechtliche Dürfen des P im Innenverhältnis ging also nicht so weit, wie sein rechtliches Können im Außenverhältnis.

Indem P trotz der Einschränkung das Darlehen im Namen des U aufnahm, überschritt er die ihm im Innenverhältnis zustehende Vertretungsmacht.

Dieser Missbrauch der Vertretungsmacht könnte die Unwirksamkeit des Rechtsgeschäfts zur Folge haben.

a) Grundsatz

Der Missbrauch der Vertretungsmacht durch den Vertreter hat grundsätzlich keine Auswirkungen auf das Außenverhältnis. Der Geschäftsherr bleibt gleichwohl aus dem Rechtsgeschäft verpflichtet.

Die Ratio dieser Lösung liegt darin, dass das Risiko der Vertreterhandlungen derjenige tragen soll, der einen Vertreter eingeschaltet hat. Er hat dann nämlich Einfluss und Einwirkungsmöglichkeiten auf den Vertreter. Auch kann der Geschäftsherr das Risiko besser einschätzen, da er sich selbst eine Vertretung ausgesucht hat. Es wäre unbillig, den Geschäftspartner mit diesem Risiko zu belasten, da dieser auf die Person des Vertreters keinen Einfluss hat.

b) Ausnahmen

Etwas anderes gilt aber dann, wenn der Vertreter und der Geschäftspartner gemeinsam bewusst zum Nachteil des Vertretenen handeln.

In diesem Fall wird der Vertretene nicht gebunden, da das bewusste Zusammenwirken mit Schädigungsabsicht ein Verhalten darstellt, das gegen die guten Sitten verstößt (sog. **Kollusion**, § 138 I BGB).

Anmerkung: Nach e.A. ist das Rechtsgeschäft wirksam, jedoch besteht ein Anspruch auf Vertragsaufhebung gem. §§ 826, 249 S. 1 BGB (Naturalrestitution), der mit der Arglisteinrede des § 853 BGB dem Vertragspartner einredeweise gegen die Inanspruchnahme aus dem Vertrag entgegengehalten werden kann.

Auch in Fällen, in denen der Vertreter in erkennbar verdächtiger Weise von seiner Vertretungsmacht Gebrauch macht, so dass bei dem Geschäftspartner begründete Zweifel entstehen müssten, kann der Geschäftsherr nicht verpflichtet werden - sog. **Evidenz**

Vorliegend könnte ein Fall der Evidenz gegeben sein. Die B Bank wusste nämlich, dass U gewöhnlicherweise keine Kredite in dieser Höhe aufnimmt. Auch wusste sie Bescheid darüber, dass P den gesamten Betrag auf sein privates Konto hat gutschreiben lassen. Damit mussten bei dieser ersichtlich verdächtigen Vorgehensweise des P bei der Bank begründete Zweifel hinsichtlich seiner Berechtigung entstehen. Damit liegen die Voraussetzungen der Evidenz vor.

4. Rechtsfolge

Die Rechtsfolge der Evidenz ist umstritten.

Nach Ansicht der Rspr. kann der Geschäftsherr einer Inanspruchnahme den Arglisteinwand des § 242 BGB entgegenhalten.

Die überwiegende Ansicht in der Literatur löst diesen Fall über § 177 ff. BGB analog (analog, da die Vertretungsmacht bestand). Der Geschäftsherr hat es dann in der Hand, ob er das Geschäft gelten lassen möchte oder nicht.

Genehmigt er, wird er selbst berechtigt und verpflichtet, §§ 177 I, 184 BGB analog.

Andernfalls haftet der Vertreter auf Schadensersatz gem. § 179 I BGB analog.

In der Verweigerung der Rückzahlung des Darlehens an die Bank liegt zugleich eine konkludente Verweigerung der Genehmigung des Vertretervertrages nach § 177 BGB analog.

5. Ergebnis

Damit fehlt es an einer wirksamen Verpflichtung des U. Ein Rückzahlungsanspruch gegen U besteht nicht.

IV. Zusammenfassung

Sound: Der Vertrag ist trotz Missbrauchs der Vertretungsmacht wirksam, es sei denn es liegt Kollusion oder Evidenz vor.

Bei <u>Kollusion</u> ist nach h.M. der Vertrag wegen Verstoßes gegen § 138 I BGB unwirksam. Bei <u>Evidenz</u> greift der Arglisteinwand des § 242 BGB (BGH) oder § 177 BGB analog (Lit.) ein.

Wegen der flexiblen Rechtsfolge der §§ 177 ff. BGB ist wohl der Literatur zu folgen. Außerdem kann der Vertretene nur so ein trotz Missbrauchs der Vertretungsmacht für ihn vorteilhaftes Geschäft an sich ziehen. Folgen Sie aus klausurtaktischen Gründen der Literatur.

hemmer-Methode: Ein Anspruch der B gegen P aus § 179 I BGB scheidet gem. § 179 III BGB analog daran, dass die Bank den Missbrauch der Vertretungsmacht jedenfalls fahrlässig nicht gekannt hat.
Der Missbrauch der Vertretungsmacht spielt insbesondere im Handelsrecht eine Rolle, da hier die organschäftlichen und die rechtsgeschäftlichen Vertreter aufgrund des gesetzlich normierten Umfangs der Vertretungsmacht im Außenverhältnis regelmäßig mehr können als im Innenverhältnis (aufgrund interner Beschränkungen der Geschäftsführungsbefugnis).

V. Zur Vertiefung

- Hemmer/Wüst, Basics Zivilrecht, Bd. 1, Rn. 64
- Hemmer/Wüst, KK Basics Zivilrecht, Karteikarte Nr. 16
- Hemmer/Wüst, BGB-AT I, Rn. 285 ff.
- Hemmer/Wüst, KK BGB-AT II, Karteikarte Nr. 151

Fall 66: Anscheins- und Duldungsvollmacht

Sachverhalt:

S ist Sekretärin in der Firma des G. Da G sehr oft geschäftlich verreist, kauft S regelmäßig im Namen des G Büromaterial bei T ein. G wird von dritter Seite über die Geschäfte informiert. Ihm gefällt das eigenmächtige Handeln der S nicht, zumal ein Bekannter von ihm Großlieferant für Büromaterial ist und G bei ihm günstig einkaufen könnte. Er unternimmt jedoch nichts, auch weil er dem Betriebsklima nicht schaden möchte. Als jedoch eines Tages S exklusive Bücherstützen bestellt, verweigert G die Bezahlung.

Frage: *Zu Recht?*

Abwandlung: *Ändert sich die Rechtslage, wenn G wegen Zeitmangels und auch zunehmender Neigung zu Alkohol sich um die Geschäfte nur oberflächlich kümmert und dadurch die eigenmächtigen Einkäufe der S nicht bemerkt? Von wem kann T die Erfüllung verlangen?*

I. Einordnung

Das Vertrauen des Geschäftspartners in die Vollmacht des Vertretenen wird über das Gesetz hinaus geschützt. Dies geschieht durch die Rechtsscheinstatbestände der **Duldungs- und Anscheinsvollmacht**.

Sie sind klassische Klausurvarianten und geben dem Klausurersteller die Möglichkeit der Notendifferenzierung.

II. Gliederung

Anspruch des T gegen G auf Bezahlung aus § 433 II BGB

(+), wenn wirksame Vertretung durch S

1. Vollmacht

a) Ausdrücklich (-)

b) Konkludent (-)

2. Vertretungsmacht kraft Rechtsscheins

a) Rechtsscheinsträger: Mehrmaliges Auftreten der S für G (+)

b) Zurechenbarkeit: Nichtverhinderung trotz bestehender Kenntnis und Möglichkeit (+)

c) Schutzwürdigkeit des T (+), er hat auf die Vollmacht vertraut

⇨ Duldungsvollmacht (+)

3. Anfechtbarkeit der Duldungsvollmacht

a) (+), Rechtsschein darf nicht stärker binden als WE, Duldungsvollmacht ähnlich wie konkludente Bevollmächtigung, die anfechtbar ist

b) (-) Rechtsscheinsvollmacht ist keine WE, nur WE-n sind anfechtbar, Rechtsschein lässt sich nicht rückwirkend beseitigen

4. Ergebnis: Anspruch (+)

Abwandlung

Anspruch des T gegen G auf Bezahlung aus § 433 II BGB

(+), wenn wirksame Vertretung durch S

1. **Vollmacht** (-)
2. Vertretungsmacht kraft Rechtsscheins:
   ⇨ **Anscheinsvollmacht**

a) Mehrmaliges Auftreten der S für G (+)

b) **Fahrlässige Unkenntnis** des Auftretens (+)

c) Schutzwürdiges Vertrauen des T in das Bestehen der Vollmacht (+)

3. **Anfechtbarkeit** der Anscheinsvollmacht (-)
4. **Ergebnis:** Anspruch (+)

III. Lösung

Anspruch des T gegen G auf Bezahlung aus § 433 II BGB

G ist gem. § 433 II BGB zur Zahlung verpflichtet, wenn zwischen ihm und T ein wirksamer Kaufvertrag zustande gekommen ist.

G, der nicht selbst gehandelt hat, muss sich unter Umständen die Willenserklärung der S zurechnen lassen, wenn er von ihr wirksam vertreten wurde, § 164 I BGB.

Problematisch ist nur die Vertretungsmacht.

1. Rechtsgeschäftliche Vertretungsmacht (Vollmacht)

G hat S nicht ausdrücklich bevollmächtigt. Er könnte S aber konkludent bevollmächtigt haben.

Auch eine konkludente Bevollmächtigung ist eine Willenserklärung. Aus der Tatsache, dass G frühere Bestellungen der S nicht beanstandet hat, ist jedoch noch nicht zwingend auf eine Bevollmächtigung zu schließen. Insoweit könnte nur eine konkludente Genehmigung des vollmachtlosen Handelns vorliegen.

Die Klärung dieser Frage kann aber dahin stehen, wenn sich die Vertretungsmacht aus anderen Gründen ergeben würde.

2. Vertretungsmacht kraft Rechtsscheins

S könnte kraft Rechtsscheins bevollmächtigt sein. Über die gesetzlich geregelten Tatbestände der Rechtsscheinsvollmacht hinaus (§§ 170-173 BGB) wird das Vertrauen des Geschäftspartners in das Vorliegen einer Vollmacht geschützt.

Voraussetzungen einer Rechtscheinsvollmacht:

a) Vorliegen eines *Rechtsscheinsträgers.*

b) Die Rechtsscheinssetzung muss dem Vertretenen *zurechenbar* sein.

c) Der Gegner muss in schutzwürdiger Weise auf das Vorliegen der Vollmacht *vertraut* haben.

Weiß der Vertretene, dass ein anderer ohne Vollmacht für ihn mehrmals aufgetreten ist (Rechtsscheinsträger), unternimmt er aber trotz bestehender Verhinderungsmöglichkeit (Zurechenbarkeit) nichts dagegen, so liegt eine sog. **Duldungsvollmacht** vor.

Der Vertretene muss das Handeln des Dritten also bewusst geduldet haben, wobei der gutgläubige Geschäftsgegner diese Duldung als Bevollmächtigung auffassen durfte (Schutzwürdigkeit, § 173 BGB analog).

Zugunsten des redlichen Dritten wird die fehlende Vollmacht durch einen Rechtsscheinstatbestand ersetzt. Der Duldende wird berechtigt und verpflichtet.

Anmerkung: Von der konkludenten Bevollmächtigung unterscheidet sich die Duldungsvollmacht durch den fehlenden Rechtsbindungswillen zur Bevollmächtigung. Dies hat Bedeutung für eine evtl. Anfechtbarkeit der Duldungsvollmacht (vgl. dazu sogleich).

G wusste und duldete, dass S in seinem Namen Geschäfte vornimmt. Ihm war es auch ohne weiteres möglich dieses Verhalten zu unterbinden. Der Geschäftspartner T konnte und durfte das Verhalten der S nur als Vertretung auffassen. Damit liegen alle Voraussetzungen der Duldungsvollmacht vor.

G ist daher wirksam vertreten worden. Er ist Vertragspartner des T geworden.

3. Nichtigkeit wegen Anfechtung, § 142 I BGB

Fraglich ist, ob G die Duldungsvollmacht anfechten kann. Nach h.M. wird allein auf den Rechtsscheincharakter der Vollmacht abgestellt. Der Rechtsschein lässt sich im Wege der Anfechtung nicht rückwirkend beseitigen.

Nach einer anderen Ansicht soll die Duldungsvollmacht anfechtbar sein. Argumentiert wird zum einen mit der Nähe der Duldungsvollmacht zur konkludenten Vollmacht, zum anderen sei nicht einzusehen, warum ein Rechtsschein stärker binden soll als eine entsprechende Willenserklärung.

Diese Ansicht ist jedoch bedenklich. Es ist zwischen der Rechtsscheinsvollmacht und der konkludenten Vollmacht zu unterscheiden. Auch wird von dieser Ansicht für die anderen Formen der Rechtsscheinsvollmacht (z.B. Anscheinsvollmacht) die Anfechtung weitgehend verneint.

4. Ergebnis

Folglich ist der Vertrag zwischen T und G wirksam. G ist gem. § 433 II BGB zur Zahlung verpflichtet.

IV. Lösung Abwandlung

Anspruch des T gegen G auf Bezahlung aus § 433 II BGB

Der Anspruch des T gegen G aus § 433 II BGB ist gegeben, wenn ein wirksamer Kaufvertrag zwischen T und G zustande gekommen ist. Auch hier hat G nicht selbst gehandelt, so dass die Willenserklärungen der S nur über die Figur der Stellvertretung dem G zugerechnet werden können.

1. Stellvertretung des G durch S

Fraglich ist die Vertretungsmacht der S. Eine ausdrückliche Vollmacht liegt nicht vor. Auch eine konkludente Bevollmächtigung ist abzulehnen. Es kommt daher nur eine Vollmacht kraft Rechtsscheins in Betracht. Die Voraussetzungen der Duldungsvollmacht liegen nicht vor, da G das Handeln der A nicht gekannt und geduldet hat.

2. Anscheinsvollmacht

Die Vertretungsmacht könnte hier aber über die Grundsätze der Anscheinsvollmacht gegeben sein. Diese ist neben der Duldungsvollmacht die zweite ungeschriebene von der Lehre und der Rechtsprechung entwickelte Rechtsscheinsvollmacht.

Eine Kenntnis und Duldung des Handelns durch den Vertretenen ist nicht erforderlich.

Der vom Vertretenen durch mehrmaliges Auftreten verursachte Rechtsschein einer Bevollmächtigung ist ihm bereits dann zuzurechnen, wenn er das Handeln des Vertreters zwar nicht kannte, es aber bei pflichtgemäßer Sorgfalt hätte erkennen und verhindern können. Weiter muss der Geschäftsgegner bei Geschäftsabschluss in schutzwürdiger Weise auf das Bestehen einer Vollmacht vertraut haben.

Auch wenn die Anscheinsvollmacht gewohnheitsrechtlich anerkannt ist, gibt es auch ablehnende Stimmen gegen die weitreichende Folge der Erfüllungshaftung. Bei der Anscheinsvollmacht soll nach e.A. lediglich eine fahrlässige Verhaltenspflichtverletzung vorliegen, die nur zum Schadensersatz nach den Grundsätzen der c.i.c. (§§ 311 II, 280 I, 241 II BGB), nicht dagegen zur Erfüllung verpflichtet. Der Geschäftsgegner hätte so nur einen Anspruch aus § 179 I BGB gegen den vermeintlichen Vertreter und aus §§ 280 I, 311 II, 241 II BGB gegen den „Vertretenen".

Dagegen spricht jedoch, dass nur die Erfüllungshaftung dem gesetzten Rechtsschein und dem Interesse des Geschäftspartners gerecht wird. Eine bloße Vertrauenshaftung schützt den Vertragspartner zu wenig. Daher ist die Anscheinsvollmacht zu bejahen.

Durch mehrmaliges Handeln der S im Namen des G wurde ein Rechtsschein gesetzt. Dieser ist dem G auch zurechenbar. Er wusste davon zwar nichts, hätte es aber bei sorgfältigem und pflichtgemäßem Verhalten erkennen und auch verhindern können. T hat in schutzwürdiger Weise auf das Bestehen der Vollmacht vertraut, da S längere Zeit unbeanstandet die Einkäufe getätigt hat, § 173 BGB analog.

G ist daher wirksam vertreten worden.

3. Nichtigkeit wegen Anfechtung, § 142 I BGB

Das vorgenommene Rechtsgeschäft wäre gem. § 142 I BGB nichtig, wenn G die Anscheinsvollmacht anfechten würde. Jedoch ist auch hier zu beachten, dass es sich um keine Willenserklärung handelt. Nur diese ist aber einer Anfechtung zugänglich.

Die Anfechtung der Anscheinsvollmacht scheidet aus.

Anmerkung: Dem Sachverhalt lässt sich kein Anfechtungsgrund entnehmen, so dass Sie das Problem der generellen Anfechtbarkeit an dieser Stelle auch offen lassen könnten.

4. Ergebnis

G ist Vertragspartner des T geworden und haftet auf Vertragserfüllung gem. § 433 II BGB auf Zahlung des Kaufpreises.

V. Zusammenfassung

Sound: Liegen die Voraussetzungen der Duldungs- oder Anscheinsvollmacht vor und hat der Geschäftsgegner auf den bestehenden Rechtsschein gutgläubig vertraut, so wird die fehlende Vollmacht durch den Rechtsscheintatbestand ersetzt.

In der Klausur prüfen Sie zunächst, ob eine Vollmacht wirksam erteilt wurde. Erst wenn dies nicht der Fall ist, dürfen Sie die Rechtsscheinvollmachten ansprechen.

hemmer-Methode: Ein gesetzlich geregelter Fall der Anscheinsvollmacht findet sich für den Ladenverkäufer in § 56 HGB.
Wie bei allen Rechtscheinstatbeständen könnte sich die Frage stellen, ob dem Vertragspartner ein Wahlrecht zwischen wirklicher Situation und dem Rechtsscheinstatbestand zusteht. Denkbar ist der Fall, dass der Geschäftspartner sich von einem für ihn ungünstigen nach den Grundsätzen der Anscheinsvollmacht zustande gekommen Rechtsgeschäft lösen will. Ein solches Wahlrecht wird für Anscheins- und Duldungsvollmacht abgelehnt, da sie als Rechtsscheinsinstitute anerkannt und den §§ 171 ff. BGB gleichgestellt sind. Der Rechtsgedanke des § 15 HGB, bei dem eine Wahlmöglichkeit von der h.M. anerkannt ist, ist als Sonderregel des HGB nicht ins BGB übertragbar.

VI. Zur Vertiefung

- Hemmer/Wüst, Basics Zivilrecht, Bd. 1, Rn. 53
- Hemmer/Wüst, KK Basics Zivilrecht, Karteikarte Nr. 14
- Hemmer/Wüst, BGB-AT I, Rn. 248
- Hemmer/Wüst, KK BGB-AT II, Karteikarte Nr. 139, 140

Fall 67: falsus procurator / Grenzen der Vertreterhaftung

Sachverhalt:

V hat als Vertreter ohne Vertretungsmacht („falsus procurator") einen Vertrag für A mit B geschlossen. A verweigert die Genehmigung und wird insolvent, noch bevor der Anspruch aus dem Vertrag fällig gewesen wäre. Nunmehr verlangt B von V Erfüllung.

Frage: *Mit Erfolg?*

I. Einordnung

Liegt keine wirksame Vertretungsmacht vor und lässt sich diese auch nicht aus den Rechtsscheinstatbeständen ableiten, bleiben die Wirkungen der Stellvertretung aus.

Die Folgen des Handelns eines Vertreters ohne Vertretungsmacht bestimmen sich nach §§ 177 ff. BGB. Unterscheiden Sie bitte zwischen Schicksal des Rechtsgeschäfts, Möglichkeiten des Vertretenen und Haftung des Vertreters ohne Vertretungsmacht.

Der vorliegende Fall bespricht die Problematik der **Vertreterhaftung und ihrer Grenzen**.

II. Gliederung

Anspruch des B gegen V auf Erfüllung aus § 179 I BGB

1. **Handeln ohne Vertretungsmacht** (+)
2. **Rechtsfolge: § 179 I BGB**
   ⇨ Wahlrecht des B
   a) Schadensersatz - Erfüllungsinteresse
   b) Erfüllung - Stellung des Vertreters wie die des Vertragspartners
3. **Beschränkung der Vertreterhaftung**
   (P): Insolvenz des vermeintlich Vertretenen
   ⇨ Ausschluss des Erfüllungsanspruchs gegen den Vertreter?
   e.A.: (+), da § 179 I BGB die Stellung des Vertragspartners nicht verbessern möchte
   h.M.: Wegen eigenständigen Garantiecharakters der Vertreterhaftung, § 179 BGB
4. **Ergebnis:** V muss erfüllen, die Zahlungsunfähigkeit des A ist unbeachtlich

III. Lösung

Anspruch des B gegen V auf Erfüllung aus § 179 I BGB

Fraglich ist, ob B gegen V einen Anspruch auf Erfüllung aus § 179 I BGB hat.

1. Handeln ohne Vertretungsmacht

V wurde von A nicht zum Abschluss eines Vertrages mit B bevollmächtigt.

Auch hat A nachträglich dem Vertrag nicht zugestimmt, § 177 I BGB. Damit handelte V als Vertreter ohne Vertretungsmacht.

2. Wahlrecht des B

Der Geschäftsgegner kann gem. § 179 I BGB von dem falsus procurator nach seiner Wahl Erfüllung oder Schadensersatz verlangen.

a) Schadensersatz

Der Schadensersatzanspruch geht auf das Erfüllungsinteresse. Geschuldet ist Geldersatz, wobei sich der Ersatzanspruch auch auf die Kosten erstreckt, die dem Geschäftsgegner aus einem erfolglosen
Prozess gegen den Vertretenen entstanden sind.

b) Erfüllung

Wählt der Geschäftspartner dagegen, wie im vorliegenden Fall die Erfüllung, wird der Vertreter zwar nicht zu seinem Vertragspartner, er hat aber faktisch diese Stellung. Alle Ansprüche aus dem Schuldverhältnis richten sich gegen ihn. Er haftet wie eine Vertragspartei wegen Verzuges, Unmöglichkeit oder Gewährleistung.

3. Beschränkung der Vertreterhaftung

Da B von V die Erfüllung des Vertrages verlangt, muss V wie der Vertragspartner des B haften. B hätte jedoch seinen Erfüllungsanspruch gegen den Vertragspartner A wegen der zwischenzeitlich eingetretenen Insolvenz nicht durchsetzen können.

Es stellt sich daher die Frage, ob V auch dann haften muss, wenn der Anspruch gegen den vermeintlichen Geschäftsherrn nicht durchsetzbar wäre. Zum Teil wird angenommen, § 179 I BGB soll den Geschäftspartner nur so stellen, als hätte der falsus procurator wirksam für den Geschäftsherrn handeln können. Hätte der Geschäftspartner aus irgendeinem Grund seinen Erfüllungsanspruch auch bei Zustandekommen des Vertrages nicht durchsetzen können, so soll er auch durch § 179 I BGB nicht besser gestellt werden. Demnach wäre der Erfüllungsanspruch gegen V insoweit weggefallen oder gemindert worden, als er gegen den vermeintlich Vertretenen nicht durchsetzbar gewesen wäre.

Die überwiegende Meinung trifft eine solche Unterscheidung wegen des eigenständigen Garantiecharakters des § 179 I BGB nicht. I.R.d. Garantiehaftung des § 179 I BGB kommt es gerade nicht auf den Geschäftsherrn, sondern alleine auf den Vertreter an. Es besteht kein Raum, die Zahlungskraft des vermeintlichen Vertretenen zu berücksichtigen. Im Endergebnis bedeutet dies eine Besserstellung des Geschäftsgegners. Dies ist jedoch die in Kauf zu nehmende Folge der Eigenständigkeit der Haftung nach § 179 BGB.

4. Ergebnis

V haftet B auf Erfüllung des Vertrages ohne Rücksicht auf die Zahlungsunfähigkeit des A.

IV. Zusammenfassung

Sound: Der Vertreter ohne Vertretungsmacht haftet dem Vertragspartner wahlweise auf Erfüllung oder Schadensersatz (positives Interesse).

Hat der falsus procurator den Mangel seiner Vertretungsmacht nicht gekannt, begrenzt sich seine Haftung gem. § 179 II BGB auf das negative Interesse (Vertrauensschaden).

Eine weitere Einschränkung der Haftung des Vertreters beinhaltet § 179 III BGB bei Kenntnis des Geschäftsgegners und minderjährigem Stellvertreter.

hemmer-Methode: § 179 BGB schließt die Schadensersatzansprüche des Dritten gegen den Vertretenen nicht aus. Derartige Schadensersatzansprüche können z.B. aus § 831 BGB resultieren, wenn der falsus procurator als Verrichtungsgehilfe des Vertretenen den Geschäftsgegner deliktisch geschädigt hat. Denkbar ist auch eine Haftung des Vertretenen aus §§ 280 I, 311 II, 241 II BGB (c.i.c.) für die falsche Auswahl oder fehlende Überwachung des falsus procurator. Des Weiteren käme eine c.i.c. i.V.m. § 278 BGB in Betracht, wenn er den falsus procurator willentlich in die Vertragsverhandlungen eingeschaltet hat.

V. Zur Vertiefung

- Hemmer/Wüst, Basics Zivilrecht, Bd. 1, Rn. 65
- Hemmer/Wüst, BGB-AT I, Rn. 293
- Hemmer/Wüst, KK BGB-AT II, Karteikarte Nr. 152, 153

Fall 68: Handeln ohne Vertretungsmacht

Sachverhalt:

Der 17-jährige V ist auf einer Party der S eingeladen. Als V kommt, stellt er fest, dass es wider Erwarten nichts zu essen gibt, da die von S bestellte Lieferung des Partyservices ausgeblieben ist. Er entschließt sich kurzerhand und ohne Rücksprache mit S, beim Pizzaservice G 10 Pizzen und 5 Salate im Namen der S zu bestellen. Als die Lieferung kommt, verweist V den G wegen der Bezahlung an S.

Frage: *Wer muss die Rechnung bezahlen, wenn S über die Lieferung erfreut ist und das Essen sofort ihren Gästen serviert?*

Abwandlung:

Wer muss die Rechnung bezahlen, wenn S mittlerweile ein selbst vorbereitetes Buffet anbietet und mit der Lieferung nichts anfangen kann?

I. Einordnung

Das Minderjährigenrecht überlagert das Recht der Stellvertretung. Der Minderjährige kann gem. § 165 BGB Stellvertreter sein, da er dadurch keinen rechtlichen Nachteil erleidet, sondern sein rechtlicher Wirkungskreis erweitert wird.

§ 179 III 2 BGB schützt den minderjährigen Vertreter ohne Vertretungsmacht vor den Ansprüchen des Geschäftsgegners.

Diese zwei Normen müssen Sie im Zusammenhang mit dem Minderjährigenschutz im Vertretungsrecht kennen.

II. Gliederung Ansprüche des G

Anspruch auf Bezahlung der Lieferung aus § 433 II BGB	
1.	**Wirksamer Kaufvertrag**
a)	Angebot der S: selbst (-), aber Zurechnung wenn wirksame Stellvertretung durch V, §§ 164 ff. BGB
aa)	**Minderjähriger Stellvertreter** ⇨ § 165 BGB (+) ⇨ Vertretung als neutrales RG, keine Haftung als falsus procurator, § 179 III 2 BGB
bb)	Vertretungsmacht (-)
cc)	**Genehmigung**, §§ 177 I, 184 I BGB ⇨ konkludent durch Servieren an die Gäste ⇨ Angebot der S vertreten durch V (+)
b)	**Annahme:** konkludent in der Lieferung
2.	**Ergebnis:** KV (+) Anspruch (+)

Abwandlung	
I.	**Anspruch aus § 433 II BGB gegen S**
	Hier: keine Genehmigung durch S ⇨ KV zwischen S und G (-)
II. Anspruch aus § 179 BGB gegen V	
1.	Haftung des falsus procurator, § 179 I BGB – verschuldensunabhängige Garantiehaftung
2.	Kein Ausschluss nach § 179 III 1 BGB
3.	Aber: wegen Minderjährigenschutzes § 179 III 2 BGB Anspruch ausgeschlossen

III. Lösung

Anspruch des G gegen S auf Bezahlung der Lieferung aus § 433 II BGB

G hat gegen S einen Anspruch auf Bezahlung der Lieferung, wenn zwischen ihnen ein wirksamer Kaufvertrag zustande gekommen ist.

1. Wirksamer Kaufvertrag

a) Angebot

S selbst hat kein Angebot gegenüber dem G abgegeben. Möglicherweise ist jedoch V wirksam als Vertreter der S aufgetreten, §§ 164 ff. BGB. Dann würde die Erklärung des V für und gegen S wirken. Voraussetzung ist das Vorliegen einer wirksamen Stellvertretung.

aa) Zulässigkeit der Stellvertretung

Fraglich ist, ob die beschränkte Geschäftsfähigkeit des V die Wirksamkeit der Stellvertretung beeinflusst. Der Minderjährige darf keine rechtlich nachteiligen Rechtsgeschäfte vornehmen, §§ 107, 108 BGB.

Jedoch ist eine i.R.d. Stellvertretung abgegebene Willenserklärung nicht nachteilig für den Vertreter, da nicht er, sondern der Vertretene verpflichtet und berechtigt wird. Handelt der minderjährige Stellvertreter ohne Vertretungsmacht, so ist seine Haftung gem. § 179 III 2 BGB ausgeschlossen. Damit erwachsen dem Minderjährigen keine Nachteile (sog. „neutrales Geschäft“). § 107 BGB steht der Stellvertretung nicht entgegen. Dies wird von § 165 BGB letztlich bestätigt.

bb) Vertretungsmacht

V handelte jedoch ohne ausdrückliche oder konkludente Bevollmächtigung der S. Auch eine Rechtsscheinsvollmacht kommt nicht in Betracht. Damit handelte V ohne Vertretungsmacht als sog. falsus procurator.

cc) Genehmigung, §§ 177 I, 183 ff. BGB

Die Willenserklärung eines falsus procurator wirkt nicht für und gegen den Vertretenen. Das weitere Schicksal des Rechtsgeschäfts bestimmt § 177 BGB. Zunächst ist das Rechtsgeschäft schwebend unwirksam. Der Geschäftsherr kann es durch Genehmigung an sich ziehen, §§ 177 I, 183 ff. BGB.

Das Rechtsgeschäft wird dann gem. § 184 I BGB rückwirkend wirksam. Das Geschäft kommt zustande, wie wenn der Vertreter von Anfang an mit Vertretungsmacht gehandelt hätte.

Vorliegend war S erfreut über die Pizzalieferung. Sie hat das Essen sofort ihren Gästen zukommen lassen. Darin liegt eine konkludente Genehmigung der Willenserklärung des V.

Damit liegt eine wirksame Angebotserklärung der S vertreten durch V vor.

Anmerkung: Handelt es sich dagegen um ein einseitiges Rechtsgeschäft (Kündigung, Anfechtung), so greift § 180 BGB ein. Das einseitige Rechtsgeschäft ist grundsätzlich nichtig und nicht genehmigungsfähig, § 180 S. 1 BGB. Eine Ausnahme davon bilden § 180 S. 2 und 3 BGB. In diesen Fällen gelten die Regeln über Verträge entsprechend (§§ 177-179 BGB).

Verwechseln Sie § 180 BGB nicht mit § 174 S.1 BGB. Dort handelt der Vertreter mit Vertretungsmacht („der Bevollmächtigte"). Ist für den Empfänger nicht klar, ob der Vertreter Vertretungsmacht hat und kann der Vertreter diese auch nicht nachweisen, kann eine Zurückweisung gem. § 174 S.1 BGB auch mit einer Beanstandung gem. § 180 S.2 BGB verbunden werden, vgl. BGH, Life&Law 2013, 81 ff.

b) Annahme

In der Lieferung der bestellten Sachen liegt eine konkludente Annahme des Vertragsangebotes vor. Damit ist zwischen S und G ein wirksamer Vertrag abgeschlossen worden.

2. Ergebnis

S ist gem. § 433 II BGB zur Zahlung verpflichtet.

IV. Lösung Abwandlung

I. Anspruch des G gegen S auf Bezahlung aus § 433 II BGB

Die Abwandlung unterscheidet sich insoweit vom Grundfall, als S keine Lieferung gewünscht hat und nicht mit der Bestellung einverstanden ist. Da sie bereits selbst ein Buffet vorbereitet hat, braucht sie weder Pizzen noch Salate.

Fraglich ist, ob der Kaufvertrag zwischen G und S zustande kam.

Der Kaufvertrag wäre nur dann wirksam zustande gekommen, wenn S das wegen der fehlenden Vertretungsmacht schwebend unwirksame Rechtsgeschäft gem. § 177 I BGB genehmigt und somit rückwirkend wirksam gemacht hätte.

S hat das Geschäft jedoch nicht genehmigt und dies ist auch nicht mehr zu erwarten.

Damit ist das Rechtsgeschäft endgültig unwirksam. Zwischen S und G ist kein Vertrag zustande gekommen. Es bestehen keine Ansprüche des G gegenüber S.

II. Anspruch des G gegen V aus § 179 BGB

1. § 179 I BGB

G könnte sich möglicherweise an V halten. Der falsus procurator haftet bei Verweigerung der Genehmigung gem. § 179 I BGB auf Erfüllung oder Schadensersatz. Die Vorschrift begründet eine verschuldensunabhängige gesetzliche Garantiehaftung, die darauf beruht, dass der Vertreter einen Vertrauenstatbestand gesetzt hat.

2. Kein Ausschluss nach § 179 III 1 BGB

G kannte den Mangel der Vertretungsmacht nicht und hätte dies auch nicht kennen müssen (fahrlässige Unkenntnis), so dass der Anspruch nicht gem. § 179 III 1 BGB ausgeschlossen ist.

Der Anspruch wäre somit dem Grunde nach gegeben.

3. Minderjährigenschutz, § 179 III 2 BGB

Allerdings ist § 179 III 2 BGB zu beachten. V haftet aufgrund seiner Minderjährigkeit nicht. Es liegt insbesondere keine Zustimmung des gesetzlichen Vertreters vor. Eine solche könnte die Haftung doch noch begründen, § 179 II 2 BGB a.E.

Damit scheidet der Anspruch aus § 179 I BGB gegenüber V aus.

Anmerkung: Die Folge dieser Fallkonstellation besteht darin, dass G weder von S noch von V die Bezahlung verlangen kann. Andere Ansprüche gegen S kommen nicht in Betracht.
G bleibt nichts anderes übrig, als die Lieferung wieder mitzunehmen.

V. Zusammenfassung

Sound: Der Geschäftsgegner hat gegen den minderjährigen falsus procurator keine Ansprüche.

hemmer-Methode: § 179 BGB begründet eine Garantiehaftung, die darauf beruht, dass der Vertreter einen Vertrauenstatbestand gesetzt hat. Die Garantiehaftung ist eine Ausnahme von dem Haftungsprinzip des deutschen Rechts, dass nur im Falle des Verschuldens (Vorsatz und Fahrlässigkeit) gehaftet wird, § 276 BGB. Sie begründet eine vom Verschulden unabhängige Haftung. Weitere Fälle der Garantiehaftung sind § 122 BGB sowie die vertragliche Garantie.

VI. Zur Vertiefung

- Hemmer/Wüst, BGB-AT I, Rn. 294
- Hemmer/Wüst, KK BGB-AT II, Karteikarte Nr. 152, 153

Fall 69: Verpflichtungsermächtigung / § 1357 BGB

Sachverhalt:

Die 17-jährige F ist mit M verheiratet. Als ihr gemeinsames Kind schwer krank wird, bringt F es in die Arztpraxis des Arztes A. Die Rechnung für die Behandlung beträgt 500 €. M ist zur Zeit verschuldet und hat nur wenig Geld zur Verfügung. Eine Krankenversicherung besteht nicht.

Frage: *Wer muss die Arztrechnung bezahlen?*

I. Einordnung

§ 1357 BGB ist eine Bestimmung des Familienrechts. Sie führt zur gesamtschuldnerischen Haftung der Eheleute im Hinblick auf die Leistungspflicht.

§ 1357 BGB erweitert § 164 BGB und ermöglicht die Verpflichtung des Ehegatten, auch ohne Vertretungsmacht und unter Verzicht auf den Offenkundigkeitsgrundsatz. Die Vorschrift stellt einen Sonderfall dar. Es ist eine zulässige gesetzliche Verpflichtungsermächtigung.

Prüfen Sie aber immer zuerst, ob nicht schon § 164 BGB vorliegt. Erst bei Verneinung dieser Frage sprechen Sie § 1357 BGB an.

II. Gliederung

I. Anspruch A gegen F auf Bezahlung der Behandlungskosten aus § 611 BGB

1. **Anspruchsgrundlage:** § 611 BGB

Dienstvertrag ⇨ Geschuldet ist die Behandlung, nicht die Genesung

2. Richtiger **Anspruchsgegner**

a) §§ 106 ff. BGB: F ist beschränkt geschäftsfähig ⇨ wirksame Verpflichtung ohne Zustimmung der Eltern nicht möglich

b) Geschäftsfähigkeit und die Ehe ⇨ Personensorge der Eltern durch die Heirat beendet, § 1633 BGB

⇨ Vermögenssorge bleibt bestehen

3. <u>**Ergebnis**</u>: F wurde nicht verpflichtet

II. Anspruch A gegen M auf Bezahlung der Behandlungskosten aus § 611 BGB.

1. **Stellvertretung**, § 164 BGB (-),Vollmacht (-), Offenkundigkeitsprinzip (-)

2. **§ 1357 BGB**

a) Geschäft zur angemessenen Deckung des Lebensbedarfs ⇨ Unaufschiebbare medizinische Behandlungen des erkrankten gemeinsamen Kindes (+)

b) andere Umstände, § 1357 I a.E. BGB
schwierige finanzielle Lage des M als anderer Umstand möglich
⇨ dieser muss jedoch für A erkennbar sein und das Erscheinungsbild der Familie prägen ⇨ (-)

c) Einschränkung der Berechtigung

d) Andere Umstände, **§ 1357 I a.E. BGB**

3. **Ergebnis:** M wurde verpflichtet und muss die Rechnung bezahlen.

III. Lösung

I. Anspruch des A gegen F auf Bezahlung der Behandlungskosten aus § 611 BGB

Der Arzt A könnte von F die Bezahlung der Behandlungskosten verlangen, wenn F seine Vertragspartnerin geworden wäre.

1. Anspruchsgrundlage

Fraglich ist, auf welche Anspruchsgrundlage der Arzt A seine Forderung stützen kann. Es könnte sich dabei um einen Werk- oder Dienstvertrag handeln.

Bei einem Werkvertrag ist nicht nur die Tätigkeit alleine, sondern auch ein bestimmter Erfolg geschuldet (Bsp.: Flug zu einem bestimmten Ort und nicht nur das Fliegen alleine).

Ein Dienstvertrag zeichnet sich dadurch aus, dass der Schuldner zur Leistung versprochener Dienste verpflichtet ist. Dagegen ist ein bestimmter Erfolg nicht geschuldet. Nach überwiegender Ansicht liegt zwischen Patienten und dem behandelnden Arzt ein Dienstvertrag vor. Geschuldet ist nämlich die Behandlung und nicht die Genesung, obwohl diese immer auch bezweckt ist. Damit ist § 611 BGB die richtige Anspruchsgrundlage.

2. Richtiger Anspruchspartner

Fraglich ist, ob F Vertragspartner des A geworden ist.

a) §§ 106 ff. BGB

Problematisch ist, dass F erst 17 Jahre alt und damit noch minderjährig ist. Als Minderjährige kann sie nur solche Geschäfte vornehmen, die für sie keinen rechtlichen Nachteil begründen. Durch den Abschluss des Dienstvertrages wird sie aber gem. § 611 I BGB zur Zahlung des Arzthonorars verpflichtet. Der Vertrag begründet einen rechtlichen Nachteil für F. Damit kann sie den Vertrag nur eingehen, wenn eine Zustimmung (Einwilligung oder Genehmigung, §§ 107, 108 I BGB) des gesetzlichen Vertreters vorliegt. Diese ist vorliegend nicht ersichtlich. Insbesondere liegt mit der Hochzeit keine Generaleinwilligung in die Tätigung aller Geschäfte vor. Damit ist der Vertrag zunächst schwebend unwirksam und ohne Genehmigung der Eltern endgültig nichtig.

b) Geschäftsfähigkeit und die Ehe

F könnte aber durch die Eingehung der Ehe die volle Geschäftsfähigkeit erlangt haben mit der Folge, dass sie Vertragspartner des A geworden wäre. Mit Schließung der Ehe wird die Personensorge der gesetzlichen Vertreter (Eltern) weitgehend beendet, § 1633 BGB.

An der Vermögenssorge ändert die Ehe aber prinzipiell nichts. Diese bleibt trotz Heirat bis zur Volljährigkeit bestehen.

3. Ergebnis

Der Vertrag zwischen A und F ist nicht wirksam zustande gekommen. F ist nicht Vertragspartnerin des A geworden. A hat demnach gegen F keinen Anspruch auf Bezahlung der Behandlungskosten aus § 611 I BGB.

II. Anspruch des A gegen M auf Bezahlung der Behandlungskosten aus § 611 BGB.

Fraglich ist, ob A von M Bezahlung aus § 611 I BGB verlangen kann. M selbst hat keinen Vertrag abgeschlossen. Er könnte aber verpflichtet worden sein, wenn F als seine Vertreterin gehandelt hat.

1. Stellvertretung, § 164 BGB

Dafür müsste F eine eigene Willenserklärung im Namen des M mit Vertretungsmacht abgegeben haben. Eine eigene Willenserklärung der F liegt vor. Allerdings hat F weder im Namen des M gehandelt noch wurde sie von ihm bevollmächtigt.

Damit fehlt es an zwei grundlegenden Voraussetzungen der Stellvertretung: Dem Offenkundigkeitsprinzip und der Vertretungsmacht. Eine Stellvertretung nach § 164 BGB ist nicht möglich. M wurde über § 164 I BGB nicht verpflichtet.

2. § 1357 BGB

Anders wäre es aber, wenn M über § 1357 BGB verpflichtet werden könnte. Der Minderjährige kann den Ehegatten verpflichten, soweit die Voraussetzungen des § 1357 BGB erfüllt sind - § 165 BGB gilt entsprechend.

Voraussetzungen des § 1357 BGB:

1. Bei Vertragsschluss wirksame Ehe
2. Zumindest beschränkte Geschäftsfähigkeit des Handelnden, sonst § 105 II BGB
3. Geschäft zur angemessenen Deckung des Lebensbedarfs der Familie
4. Kein Ausschluss oder Beschränkung nach § 1357 II BGB
5. Kein Getrenntleben, §§ 1357 III, 1567 BGB
6. Es darf sich aus den Umständen nichts anderes ergeben, § 1357 I 2, HS. 2 BGB

a) F und M waren zum Zeitpunkt des Vertragsschlusses wirksam verheiratet.

b) Angemessene Deckung des Lebensbedarfs

Fraglich ist, ob die Behandlung des kranken Kindes ein Geschäft zur angemessenen Deckung des Lebensbedarfes ist.

Zur Deckung des Lebensbedarfes gehören alle Geschäfte, durch die der persönliche Bedarf der Ehegatten und der unterhaltsberechtigten Kinder befriedigt werden soll. Der Begriff entspricht insoweit dem des § 1360a BGB.

Angemessen ist die Deckung, wenn sie nach Art und Umfang den durchschnittlichen Gebrauchsgewohnheiten einer Familie in vergleichbarer sozialer Lage entspricht.

Unaufschiebbare medizinische Behandlungen des erkrankten gemeinsamen Kindes sind unabhängig von den entstehenden Kosten Geschäfte zur angemessenen Deckung des Lebensbedarfes, da die Behandlung stattfinden muss. Da die Eltern des kranken Kindes auf die Kosten keinen Einfluss haben, scheidet eine entsprechende Anwendung der Grundsätze über Luxusgeschäfte aus.

c) Einschränkung der Berechtigung

Für eine Einschränkung oder einen Ausschluss der Berechtigung seitens des M ist nichts ersichtlich.

Die Ehegatten lebten auch nicht voneinander getrennt, § 1357 III BGB.

d) Andere Umstände, § 1357 I a.E. BGB

Schließlich darf sich aus anderen für den Geschäftspartner erkennbaren Umständen nichts anderes ergeben.

Fraglich ist, ob sich hinsichtlich der Verpflichtung des M aus den Umständen „etwas anderes" ergibt. Zu berücksichtigen sind hier insbesondere auch die wirtschaftlichen Verhältnisse der Familie. Überschreiten die Behandlungskosten den finanziellen Rahmen der Familie, so tritt keine Mitverpflichtung ein. Maßstab ist dabei nicht die Vorstellung des Vertragspartners von den Vermögensverhältnissen, sondern vielmehr das allgemeine Erscheinungsbild der Familie. Dies könnte hier einschlägig sein, da M verschuldet war und kaum Geld zur Verfügung hatte.

Diese Umstände müssen aber entscheidend das Erscheinungsbild der Familie prägen und für den Arzt A erkennbar sein. Liegen keine solchen objektiven Anhaltspunkte vor, so ist vom Regelfall der Verpflichtung auszugehen. Der behandelnde Arzt A konnte die schwierige finanzielle Situation des M nicht erkennen. Damit wurde M verpflichtet.

Anmerkung: § 1357 BGB hat mehrere Funktionen:

1. Handelt ein Ehegatte im Namen des anderen Ehegatten ohne Vollmacht, so ist § 1357 BGB in diesem Fall die gesetzliche Vertretungsmacht.

2. Handelt der Ehegatte im eigenen Namen, so ist hier § 1357 BGB eine Ausnahme zu dem Offenkundigkeitsprinzip. Es handelt sich um den einzigen gesetzlich angeordneten Fall der Verpflichtungsermächtigung.

IV. Zusammenfassung

Sound: § 1357 BGB begründet die schuldrechtliche Mitverpflichtung und Mitberechtigung des Ehegatten, auch wenn keine Vollmacht erteilt wurde oder der handelnde Ehegatte nicht erkennbar im fremden Namen aufgetreten ist.

§ 1357 BGB ist eine außerordentlich examensrelevante Vorschrift, da sie sowohl im BGB AT als auch im Familienrecht eine erhebliche Rolle spielen kann.

Sie führt dazu, dass ein nicht bei Vertragsschluss Beteiligter gleichwohl berechtigt und verpflichtet ist. § 1357 BGB ist historisch zu verstehen.

Er erweiterte bei der rollentypischen Ehe die Rechte der Frau.

hemmer-Methode: Würde man die Verpflichtung des M wegen anderer erkennbarer Umstände verneinen, würde der Anspruch des A auch gegen M scheitern.

V. Zur Vertiefung

- Hemmer/Wüst, Basics Zivilrecht, Bd. 1, Rn. 43
- Hemmer/Wüst, BGB-AT I, Rn. 225 ff.
- Hemmer/Wüst, Basics Zivilrecht, Bd. 3, Rn. 9 ff.
- Hemmer/Wüst, KK BGB-AT II, Karteikarte Nr. 147

Fall 70: Abhanden gekommene Vollmachtsurkunde

Sachverhalt:

Die wohlhabende F heiratete den M und erteilte ihm eine notariell beurkundete Vollmacht, die M zu allen Vermögensgeschäften einschließlich Grundstücksgeschäften ermächtigte. Nach einiger Zeit überwarfen sich die Eheleute. F ließ sich die Vollmachtsurkunde zurückgeben und verwahrte sie im Schrank. M entwendete sie und verkaufte unter Vorlage der Vollmachtsurkunde ein Grundstück der F an K. Den Preis ließ er sich auf sein Konto überweisen. Anschließend setzte er sich ins Ausland ab.

K verlangt Übereignung und Übergabe des Grundstücks von F.

I. Einordnung

Auch eine Vollmachtsurkunde kann ungewollt in den Rechtsverkehr gelangen. Ein unter Vorlage einer solchen Vollmachtsurkunde zustande gekommenes Rechtsgeschäft verpflichtet den Ersteller der Urkunde nicht.

Zum Schutze des Rechtsverkehrs plädiert die h.M. jedoch für eine Schadensersatzpflicht des Erstellers gegenüber der anderen Vertragspartei. Deren Vertrauen in die Wirksamkeit der Vollmachtsurkunde soll geschützt werden.

Wiederholen Sie in diesen Zusammenhang die Problematik der abhanden gekommenen Willenserklärung (Fall 10).

II. Gliederung

Anspruch des K aus § 433 I 1 BGB auf Übereignung und Übergabe des Grundstücks durch F

(+), wenn wirksame Vertretung durch M

1. Vertretungsmacht

a) Rechtsgeschäftliche Vollmacht, urspr. (+) Vollmachtsurkunde, § 311b I BGB gilt nicht, vgl. § 167 II BGB

Aber: Widerruf der Vollmacht durch Rücknahme der Urkunde, § 168 S. 2 BGB

b) **Rechtsscheinsvollmacht**?

(1) § 172 BGB direkt (-), da nach Rückgabe (vgl. § 172 II BGB) keine Aushändigung mehr an M erfolgte

(2) **§ 172 I BGB analog** auf abhanden gekommene Vollmachtsurkunden?

e.A.: (+) zum Schutz des Rechtsverkehrs

a.A.: (-) Wortlaut des Gesetzes: „Aushändigung", zu weitgehender Schutz des Rechtsverkehrs, Schutz des gutgl. Dritten über Haftung auf negatives Interesse ausreichend

2. **Ergebnis:** F wurde nicht verpflichtet

Lösung

Anspruch des K aus § 433 I 1 BGB auf Übereignung und Übergabe des Grundstücks durch F

K könnte von F die Übereignung und Übergabe des Grundstücks verlangen, wenn zwischen F und K ein wirksamer Kaufvertrag zustande gekommen wäre.

Das ist dann der Fall, wenn F wirksam vertreten worden ist.

1. Vertretungsmacht

K könnte den Kaufvertrag mit M als Vertreter der F geschlossen haben, wenn dieser dazu von F bevollmächtigt wurde.

a) Rechtsgeschäftliche Vollmacht

Ursprünglich besaß M eine rechtsgeschäftlich erteilte Vertretungsmacht.

Diese war in einer Vollmachtsurkunde verbrieft und wurde dem M von F ausgehändigt, § 172 I BGB. Jedoch hat sich F die Urkunde zurückgeben lassen, bevor M den Kaufvertrag mit K abgeschlossen hat. Mit Rückgabe der Vollmachtsurkunde erlischt die Vollmacht durch konkludenten Widerruf, § 168 S. 2 BGB. Zum Zeitpunkt des Vertragsschlusses hatte M damit keine Vollmacht mehr.

b) Vollmacht kraft Rechtsscheins

Es kommt aber eine Vertretungsmacht kraft Rechtsscheins in Betracht.

Die Vollmachtsurkunde ist ein Rechtsscheinsträger, § 172 I BGB. Wer einem Anderen eine Vollmachtsurkunde aushändigt, muss sich an den geschaffenen Rechtsschein festhalten lassen. Nach § 172 II BGB bleibt jedoch die Vertretungsmacht nur solange bestehen, bis die Vollmachtsurkunde zurückgegeben oder für kraftlos erklärt wird. Genau das war hier der Fall. F hat sich die Urkunde zurückgeben lassen und damit die Wirkung des Rechtsscheins beendigt.

c) Analoge Anwendung des § 172 I BGB auf abhanden gekommene Vollmachtsurkunden

Fraglich ist, wie sich die Tatsache auswirkt, dass M die Urkunde wieder eigenmächtig an sich genommen und beim Abschluss des Kaufvertrages vorgelegt hat.

Eine direkte Anwendung des § 172 I BGB kommt in diesem Fall nicht in Betracht, da F die Urkunde nicht nochmals „ausgehändigt“, also willentlich aus der Hand gegeben hat. Vielmehr hat M die Urkunde ohne Wissen und Wollen der F an sich genommen.

In Betracht kommt eine analoge Anwendung des § 172 I BGB. Diese könnte man damit begründen, dass F nicht dafür Sorge getragen hat, dass die Urkunde nicht wieder in den Rechtsverkehr gelangt. Durch ihr fahrlässiges Verhalten hat sie dazu beigetragen, dass durch den Rechtsscheinsträger im Rechtsverkehr getäuscht wurde. Zum Schutz des Rechtsverkehrs wäre es denkbar, eine analoge Anwendung des § 172 I BGB zu bejahen.

Allerdings spricht bereits der Wortlaut des § 172 BGB dagegen, der eine »Aushändigung« der Vollmachtsurkunde durch den Geschäftsherrn verlangt. Es ist zweifelhaft, ob unter Heranziehung der Grundsätze über die Haftung aus verursachtem Rechtsschein vom Wortlaut abgesehen werden kann und dieselbe Rechtsfolge bereits dann angenommen werden kann, wenn der Geschäftsherr die Urkunde nicht sorgfältig genug verwahrt hat.

Vor allem aber kann nicht anerkannt werden, dass im Interesse der Verkehrssicherheit ein so weitgehender Schutz gutgläubiger Dritter erforderlich wäre.

Eine allgemein gesteigerte Vertrauenshaftung bei Urkunden ist dem geltenden Recht fremd (Ausnahme Wertpapierrecht). Es erscheint nicht gerechtfertigt, allein dem Aussteller einer Vollmachtsurkunde das aus der Verwendung dieser Urkunde im Rechtsverkehr entstandene Risiko aufzubürden. Insbesondere, wenn er sich der Urkunde nicht von sich aus entäußert hat, sondern sie ihm vielmehr abhanden gekommen ist. Dies gilt auch dann, wenn der Aussteller der Vollmacht durch nicht hinreichend sorgfältige Verwahrung die Entwendung der Urkunde ermöglicht hat. Der gutgläubig auf die Vollmacht vertrauende Dritte muss sich in einem solchen Fall mit dem Ersatz seines Vertrauensschadens begnügen (negatives Interesse).

Anmerkung: Der Aussteller haftet nach h.M. gemäß § 122 BGB analog unabhängig vom Verschulden. Denn der Adressat einer abhanden gekommenen Vollmachtsurkunde ist schutzwürdig in seinem durch die Urkunde erweckten Vertrauen auf das Bestehen der Vollmacht (str., nach a.A. kommt bei abhanden gekommener Willenserklärung nur ein verschuldensabhängiger Anspruch aus §§ 280 I, 311 II, 241 II BGB (c.i.c.) in Betracht.

Zur Erinnerung: Eine ähnliche Problematik der analogen Anwendung des § 122 BGB und c.i.c. ergibt sich auch bei fehlenden Erklärungsbewusstsein und abhanden gekommener Willenserklärung, Fälle 1 und 10.

2. Ergebnis

Damit ist F durch das Handeln des M nicht verpflichtet worden. Sie ist nicht Vertragspartnerin des K geworden und wurde aus dem Kaufvertrag zur Übergabe und Übereignung des Grundstücks gem. § 433 I BGB nicht verpflichtet.

IV. Zusammenfassung

Sound: Eine abhanden gekommene Vollmachtsurkunde begründet keine wirksame Vollmacht. Der Ersteller der Urkunde wird nicht verpflichtet, haftet aber u.U. auf Schadensersatz (negatives Interesse).

hemmer-Methode: K hat Ansprüche gegen M aus § 179 BGB wahlweise auf Erfüllung oder Schadensersatz. F wurde zwar nicht vertraglich verpflichtet, sie hat aber fahrlässigerweise dem M ermöglicht, die Vollmachtsurkunde an sich zu nehmen und haftet dafür neben § 122 BGB analog auch gem. §§ 280 I, 311 II, 241 II BGB analog (c.i.c.) auf Ersatz des Vertrauensschadens. K könnte die Vertragskosten und den entgangenen Gewinn, soweit vorhanden, von F verlangen.

Kapitel VIII: Allgemeine Geschäftsbedingungen

Fall 71: Allgemeines zu AGB

Sachverhalt:

An der Kasse der Waschanlage des B passiert der Autofahrer A ein gut lesbares Schild, auf dem es heißt: „B haftet nicht für Lackschäden sowie für Beschädigung der an der Karosserie angebrachten Teile, es sei denn, dass eine Haftung aus grobem Verschulden vorliegt". A achtet nicht auf das Schild, sondern bezahlt und fährt in die Waschanlage. Während des Waschvorgangs erfasst eine Waschbürste einen Scheibenwischer am Auto des A und reißt ihn ab. Wie sich später herausstellt, war dies auf eine unzureichende Wartung der Waschanlage zurückzuführen. A verlangt von B Schadensersatz. B lehnt dies mit dem Hinweis auf den Haftungsausschluss durch AGB ab.

***Frage:** Zu Recht?*

I. Einordnung

Das BGB ging von der kleinstädtischen-bäuerlich-handwerklichen Sozialordnung aus. Dieses Ausgangsprinzip der „Waffengleichheit" verschwand aber mit zunehmendem Massenverkehr und großindustrieller Produktion. Die Bedingungen des Vertrages wurden mehr und mehr von der stärkeren Partei gesetzt.

Dieser Realität versuchte der Gesetzgeber mit Einführung des **AGBG** im Jahre 1977 zu begegnen. Die ursprüngliche Waffengleichheit sollte durch das AGBG wiederhergestellt werden.

Die Schuldrechtsmodernisierungsreform hat das AGBG in das BGB eingegliedert.

Das AGBG wurde durch die Reform zweigeteilt. Der materielle Teil, in dem es um die Zulässigkeit der AGB und ihre Einbeziehung in den Vertrag geht, ist nun in den §§ 305 bis 310 BGB geregelt.

Der formelle Teil, der die Klagemöglichkeiten gegen AGB vorsieht, ist in einem besonderen Gesetz, dem Unterlassungsklagengesetz (UKlaG) geregelt.

II. Gliederung

I.	**Anspruch A gegen B auf Schadensersatz aus §§ 280 I 1, 241 II BGB**
1.	**Schuldverhältnis** (+) ⇨ WerkV
2.	**Pflichtverletzung**, § 241 II BGB (+)
3.	**Vertretenmüssen**, § 280 I 2 BGB
a)	wird vermutet
b)	Haftungsausschluss nach den Allgemeinen Geschäftsbedingungen (ABG)
aa)	Vorliegen von AGB, § 305 I 1 BGB
bb)	Einbeziehung in den Vertrag, § 305 II BGB
(1)	Hinweis beim Vertragsschluss, § 305 II Nr. 1, 2.Alt. BGB (+)

(2)	Möglichkeit der Kenntnisnahme, § 305 II Nr. 2 BGB (+)
(3)	Einverständnis des Gegners (+)
cc)	keine überraschende Klausel, § 305c BGB
dd)	Inhaltskontrolle, §§ 307 ff. BGB
(1)	§§ 308, 309 BGB (+)
(2)	§ 307 II Nr. 2 BGB ⇨ Verstoß gegen Kardinalpflichten ⇨ hier: Schutz vor Beschädigungen während des Wäschevorgangs (str.) (+)
ee)	Rechtsfolge der Unwirksamkeit ⇨ § 306 II BGB ⇨ §§ 276 I 1, 280 I 2 BGB
4.	Kausaler Schaden (+)
ff)	Zwischenergebnis
5.	**Ergebnis:** SchaEA (+)
II.	**Anspruch des A aus § 823 I BGB**
	(+), Haftungsausschluss ebenfalls (-)

III. Lösung

I. Anspruch des A gegen B auf Schadensersatz aus §§ 280 I 1, 241 II BGB

A kann von B Schadensersatz für den zerstörten Scheibenwischer verlangen, wenn B eine Pflicht aus einem zwischen den Parteien bestehenden gesetzlichen oder vertraglichen Schuldverhältnis schuldhaft verletzt hat und diese Pflichtverletzung kausal für den eingetretenen Schaden ist.

1. Bestehen eines Schuldverhältnisses

Durch das Bezahlen des Preises an der Einfahrt in die Waschanlage seitens des A und die Entgegennahme des Geldes durch B wurde zwischen den Parteien konkludent ein Vertrag geschlossen.

Zu prüfen ist die rechtliche Einordnung dieses Vertrages. In Betracht kommt ein Dienstvertrag (§§ 611 ff. BGB) oder ein Werkvertrag (§§ 631 ff. BGB). Die Abgrenzung beider Vertragstypen erfolgt danach, ob nur die Leistung zeitbestimmter Dienste oder darüber hinaus die Herbeiführung eines bestimmten Arbeitsergebnisses, eines bestimmten Erfolges, vereinbart wird.

B verpflichtete sich aufgrund der - hier nach der Verkehrsanschauung zu bestimmenden - vertraglichen Vereinbarung, dass das Fahrzeug des A nach Durchführung der Wäsche sauber sein würde, also zu einem bestimmten Erfolg. Damit liegt ein Werkvertrag und somit ein vertragliches Schuldverhältnis vor.

2. Objektive Verletzung einer Pflicht aus dem Schuldverhältnis

Der Schuldner hat die Pflicht, sich bei der Erfüllung des Vertrages so zu verhalten, dass Rechtsgüter des Gläubigers nicht verletzt werden, § 241 II BGB.

Den B traf die Pflicht durch ausreichende Kontrollen für den sicheren und reibungslosen Ablauf in der Waschanlage zu sorgen.

Dieser Pflicht ist B nicht hinreichend nachgegangen. Eine Pflichtverletzung des B liegt somit vor.

3. Vertretenmüssen, § 280 I 2 BGB

a) Verschuldensvermutung

Gem. § 280 I 2 BGB wird das Verschulden des Schuldners vermutet (Beweislastumkehr).

Um die Verschuldensvermutung zu entkräften, müsste B nachweisen, die Pflichtverletzung nicht verschuldet zu haben. Dafür ist aber nichts ersichtlich. Es ist davon auszugehen, dass B zumindest leicht fahrlässig gehandelt und die Pflichtverletzung damit grundsätzlich zu vertreten hat.

b) Haftungsausschluss nach den Allgemeinen Geschäftsbedingungen (AGB)

Es könnte aber ein Haftungsausschluss durch die AGB des B eingreifen, mit der Folge, dass B seine Pflichtverletzung doch nicht zu vertreten hätte.

Die AGB müssten dann Vertragsinhalt geworden und eine solche Klausel zulässig sein.

aa) Vorliegen von AGB

Das Recht der Allgemeinen Geschäftbedingungen (AGB) ist in den §§ 305 - 310 BGB geregelt. Die Definition der AGB findet sich in § 305 I 1 BGB.

Der auf dem Schild angebrachte Haftungsausschluss erfüllt die Voraussetzungen des § 305 I 1 BGB, da es sich um eine vorformulierte Klausel handelt, die für alle Autowaschverträge gelten soll. Es spielt dabei keine Rolle, dass diese Klausel auf einem Schild angebracht und nicht etwa in eine Vertragsurkunde aufgenommen wurde.

bb) Einbeziehung in den Vertrag

Damit AGB Vertragsbestandteil werden, müssen nach § 305 II BGB drei Voraussetzungen erfüllt werden.

(1) Hinweis auf die AGB bei Vertragsschluss

B hat zwar den A bei Vertragsschluss nicht ausdrücklich auf seine AGB hingewiesen. Jedoch genügt gem. § 305 II Nr. 1, 2.Alt. BGB auch ein deutlich sichtbarer Aushang am Ort des Vertragsschlusses. Das ist hier gegeben.

Anmerkung: Nicht ausreichend wäre dagegen ein Hinweis erst an der Waschanlage selbst, denn der Hinweis muss am Ort des Vertragsschlusses erfolgen. Das ist hier die Kasse und nicht erst die Waschanlage. Zur Frage, wann AGB „gestellt" wurden, vgl. BGH, Life&Law 2010, 376 ff.

(2) Verschaffung der Möglichkeit der Kenntnisnahme

Der Verwender muss dem Gegner die Möglichkeit verschafft haben, in zumutbarer Weise von dem Inhalt der AGB Kenntnis zu nehmen, § 305 II Nr. 2 BGB. Das ist hier geschehen, da das Schild gut lesbar und der Inhalt der Klausel auch für einen Durchschnittskunden verständlich ist. Dabei ist unerheblich, dass A in Wirklichkeit das Schild gar nicht beachtet hat. Es kommt alleine auf die Möglichkeit der Kenntnisnahme an, nicht jedoch auf die tatsächliche Kenntnisnahme.

(3) Einverständnis des Gegners

Schließlich muss die andere Vertragspartei mit der Geltung der AGB einverstanden sein. Dieses (konkludent erteilte) Einverständnis ist aber in der Regel zu bejahen, wenn es unter Beachtung der ersten beiden Voraussetzungen zum Vertragschluss kam.

cc) Keine überraschende Klausel, § 305c BGB

Auch wenn alle Voraussetzungen des § 305 BGB gegeben sind, ist zu beachten, dass gem. § 305c I BGB überraschende Klauseln nicht Vertragsinhalt werden können.

Überraschend i.S.d. § 305c I BGB ist eine Klausel dann, wenn sie nach den Umständen so außergewöhnlich ist, dass der Kunde mit ihr keinesfalls zu rechnen brauchte. Sie muss den Kunden gewissermaßen „überrumpeln". Der hier verwendete Haftungsausschluss weist weder nach seinem Regelungsinhalt noch nach dem äußeren Erscheinungsbild des Vertrages einen solchen Effekt auf.

dd) Inhaltskontrolle, § 307 ff. BGB

Da die Klausel eine Abweichung von Rechtsvorschriften, hier bzgl. der Haftung nach § 280 I BGB enthält, unterliegt sie gem. § 307 II BGB der sog. Inhaltskontrolle.

Prüfungsfolge der §§ 307-309 BGB

1. Klauselverbote ohne Wertungsmöglichkeit, § 309 BGB
2. Klauselverbote mit Wertungsmöglichkeit, § 308 BGB
3. Die Generalklausel § 307 BGB (zunächst Abs. II und dann Abs. I)

Ein Verstoß gegen die in §§ 308, 309 BGB aufgeführten Klauselverbote ist nicht ersichtlich, insbesondere ist die Schranke des § 309 Nr. 7b BGB eingehalten.

Es kommt daher nur ein Verstoß gegen die Generalklausel des § 307 BGB in Betracht.

Es könnte ein Verstoß gegen § 307 II Nr. 2 BGB vorliegen. Fraglich ist demnach, ob durch die Klausel wesentliche Rechte oder Pflichten der anderen Vertragspartei so eingeschränkt worden sind, dass dadurch das Erreichen des Vertragszweckes gefährdet wurde.

Dies wäre dann der Fall, wenn durch die Freizeichnungsklausel die Haftung für wesentliche Vertragspflichten (sog. Kardinalpflichten) ausgeschlossen werden sollte.

Zwar besteht die Hauptpflicht des Waschanlagenbetreibers in der Fahrzeugreinigung. Es ist jedoch anerkannt, dass unter § 307 II Nr. 2 BGB auch Schutzpflichten fallen, die für den Kunden von wesentlicher Bedeutung sind.

Zu solchen wesentlichen Pflichten eines Autowaschanlagenbetreibers gehört die Pflicht, die Autos vor Beschädigungen zu bewahren. Durch die Beschränkung der Haftung wegen Beschädigung von Außenteilen auf grobe Fahrlässigkeit wird der Vertragszweck gefährdet. Denn zum Erreichen des Vertragszwecks gehört auch die Erfüllung verkehrstypischer Kundenerwartungen. Dazu zählt bei der Wagenwäsche die Erwartung, dass der Wagen nicht beschädigt wird und im Falle einer schuldhaften Beschädigung Schadensersatz geleistet wird. Dem kann auch nicht entgegengehalten werden, dass der Betreiber einer automatischen Waschanlage auf deren Funktionieren nur eingeschränkt Einfluss nehmen könne (so aber OLG Karlsruhe, NJW-RR 1986, 153).

Es gehört zu den Aufgaben des Anlagenbetreibers die ordnungsgemäße Funktion der Waschanlage zu gewährleisten.

Die Unwirksamkeit des Haftungsausschlusses trifft den Betreiber auch deswegen nicht unverhältnismäßig, weil er durch Beachtung der erforderlichen Sorgfalt sowie durch Abschluss einer Haftpflichtversicherung jedenfalls leichter Vorsorge treffen kann als der Kunde, der sich vor der Beschädigung seines Wagens praktisch nicht schützen kann (So auch OLG Hamburg DAR 84, 260; LG Hannover DAR 85, 60).

Anmerkung: Diese Ansicht ist in der Rechtssprechung umstritten. An dieser Stelle ist eine andere Meinung ebenso gut vertretbar (s. OLG Karlsruhe NJW-RR 1986, 153; OLG Bamberg NJW 1984, 929; OLG Düsseldorf BB 1980, 388). Bejaht man aber die Wirksamkeit der Klausel mit dem Argument, sonst eine nicht mehr hinnehmbare Ausweitung der Kardinalpflichten zu begründen, so kommt trotzdem eine Unwirksamkeit nach der Generalklausel des § 307 I BGB in Betracht.
Bei der Prüfung der Angemessenheit von AGB ist ein wesentliches Kriterium, ob das Risiko besser vom Verwender oder vom Kunden eingeschätzt und vermieden werden kann. Hier hat der Verwender bessere Möglichkeiten den Gefahren der Waschanlage durch Überwachungen, Kontrollen und Abschluss entsprechender Versicherungen vorzubeugen.
Eine Abwälzung dieses Risikos auf den Verwender ist nach dem Gebot von Treu und Glauben unangemessen und somit nach § 307 I BGB unwirksam.

Der Haftungsausschluss für leichte Fahrlässigkeit verstößt daher gegen § 307 II Nr. 2 BGB.

ee) Rechtsfolge der Unwirksamkeit

Die unwirksame Klausel wird nicht Bestandteil des Werkvertrages.

Der Vertrag selbst bleibt aber grundsätzlich weiterhin bestehen, § 306 I BGB. An Stelle der unwirksamen Klausel treten die entsprechenden gesetzlichen Regelungen, § 306 II BGB. Damit gelten §§ 276 I 1, 280 I 2 BGB.

ff) Zwischenergebnis

Folglich ist der Haftungsausschluss des B nicht wirksam. Demnach wird das Verschulden des B gem. § 280 I 2 BGB vermutet.

4. Kausaler Schaden

Durch die Nachlässigkeit des B bei der Wartung der Waschanlage kam es zu Störungen bei dem Betrieb einer Waschbürste. Diese hat den Scheibenwischer am Wagen des A abgerissen. Ein kausaler Schaden liegt vor.

5. Ergebnis

B haftet dem A für den eingetretenen Schaden. Er ist zum Schadensersatz für die Beschädigung des Wagens aus §§ 280 I 1, 241 II BGB verpflichtet.

II. Anspruch des A aus § 823 I BGB

Gleichzeitig ist der Tatbestand des § 823 I BGB (Eigentumsverletzung) erfüllt. Auch insoweit ist der Haftungsausschluss unwirksam.

Anmerkung: Bei der AGB - Prüfung ist oft der persönliche und sachliche Anwendungsbereich der AGB zu beachten, § 310 BGB:

Gegenüber einem Unternehmer (§ 14 BGB) finden die Regelungen der §§ 305 ff. BGB nur eingeschränkt Anwendung.
So erfolgt die Einbeziehung der AGB nicht unter den besonderen Voraussetzungen des § 305 BGB. Es gelten die § 145 ff. BGB. Auch die Inhaltskontrolle beschränkt sich auf den allgemeinen § 307 BGB, in den jedoch die Wertungen des §§ 308 und 309 BGB einbezogen werden.
Den sachlichen Anwendungsbereich bestimmt § 310 IV BGB. Seit der Schuldrechtsmodernisierungsreform sind die AGB auch auf Arbeitsverträge anwendbar.

IV. Zusammenfassung

Sound: Die Bestimmungen der §§ 305-310 BGB modifizieren den Vertrag und schränken den Grundsatz der Privatautonomie hinsichtlich des Vertragsinhalts ein.

AGB werden Ihnen nicht nur in Klausuren, sondern auch oft genug im wirklichen Leben begegnen. Das Kleingedruckte wird meistens erst gar nicht gelesen. Diesen Fehler sollten Sie zumindest in der Klausur nicht machen.

Nehmen Sie den Fall als Checkliste, wie man AGB in einem Vertrag prüft.

hemmer-Methode: §§ 305-310 BGB tragen den geänderten gesellschaftlichen Verhältnissen des heutigen Massenverkehrs Rechnung. Sie haben zum Ziel, den einzelnen Kunden durch die Gewährleistung inhaltlicher Qualitäten der AGB zu schützen.

V. Zur Vertiefung

- Hemmer/Wüst, Basics Zivilrecht, Bd. 1, Rn. 66 ff.
- Hemmer/Wüst, BGB-AT I, Rn. 297 ff.
- Hemmer/Wüst, KK BGB-AT II, Karteikarte Nr. 180 ff.

Fall 72: Sich widersprechende AGB

Sachverhalt:

Firma V in Hamburg bot dem Hersteller K in München die Lieferung einer Maschine an. Im Angebot verwies sie auf ihre beigefügten Allgemeinen Verkaufs- und Lieferungsbedingungen, in denen es heißt: „Lieferung auf Kosten und Gefahr des Käufers“. K nahm das Angebot an und bat um baldige Versendung. Er verwies aber in seinem Schreiben auf seine Allgemeinen Einkaufsbedingungen, welche die Klausel enthielten: „Zahlung nur bei Eintreffen und Gutbefund der Ware“. V schickte die Maschine an K ab. Die Sendung kam aber nicht an und ihr Verbleib lässt sich nicht aufklären. V verlangt gleichwohl Zahlung unter Hinweis auf seine AGB. K weigert sich und verweist auf seine AGB.

Frage: *Wie ist die Rechtslage?*

I. Einordnung

Treten auf beiden Seiten eines Vertrages Kaufleute auf, so werden häufig beide versuchen, ihre AGB in den Vertrag einzuführen. Bestellt der Käufer zu seinen Einkaufsbedingungen und liefert der Verkäufer zu seinen Verkaufsbedingungen, so ist fraglich ob und welche AGB gelten.

II. Gliederung

Anspruch des V gegen K auf Bezahlung des Kaufpreises aus § 433 II BGB

1. Wirksamer Kaufvertrag

a) **Angebot** des V: Verkauf einer Maschine zu seinen AGB

b) **Annahme** des K unter veränderten Bedingungen, § 150 II BGB ⇨ neues Angebot

c) **Annahme** durch V

(P): K und V gingen von unterschiedlichen AGB aus ⇨ u.U. Dissens nach §§ 154, 155 BGB, wenn die Auslegung keinen anderen Willen der Parteien ergibt

<u>Hier</u>: Mit Ausführung des Vertrages begonnen ⇨ Zweifelsregelung der §§ 154, 155 BGB greift nicht ein

Wirksamer Vertrag (+)

2. Erlöschen des Zahlungsanspruchs

a) Befreiung von der Gegenleistung, § 326 I BGB

b) Abweichende Regelung in den AGB

(P): **Wessen AGB gelten?**

aa) **„Theorie des letzten Wortes“**

es gelten die Bedingungen desjenigen, der zuletzt auf seine AGB verwiesen hat

bb) a.A.: Schweigen im Rechtsverkehr - grds. ohne rechtliche Bedeutung

wer vorher eindeutig seinen entgegenstehenden Willen kundgemacht hat, dem kann nachher keine konkludente WE unterstellt werden

konkludente WE müsste nach dem obj. Empfängerhorizont als solche zu verstehen sein. Hier (-), wenn V vorher seinen Willen deutlich zum Ausdruck gebracht hat

cc) Rechtsfolge: partieller Dissens, AGB nicht wirksam, § 306 II BGB Ergänzung durch dispositives Recht ⇨ § 447 BGB einschlägig

3. Ergebnis:
Zahlungsanspruch nicht erloschen

III. Lösung

Anspruch des V gegen K auf Bezahlung des Kaufpreises aus § 433 II BGB

V könnte gegen K Anspruch auf Bezahlung des Kaufpreises aus § 433 II BGB haben, wenn zwischen ihnen ein wirksamer Kaufvertrag zustande gekommen ist und der Zahlungsanspruch noch nicht durch Erfüllung oder anderweitig erloschen ist.

1. Wirksamer Kaufvertrag / Entstehen des Zahlungsanspruchs

a) Angebot des V

V hat gegenüber K ein Angebot zum Kauf einer Maschine abgegeben. Dabei hat er seine Allgemeinen Verkaufs- und Lieferungsbedingungen beigefügt, die so Bestandteil des Angebotes geworden sind.

b) Annahme unter veränderten Bedingungen, § 150 II BGB

Eine Annahme würde dann vorliegen, wenn K mit Abschluss des Kaufvertrages zu den Bedingungen des V einverstanden gewesen wäre. Dies war aber nicht der Fall. K wollte das Angebot des V nur mit veränderten AGB annehmen.

Hierin liegt – zumindest auf den ersten Blick – nach § 150 II BGB eine Ablehnung des Angebots des V und ein neues eigenes Angebot des K.

c) Annahme durch V

Dieses erneute Angebot des K müsste von V angenommen worden sein.

Die Annahme könnte in der widerspruchslosen Entgegennahme des veränderten Vertragsangebotes gesehen werden, so dass dadurch zumindest das Zustandekommen eines wirksamen Vertrages bejaht werden könnte.

Problemtisch ist aber, dass beide Parteien von unterschiedlichen AGB ausgegangen sind.

Da die Willenserklärungen von V und K hinsichtlich der AGB inhaltlich widersprüchlich sind, könnte sogar ein Dissens gem. § 154 oder 155 BGB vorliegen, mit der Folge, dass überhaupt kein Vertrag zustande gekommen ist.

§§ 154 und 155 BGB sind jedoch nur Auslegungsregeln, so dass nicht von Nichtigkeit des ganzen Vertrages auszugehen ist, wenn die Auslegung ergibt, dass die Parteien einen anderen Willen haben.

Hier wurde mit der Ausführung des Vertrages begonnen.

Dies zeigt, dass die Parteien von einem wirksamen Vertrag ausgegangen sind. Beide haben sich über die essentialia negotii (Kaufgegenstand, Kaufpreis) geeinigt.

Eine Unwirksamkeit des Vertrags scheidet damit aus. Damit ist der Zahlungsanspruch des V wirksam entstanden.

2. Erlöschen des Zahlungsanspruchs

a) Befreiung von der Gegenleistung, § 326 I BGB

Da die Maschine auf dem Weg zum Kunden verloren gegangen ist und der V sie nicht mehr ausfindig machen kann, liegt jedenfalls eine subjektive nachträgliche Unmöglichkeit i.S.d. § 275 I 1.Alt. BGB vor, da Konkretisierung nach § 243 II BGB vorliegt.

Die Unmöglichkeit der geschuldeten Leistung – hier Lieferung der Maschine – bleibt nicht ohne Einfluss auf das Schicksal der Gegenleistung. Dieses könnte sich nach § 326 I 1 BGB bestimmen. Dann würde der Anspruch auf die Gegenleistung – die Bezahlung – entfallen.

b) Abweichende Regelung in den AGB

Etwas anderes würde jedoch bei abweichender vertraglicher Bestimmung gelten. In Betracht kommen hier die Regelungen der AGB der Parteien. Nach den AGB des V müsste K trotz Untergangs der Maschine den Kaufpreis bezahlen. Die AGB des K würden in derselben Situation den Zahlungsanspruch erlöschen lassen.

Fraglich ist somit, ob und wenn ja wessen AGB Vertragsinhalt geworden sind.

aa) „Theorie des letzten Wortes“

Nach dieser früher in der Rechtsprechung vertretenen Ansicht gelten die Bedingungen desjenigen, der zuletzt auf seine AGB verwiesen hat. Der andere Teil soll hierbei konkludent durch die Ausführung des Vertrages sein Einverständnis mit diesen AGB erklären.

Diese Ansicht unterstellt aber der anderen Partei eine nicht abgegebene Einigungserklärung. Zudem zwingt sie die Parteien zu ständig neuen Protesten gegen die AGB des anderen, obwohl letztlich beide einen wirksamen Vertrag wollen.

Die Auffassung hätte daher zur Konsequenz, dass derjenige, der am hartnäckigsten war und als letzter seine Stellungsnahme abgegeben hat, letztlich seine Willenserklärung in der gewünschten Weise im Vertrag unterbringen würde.

Anmerkung: Vor allem ist nicht einzusehen, dass einer Person, die zuvor eindeutig den gegenteiligen Willen bekundet hat, nun eine konkludente Willenserklärung untergeschoben werden soll. Eine konkludente Erklärung setzt immer voraus, dass man das Verhalten vom objektiven Empfängerhorizont, §§ 133, 157 BGB, in dieser Weise verstehen konnte und musste. Dies ist aber nicht der Fall, wenn jemand schweigt, der bereits zuvor seinen Willen zum Ausdruck gebracht hat. Ob er das einmal oder fünfmal tut, kann nicht entscheidend sein.

bb) Gegenauffassung

Zutreffender ist daher die Gegenansicht. Sie geht zwar im Grundsatz immer noch von der Vorschrift des § 150 II BGB aus, wendet diese aber dann nicht mehr an, wenn eine Partei deutlich zum Ausdruck gebracht hat, die Ware nur zu ihren AGB beziehen zu wollen und die Bedingungen der anderen Partei nicht anzuerkennen.

Genau dies war hier der Fall, so dass eine Anwendung des § 150 II BGB ausscheidet.

cc) Rechtsfolge

Damit liegt ein partieller Dissens hinsichtlich der AGB vor, so dass sich die Frage nach dessen rechtlicher Behandlung stellt.

Nach h.M. erlangen die wesentlichen Elemente des Vertrages „essentialia negotii" Gültigkeit, während kollidierende AGB unwirksam sind.

Es fehlt daher an einer Einigung bezüglich der Modalitäten der Zahlung im Falle des Untergangs der Sache während der Versendung. Die somit im Vertrag gegebene Lücke ist im Wege der ergänzenden Vertragsauslegung oder durch Rückgriff auf dispositives Recht zu schließen, § 306 II BGB.

3. Ergebnis

Für die Frage der Bezahlung bei einem Versendungskauf ist daher die gesetzliche Regelung des § 447 I BGB einschlägig.

Diese bildet eine Ausnahme von der allgemeinen Folge des § 326 I BGB und verdrängt diese. Danach geht die Gefahr des zufälligen Untergangs der gekauften Sache bei einem Versendungskauf in dem Moment auf den Käufer über, in dem der Verkäufer die Sache an eine geeignete Transportperson ausliefert.

Das ist vorliegend geschehen. K muss trotz Untergangs der Maschine den vereinbarten Kaufpreis bezahlen.

Beachte: Läge ein Verbrauchsgüterkauf (§ 474 BGB) vor, so würde § 447 BGB keine Anwendung finden, § 474 II S.2 BGB.

IV. Zusammenfassung

Sound: Bei einem nicht ausgetragenen Streit um einander widersprechende AGB erlangen die wesentlichen Elemente des Vertrages Gültigkeit, während bezüglich der kollidierenden AGB ein partieller Dissens vorliegt. Diesbezüglich gilt dann das dispositive Gesetzesrecht, § 306 II BGB.

Die „Theorie des letzten Wortes" gilt mittlerweile als überwunden. Sprechen Sie diese zwar in der Klausur an, folgen Sie aber der Gegenansicht.

hemmer-Methode: Gem. § 306 BGB führt die Unwirksamkeit der AGB entgegen der Regel des § 139 BGB nicht zur Unwirksamkeit des gesamten Vertrages. Dies entspricht der Intention des Kunden, den Vertrag aufrecht zu erhalten. Der Vertrag ist regelmäßig ohne die Klausel wirksam zustande gekommen. Nur ausnahmsweise ergibt sich als Rechtsfolge die Unwirksamkeit des ganzen Vertrages, wenn nämlich die Wirksamkeit für eine Vertragspartei eine unzumutbare Härte darstellen würde, § 306 III BGB.

V. Zur Vertiefung

- Hemmer/Wüst, BGB-AT I, Rn. 325
- Hemmer/Wüst, KK BGB-AT II, Karteikarte Nr. 185

Kapitel IX: Verjährung

Fall 73: Einführungsfall zur Verjährung

Sachverhalt:

A kauft von dem PKW-Händler B einen Porsche. Am 31.01.2007 schließt er den Kaufvertrag ab.

***1.** Wann verjähren die Ansprüche auf Zahlung des Kaufpreises und Lieferung des Fahrzeugs?*

***2.** 28 Monate nach Übergabe des Porsches an A geht der Motor infolge eines Produktionsfehlers kaputt. Angenommen, es liegen alle Tatbestandsvoraussetzungen für einen wirksamen Rücktritt vor, kann A noch vom Vertrag zurücktreten? Sollte dies nicht mehr möglich sein, möchte er zumindest die Zahlung des Kaufpreises, den er wegen Stundung noch nicht bezahlt hat, verweigern. Zu Recht? Was kann B in diesem Fall tun?*

***3.** B hatte ihm den Fehler arglistig verschwiegen und A konnte den Fehler nicht erkennen. Ändert sich die Rechtslage?*

I. Einordnung

Die Verjährung ist eine dauerhafte, rechtshemmende Einrede. Der Anspruch ist zwar gegeben, für den Schuldner besteht aber keine Leistungspflicht. In der Klausur ist die Verjährung als letzter Prüfungspunkt des Anspruchs zu erörtern („Anspruch durchsetzbar“).

Schauen Sie sich §§ 195 ff. BGB an. Die Grundregeln der Verjährung müssen Ihnen bekannt sein.

II. Gliederung

Frage 1

Verjährung der Ansprüche aus § 433 BGB

1. **Verjährungsfrist, § 195 BGB - drei Jahre**
2. Verjährungsbeginn, § 199 I Nr.1, 2 BGB
   Beginn am 31.12.2007, 24 Uhr, Ende am 31.12.2010

Frage 2

Rücktritt des A vom Vertrag gem. §§ 437 Nr. 2, 1.Alt., 440, 326 V BGB

1. Verjährung? (-), Rücktritt ist kein Anspruch, sondern ein Gestaltungsrecht, nur Ansprüche verjähren, § 194 BGB
   Aber: §§ 438 IV 1, 218 BGB!
2. Mängeleinrede des § 438 IV 2 BGB
3. Rücktrittsrecht des Verkäufers, § 438 IV 3 BGB, wenn der Käufer die Zahlung gem. § 438 IV 2 BGB verweigert

Frage 3

Rücktritt des Käufers bei arglistiger Täuschung des Verkäufers

Verjährungsfrist bei arglistiger Täuschung durch den Verkäufer: §§ 438 Abs. 3, 195, 199 BGB

Verjährungsbeginn: § 199 I Nr. 2 BGB

Gem. §§ 438 IV 1, 218 BGB Anspruch auf Nacherfüllung noch nicht verjährt, Rücktritt möglich

Anmerkung: Das subjektive Element des § 199 BGB soll einen Ausgleich für die drastische Verkürzung der Fristen durch die Schuldrechtsmodernisierungsreform vom 01.01.02 darstellen. Der Fristbeginn ist damit nur subjektiv bestimmbar und kann in jedem Einzelfall anders sein. Im Interesse der Rechtssicherheit gibt es deshalb neben der dreijährigen Regelverjährung der §§ 195, 199 I BGB auch die Höchstfristen der §§ 199 II-IV BGB.

III. Lösung Frage 1

Verjährung der Ansprüche aus § 433 BGB

1. Verjährungsfrist, § 195 BGB

Der Anspruch des B auf Zahlung des Kaufpreises und der Anspruch des A auf Lieferung des Fahrzeugs unterliegen der dreijährigen Regelverjährung des § 195 BGB.

2. Verjährungsbeginn, § 199 I BGB

Die Frist beginnt am Ende des Jahres zu laufen, in dem der Anspruch entstanden ist (Nr.1) und der Gläubiger Kenntnis von den Anspruch begründenden Umständen und der Person des Schuldners erlangt hat oder infolge grober Fahrlässigkeit nicht erlangt hat (Nr. 2). Bei vertraglichen Ansprüchen kennt der Vertragschließende naturgemäß seine Primäransprüche und seinen Schuldner. Die Verjährungsfrist beginnt demgemäß am 31.12.2007 um 24 Uhr und endet am 31.12.2010 um 24 Uhr.

IV. Lösung Frage 2

I. Rücktritt des A vom Vertrag gem. §§ 437 Nr. 2, 1.Alt., 440, 326 V BGB

Bei dem Vorliegen aller Tatbestandsvoraussetzungen für einen wirksamen Rücktritt, bleibt nur noch zu klären, ob der Rücktritt nicht „verjährt" ist.

Der Verjährung können nur Ansprüche unterliegen, § 194 BGB. Die Legaldefinition eines Anspruchs findet sich ebenfalls in § 194 BGB. Ein Anspruch berechtigt den Gläubiger die Erbringung einer Leistung einzufordern.

Das Recht zum Rücktritt fällt dagegen als Gestaltungsrecht nicht unter § 194 BGB und kann demnach auch nicht verjähren.

Jedoch kann auch der Rücktritt nicht zeitlich unbegrenzt ausgeübt werden. Für den Rücktritt nach §§ 437 Nr. 2, 440 BGB gilt § 218 BGB, vgl. § 438 IV 1 BGB.

Für die Wirksamkeit des Rücktritts ist zunächst die Verjährung des Erfüllungsanspruchs maßgeblich.

Wandelt sich dieser z.B. durch Übergabe der Sache in einen Nacherfüllungsanspruch, so kommt es ab diesem Zeitpunkt auf die Verjährung des Nacherfüllungsanspruchs an.

Da im vorliegenden Fall bereits die Übergabe des PKW stattgefunden hat, ist im ersten Schritt die Verjährung des Nacherfüllungsanspruchs zu prüfen.

Der kaufrechtliche Nacherfüllungsanspruch verjährt gem. §§ 438 I Nr. 3, 437 Nr. 1 BGB in zwei Jahren. Die Frist beginnt ab Ablieferung der Sache, § 438 II BGB. Es handelt sich dabei um ein rein objektives Kriterium. Die Kenntnis des Berechtigten wird hier, anders als bei regelmäßiger Verjährung nach §§ 195, 199 I BGB nicht berücksichtigt. Der Anspruch auf Nachlieferung ist hier nach 28 Monaten geltend gemacht worden, also nach Ablauf von 2 Jahren. Damit ist der Nacherfüllungsanspruch verjährt.

Demnach kann A vom Vertrag auch nicht mehr zurücktreten, § 218 I 1 BGB.

II. Mängeleinrede des § 438 IV 2 BGB

A kann aufgrund der Verjährung des Nacherfüllungsanspruchs nicht zurücktreten. Er kann aber gem. § 438 IV 2 BGB die Zahlung des noch ausstehenden Kaufpreises verweigern. Dies hat A vorliegend geltend gemacht.

III. Rücktrittsrecht des Verkäufers

Macht der Käufer von seinem Zahlungsverweigerungsrecht nach § 438 IV 2 BGB Gebrauch, so kann der Verkäufer gem. § 438 IV 3 BGB von dem Vertrag zurücktreten. Es wäre unbillig, wenn der Käufer die Zahlung des kompletten Kaufpreises verweigern und zugleich die Kaufsache behalten dürfte.

Er stünde dann besser, als wenn er sein Rücktrittsrecht doch ausüben könnte.

B ist somit zu raten, von dem Kaufvertrag mit A zurückzutreten.

V. Lösung Frage 3

Wenn der Verkäufer den Mangel arglistig verschweigt, greift die Regelverjährung von drei Jahren ein, §§ 438 III, 195, 199 BGB.

A hat den Fehler erst nach dem Motorschaden erkannt. Damit beginnt ab diesem Zeitpunkt die Verjährung zu laufen, § 199 I Nr. 2 BGB.

Der Nacherfüllungsanspruch gem. §§ 437 Nr. 1, 439 BGB ist somit noch nicht verjährt. A kann von dem Vertrag noch zurücktreten, §§ 438 IV 1, 218 BGB.

VI. Zusammenfassung

Sound: Der Verjährung unterliegen nur Ansprüche, nicht die Gestaltungsrechte.

Für die Ausübung der Gestaltungsrechte gilt die zeitliche Schranke des § 218 BGB.

Zu den wichtigsten Gestaltungsrechten gehören Anfechtung, Widerruf, Kündigung und Rücktritt.

Unter einem **Gestaltungsrecht** wird das einer Person zustehende Recht verstanden, durch einseitigen Gestaltungsakt ein Rechtsverhältnis zwischen ihr und einer anderen Person entweder zustande zu bringen, inhaltlich näher zu bestimmen, es zu ändern oder aufzuheben.

hemmer-Methode: Die Verjährung gehört zu den sog. rechtshemmenden Einreden. Diese beseitigen den Anspruch nicht. Sie bewirken aber, dass der Schuldner die Erfüllung verweigern kann und der Berechtigte dadurch sein Recht nicht durchsetzen kann. Es ist zwischen dauernden, aufschiebenden und anspruchsbeschränkenden Einreden zu unterscheiden. Zu den dauernden Einreden gehört neben der Verjährung, die Einrede der Bereicherung, § 821 BGB, die Arglisteinrede, § 853 BGB, die Einrede des § 438 IV 2 BGB. Aufschiebende Einreden sind Stundung, Einrede des Notbedarfs, § 519 BGB, Bürgeneinreden, § 770 BGB und die Einrede der Vorausklage, § 771 BGB. Anspruchsbeschränkende Einreden sind die Zurückbehaltungsrechte nach §§ 273, 320, 1000, 2014, 2015 BGB.

VII. Zur Vertiefung

- Hemmer/Wüst, BGB AT III, Rn. 649 ff.
- Hemmer/Wüst, KK BGB-AT II, Karteikarte Nr. 204 ff.

Fall 74: Verjährung und AGB

Sachverhalt:

Der Gebrauchtwagenhändler V verkauft an den Privatmann K einen vermeintlich unfallfreien Gebrauchtwagen. Dabei werden die AGB des V in den Vertrag einbezogen, nach denen sämtliche Mängelgewährleistungsrechte ein Jahr nach Ablieferung der Sache verjähren. Nach 15 Monaten wird bei einer TÜV-Untersuchung festgestellt, dass es sich um einen Unfallwagen handelt. K erklärt daraufhin den Rücktritt vom Vertrag und verlangt den Kaufpreis zurück. V, der den Vorschaden nicht kannte, beruft sich auf „Verjährung".

Frage: *Zu Recht?*

I. Einordnung

Die Verjährungsregeln dürfen i.R.d. Privatautonomie durch die Parteien abgeändert werden, § 202 BGB. Diese Befugnis ist jedoch nicht grenzenlos. Das Gesetz setzt inhaltliche Grenzen für die Verjährungsabreden. Diesbezügliche Regelungen in AGB unterliegen auch der Inhaltskontrolle nach §§ 305 ff. BGB.

II. Gliederung

Anspruch des K gegen V auf Rückzahlung des Kaufpreises gem. §§ 433, 434, 437 Nr. 2, 1.Alt., 326 V, 346 BGB

1. **Vss. des Rücktritts** (+)
2. **Unwirksamkeit des Rücktritts** gem. §§ 438 IV 1, 218 I 2 BGB
3. **Wirkung der Abreden in AGB**

a) **Grundsatz**: Verjährungsvereinbarungen zulässig, § 202 BGB

b) **Grenzen** der Verjährungserleichterungen

aa) § 202 I BGB, hier nicht einschlägig

bb) § 475 II BGB, einschlägig aber eingehalten

cc) §§ 305 ff. BGB ⇨ AGB (+)

(1) § 309 Nr. 8b ff. BGB, nur bei neu hergestellten Sachen, hier (-)

(2) § 309 Nr. 8a BGB, grds. (+), aber Pflichtverletzungen in Form der Schlechtleistung vom Anwendungsbereich ausgenommen

(3) **Aber:** § 309 Nr. 7b BGB, Haftungsbegrenzung oder Ausschluss für grobe Fahrlässigkeit nicht möglich; Klausel würde aber auch Mangelfolgeschäden an Sachen erfassen

„Begrenzung der Haftung" ⇨ auch Verkürzung der Verjährungsfristen

(4) **Außerdem:** § 309 Nr. 7a BGB, bei Körperschäden auch bei leicht fahrlässiger Pflichtverletzung Haftung nicht beschränkbar; Klausel erfasst diesen Fall aber auch (Mangelfolgeschäden an Körper, Gesundheit)

zwar keine Fahrlässigkeit des V, aber Verbot der geltungserhaltenden Reduktion

4. **Ergebnis:** AGB-Klausel unwirksam, Rücktritt wirksam, da Nacherfüllungsanspruch noch nicht verjährt, §§ 438 IV 1 , 218 I S. 1 BGB

III. Lösung

Anspruch des K gegen V auf Rückzahlung des Kaufpreises gem. §§ 433, 434, 437 Nr. 2, 1.Alt., 326 V, 346 BGB

K könnte gegen V einen Anspruch auf Rückzahlung des Kaufpreises gemäß § 346 I BGB haben. Dann müsste K wirksam vom Vertrag zurückgetreten sein.

Der von K gekaufte Gebrauchtwagen war nicht frei von Sachmängeln, da er bereits einen Unfall erlitten hat und damit nicht die beim Kauf vereinbarte Beschaffenheit der Unfallfreiheit besaß, § 434 I 1 BGB.

Damit liegt ein Sachmangel zum Zeitpunkt des Gefahrüberganges (§§ 434 I 1, 446 BGB) vor.

K muss vor Ausübung seines Rücktrittsrechts dem V keine Frist zur Nacherfüllung i.S.d. §§ 437 Nr. 1, 439 I BGB setzen, denn sowohl eine Ersatzlieferung wie auch eine Nachbesserung waren anfänglich unmöglich, § 275 I BGB. Das Rücktrittsrecht folgt aus §§ 437 Nr. 2, 1.Alt., 326 V i.V.m. § 323 I BGB. § 326 V HS. 2 BGB bestimmt dabei ausdrücklich, dass eine Fristsetzung entbehrlich ist.

Das Rücktrittsrecht ist auch nicht nach §§ 326 V, 323 V 2 BGB ausgeschlossen, da es sich um einen erheblichen Mangel handelt.

Anmerkung: Diese Ausführungen sollen nur in aller Kürze das Rücktrittsrecht der kaufrechtlichen Gewährleistung abhandeln.

1. Unwirksamkeit des Rücktritts wegen § 438 IV BGB

Allerdings könnte der Rücktritt gem. §§ 438 IV, 218 I BGB unwirksam sein, wenn der Nacherfüllungsanspruch verjährt wäre, § 438 IV BGB.

Merke: Der Rücktritt selbst kann als Gestaltungsrecht nicht verjähren! Nur Ansprüche verjähren, § 194 BGB.

Zwar ist der Nacherfüllungsanspruch vorliegend nicht mehr möglich, jedoch ist auf die hypothetische Verjährung des Nacherfüllungsanspruchs abzustellen, § 218 I 2 BGB. Grundsätzlich stehen K die Mängelgewährleistungsansprüche gem. § 438 I Nr. 3 BGB zwei Jahre lang zu und wären somit im Zeitpunkt der Geltendmachung noch nicht verjährt.

2. Wirkung der Abreden in AGB

Etwas anderes könnte sich aus der AGB-Klausel ergeben, in der vereinbart wurde, dass die Mängelgewährleistungsansprüche bereits ein Jahr nach Ablieferung verjähren sollen.

Fraglich ist, ob solche Verjährungserleichterungen zulässig sind.

a) Grundsatz: Verjährungsvereinbarungen zulässig

Grundsätzlich sind sowohl Erleichterungen wie auch Erschwerungen der Verjährung zulässig, § 202 BGB.

b) Grenzen der Verjährungserleichterungen

aa) § 202 I BGB

Eine der Grenzen für Verjährungserleichterungen sieht § 202 I BGB vor: Die Verjährung bei Haftung wegen Vorsatzes darf nicht im Voraus erleichtert werden. Die pauschale Formulierung „Die Mängelhaftung wird auf ein Jahr verkürzt" würde zwar auch den Fall des Vorsatzes mit umfassen. Man wird aber bei natürlicher Betrachtungsweise dem Verkäufer nicht unterstellen können, mit der Formulierung auch den Fall des Vorsatzes gemeint zu haben. So kann ein verständiger Käufer die Klausel nicht verstehen.

Anmerkung: Diese Regelung steht im Zusammenhang mit dem Verbot des § 276 III BGB, nach dem die Haftung wegen Vorsatz nicht im Voraus erlassen werden kann. Dieses Verbot wäre wertlos, wenn die Haftung als solche durch die Vereinbarung nicht in Frage gestellt, die Verjährung aber deutlich verkürzt würde.

bb) § 475 II BGB

Eine wichtige Vorschrift stellt § 475 II BGB für den Verbrauchsgüterkauf dar. Dieser liegt immer dann vor, wenn ein Verbraucher (§ 13 BGB) bei einem Unternehmer (§ 14 BGB) eine bewegliche Sache kauft. Das trifft auf das vorliegende Rechtsgeschäft zu.

Nach § 475 II BGB darf die Verjährung der Gewährleistungsansprüche bei einem Verbrauchsgüterkauf zwei Jahre und bei gebrauchten Sachen ein Jahr nicht unterschreiten.

Diese Frist in der AGB-Klausel des V beträgt genau ein Jahr ab Ablieferung des Wagens, also ab dem gesetzlichen Verjährungsbeginn bei einem Kauf. Damit ist die Einschränkung des § 475 II BGB für gebrauchte Sachen hier eingehalten worden.

cc) §§ 305 ff. BGB

Da es sich hier um AGB handelt und der sachliche wie auch der persönliche Anwendungsbereich eröffnet ist, sind die §§ 305 ff. BGB zu beachten.

(1) § 309 Nr. 8b ff. BGB

Einschränkungen für Verjährungserleichterungen ergeben sich auch aus § 309 Nr. 8b BGB. Allerdings gilt diese Vorschrift nach ihrem eindeutigen Wortlaut allein für „neu hergestellte" Sachen, also gerade nicht für Gebrauchtwagen.

(2) § 309 Nr. 8a BGB

In Betracht kommt die Einschränkung des § 309 Nr. 8a BGB. Diese Vorschrift verbietet Verjährungserleichterungen, soweit es um das Recht des Gläubigers geht, sich aufgrund einer vom Verwender der AGB zu vertretenden Pflichtverletzung vom Vertrag zu lösen.

Die Schlechtleistung ist eine vom Verwender V zu vertretende Pflichtverletzung. Die von V in den AGB verwendete Klausel schränkt auch das Recht des Käufers K ein, sich in diesem Fall von dem Vertrag zu lösen. An sich wäre damit § 309 Nr. 8a BGB einschlägig.

Jedoch werden in § 309 Nr. 8a BGB ausdrücklich Pflichtverletzungen in Form der Schlechtleistung vom Anwendungsbereich ausgenommen („bei einer (...) nicht in einem Mangel der Kaufsache bestehenden Pflichtverletzung"). Andernfalls könnte das Rücktrittsrecht des Käufers bei einer vom Verkäufer zu vertretenden Schlechtleistung auch bei gebrauchten Sachen nicht eingeschränkt werden.

Ein Ergebnis, das den Grundgedanken der §§ 309 Nr. 8b ff., 475 II BGB zuwiderliefe, da nach diesen Vorschriften die Gewährleistung bei gebrauchten Sachen zumindest beschränkt werden kann.

(3) § 309 Nr. 7 BGB

Zu berücksichtigen ist weiterhin § 309 Nr. 7 BGB. Danach ist eine Begrenzung der Haftung, die aus Verletzung des Lebens, des Körpers oder der Gesundheit resultiert und auf einer Pflichtverletzung des Verwenders beruht, in AGB unwirksam, § 309 Nr. 7 a BGB.

Für sonstige Schäden gilt § 309 Nr. 7b BGB. Beruht die Haftung auf einer grob fahrlässigen Pflichtverletzung des Verwenders, so ist in der AGB weder eine Begrenzung noch ein vollständiger Ausschluss der Haftung möglich.

Anders als § 309 Nr. 8a BGB wird hier die Schlechtleistung als Pflichtverletzung mit umfasst. Als Schäden sind hier Mangelfolgeschäden an Körper und Gesundheit (Nr. 7a) bzw. an sonstigen Rechtsgütern (Nr. 7b) denkbar.

Als „Begrenzung der Haftung" wird auch die Verkürzung der Verjährungsfristen angesehen.

Für eine grobe Fahrlässigkeit des V lässt sich dem Sachverhalt zwar nichts entnehmen. Zudem geht es vorliegend nicht um den Ersatz von Mangelfolgeschäden.

Das ändert aber nichts an der Tatsache, dass die verwendete Klausel derartige Schäden erfassen würde und insoweit unwirksam wäre.

Im AGB-Recht gilt aber das Verbot der geltungserhaltenden Reduktion. Eine Klausel darf nicht auf ein gerade noch zulässiges Maß zurückgeführt werden. Andernfalls gäbe es für den Verwender kein Risiko bei der Verwendung unzulässiger Klauseln. Er könnte sicher sein, dass seine Klausel zumindest soweit gelten würde, wie es das Gesetz erlaubt.

Anmerkung: Findet der Haftungsausschluss zwischen Unternehmern statt, findet gem. § 310 I S. 1 BGB die Vorschrift des § 309 BGB zwar keine Anwendung.
Allerdings ist bei der Beurteilung der Wirksamkeit gem. § 307 BGB ein Verstoß gegen die Klauseltatbestände des § 309 indiziell für eine Unwirksamkeit auch bei der Verwendung zwischen Unternehmern, vgl. § 310 I S. 2 BGB. Gerade bzgl. der Mangelfolgeschäden ist kein Grund für eine Differenzierung ersichtlich, vgl. BGH Life&Law 2008, 11 ff.

4. Ergebnis

Die Klausel in den AGB des V ist unwirksam. Der Nacherfüllungsanspruch ist somit noch nicht verjährt und ein Rücktritt des K damit nach §§ 438 IV, 218 I BGB nicht ausgeschlossen.

IV. Zusammenfassung

Sound: Die vertraglichen Verjährungsabreden sind in Grenzen der §§ 202 I, II, 475 II, 309 Nr. 7a, b, 8b sowie der Generalklausel des § 307 BGB zulässig.

hemmer-Methode: Neben Verjährungserleichterungen sind auch Verjährungserschwerungen möglich. Nach § 202 II BGB kann die Verjährungsfrist durch Vereinbarung auf maximal 30 Jahre verlängert werden. Eine Verjährungserschwerung kann auch in AGB vereinbart werden, sie muss aber der Inhaltskontrolle des § 307 BGB standhalten.

V. Zur Vertiefung

- Hemmer/Wüst, BGB-AT III, Rn. 662
- Life&Law 2005, 661 ff.
- BGH, Life&Law 2010, 376 ff. zur Frage, ob eigentlich unwirksame Klausel beim Kauf unter privaten überhaupt “gestellt” wurde, wenn ein Musterformular verwendet wird.

Fall 75: Leistung trotz Verjährung

Sachverhalt:

Am 01.01.02 gewährte A dem B ein Darlehen in Höhe von 500.000 €, das am 31.01.2005 fällig werden und mit 5% Zinsen jährlich zurückbezahlt werden sollte. Als B zum Fälligkeitsdatum das Geld nicht zahlen konnte, stundete A das Darlehen bis 31.08.05. Danach vergaß A die Rückforderung des Darlehens. Auf Mahnung des A zahlte B im Mai 2009. Im Juni 2009 erfuhr B, dass er nicht mehr hätte zahlen müssen. Daraufhin fordert er das gezahlte Geld von A zurück.

Frage: *Zu Recht?*

I. Einordnung

§ 813 BGB verlängert § 812 BGB (lesen!). Eine trotz bestehender dauerhafter Einrede erbrachte Leistung kann gem. § 813 I 1 BGB kondiziert werden.

Eine wichtige Ausnahme von dieser Regel beinhaltet § 813 I 2 BGB: Eine verjährte Forderung kann nicht zurückgefordert werden. Merken Sie sich diese klausurrelevante Regelung.

II. Gliederung

I.	**Anspruch des B gegen A auf Rückzahlung des Geldes aus § 812 I 1 1.Alt. BGB**
1.	Erlangtes Etwas (+), Eigentum und Besitz an den Geldscheinen
2.	Durch Leistung (+), zwecks Erfüllung des Darlehensvertrages
3.	Ohne Rechtgrund (-) Darlehensvertrag als Rechtsgrund (+) ⇨ Stundung und Verjährung beeinflussen den Bestand des Vertrages nicht ⇨ nur Leistungsverweigerungsrecht begründet
4.	Anspruch aus § 812 I 1 1.Alt. BGB (-)

II.	**Anspruch des B gegen A auf Rückzahlung aus § 813 I 1 BGB**
1.	<u>§ 813 I 1 BGB</u> (+)
a)	Stundung (-), keine dauerhafte Einrede
b)	**Verjährung** ⇨ dauerhafte Einrede (+)
(1)	Verjährungsfrist, § 195 BGB drei Jahre
(2)	Beginn: § 199 I BGB am 31.12.05 ⇨ Verjährungsschluss: 31.12.08 Am 01.01. 2009 Forderung verjährt ⇨ Leistung des B auf eine verjährte Forderung (+)
2.	<u>§ 813 I 2 BGB</u> ⇨ Verweisung auf § 214 II BGB
3.	**Ergebnis:** Keine Rückzahlungsansprüche des B gegen A

III. Lösung

I. Anspruch des B gegen A auf Rückzahlung des Geldes aus § 812 I 1 1.Alt. BGB

B könnte die an A gezahlte Geldsumme zurückverlangen, wenn er ohne einen rechtlichen Grund geleistet hätte und A dadurch ungerechtfertigt bereichert wäre.

1. Erlangtes Etwas

A hat Eigentum und Besitz an den Geldscheinen erlangt.

2. Durch Leistung

B hat bewusst und zweckgerichtet das Vermögen des A vermehrt. Eine Leistung des B ist damit gegeben.

3. Ohne Rechtsgrund

Fraglich ist, ob B ohne Rechtsgrund leistete.

Die Grundlage der Zahlung bildete der am 01. Januar 2002 abgeschlossene Darlehensvertrag. Der Rückzahlungsanspruch ist wirksam entstanden.

Fraglich ist aber, ob sich hieran infolge der Stundung oder der möglicherweise eingetretenen Verjährung etwas geändert hat.

Allerdings geben sowohl die Stundung als auch die Verjährung dem Schuldner nur ein Leistungsverweigerungsrecht. Dabei handelt es sich um eine so genannte Einrede, vgl. § 214 I BGB. Der Bestand des Anspruchs bleibt von dieser Einrede unberührt. Der Vertrag bleibt nach wie vor bestehen, die Leistungspflicht kann nur verweigert werden. Der Schuldner kann, muss aber nicht leisten, § 214 I BGB. Leistet er aber, so wird eine immer noch bestehende Schuld erfüllt. Der Rechtsgrund besteht nach wie vor.

Damit hat B nicht rechtsgrundlos geleistet. Ihm steht kein Anspruch aus § 812 I 1 1.Alt. BGB zu.

II. Anspruch des B gegen A auf Rückzahlung aus § 813 I 1 BGB

Ein Anspruch des B gegen A könnte sich aber aus § 813 I 1 BGB ergeben.

§ 813 BGB erweitert den Anwendungsbereich der Kondiktion wegen Nichtschuld (§ 812 I 1 1.Alt. BGB).

Der Leistende, dem gegenüber zwar eine Forderung besteht, deren Geltendmachung aber eine dauernde Einrede entgegensteht, kann nach § 813 BGB kondizieren.

1. § 813 I 1 BGB

a) Stundung

In Betracht kommt zunächst die Einrede der Stundung. Unter Stundung wird eine Vereinbarung zwischen Schuldner und Gläubiger verstanden, durch welche die Fälligkeit des Anspruchs hinausgeschoben wird.

Die Stundung bewirkte hier, dass die grundsätzlich am 31.01.05 fällige Forderung des A tatsächlich erst am 31.08.05 durchsetzbar wurde.

Die Stundung ist aber keine dauerhafte Einrede i.S.d. § 813 I 1 BGB. Sie verschiebt nur vorübergehend die Fälligkeit des Anspruchs.

b) Verjährung

Der Anspruch des A gegen B auf Rückzahlung des gewährten Darlehens aus § 488 I 2 BGB könnte jedoch bereits verjährt sein, so dass dem B die Einrede des § 214 I BGB zustand.

Der Anspruch aus § 488 I 2 BGB unterliegt der regelmäßigen Verjährungsfrist von drei Jahren, § 195 BGB. Diese Frist beginnt mit Abschluss des Jahres, in dem der Anspruch entstanden ist und der Gläubiger von den Anspruch Kenntnis hatte oder hätte haben müssen, § 199 I BGB.

Der Rückzahlungsanspruch ist aufgrund der Stundung endgültig am 31.08.05 entstanden. Damit begann die Verjährung am 31.12.05 zu laufen und endete am 31.12.08.

Am 01.01. 2009 war der Rückgewähranspruch des A gegen B bereits verjährt. B hat somit im Mai 2009 auf eine verjährte Forderung geleistet, der Tatbestand des § 813 I 1 BGB ist erfüllt.

Anmerkung: Wird anders als im vorliegenden Fall die Forderung erst nach Beginn der Verjährung gestundet, so führt dies gem. § 205 BGB zur Hemmung der Verjährung. Jedoch wird eine nachträglich vereinbarte Stundung regelmäßig mit dem Anerkenntnis des Schuldners einhergehen, zur Leistung grundsätzlich verpflichtet zu sein. Dieses Anerkenntnis führt aber gem. § 212 I Nr. 1 BGB zu einem Neubeginn der Verjährung. Der Anwendungsbereich des § 205 BGB bleibt also praktisch gering. Beachten Sie auch, dass die Vorschrift nach ihrem eindeutigen Wortlaut nur für vereinbarte Leistungsverweigerungsrechte gilt, nicht auch für gesetzliche wie bspw. §§ 273, 320, 321, 768 BGB.

Merke: § 813 BGB gilt nur für dauernde (peremptorische) Einreden. Als solche kommen insbesondere diejenigen aus §§ 242, 821, 853 BGB in Betracht.

2. § 813 I 2 BGB

Der Anspruch des B könnte jedoch wegen § 813 I 2 BGB ausgeschlossen sein.

Die Kondiktion des § 813 I 1 BGB gilt nicht für die Einrede der Verjährung, obwohl es sich um eine dauerhafte Einrede handelt.

Dies wird durch die ausdrückliche Verweisung im § 813 I 2 BGB auf § 214 II BGB deutlich gemacht.

Damit geht ausnahmsweise eine Vorschrift des besonderen Schuldrechts der eigentlich nur allgemeineren Vorschrift des § 214 II BGB nicht vor.
Merke: In der Regel geht das besondere Schuldrecht dem Allgemeinen Teil des BGB vor. Eine Ausnahme davon ist § 813 I 2 BGB im Verhältnis zu § 214 II BGB. Sinn und Zweck des § 214 II BGB ist die Wahrung der Rechtssicherheit.
Nach Eintritt der Verjährung sollen Ansprüche – auch Rückforderungsansprüche - wechselseitig ausgeschlossen sein.

3. Ergebnis

Damit muss außer Betracht bleiben, dass B auf eine bereits verjährte Forderung gezahlt hat. Er kann seine Zahlung nicht zurückverlangen. Der Anspruch aus § 813 I 1 BGB ist somit nicht gegeben.

B hat gegen A keinerlei Rückzahlungsansprüche.

IV. Zusammenfassung

Sound: Wer auf eine verjährte Forderung zahlt, kann seine Zahlung nicht zurückverlangen, § 813 I 2 BGB.

hemmer-Methode: Beachten Sie einige weitere Fallgestaltungen, bei denen § 813 I 1 BGB nicht eingreift:
a) § 438 IV 2, V BGB nach Eintritt der Verjährung i.S.v. § 438 I BGB. Zwar handelt sich dabei um eine dauerhafte Einrede, die für § 813 BGB genügen würde. Jedoch würde die Anwendung des § 813 BGB zum Leerlaufen der Verjährungsfrist des § 438 I BGB führen.
b) Bei Unkenntnis der Aufrechnungslage, da die Aufrechnung keine Einrede, sondern ein Gestaltungsrecht ist.
c) Bei Unkenntnis bzgl. einer bestehenden Anfechtungsmöglichkeit ⇨ bis zur Anfechtungserklärung besteht eine wirksame Verpflichtung. Darüber hinaus ist die Anfechtung ein Gestaltungsrecht.
d) § 813 II BGB ⇨ eine betagte Verbindlichkeit liegt vor, wenn diese zwar bereits entstanden aber noch nicht fällig ist.

V. Zur Vertiefung

- Hemmer/Wüst/Gold, Bereicherungsrecht, Rn. 292

Fall 76: Hemmung der Verjährung

Sachverhalt:

B liefert K eine elektronische Fräsmaschine. Zwei Wochen vor Ablauf der gesetzlichen Gewährleistungsfrist ruft K bei B an und beklagt sich über Funktionsstörungen. Er erreicht aber nur die Sekretärin. Als B von dem Telefonat erfährt, ruft er bei K an und fragt, ob K Mängelrechte geltend machen möchte. K antwortet, dass er sich dazu noch nicht äußern kann; er lasse derzeit noch durch einen eigenen Techniker prüfen, ob es sich um einen Mangel oder lediglich einen Bedienungsfehler handele. Dies werde zwei bis drei Wochen in Anspruch nehmen. Er werde sich nach Abschluss der Untersuchung wieder melden. Drei Wochen später verlangt K Nachbesserung, da die Fräsmaschine einen Sachmangel aufweist. B beruft sich auf Verjährung.

Frage: *Zu Recht?*

Abwandlung:

Nachdem K die Untersuchung durch einen eigenen Techniker angekündigt hat, hört B lange Zeit nichts mehr. Nach vier Monaten ruft K jedoch plötzlich bei B an. Er komme erst jetzt dazu, sich wieder mit der Angelegenheit zu beschäftigen. Sein Techniker habe festgestellt, dass die Probleme auf einem Mangel der Maschine beruhten. Daher verlange er jetzt Nachbesserung. B beruft sich dagegen auf Verjährung. Zu Recht?

I. Einordnung

Der Lauf der Verjährungsfristen kann durch bestimmte Ereignisse **gehemmt** werden bzw. die Verjährung beginnt durch ein bestimmtes Ereignis neu. Lesen die dazu §§ 203-212 BGB.

Seit der Schuldrechtsreform ist die Hemmung der Regelfall im BGB geworden. Der Neubeginn greift jetzt nur ausnahmsweise ein.

Zwischen Hemmung und Neubeginn bestehen grundlegende Unterschiede, die Ihnen bewusst sein müssen. Ansonsten kommen Sie zu völlig anderen Ergebnissen und schreiben an der Klausurlösung vorbei.

II. Gliederung

Anspruch K gegen B auf Nachlieferung aus §§ 433 I 2, 434, 437 Nr. 1, 439 BGB

1. **Mangel** (+)
2. **Verjährung** (-)

a) Wirkung der Verjährung, § 214 I BGB

dauerhafte rechtshemmende Einrede
⇨ Anspruch ist nicht mehr durchsetzbar

Hier: Anspruch eine Woche nach Verjährung geltend gemacht
⇨ Verjährung eigentlich (+)

b) Aber: **Hemmung** der Verjährung, § 203 BGB durch **Verhandlungen**: Jeder Meinungsaustausch über den Schadensfall zwischen den Parteien (+)
⇨ § 209 BGB

3. **Ergebnis:** Verjährung (-) ⇨ Anspruch (+)

Abwandlung:

Anspruch des K auf Nachlieferung gem. §§ 433 I 2, 434, 437 Nr. 1, 439 BGB

1. Zunächst Hemmung (+)
⇨ Beendigung der Hemmung:
a) durch Nichtfortsetzung von Verhandlungen (+)
b) Ablaufhemmung, § 203 S. 2 BGB (+)
2. **Ergebnis:** Anspruch verjährt

III. Lösung

Anspruch des K gegen B auf Nachlieferung aus §§ 433 I 2, 434, 437 Nr. 1, 439 BGB

K könnte gegen B einen Anspruch auf Nachlieferung gem. §§ 433 I 2, 434, 437 Nr. 1, 439 BGB haben.

1. Vorliegen eines Mangels

Die Fräsmaschine wies nach eingehender Untersuchung durch einen Techniker einen Sachmangel auf. Gem. § 437 Nr.1 i.V.m. § 439 I BGB hat dann der Käufer das Wahlrecht zwischen Nacherfüllung oder Nachlieferung.

2. Verjährung

a) Wirkung der Verjährung, § 214 I BGB

Der Anspruch des K auf Nachlieferung könnte aber aufgrund Verjährung nicht mehr durchsetzbar sein. Dem Schuldner steht mit dem Eintritt der Verjährung das Recht zu, die Leistung zu verweigern, § 214 I BGB.

Zu prüfen ist, ob K die Nachbesserung erst nach Ablauf der gesetzlichen Gewährleistungsfrist verlangt hat.

K hat zwar zwei Wochen vor dem Ablauf der Gewährleistungsfrist den Mangel bemerkt. Seinen Anspruch hat er aber erst eine Woche nach Eintritt der Verjährung geltend gemacht. Damit ist der Anspruch des K eigentlich verjährt.

b) Hemmung der Verjährung

Anders wäre es nur dann, wenn die Verjährung durch die Anfrage des B bei K noch nicht eingetreten wäre.

Das ist gem. § 203 BGB im Falle der Hemmung der Verjährung möglich.

Anmerkung: Unterscheiden Sie zwischen Hemmung und Neubeginn der Verjährung.
Während bei der Hemmung bestimmte Zeiten in die Verjährungsfrist nicht einberechnet werden und die Verjährung nach Wegfall des Hindernisses weiter läuft (§ 209 BGB), verursacht der Neubeginn der Verjährung einen neuen Lauf der Verjährung nach Wegfall des Hindernisses.
Die Hemmungstatbestände als sind als Regelfall in §§ 202 bis 211 BGB, der Neubeginn als Ausnahme im § 212 BGB geregelt.

Gem. § 203 BGB ist die Verjährung gehemmt, solange zwischen den Parteien Verhandlungen über den Anspruch oder die anspruchsbegründenden Tatsachen schweben.

Fraglich ist, ob durch die Anfrage des B bereits Verhandlungen i.S.d. § 203 BGB aufgenommen wurden.

Der Gesetzgeber hat den Begriff der Verhandlung nicht definiert. Die h.M. legt den Begriff weit aus.

Es genügt jeder Meinungsaustausch über den Schadensfall zwischen den Parteien, wenn nicht der Schuldner erkennbar von vornherein jegliche Ersatzpflicht bestreitet und Verhandlungen darüber ablehnt (BGH Life&Law 2007, 231 ff.). Nicht erforderlich ist das Signalisieren von Vergleichsbereitschaft oder ein Entgegenkommen des Schuldners.

Verhandlungen sollen demnach schon dann vorliegen, wenn der Verpflichtete anfragt, ob Ansprüche geltend gemacht würden und der Berechtigte daraufhin erkennen lässt, dass er dies prüfen werde. Dies liegt hier vor. Somit ist die Verjährung gem. §§ 203, 209 BGB gehemmt.

Anmerkung: Sinn und Zweck der Verjährungshemmung bei den Verhandlungen:
1. Die Verhandlungen sollen die Rechtsstreitigkeiten vermeiden und deswegen nicht unter dem Zeitdruck der ablaufenden Verjährung stattfinden.
2. Auch soll der Schuldner, der sich in Verhandlungen mit dem Gläubiger einlässt und diesen damit von der Klageerhebung abhält, nicht nachher die Erfüllung des Anspruchs unter Hinweis auf die während der Verhandlungen verstrichene Zeit ablehnen können.

3. Ergebnis

Der Anspruch ist also noch nicht verjährt. K kann von B nach §§ 433 I 2, 434, 437 Nr. 1, 439 BGB Nachbesserung verlangen.

IV. Lösung Abwandlung

Anspruch des K auf Nachlieferung gem. §§ 433 I 2, 434, 437 Nr. 1, 439 BGB

Die Tatbestandvoraussetzungen des Nachlieferungsanspruchs sind gegeben. Auch die Verjährung war zunächst nach §§ 203, 209 BGB gehemmt. Insoweit gilt das im Ausgangsfall Gesagte.

1. Ende der Hemmung

Jedoch könnte zwischenzeitlich das Ende der Hemmung eingetreten sein. Dies setzt gem. § 203 BGB voraus, dass der eine oder der andere Teil die Fortsetzung der Verhandlungen verweigert. Eine solche ausdrückliche Verweigerung könnte man hier allerdings erst in der Berufung des B auf die Verjährung sehen. Da nach § 203 S. 2 BGB die Verjährung frühestens drei Monate nach Ablauf der Hemmung eintritt, wäre noch keine Verjährung eingetreten.

a) Beendigung von Verhandlungen durch bloße Nichtfortsetzung

Fraglich ist jedoch, ob die Verhandlungen nicht schon vorher durch bloßes Nichtfortsetzen beendet worden sind.

Verhandlungen gelten bei einem Einschlafen oder Verschleppen der Verhandlungen als beendet, sobald von einem der Beteiligten nach Treu und Glauben der nächste Schritt zu erwarten gewesen wäre. Wenn die Parteien eine Verhandlungspause vereinbaren, ist es Sache des Schuldners, wieder die Initiative zu ergreifen und einen Abschluss der Verhandlungen herbeizuführen.

Hier hätte B nach Treu und Glauben erwarten können, dass sich K spätestens nach drei Wochen bei ihm meldet und das Ergebnis seiner Untersuchungen mitteilt. Da K dies nicht getan hat, ist von einer Beendigung der Verhandlungen auszugehen.

Dabei ist unerheblich, dass die Überprüfung tatsächlich noch länger gedauert hat; es wäre K zuzumuten gewesen, dies dem B mitzuteilen. Damit endeten die Verhandlungen und folglich die Hemmung nach § 203 BGB drei Wochen nach der telefonischen Anfrage des B.

b) Ablaufhemmung

Allerdings bestimmt § 203 S. 2 BGB, dass die Verjährung frühestens drei Monate nach Ablauf der Hemmung eintritt. Auch bei Berücksichtigung dieser weiteren Ablaufhemmung war die Verjährung des Nacherfüllungsanspruchs bereits eingetreten, als K sich vier Monate später bei B meldete.

Anmerkung: Die Ablaufhemmung ist ein Unterfall der Hemmung der Verjährung. Die Verjährungsfrist läuft frühestens eine bestimmte Zeit nach Wegfall der Gründe ab, die der Geltendmachung des Anspruchs entgegenstehen.

2. Ergebnis

B kann somit die Nachbesserung der Maschine verweigern, § 214 Abs. 1 BGB.

V. Zusammenfassung

Sound: Die Hemmung bewirkt, dass die Verjährung für eine gewisse Zeit nicht weiterläuft. Nach Wegfall des Hindernisses wird die ursprüngliche Verjährungsfrist weiter gezählt. Eine Neuberechnung erfolgt dagegen nicht.

Eine Unterbrechung mit einem Neubeginn der Verjährung ist in der Regel nicht erforderlich, um die Gläubigerinteressen zu schützen. Sie würde zur unangemessenen Verlängerung der Verjährung führen und so den Rechtsfrieden und Rechtssicherheit gefährden.

hemmer-Methode: Von den bloßen Verhandlungen, die die Verjährung hemmen ist das Anerkenntnis zu unterscheiden, das gem. § 212 I Nr. 1 BGB die Verjährung unterbricht. Der Neubeginn bewirkt, dass die Verjährung von neuem zu laufen beginnt. Ein Anerkenntnis liegt vor, wenn der Schuldner eindeutig zum Ausdruck bringt, dass er sich seiner rechtlichen Verpflichtung bewusst ist. Solange der Schuldner Zweifel hieran erkennen lässt, liegen allenfalls verjährungshemmende Verhandlungen vor.

VI. Zur Vertiefung

- Hemmer/Wüst, BGB-AT III, Rn. 667 ff.
- BGH Life&Law 2007, 231 ff.

Die Zahlen beziehen sich auf die Nummern der Fälle.

H

I

K

L

M

O

R

S

T

Die wichtigsten Fälle

FALLSAMMLUNG

DIE 55 WICHTIGSTEN FÄLLE SCHULDRECHT AT

In 55 Fällen haben wir für Sie die klassischen und aktuellen Probleme des Schuldrecht AT für Klausur und Hausarbeit systematisch aufbereitet. Profitieren Sie von unserer über 35-jährigen Unterrichtserfahrung als Repetitoren! Wir kennen das Anforderungsprofil in der Prüfung ganz genau. Denken Sie frühzeitig an den Ersteller und Korrektor und überzeugen Sie ihn durch Ihre systematische Fallbearbeitung. Durch die ständige Diskussion mit unseren Kursteilnehmern wissen wir, worauf es ankommt und gehen auf typische Problemstellungen ein. Die Fallsammlung ist einfach, verständlich und knapp gehalten. Die Einordnung bietet einen Überblick über den jeweiligen Schwerpunkt des Falles. Die Gliederung ermöglicht die exakte Einordnung der Probleme in der Lösung. Die Lösung ist Formulierungsvorschlag für Ihre Klausur. Vereinfachen Sie sich auf diese Weise das Schuldrecht AT.

- **Pflichtverletzung**
- **Schadensersatz neben/statt der Leistung**
- **Rücktritt**
- **Störung der Geschäftsgrundlage**

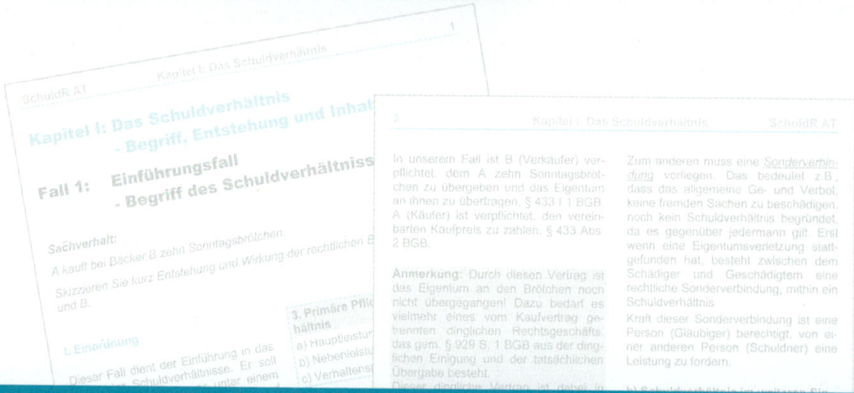

Das Erfolgsprogramm - Ihr Training für Klausur und Hausarbeit

Die wichtigsten Fälle

FALLSAMMLUNG

DIE 51 WICHTIGSTEN FÄLLE SCHULDRECHT BT

Das neue Schuldrecht von den Profis mit der Jahrzehnte langen Unterrichtserfahrung als Repetitoren! Lange bevor sich Rechtsprechung und wissenschaftliche Literatur überhaupt mit dem neuen Schuldrecht befassen konnten haben wir schon ein Fallprogramm für unsere Kursteilnehmer erstellt! Das allgemeine Leistungsstörungsrecht war schon immer klausurrelevant. Dies hat sich durch die Schuldrechtsreform in erheblichem Maße verstärkt, zumal auch das Besondere Schuldrecht mit dem Allgemeinen Schuldrecht verknüpft wurde. Wir kennen das Anforderungsprofil in der Prüfung ganz genau. Denken Sie frühzeitig an den Ersteller und Korrektor und überzeugen Sie ihn durch Ihre systematische Fallbearbeitung. Durch die ständige Diskussion mit unseren Kursteilnehmern wissen wir, wo es „hakt" und gehen auf typische Problemstellungen ein. Die Fallsammlung ist verständlich und knapp gehalten. Die Einordnung bietet einen Überblick über den jeweiligen Schwerpunkt des Falles. Die Gliederung ermöglicht die exakte Einordnung der Probleme in der Lösung. Die Lösung ist Formulierungsvorschlag für Ihre Klausur. Vereinfachen Sie sich auf diese Art das neue Schuldrecht.

- **Mängelrecht**
- **Verbrauchsgüterkauf**
- **Grundzüge des Reisevertragsrechts**
- **Konkurrenzen**

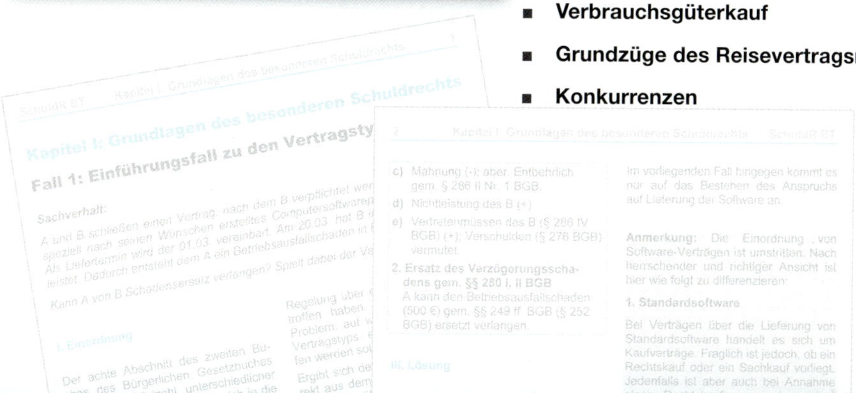

Das Erfolgsprogramm -
Ihr Training für Klausur und Hausarbeit

Die wichtigsten Fälle

FALLSAMMLUNG

DIE 50 WICHTIGSTEN FÄLLE SACHENRECHT I
MOBILIARSACHENRECHT

Das Sachenrecht von den Profis mit der Jahrzehnte langen Unterrichtserfahrung als Repetitoren! Die klassischen Fälle muss man kennen. So sind der Besitzschutz, §§ 858 ff. BGB und § 1007 BGB, die Übereignung nach §§ 929 ff. BGB (insbesondere die Sicherungsübereignung und der gutgläubige Erwerb) und das Eigentümer-Besitzerverhältnis, § 985 ff. BGB, immer relevant für Klausur und Hausarbeit. Denken Sie frühzeitig an den Ersteller und Korrektor und überzeugen Sie ihn durch Ihre systematische Fallbearbeitung. Abstrakte Erörterungen bringen für Ihre Klausur und Hausarbeit wenig. Durch die ständige Diskussion mit unseren Kursteilnehmern wissen wir auch, wo es „hakt". Die Fallsammlung ist verständlich und knapp gehalten. Die Einordnung bietet einen Überblick über den jeweiligen Schwerpunkt des Falles. Die Gliederung ermöglicht die exakte Einordnung der Probleme in der Lösung. Die Lösung ist Formulierungsvorschlag für Ihre Klausur. Mit der Fallsammlung lernen Sie anwendungsspezifisch. Vereinfachen Sie sich auf diese Art das Sachenrecht.

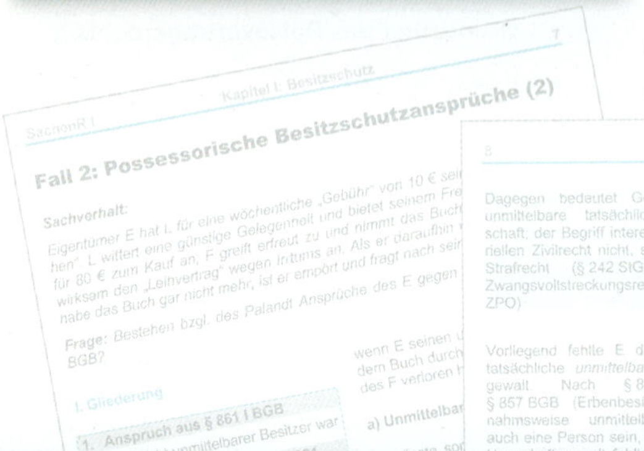

- **Besitzschutz, §§ 1007, 858 ff. BGB**
- **Herausgabeanspruch, § 985 BGB**
- **Ansprüche aus §§ 987 ff. BGB**
- **Rechtsgeschäftlicher Eigentumserwerb, §§ 929 ff. BGB**
- **Anwartschaftsrecht**
- **Pfandrechte**
- **Gesetzlicher Eigentumserwerb**

Das Erfolgsprogramm -
Ihr Training für Klausur und Hausarbeit

DIE KARTENSÄTZE

DIE BASICS KARTEIKARTEN (A6)

DAS PENDANT ZU DEN BASICS SKRIPTEN:

Mit dem Frage- und Antwortsystem zum notwendigen Wissen. Die Vorderseite der Karteikarte ist unterteilt in Einordnung und Frage. Der Einordnungstext erklärt den Problemkreis und führt zur Frage hin. Die Frage trifft dann den Kern der prüfungsrelevanten Thematik. Auf der Rückseite schafft der Antworttext Wissen. Die anschließende hemmer-Methode schärft das Problembewusstsein für die Klausur.

DIE ÜBERBLICKSKARTEIKARTEN (A6)

ÜBER PRÜFUNGSSCHEMATA ZUM WISSEN:

Ihr Begleiter vom 1. Semester bis zum 2. Staatsexamen! In den Überblickskarteikarten sind die wichtigsten Problemfelder im Zivil-, Straf- und Öffentlichen Recht knapp, präzise und übersichtlich dargestellt. Sie erfassen effektiv auf einen Blick das Wesentliche. Die grafische Aufbereitung der Prüfungsschemata auf der Vorderseite schafft Überblick über den Prüfungsaufbau. So lernen Sie Anspruchsgrundlagen, Straftatbestände und Klageschemata abzuhaken und Probleme zu verorten. Die Prüfungsschemata müssen sitzen! Der Inhalt der Karteikartenvorderseite gibt die nötige Sicherheit. Lernen mit dem Schema allein reicht aber für den Prüfungserfolg nicht aus! Die Kommentierung mit der hemmer-Methode auf der Rückseite schafft deshalb das nötige Einordnungswissen für die Klausur und erwähnt die wichtigsten Definitionen. Nutzen Sie die Überblickskarteikarten auch als Checkliste zur Kontrolle Ihres Wissens.

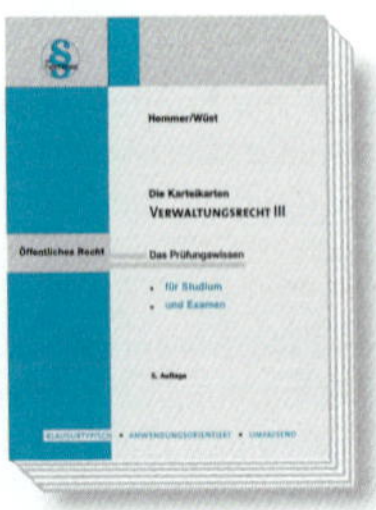

DIE HAUPTKARTEIKARTEN (A6)

DAS PENDANT ZU DEN HAUPTSKRIPTEN:

Das Prüfungswissen in Karteikartenform für den, der es bevorzugt, mit Karteikarten zu lernen. Im Frage- und Antwortsystem zum Wissen. Auf der Vorderseite der Karteikarte führt ein Einordnungsteil zur Frage hin. Die Frage trifft die Kernproblematik des zu Erlernenden. Auf der Rückseite schafft der Antworttext Wissen. Die anschließende hemmer-Methode schärft Ihr Problembewusstsein für die Klausur.

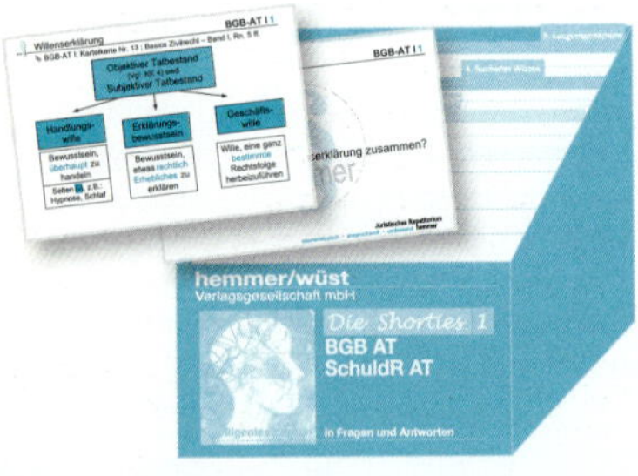

DIE SHORTIES - IN 20 STUNDEN ZUM ERFOLG IN DER HEMMER LERNBOX (A7)

Die kleinen Karteikarten in der hemmer Lernbox enthalten auf der Vorderseite jeweils eine Frage, welche auf der Rückseite grafisch aufbereitet beantwortet wird. Die bildhafte Darstellung ist lernpädagogisch sinnvoll. Die wichtigsten Begriffe und Themenkreise werden anwendungsspezifisch erklärt. Knapper geht es nicht - die Sounds der Juristerei! In Kürze verhelfen die Shorties so zum Erfolg. Sie dienen als Checkliste zum Erfassen des jeweiligen Rechtsgebiets und zum Rekapitulieren. Mit den besonderen Gedächtnistrainingtipps in Form von Reitern gelangt Ihr Wissen durch häufige Wiederholung ins Langzeitgedächtnis.

hemmer/wüst
Verlagsgesellschaft mbH
Mergentheimer Str. 44 / 97082 Würzburg
Tel.: 09 31 /7 97 82 38 / Fax: 09 31/7 97 82 40
Internet: www.hemmer-shop.de

EIHE INTELLIGENTES LERNEN

Grundwissen für Anfangssemester

Anzahl		Auflage/Jahr/Euro
W10 (111.10)___	BGB-AT Theorieband zu den wicht. Fällen	6.A/13 · 7,80
W11 (111.11)___	SchuldR-AT Theorieband zu den wicht. Fällen	5.A/12 · 7,80
W12 (111.12)___	SchuldR-BT I Theorieband zu den wicht. Fällen	5.A/12 · 7,80
W13 (111.13)___	SchuldR-BT II Theoriebd. zu den wicht. Fällen	5.A/13 · 7,80
W14 (111.14)___	MobiliarsachenR Theoriebd. zu den wicht. Fällen	5.A/12 · 7,80
W15 (111.15)___	ImmobiliarsachenR Theoriebd. zu den wicht. Fällen	4.A/12 · 7,80
W20 (112.20)___	Strafrecht AT Theorieband zu den wicht. Fällen	5.A/13 · 7,80
W21 (112.21)___	Strafrecht BT Theorieband zu den wicht. Fällen	4.A/12 · 7,80
W30 (113.30)___	StaatsR Theorieband zu den wicht. Fällen	5.A/12 · 7,80
W31 (113.31)___	VerwaltungsR Theorieband zu den wicht. Fällen	5.A/12 · 7,80

Die wichtigsten Fälle

F0 (115.20) _____	**Sonderband:** Der Streit- und Meinungsstand im neuen Schuldrecht	5.A/13 · 14,80
F1 (115.21) _____	76 Fälle - BGB AT	6.A/11 · 12,80
F2 (115.22) _____	55 Fälle - Schuldrecht AT	7.A/12 · 12,80
F3 (115.23) ____	51 Fälle - Schuldrecht BT - Kauf/WerkV	7.A/12 · 12,80
F4 (115.24) _____	42 Fälle - GoA/Bereicherungsrecht	7.A/12 · 12,80
F5 (115.25) _____	45 Fälle - Deliktsrecht	6.A/12 · 12,80
F6 (115.26) ____	44 Fälle - Verwaltungsrecht	7.A/12 · 12,80
F25 (115.45) ___	30 Fälle - Verwaltungsrecht BT Bayern	2.A/11 · 12,80
F7 (115.27)_____	32 Fälle - Staatsrecht	8.A/12 · 12,80
F8 (115.28)_____	34 Fälle - Strafrecht AT	7.A/11 · 12,80
F9 (115.29)_____	44 Fälle Strafrecht BT I - Vermögensd.	8.A/13 · 12,80
F10 (115.30) ____	44 Fälle Strafrecht BT II - Nicht-Vermögensd.	7.A/12 · 12,80
F11 (115.31) ____	50 Fälle - Sachenrecht I	6.A/12 · 12,80
F12 (115.32) ____	43 Fälle - Sachenrecht II - ImmobiliarSR	7.A/13 · 12,80
F13 (115.33) ____	40 Fälle - ZPO I - Erkenntnisverfahren	6.A/13 · 12,80
F14 (115.34) ____	25 Fälle - ZPO II - Zwangsvollstreckungsverf.	5.A/12 · 12,80
F15 (115.35) ____	35 Fälle - Handelsrecht	5.A/11 · 12,80
F16 (115.36) ____	36 Fälle - Erbrecht	5.A/12 · 12,80
F17 (115.37) ____	26 Fälle - Familienrecht	6.A/12 · 12,80
F18 (115.38) ____	32 Fälle - Gesellschaftsrecht	5.A/12 · 12,80
F19 (115.39) ____	39 Fälle - Arbeitsrecht	5.A/13 · 12,80
F20 (115.40) ____	35 Fälle - Strafprozessrecht	4.A/12 · 12,80
F21 (115.41) ____	23 Fälle - Europarecht	3.A/11 · 12,80
F22 (115.42) ____	10 Fälle - Musterkl. Examen ZivilR	5.A/11 · 14,80
F23 (115.43) ____	10 Fälle - Musterkl. Examen StrafR	5.A/11 · 14,80
F24 (115.44) ___	8 Fälle - Musterkl. Examen SteuerR	7.A/12 · 14,80

Skripten Basics (110)

/1 (0011) _____	Zivilrecht I - BGB AT u.vertragl. SchuldV	9.A/12 · 15,80
/2 (0012) _____	Zivilrecht II - Sachenrecht/gesetzl. SV	6.A/10 · 15,80
/3 (0013) _____	Zivilrecht III - FamilienR/ErbR	6.A/12 · 15,80
/4 (0014) _____	Zivilrecht IV - ZivilprozessR	7.A/12 · 15,80
/5 (0015) _____	Zivilrecht V - Handels-/GesellschR	6.A/12 · 15,80
/6 (0016) _____	Zivilrecht VI - ArbeitsR	4.A/11 · 15,80
(0032) _____	Strafrecht	6.A/12 · 15,80
I/1 (0035) _____	Öffentliches Recht I -VerfassR/StaatsHR	5.A/12 · 15,80
I/2 (0036) _____	Öffentliches Recht II - VerwaltungsR	6.A/12 · 15,80
V (0004) _____	Steuerrecht - EstG & AO	8.A/12 · 15,80
(0005) _____	Europarecht	7.A/13 · 15,80

Skripten Zivilrecht (120)

Anzahl		Auflage/Jahr/Euro
1 (0001) _____	BGB-AT I, Ensteh.d.Primäranspruchs	12.A/12 · 16,80
2 (0002) _____	BGB-AT II, Scheitern des Primäranspr.	12.A/12 · 16,80
3 (0003) _____	BGB-AT III, Erlösch.d. Primäranspruchs	11.A/11 · 16,80
4 (0004) _____	Schadensersatzrecht I	7.A/10 · 16,80
5 (0005) _____	Schadensersatzrecht II	6.A/12 · 16,80
6 (0006) _____	Schadensersatzrecht III (§§ 249 ff.)	10.A/12 · 16,80
7 (0007) _____	Verbraucherschutzrecht	3.A/12 · 16,80
51 (0051) _____	Schuldrecht AT (ehemals SchuldR I)	8.A/12 · 16,80
52 (0052) _____	Schuldrecht BT I (ehemals SchuldR II)	8.A/12 · 16,80
53 (0053) _____	Schuldrecht III (BT II)	7.A/12 · 16,80
8 (0008) _____	Bereicherungsrecht	13.A/12 · 16,80
9 (0009) _____	Deliktsrecht I	11.A/11 · 16,80
10 (0010) _____	Deliktsrecht II	9.A/13 · 16,80
11 (0011) _____	Sachenrecht I	11.A/12 · 16,80
12 (0012) _____	Sachenrecht II	9.A/11 · 16,80
12A (0012A) _____	Sachenrecht III	11.A/13 · 16,80
13 (0013) _____	Kreditsicherungsrecht	10.A/12 · 16,80
14 (0014) _____	Familienrecht	11.A/11 · 16,80
15 (0015) _____	Erbrecht	11.A/12 · 16,80
16 (0016) _____	Zivilprozessrecht I	11.A/12 · 16,80
17 (0017) _____	Zivilprozessrecht II	10.A/11 · 16,80
18 (0018) _____	Arbeitsrecht	13.A/11 · 16,80
19A (0019A) _____	Handelsrecht	10.A/12 · 16,80
19B (0019B) _____	Gesellschaftsrecht	12.A/12 · 16,80
31 (0031) _____	Herausgabeansprüche	6.A/12 · 16,80
32 (0032) _____	Rückgriffsansprüche	6.A/09 · 16,80

Skripten Strafrecht (120)

20 (0020) ____	Strafrecht AT I	11.A/12 · 16,80
21 (0021) ____	Strafrecht AT II	11.A/13 · 16,80
22 (0022) ____	Strafrecht BT I	11.A/12 · 16,80
23 (0023) ____	Strafrecht BT II	11.A/13 · 16,80
30 (0030) ____	Strafprozessordnung	10.A/12 · 16,80

Skripten Öffentliches Recht (120/130)

24 (0024) ____	Verwaltungsrecht I	11.A/12 · 16,80
25 (0025) ____	Verwaltungsrecht II	10.A/11 · 16,80
26 (0026) ____	Verwaltungsrecht III	11.A/12 · 16,80
27 (0027) ____	Staatsrecht I	10.A/11 · 16,80
28 (0028) ____	Staatsrecht II	8.A/10 · 16,80
29 (0029) ____	Europarecht	10.A/11 · 16,80
40 (0040) ____	Staatshaftungsrecht	3.A/11 · 16,80
33 (01.0033) ___	Baurecht/Bayern	10.A/12 · 16,80
33 (02.0033) ___	Baurecht/Nordrhein-Westfalen	8.A/11 · 16,80
33 (03.0033) ___	Baurecht/Baden-Württembg.	3.A/12 · 16,80
33 (04.0033) ___	Baurecht/Hessen	1.A/09 · 16,80
33 (06.0033) ___	Baurecht/Saarland	1.A/08 · 16,80
34 (01.0034) ___	Polizei- u. Sicherheitsrecht/Bayern	9.A/11 · 16,80
34 (02.0034) ___	Polizei- u. Ordnungsrecht/NRW	5.A/12 · 16,80
34 (03.0034) ___	Polizeirecht/Baden-Württembg.	3.A/11 · 16,80
34 (04.0034) ___	Polizei- u. Ordnungsrecht/Hessen	1.A/10 · 16,80
34 (05.0034) ___	Polizei- u. Ordnungsrecht/Rheinl.-Pfalz	1.A/11 · 16,80
34 (06.0034) ___	Polizei- u. Sicherheitsrecht/Saarland	1.A/09 · 16,80
35 (01.0035) ___	Kommunalrecht/Bayern	9.A/12 · 16,80
35 (02.0035) ___	Kommunalrecht/NRW	8.A/11 · 16,80
35 (03.0035) ___	Kommunalrecht/Baden-Württembg.	3.A/09 · 16,80

hemmer/wüst
Verlagsgesellschaft mbH

Mergentheimer Str. 44 / 97082 Würzburg
Tel.: 09 31 /7 97 82 38 / Fax: 09 31/7 97 82 40
Internet: www.hemmer-shop.de

REIHE INTELLIGENTES LERNEN

Lexikon/Definitionen

	Anzahl		Auflage/Jahr/Euro
D1 (0044)	_____	Definitionen Strafrecht - schnell gemerkt	3.A/11 · 16,80
D1 (4002)	_____	Legal terms für Juristen - Fachwörterbuch Englisch - Deutsch	1.A/11 · 19,80

Skripten Schwerpunkt (120)

P1 (0039)	_____	Kriminologie	5.A/10 · 19,80
P2 (0036)	_____	Völkerrecht	7.A/08 · 19,80
P3 (0037)	_____	Internationales Privatrecht	5.A/05 · 19,80
P4 (0055)	_____	Kapitalgesellschaftsrecht	4.A/09 · 19,80
P7 (0058)	_____	Rechtsgeschichte I	2.A/07 · 19,80
P8 (0059)	_____	Rechtsgeschichte II	2.A/12 · 19,80
P11 (0062)	_____	Rechts- und Staatsphilosophie sowie Rechtssoziologie	2.A/11 · 19,80
P12 (0063)	_____	Insolvenzrecht	3.A/12 · 19,80
P13 (0064)	_____	Wasser- und ImmissionsschutzR	1.A/08 · 19,80

Skripten Steuerrecht (120)

38 (0038)	_____	Steuererklärung leicht gemacht	4.A/04 · 14,80
42 (0042)	_____	Abgabenordnung	8.A/12 · 16,80
43 (0043)	_____	Einkommensteuerrecht	7.A/11 · 21,80

Skripten für BWL´er, WiWi & Steuerberater

W1 (18.01)	_____	PrivatR f. BWL'er, WiWi & Steuerberat	7.A/11 · 14,80
W2 (18.02)	_____	Ö-Recht f. BWL'er, WiWi & Steuerberat	4.A/12 · 14,80
W3 (18.03)	_____	Musterklausuren für's Vordiplom PrivatR	2.A/04 · 14,80
W4 (18.04)	_____	Musterklausuren für´s Vordiplom Ö-R	1.A/00 · 14,80
WF1 (118.01)	_____	Die 74 wicht. Fälle (BGB AT, SchuldR AT/BT)	3.A/11 · 14,80
WF2 (118.02)	_____	Die 44 wicht. Fälle (GoA, BerR, GesR, ...)	1.A/06 · 14,80

Skripten Fachbegriffe & Erläuterungen

G1 (18.10)	_____	Mikroökonomie & Makroökonomie	1.A/12 · 19,80
G2 (18.11)	_____	Buchführung/Jahresabschl./Rechnungsw.	1.A/12 · 19,80
G6 (18.15)	_____	HandelsR/GesellschaftsR/WirtschaftsR	1.A/12 · 19,80
G7 (18.16)	_____	Öffentl. Recht/EuropaR/VölkerR	1.A/12 · 19,80

Basics Karteikarten

BK1 (2001)	_____	Basics - Zivilrecht	5.A/10 · 13,80
BK2 (2002)	_____	Basics - Strafrecht	3.A/09 · 13,80
BK3 (2003)	_____	Basics - Öffentliches Recht	3.A/07 · 13,80

Karteikarten Zivilrecht

KK1 (2201)	_____	BGB-AT I	7.A/11 · 15,80
KK2 (2202)	_____	BGB-AT II	6.A/11 · 15,80
KK3 (22031)	_____	Schuldrecht AT I	8.A/12 · 15,80
KK4 (22032)	_____	Schuldrecht AT II	6.A/11 · 15,80
KK5 (2240)	_____	Schuldrecht BT I (Kauf-u.WerkVR)	6.A/11 · 15,80
KK6 (2241)	_____	Schuldrecht BT II	6.A/13 · 15,80
KK7 (2218)	_____	Arbeitsrecht	4.A/13 · 15,80
KK8 (2208)	_____	Bereicherungsrecht	6.A/12 · 15,80
KK9 (2209)	_____	Deliktsrecht	5.A/11 · 15,80
KK11 (2211)	_____	Sachenrecht I	7.A/12 · 15,80
KK12 (2212)	_____	Sachenrecht II	6.A/11 · 15,80
KK13 (2213)	_____	Kreditsicherungsrecht	3.A/10 · 15,80
KK14 (2214)	_____	Familienrecht	3.A/08 · 15,80
KK15 (2215)	_____	Erbrecht	4.A/13 · 15,80
KK16 (2216)	_____	ZPO I	6.A/13 · 15,80
KK17 (2217)	_____	ZPO II	5.A/12 · 15,80
KK18 (22191)	_____	Handelsrecht	4.A/11 · 15,80
KK19 (22192)	_____	Gesellschaftsrecht	5.A/11 · 15,80

Die Shorties (Minikarteikarten) inkl. Box

	Anzahl		Auflage/Jahr/
SH1 (50.10)	_____	**Box 1:** BGB AT, Schuldrecht AT	6.A/11 · 21,
SH2/I (50.21)	_____	**Box 2/1:** vertragliches Schuldrecht	4.A/11 · 21,
SH2/II (50.22)	_____	**Box 2/2:** gesetzliches Schuldrecht	4.A/11 · 21,
SH3 (50.30)	_____	**Box 3:** Sachenrecht, ErbR, FamR	5.A/11 · 21,
SH4 (50.40)	_____	**Box 4:** ZPO I/II, GesellschaftsR, HGB	5.A/12 · 21,
SH5 (50.50)	_____	**Box 5:** Strafrecht	7.A/13 · 21,
SH6 (50.60)	_____	**Box 6:** Grundrecht, StaatsOrgR, BauR, ...	5.A/11 · 21,

Karteikarten Strafrecht

KK20 (2220)	_____	Strafrecht AT I	7.A/12 · 15,
KK21 (2221)	_____	Strafrecht-AT II	7.A/12 · 15,
KK22 (2222)	_____	Strafrecht-BT I	7.A/12 · 15,
KK23 (2223)	_____	Strafrecht-BT II	7.A/13 · 15,
KK24 (2230)	_____	StPO	5.A/12 · 15,

Karteikarten Öffentliches Recht

KK25 (2224)	_____	Verwaltungsrecht I	7.A/12 · 15,
KK26 (2225)	_____	Verwaltungsrecht II	5.A/12 · 15,
KK27 (2226)	_____	Verwaltungsrecht III	5.A/11 · 15,
KK28 (2227)	_____	Staats- u. Verfassungsrecht	8.A/12 · 15,
KK29 (2229)	_____	Europarecht	3.A/12 · 15,

Überblickskarteikarten

ÜK I (2501)	_____	BGB im Überblick I	10.A/13 · 30,
ÜK II (25011)	_____	BGB im Überblick II (Nebengebiete)	6.A/11 · 30,
ÜK III (2502)	_____	StrafR im Überblick	6.A/10 · 30,
ÜK IV (2503)	_____	Öffentl.-R im Überblick	8.A/12 · 16,
ÜK V (25031)	_____	Öffentl.-R im Überblick II Bayern	6.A/11 · 16,
ÜK VI (25032)	_____	Öffentl.-R im Überblick II NRW	2.A/08 · 16,
ÜK VII (2504)	_____	Europarecht	4.A/12 · 16,

Assessor-Basics/Theoriebände (410)

A IV (0004)	_____	Die zivilrechtl. Anwaltsklausur/Teil 1	9.A/11 · 18,
A VII (0007)	_____	Das Zivilurteil	9.A/12 · 18,
A VIII (0008)	_____	Die Strafrechtskl. im Assessorexamen	6.A/11 · 18,
A IX (0009)	_____	Die Assessorklausur Öffentl. Recht	5.A/12 · 18

Assessor-Basics/Klausurentraining

A I (0001)	_____	Zivilurteile	15.A/12 · 18
A II (0003)	_____	Arbeitsrecht	13.A/12 · 18
A III (0002)	_____	Strafrecht	11.A/13 · 18
A V (0005)	_____	Zivilrechtl. Anwaltsklausuren/Teil 2	10.A/13 · 18
A VI (0006)	_____	Öff.rechtl. u. strafrechtl.Anwaltskl.	5.A/10 · 18

Assessorkarteikarten

AK I (41.10)	_____	Zivilprozessrecht im Überblick	5.A/12 · 19
AK II (41.20)	_____	Strafprozessrecht im Überblick	6.A/12 · 19
AK III (41.30)	_____	Öffentliches Recht im Überblick	4.A/12 · 19
AK IV (41.40)	_____	Familien- und Erbrecht im Überblick	2.A/13 · 19

hemmer/wüst
Verlagsgesellschaft mbH
Mergentheimer Str. 44 / 97082 Würzburg
Tel.: 09 31 /7 97 82 38 / Fax: 09 31/7 97 82 40
Internet: www.hemmer-shop.de

ɛIHE INTELLIGENTES LERNEN

Sonderprodukte

Euro

Lernkarteikartenbox (28.01)

ꓡB ______	Die praktische Lernbox für die Karteikarten	1,99
‹L 1 ______	**Orig. Klausurenblock** Din A4, 100 Blatt einzeln	1,95
; 810 ______	Din A4, 80 Blatt 10er Pack	17,50
;1 ______	**Der Referendar (70.01)** 1. Aufl. 2003 Meine größten Rein-) Fälle (Format A6)	9,80
;2 ______	**Der Rechtsanwalt (70.02)** 1. Aufl. 2006 24 Monate zwischen Genie und Wahnsinn (Format A6)	9,80
;3 ______	**Der Jurist (70.03) 1. Aufl. November 2009** Ein Lehrbuch für Leader (Format A6)	9,80
;5 ______	**Coach dich! (70.05)** Psychologischer Ratgeber, 1. Auflage, 2004	19,80
;6 ______	**Lebendiges Reden (70.06)** Psychologischer Ratgeber inkl. Audio-CD, 2. Auflage, 2008	21,80
;7 ______	**NLP für Einsteiger (71.01)** Psychologischer Ratgeber, 12. neugestaltete Auflage, 2008	12,80
;8 ______	**Prüfungen als Herausforderung (70.08)** Psychologischer Ratgeber, 1. Auflage 2011	14,80
______	**Wiederholungsmappe (75.01)** Intelligentes Lernen inkl. Übungsbuch, Mind Mapps und Kurzskript	9,90
______	**Ordner hemmer.group (88.20)** Ringbuchmappe für Einlagen, DIN A4	2,50
100.201) ______	**AudioCards auf CD: BGB AT I - III** Das Frage-Antwort-System der hemmer-Skripten zum Hören	59,95

Neuerscheinungen

Skripten Fachbegriffe & Erläuterungen

(18.10) ______	Mikroökonomie & Makroökonomie	1.A/12 · 19,80
2 (18.11) ______	Buchführung / Jahresabschl./Rechnungsw.	1.A/12 · 19,80
; (18.15) ______	HandelsR/GesellschaftsR/WirtschaftsR	1.A/12 · 19,80
ʼ (18.16) ______	Öffentl. Recht/EuropaR/VölkerR	1.A/12 · 19,80

se Begriffssammlungen sind der fekte Begleiter:
ʼ Bachelor- und Master-Studium allen Universitäten und Fach-chschulen

ː Oliver Michaelis

ʼ Michaelis studierte Betriebswirtschaftslehre rlin, Bonn und Potsdam sowie Rechtswissen-ten in Leipzig, Halle, Frankfurt a.M. und Köln ʼ.michaelis.me).

beitet auf dem Gebiet des Bank- und Kapitalmarkt-s und ist Autor verschiedener Bücher speziell zum ɔewerbsrecht und zur Finanzkrise.
ɔt er auch die Fachzeitschrift „EuBWR – Europäische Börsendaten, Währungs- und ɔffindizes“ (www.EuBWR.com), die dazugehörigen Jahrbücher sowie „Die Chronik der zkrise 2007 – 2010“ und „Die Chronik der Finanzkrise 2011“ heraus und leitet den Mi-is Verlag – den Fachverlag für wissenschaftliche Publikationen.

Life&Law

______	Einzelheft der Life&LAW	6,80
AboLL ______	Abonnement der Life&LAW Life&Law 3 Monate kostenfrei, danach erhalten Sie die Life&Law zum Preis von	5,80
LLJ ______	Life&LAW Jahrgangsband 1999 - 2011	
______	bitte Jahrgang eintragen	je 50,00
LLJ11 ______	Life&LAW Jahrgangsband 2012	80,00
LLE ______	Einband für Life&LAW Jahrgang	je 6,00

Die AnwaltsBasics

Herausgeber: hemmerVerlag für Anwälte GmbH

10.10 ______	**Die AnwaltsBasics Erbrecht** 1. Auflage, November 2010, 429 S.	39,90
10.20 ______	**Die AnwaltsBasics Mediation** 1. Auflage, Mai 2012, 187 S.	23,80

Wir berechnen pro Lieferung einen Versandkostenanteil von 3,30 EURO. Ab 30 EURO ist die Lieferung versandkostenfrei.

Endsumme:

Lieferung erfolgt in aktueller Auflage

Kundennummer D

Prüfen Sie in Ruhe zuhause!
Alle Produkte dürfen innerhalb von 14 Tagen an den Verlag (Originalzustand) zurückgeschickt werden. Es wird ein uneingeschränktes gesetzliches Rückgaberecht gewährt. Hinweis: Der Besteller trägt bei einem Bestellwert bis 40 Euro die Kosten der Rücksendung. Über 40 Euro Bestellwert trägt er ebenfalls die Kosten, wenn zum Zeitpunkt der Rückgabe noch keine (An-) Zahlung geleistet wurde.

Ich weiß, dass meine Bestellung nur erledigt wird, wenn ich in Höhe meiner Bestellungs-Gesamtsumme zzgl. des Versandkostenanteils zum Einzug ermächtige. Bestellungen auf Rechnung können leider nicht erledigt werden. Bei fehlerhaften Angaben oder einer Rücklastschrift wird eine Unkostenpauschale in Höhe von 8 Euro fällig. Die Lieferung erfolgt unter Eigentumsvorbehalt.

Name: ______

Vorname: ______

Straße, Nr.: ______

PLZ/Ort: ______

Telefon: ______

e-mail Adresse: ______

Buchen Sie die Endsumme von meinem Konto ab:

Kreditinstitut: ______

BLZ: ______

Konto-Nr.: ______

Ort, Datum: ______

Unterschrift: ______